ORDINI
现代世界
NUOVI
李猛 主编

Crisis and Constitutionalism
Roman Political Thought from the Fall of the
Republic to the Age of Revolution

Benjamin Straumann

从衰落到革命

危机中的罗马政治思想

［瑞士］本杰明·施特劳曼 著
方凯成 夏尔凡 译

生活·讀書·新知 三联书店

Simplified Chinese Copyright © 2024 by SDX Joint Publishing Company.
All Rights Reserved.
本作品简体中文版权由生活·读书·新知三联书店所有。
未经许可，不得翻印。

图书在版编目（CIP）数据

从衰落到革命：危机中的罗马政治思想/（瑞士）
本杰明·施特劳曼著；方凯成，夏尔凡译.—北京：
生活·读书·新知三联书店，2024.4
（现代世界）
书名原文：Crisis and Constitutionalism: Roman Political Thought from the Fall of the Republic to the Age of Revolution
ISBN 978-7-108-07756-1

Ⅰ.①从… Ⅱ.①本…②方…③夏… Ⅲ.①罗马法－研究 Ⅳ.① D904.1

中国国家版本馆 CIP 数据核字 (2023) 第 245830 号

Crisis and Constitutionalism: Roman Political Thought from the Fall of the Republic to the Age of Revolution was originally published in English in 2016. This translation is published by arrangement with Oxford University Press. SDX Joint Publishing Company is solely responsible for this translation from the original work and Oxford University Press shall have no liability for any errors, omissions or inaccuracies or ambiguities in such translation or for any losses caused by reliance thereon.

特邀编辑	苏诗毅
责任编辑	王晨晨
装帧设计	薛　宇
责任校对	陈　明
责任印制	卢　岳
出版发行	生活·讀書·新知 三联书店
	（北京市东城区美术馆东街 22 号 100010）
网　　址	www.sdxjpc.com
经　　销	新华书店
印　　刷	河北品睿印刷有限公司
版　　次	2024 年 4 月北京第 1 版
	2024 年 4 月北京第 1 次印刷
开　　本	880 毫米 ×1230 毫米　1/32　印张 16.75
字　　数	376 千字
印　　数	0,001－5,000 册
定　　价	69.00 元

（印装查询：01064002715；邮购查询：01084010542）

现代世界
总　序

　　不同人类群体在时间和空间上发展的多种文明，共存在同一个世界秩序中，并借助这一秩序相互理解，这是人类前所未有的经验。此前，各种世界秩序的基本框架，都依据单一文明或主体文明的历史视角与空间逻辑构成，其他文明被视为非文明的野蛮形态或反文明的敌对形态。虽然任何世界秩序在建立生活理想与政治、经济、文化形态时，都不得不考虑文明的差异与分歧，但等级制和排斥的逻辑仍然是这些世界秩序处理其他文明的主要方式。不同世界秩序之间始终存在经济或文化上的往来，也有地缘政治的摩擦甚至竞争，甚至一个世界秩序会完全取代另一世界秩序，容纳或消化后者的文明因素作为自己的一部分，文明与秩序跌宕起伏的命运，在今天，都被重新理解为现代世界秩序的史前史。现代世界是人类文明共存与相互理解的一个新阶段。

　　现代世界的复杂构成、漫长演进和多元谱系，是现代学术面临的核心问题。现代学术是现代世界理念的重要来源。一个文明进入现代世界，首要的任务，是建立该文明与其他文明在现代世界的共存关系。无论是比较历史语文学的批评方法、哲学和科学的新体系，还是社会科学的经验途径与田野实践，作为现代学术的核心，都有深刻的文明动机与丰富的世界意涵，成为现代世界观察与理解各种文明形态的主要范式。但由于现代学术的推进往往依托现代文化与政治的各项制度（特别是现代大学的研究体制），在现代学术的实际发展中，大多数文明，仍然只是作为研究素材，以博物馆或田野的方式被纳入现代世界的思想秩序中。现代学术构建的现代世界秩序，往往发端于学术制度背后的政治与文化的母体，这一母体的文明理想，在很大程度上被直接充当现代世界的理念，而现代学术有意或无意地借助这一文明的思想图景，通过泛化和宽容的方式，将其他文明作为对象文明纳入现代世界的秩序中。现代学术的世界秩序理念，仍然很大程度上囿于实际研究中主体文明与对象文明的经验对立，从而限制了进入现代世界的诸多文明自身的思想成熟。"二战"以来的多元文化视野、全球视角和本土化努力，并未在整体上改变现代世界在理念上的这一矛盾处境。现代学术所承诺的世界秩序，在思想上，仍然是未完成的。勇敢地运用文明中的理性与情感的力量，推动各文明激活自身传统的生命力，在现代世界中实现思想成熟，仍然是现代学术的根本课题。

现代世界的学术所面临的文明处境与思想挑战，需要长期系统的建设性工作。现代世界的形成，是一个长时段的历史进程。只有超越现代化的短期视角，超越从中世纪晚期开始直至17、18世纪西欧文明的"古今之争"，甚至突破来自现代学术的主体文明对古典-中世纪与现代的划分以及尚待反省的理论预设，才能更好地理解各种文明在漫长的历史进程中如何以不同方式进入现代性的世界秩序。而要把握现代世界秩序的形态，需要跨越现行学术体制的学科界限，综合政治、法律、经济和社会的视角，兼顾制度与思想的维度。"现代世界"丛书希望从翻译入手，在丰富现代中国思想的学术资源的同时，开辟更为宽广的思想空间，为探索现代世界的理念进行学术上的积淀与准备。

李　猛

2019年9月

纪念我的父母
露丝·赖希斯泰因（1933—1989）和
布鲁诺·施特劳曼（1924—2000）

目 录

译者导言 | i

前言与致谢 | 1

 导　论　罗马共和国的衰落与宪制思想的兴起 | 1

第一部分　晚期罗马共和国宪制主义雏形 | 29

 第一章　"不是制定法"——罗马的宪法概念 | 34

 第二章　无限权力？宪法争论中的紧急情况与
    超常权力 | 83

 第三章　"自由的唯一保障"——罗马的宪制权利 | 159

第二部分　法律的等级性：罗马宪制理论 | 197

 第四章　西塞罗和政治权威的合法性 | 200

 第五章　希腊与罗马宪制思想对比 | 256

第三部分　美德的局限：罗马对政治思想的贡献 | 321

第六章　作为一种宪制秩序的罗马共和国——从元首制到文艺复兴 | 323

第七章　新罗马的插曲——马基雅维利和反宪制主义传统 | 349

第八章　博丹与罗马共和国的衰落 | 374

结　语　宪制共和主义、作为"套话"的美德和美国建国 | 407

参考书目 | 459

索　引 | 490

译者导言

呈现在读者面前的是一部极具野心的著作。在近五百页的篇幅里，施特劳曼希望给读者讲述一个思想史的线索：从公元前2世纪的晚期罗马共和国到18世纪的美国建国时期，罗马宪制思想发挥着持久影响力。中国读者对这样的野心应不会陌生：无论是施特劳斯以自然权利和自然正当为纲所揭示的"古今之争"的线索，还是波考克用公民共和主义来统摄的"古今一统"的线索，近年来都深深吸引了大量的受众，甚至引发了激烈的辩论。我们希望这本书的译介，能给关心古今问题的中国读者们带来两个新的视角：罗马和法律。

在施特劳曼的思想地图里，贡斯当是古今之争模式的重要人物。贡斯当认为，古代的城邦缺乏对个体独立的尊重，所谓古代的自由是积极的政治参与，现代的自由是免受干预的自由，故而，现代的国家以保护个体权利，尤其是私有财产的权利不被侵犯为目的。施特劳曼认为，在这个著名的对立当中，贡斯当所谓"古代"其实只是以雅典为代表的希腊式共和国，完全没有考虑到罗马共和国的影响。如果对晚期罗马共和国政

i

治思想中的宪制主义、前政治权利以及公民权利加以研究，就不会得出这样的古今对立的结论。与此相对，波考克以古典共和主义的视角揭示了古代和现代的亲缘关系，但是他仍旧找错方向。按照施特劳曼的话说，古典共和主义是个"大杂烩"，掺杂了柏拉图的再分配思想、波利比乌斯的混合政体理论、萨卢斯特式的对腐化的担忧，以及尤其是亚里士多德对美德的关注。波考克对亚里士多德公民人文主义式的解读，实际上就是贡斯当的"古代自由"的翻版。换句话说，所谓"古典"共和主义也只不过是"雅典"共和主义。由此看来，虽然贡斯当和波考克主张两种截然不同的古今关系，但是他们都忽略了罗马的特殊性，犯了"以希为古"的错误。政治思想史中也有人重视罗马，比如斯金纳所谓的"新罗马"传统。不过施特劳曼也提醒读者，说到底，"新罗马"传统的研究者们真正感兴趣的是早期现代的自由概念，并没有对古罗马的宪制和思想做真正细致和严肃的研究。

施特劳曼自己想要构建一个跨越古今的罗马宪制主义线索，就必须回答三个问题：（1）什么是宪制思想？（2）为什么它是属于罗马的，尤其是为什么它不属于希腊？（3）罗马宪制主义是如何影响后世的？施特劳曼全书的论证精巧复杂，所引材料又庞杂广博，我在这里也只能围绕这三个问题，提纲挈领地概括一下他的基本思想和论证思路，以期对读者阅读的深入有所帮助。

从最宽泛的层面来说，罗马的宪制思想是一套具有规范性等级差异的法律思想。这个规范性等级由宪法（ius）和具体的实定法（leges）所构成。实定法由人民大会颁布，处理具体的政治事宜和法律事务。人民大会的立法标准是人民的意志，但人民的意志往往会受到诱惑或者暴力的干扰，进而颁布一些不义的、相互矛盾的，甚至是损害人民自身利益的法律。相反，宪法的根基并不是人民大会一时一地的偶然决定，而是永恒普遍的自然法和祖先习俗。故而，宪法是刚性的、不能变动的原则。所谓宪制，就是以宪法为根本大法的一套政治制度设计。官员的年限制（annuity）、同僚制（collegiality）以及公民的上诉权（provocatio）等制度，都是保障罗马宪制的具体措施，它们都是为了防止个别公民专权独大，无所限制，通过人民大会为所欲为地破坏既存的制度。

那么，为什么这套宪制思想是罗马的贡献呢？施特劳曼的回答是历史性的：晚期罗马共和国的政治危机提供了一个独特的机遇让宪制思想得以诞生。理解危机的本质是理解宪制思想的关键前提。在施特劳曼看来，晚期罗马共和国的一系列危机都是"宪制危机"，也就是政治强人希望颠倒宪制的等级顺序，确立人民大会立法主权，以此通过有利于自己的制定法来使自己的私人利益"合法化"。在危机的逼迫之下，西塞罗等关心罗马共和国命运的理论家才开始发展高阶法的概念，以期用"不合宪"来取消种种"合法"恶行。

我们可以看几个重要的例子。公元前133年提比略·格拉古诉诸人民来罢免自己的政敌及同僚保民官奥克塔维乌斯，就是一个用制定法挑战同僚制的例子。公元前88年，保民官苏尔比基乌斯通过制定新法的方式剥夺苏拉在东方的统治权以支持其政敌马略，这在苏拉看来，是以制定法的方式行僭主之事，是"不合宪的"。于是苏拉进攻罗马，开启内战，以废除恶法。不过，苏拉自己通过人民大会的立法施行了一系列包括屠杀、财产充公、清算等对政敌的报复措施。公元前82年，苏拉更是指示百人团大会通过《瓦勒瑞乌斯法》自立为无任期限制的独裁官，享有免于被上诉的权利。很明显，苏拉通过低阶的制定法破坏了高阶的宪法，通过操纵人民大会的立法主权来奠定自己统治的合法性。按照西塞罗的评论，这是一个由制定法确立的僭主制。不过，在公元前63年，西塞罗自己又以元老院敕令的方式，在不经审判的情况之下，处死了罗马公民喀提林，这被他的对手们认为是破坏了宪法所保障的公民上诉权。

通过这些例子，我们可以进一步理解施特劳曼的论证思路。宪制思想之所以是罗马的，并不仅仅是因为晚期共和国的政治强人们通过人民大会立法来挑战宪制这个历史事实，更是因为罗马人在理解危机的时候发展出了一套宪制解释的思维方式。换句话说，面对同样的危机，仍可以有其他的解释模式。比如，我们可以说政治的腐化归根结底是美德的丧失，故而重新恢复美德才是解决危机的方案——这就走向了波考克式的公民德性的思路。施特劳曼想要告诉读者的是：无论是通过人民立法来使自己的政治目的"合法化"，还是通过"违宪"来取消不正义的制定法，罗马人都在法律框架尤其是宪法解释的模式下思考危机。

施特劳曼使用了两种材料来佐证罗马人的宪制思维。第一类是他所谓的蕴涵着"宪制主义雏形"的历史编纂学和诉讼演说，第二类则是西塞罗的政治哲学作品。让我们首先来看看施特劳曼对第一类材料的使用。

施特劳曼经常指出，编年史和演说中对早期共和国的宪制及其危机的描述，实际是一种"时代错乱的投射"。也就是说，施特劳曼并不把这些所谓的"早期材料"当作宪制早期起源的历史事实，相反，在他看来，这些材料是后世作家建构出来的，用以表达对自己时代宪制危机的焦虑和反思。比如，李维在记述公元前 5 世纪《十二表法》时，就认为是百人团大会以制定法（lex）的方式通过的，并且认为第十二表的规则"凡是人民发出的最后命令都应具有法律效力"奠定了人民主权这一原则。施特劳曼认为这是李维根据自己的时代经验构建的，强调人民立法至上的"李维原则"恰恰是晚期罗马共和国危机的根源。再比如，李维还记录过一个公元前 439 年独裁官挑战上诉权的例子：执政官昆克提乌斯因为上诉权的掣肘而无法处决叛乱的梅里乌斯，于是就提名辛辛纳图斯为独裁官。当梅里乌斯拒捕并向人民上诉时，被独裁官的骑士长官杀死，辛辛纳图斯认为这种行为合法，因为独裁官不受上诉权的制约。不过，施特劳曼指出，僭越上诉权的权力并不是早期共和国独裁官的特征，而是苏拉之后的独裁官的特征，李维是将苏拉对上诉权的挑战投射到了早期共和国。故而，尽管编年史家们并没有像西塞罗那样系统地论证宪制主义，但是他们对历史的叙述可以间接证明晚期共和国以宪制主义理解危机的思想氛围。

现在我们再来看看施特劳曼对西塞罗思想体系的解读。首先，施特劳曼特别重视西塞罗对"自然状态"的论述。自然状态是一种前政治的状态，故而也可以看作一种政治秩序缺失的状态。施特劳曼认为，晚期罗马共和国实际已经是一种自然状态，因为实定法所规定的政治秩序已经失效。在西塞罗看来，罗马政治秩序之所以失效，是因为其缺乏一个超出其自身的基础，故而，建立更加稳固的秩序之根本在于为其找到一个前政治的标准。西塞罗对自然状态的分析，最终就是实现这个前政治奠基的目的。施特劳曼认为，虽然西塞罗早期作品中的"野蛮的自然状态"十分类似于伊壁鸠鲁 - 霍布斯式的自然状态，但是西塞罗并没有走向"所有的政治秩序都是习俗的"的论点。相反,他认为自然法和人类理性存在于自然状态之中,只是没有被激活,一个良好的政治秩序是把前政治状态中的自然准则"抄写、转录或者法典化"。进一步,西塞罗认为前政治状态中就存在着"私有财产权"(*sua*,意为"每一个人自己的东西"),所以一个永恒的自然法则的实质内容就是对私有财产权的保护,这是政治秩序的目的所在。

其次,施特劳曼指出,西塞罗认为,保护以财产权为核心的个体权利的最佳方案并非是依靠个体美德,而是一个宪制国家。这体现在他对于共和国的定义当中:一个真正的共和国需要"对(宪)法的同意"。在施特劳曼看来,西塞罗并不认为一个符合自然法的良好宪制是不可实现的理论幻想。相反,西塞罗将公元前4世纪的罗马共和国等同于理想宪制在经验世界中的实现,以保护私有财产权为核心的罗马法就是自然法。尤其是,罗马法中存在着法律等级秩序:自然法不同于市民法。市民法或者实定法(*ius civile* 或者 *leges*)必须遵从正义的规范(*aequitas*),就是高阶的宪法(*ius*)。由此,我们可以看到,西塞罗不仅成功地建立起了自然法和实定法之间不可逾越的等级关系,而且用罗马法的正义观念("对私人财产的保护")充实了高阶法的内容。

尽管施特劳曼说明了宪制主义的起源和晚期罗马共和国之间的关系,但是想要完成"宪制主义是罗马特色"的论证,他还必须说明,为什么希腊不存在宪制主义思想。这就牵涉到他对柏拉图、亚里士多德以及希腊法律思想的解读。施特劳曼认为柏拉图的《理想国》有两点不符合宪制主义的特征。其一,美丽城的政治制度完全取决于护卫者的美德,而并非一套相互制衡的宪制体系；其二，哲学家王是有绝对权力的，生产者并没有任何宪制措施去维护自己的权利。同样，《政治家篇》也强调统治者智慧的重要性，服从法律统治的国家从来不是一个最好的选择。虽然《法律篇》看似更加强调法律的作用，但柏拉图仍旧没有放弃最理想的统治形式是依靠统治者的理性而非法律这个基本论点，而且所有的法规的目的事实上是确保公民能够获得幸福生活的必要条件——美德。所以，总体来说，柏拉图对幸福、美德与统治者知识的强调与宪制主义背道而驰。

施特劳曼在反对亚里士多德有宪制主义思想时，提出了一个有趣的论点：对于亚里士多德而言，城邦根据其自然是先于个体的，是具有规范性的自然共同体，也就是说，在城邦之外并不存在区分正义和不正义的标准。从这个角度看，正义本质上是政治性的，而非前政治的。所以，亚里士多德和霍布斯比想象中的接近。从另一个角度说，亚里士多德认为的好的生活必须发生在城邦之中，而且它是一种奠基在美德和理性上的好的习惯，这和宪制主义国家的思路也大相径庭。

在论证罗马宪制主义特殊性的过程中，最难处理的是公元前4世纪雅典演说词中所呈现出来的宪制主义思想，因为它非常接近于施特劳曼所描述的那种法律规范性等级体系。公元前403年雅典民主制重建之后，引入了一系列宪制主义的措施。最重要的举措是区分两种立法程序：人民大会通过制定法（*psephismata*），而立法委员会通过法（*nomoi*）。与制定法的颁布过程相比，法的立法程序更加复杂。故而，法本身也更少变动。从历史实践来看，公元前403年到公元前322年，人民大会通过的psephismata有几百条，但是立法委员会通过的nomoi只有七条。为了保护这种法律的等级性，雅典还设置了

"对与法相悖的制定法的起诉"这一宪制保障措施：如果有人在人民大会动议一个与 nomoi 相违背的 psephismata，那么他将会被起诉，非法的制定法将会被禁止或者废除。可见，雅典宪制已经有了保障法律等级的司法审查的功能。那么，施特劳曼是如何解释雅典宪制主义和罗马宪制主义之间的区别的呢？施特劳曼提供了两个理由。第一，雅典的宪制主义是形式宪制主义，具有非常强的实证主义特色。换句话说，psephismata 和 nomoi 的区别主要奠基在实定法所规定的立法程序的分别上。与之相对，罗马宪制主义则是实质的，因为宪法拥有独立于实定法体系的高阶法源，那就是自然法或者自然正义。其次，从历史影响力来看，公元前4世纪的雅典的宪制主义的影响也只停留在演说词中，而从未被后世思想家所重视。

通过和希腊思想的对比，我们可以看到，罗马宪制主义的特色有二：(1) 这是一种和美德、幸福主义无关的政治设计，其主要的目的在于保护个体权利，尤其是财产权利；(2) 罗马宪制主义并不简单地要求法和制度法的等级区分，而且要求高阶法必须拥有一个前政治的、自然的高阶法源。

现在，让我们转向最后一个问题：罗马宪制主义是如何影响后世的？在本书第三部分，施特劳曼从帝国法学家彭波尼一直讨论到美国国父，以期给读者呈现一个全景式的罗马政治思想的接受史。施特劳曼给我们揭示了罗马思想的两个接受传统：宪制主义传统和反宪制主义传统。我无法在此处概括施特劳曼所涉及的每一位思想家的思想，不过，我可以举几个例子来体现两个传统的基本观点。

在反宪制主义传统中，最具代表性的是奥古斯丁和马基雅维利。奥古斯丁继承了萨卢斯特的思路，认为罗马兴亡都与其拥有的"异教美德"有关系。罗马人通过追逐荣耀的美德建立了帝国，并试图以此克服导致衰败的奢侈。不过，奥古斯丁认为这只是"以恶制恶"。罗马人已经失去了荣耀和正义，只有通过基督教的德性，人们才能重获正义。马基雅维利承接了奥古斯丁的思路，认为罗马帝国的成就来源于罗马人追求荣誉的异教美德。不过，马基雅维利反对奥古斯丁的结论。他认为，人们不应该拥抱基督教真理，因为它让人孱弱。相反，人们应当拥抱世俗荣誉。马基雅维利还把国家的保存视作最高善，并且认为国家在大多数情况下都是处于紧急状态，而共和国永远处于腐败的边缘，故而只要国家得到保存，就可以没有限制地使用绝对权威来重新规整腐败的城市。施特劳曼提醒读者，国家理性传统也"以人民的安全为最高法"，但其内涵与西塞罗的宪制主义完全不同。西塞罗也认同"让人民的安全成为最高法"的想法，不过它的存在是为了设立一个高于现任行政官员的宪制标准来制约执政官。对于国家理性派而言，人民的安全只是"权力的奥秘"，君主可以以"人民的安全"为名义宣布紧急状态从而不受法律束缚，僭越臣民的权利。

宪制主义传统并不把恢复美德当作解决危机的方案。这一传统中的作家所思考的是：如何通过一个高阶法来限制绝对权力？其中，人民主权和行政权力之间的关系是宪制主义传统中的核心问题。

博丹是宪制主义传统中的代表人物。在解释罗马共和国时，博丹首先澄清了独裁官、十人委员会等看似"不受法律约束"的官职其实受到宪法的约束。独裁官并不是主权者，只是代理者，他们并不拥有权力，而是保管权力，而且他们受到任期和上诉权的限制。同样，十人委员会也不是主权者，而是具有任期限制、受到法律制约的官员。真正的主权者是人民，而"上诉权"——罗马公民最大和最重要的特权（summum ius）——是人民行使主权的核心方式。在君主问题上，博丹采取了用契约法和代理理论来限制绝对君权的思路。君主以"契约授权"的方式从人民那里获得了权力，但是"契约授权"本身所依赖的契约法并不在主权君主的权力之内，它是类似自然法的。在博丹看来，即便真正的主权者不受任何制定法的限制（legibus solutus），但是主权者必然要受到一个接近宪法地位的"合同法"的束缚。主权者是其治下发生的所有契约的担保者和执行者，如果主权者自己"不受到契约的约束"（pactis solutum），那么主权者的核心功能就没有办法发挥出来，相当于自毁根基。博丹的这个论点来源于晚期罗马共和国的经验：作为主权者的人民大会不断通过制定法的方式创造僭主、破坏私有财产，从而破坏宪制规范；主权者接管国家的日常管理，这是需要受到限制的。在博丹看来，主权者应当通过由法律任命的官员来行使他的主权，而不是通过任命独裁官或授予超常权力的方式来干预国家日常运作。晚期罗马共和国的教训是：主权者不应该直接进行日常管理，他的任意意志应被罗马契约法所规定，他的立法权力应被公法（ius publicum）所制约。

通过接受史的部分，我们可以看到，施特劳曼再次强调了美德并不在宪制主义的考量中。一个良好的宪制不需要假设统治者或者被统治者的美德，其主要目的也不是教育而是制衡。从这个角度来讲，宪制主义是一种可以统摄晚期罗马共和国政治思想和现代自由主义的一条线索。

施特劳曼对这部书寄予厚望，希望它能够在"古代史、古代哲学、政治思想史、法律史、早期现代研究甚至早期美国研究"中找到读者。事实上,这本书确实在这些领域激起了广泛的讨论。我在这里择要摘录几个不同方向的批评,供我们的读者参考。芝加哥大学古代史家和罗马法学者克里福德·安藤(Clifford Ando)认为,虽然施特劳曼声称要重视罗马政治思想的"历史背景",但实际上他在书中所做的仍是一种对西塞罗规范性理论的分析。施特劳曼几乎忽视了他最应该重视的"背景"——罗马公法的实际历史。公元前2世纪所存的涉及重要问题(限制官职权力、限制国家对财产权的侵犯等)的法律材料,施特劳曼都完全没有重视。[1]剑桥大学的古典学家和政治思想史家马尔科姆·斯科菲尔德(Malcolm Schofield)则认为,施特劳曼对西塞罗哲学的处理也有偏颇。比如,施特劳曼有意或无意地忽视了西塞罗把共和国兴亡寄托在有德政治家上的思想。而且,斯科菲尔德并不认同施特劳曼把西塞罗对共和国的定义中的 *ius* 解读为"宪制规范体系",因为从原文来看,此处的 *ius* 很简单地指正义。斯科菲尔德也同样不满施特劳曼对希腊政治哲学的处理。他认为施特劳曼对柏拉图不涉及宪制思考的《理想国》和《政治家篇》大做文章,却在极其相关的《法律篇》上仅给出只言片语。在亚里士多德的问题上,斯科菲尔德认为没有一个研究过亚里士多德正义观念的读者会同意亚里士多德只有一个"描述性的、实证的宪制观念"。[2]在接受史的

---

[1] Ando, Clifford, Review of *Crisis and Constitutionalism: Roman Political Thought from the Fall of the Republic to the Age of Revolution* by Benjamin Straumann, *Phoenix,* vol. 72, no. 3/4 (2018): 395-397.

[2] Schofield, Malcolm, Review of *Crisis and Constitutionalism: Roman Political Thought from the Fall of the Republic to the Age of Revolution* by Benjamin Straumann, *The American Historical Review,* vol. 122, no. 1 (February 2017): 225-226.

部分，学者们也提出了疑问。塔夫茨大学早期现代政治思想史家薇琪·沙利文（Vickie Sullivan）就认为，施特劳曼把马基雅维利归入反宪制主义传统的美德派是有失公允的。事实上，马基雅维利在《论李维》当中提出了大量施特劳曼意义上的宪制主义思想。[3]这些批评与我在翻译过程中的感觉是相符合的，施特劳曼的这个罗马故事之所以可以讲得如此漂亮（甚至有些荡气回肠），恰恰是因为他"精心选择"了材料。我相信，这本译著出版之后，以中国学界在"古代史、古代哲学、政治思想史、法律史、早期现代研究以及早期美国研究"的积累，也一定能提出不少属于我们自己的批评。

不过，我时常想象，假设施特劳曼立论平实中庸，谈一些希腊罗马之间的共同之处，那么就不会引起我们对古典世界内部差异问题的关注。假设他面面俱到、力求公允，那我们也只是获得了一部无聊的教科书，而看不到这样一条跨越近两千年，牵涉数十位思想家的宏大线索。只有一部极具野心的作品，才能激发各领域的思考。中国学界之所以今日在古代哲学、政治思想史、早期现代研究等领域方兴未艾，或许恰恰是因为几部极具影响力的长时段的研究。从更大的角度来说，我们对于古今线索的关心来源于历史性研究的时代焦虑。换句话说，今日之我们为什么要花时间去看一部有关公元前2世纪的古罗马共和国的法和制定法的区别的研究？我们为什么要关心晚期罗马共和国人民大会的无限制立法和危机的关系？在我看

---

[3] Sullivan, Vickie B., "Straumann's Roman constitutionalism and Machiavelli's commentary on the Roman Republic", *Global Intellectual History*, vol. 4 (2019): 250-260.

来，政治思想史，仍旧是目前对这个焦虑最好的回应。所以，让我们借用一句施特劳曼十六岁时看完莱斯克·科拉科夫斯基（Leszek Kołakowski）的《马克思主义的主要潮流》（*Main Currents of Marxism*）后的一句感悟吧："思想史，只要做得恰当，就是行动之所在。"

本书的初稿由我翻译，再由夏尔凡校译改订。翻译过程中，得到了孔元、顾枝鹰、吴景键、肖京、陆炎、黄文力等学友的帮助和支持。没有王晨晨和苏诗毅两位三联编辑多年的鼓励和容忍，这部译著恐怕已经胎死腹中了。我和尔凡都觉得，虽然我们尽了自己的一些努力，但其中一定仍有不少错误和纰漏，也请各位读者包涵指正。

方凯成

2024 年 3 月 14 日　于芝加哥

前言与致谢

那些生活在宪制秩序中的人，往往会把罗马宪制思想所发展出来的理念视为理所当然。宪制主义，就像疫苗的接种一样，永远存在着反受自身成功之害的危险。但是，罗马共和国最后一个世纪的作家和思想家们都清楚，政治秩序可能而且确实会崩溃。罗马共和国的危机和最终的崩溃是欧洲政治和思想史上的关键时刻之一。这一庞大而成功的共和政治秩序是如何失败的，又为何会失败？从西塞罗和他同时代的人开始，这个问题引起了一些最优秀、最有趣的政治思想家的兴趣。一些古人已经提出了一种颇具影响力的答案：奢侈、腐败和美德的丧失是罪魁祸首。然而，在罗马历史学中，在波利比乌斯的著作中，尤其是在西塞罗的一些哲学性著作中，潜伏着另一个非常不同的答案：共和国晚期的危机是宪制的危机，而且只能靠宪制手段解决。宪制秩序的理念是一种基于规则和制度的政治秩序，这些规则和制度本身不受政治程序的制约，比单纯的立法更牢固，并且建立在实质性的、而不仅仅是程序性的规范性理由之上——这种思想在政治思想史上找到了回声，既作为罗马共和国危机的结果,也是对罗马共和国危机的一种回应。

罗马的宪制思想可以建立在一种萌芽的宪制主义之上——罗马共和政治秩序及其高度法律化的政治讨论暗含了它。西塞罗的著作进一步发展并明确了它,14世纪以来所有倾向于罗马共和秩序而非帝国的政治思想家中都有它的敏锐听众。对于那些想要寻求政治秩序问题的宪制药方的思想家来说,罗马共和国的衰落仍旧是他们关注的中心。让·博丹(Jean Bodin),通常被误解为一位纯粹的专制主义思想家,实际上是从共和国危机中诞生的罗马政治思想传统的重要阐释者,正是博丹确立了那些非常罗马式的语言,通过这些语言,孟德斯鸠和启蒙运动的思想家们开始研究解决现代大国(即商业共和国)的稳定问题和正义问题的方法。即使那些通常不被认为用历史实例来论证的思想家,如霍布斯或洛克,也表现出本书所述的罗马传统的特征。那些主要着眼于美德的人(无论是出于工具性-政治性的原因还是由于对美德自身即幸福主义的关心)和那些关注宪制思想的人之间的张力从未消失。无论学者们对卢梭遗产的争论最终产生了怎样的结果,这个日内瓦人对美德的兴趣和投入与一些法国革命者〔特别是山岳派(the Mountain)〕对美德学说的笃信(蔑视形式性的制度和宪制保障)是类似的。但是,出人意料的是,传统上被认为是拥护共和美德的思想家中,有相当多的人,比如马尔卡蒙·尼德汉姆(Marchamont Nedham)、詹姆斯·哈林顿(James Harrington)、沃尔特·莫伊尔(Walter Moyle)、特伦查德(Trenchard)和戈登(Gordon)或约翰·亚当斯(John Adams)等人,竟然变成了本书所描述的那一脉有影响力的思想的继承者。对他们来说,若要正确理解罗马的政治思想,就得把它理解为一种宪制思想。

对于像博丹、孟德斯鸠和美国宪法的联邦主义立宪者这些人来说就更是如此，他们从不对美德有太高热情，更别提笃信。

对于那些熟悉德语学界古代和欧洲思想史研究的人来说，本书书名的弦外之音是很明显的。它多少有些曲折地回应了克里斯蒂安·梅耶（Christian Meier）和莱因哈特·科塞勒克（Reinhart Koselleck）在其具有影响力的作品中所提出的一些关注和论点，并对其进行了反驳，但这绝不是本书的主旨。相反，我在这里试图从一个新的角度来探讨古代史学中的一个关键话题，并将其与古代接受史联系起来。古代的接受史提供了本书的骨架与坐标，虽然它只占全书三分之一的篇幅。这意味着本书要试图描述古代历史的一个关键时期以及在这个时期诞生的观念，与此同时还要尝试写一部长时段的宪制思想的历史，力图弥合古典时代、文艺复兴和启蒙运动之间的鸿沟并建立一些桥头堡。我希望，它能在古代史、古代哲学、政治思想史、法律史、早期现代研究者甚至是早期美国研究者中找到听众，而不是落得一个四不像（falling between several chairs）。我似乎有必要先简单地解释一下本研究中所提出的思想与我之前的一本书《自然状态中的罗马法》（Roman Law in the State of Nature，该书关于雨果·格劳修斯对罗马法的运用）中所探讨的思想之间的关系。我在该书中提出，格劳修斯（和其他自然法学家及苏格兰启蒙思想家一样）非常广泛地援引了罗马的法和罗马的伦理，试图建立并为一个世俗的、普世的规范性秩序辩护。格劳修斯的理论从来就不是狭义上的**政治**理论，也就是说，它不是一种处理国家、政治制度及其理由的理论（当然，它对狭义的政治理论有直接的、非常重要的影响）。相反，它为自然状态（即前政治领域或**超**政治领域）提供了一种正义理论。相比之下，本书所探讨的思想则是狭义上的政治思想，直接源于历史上最显赫的政治秩序之一——罗马共和国——的危机和衰落。

本书是我在 2015 年秋季提交给苏黎世大学文学和社会科学学院的大学特许任教资格论文（Habilitationsschrift）的修订版。在写这本书的过程中，我受惠于很多人和机构。我仍深深记得 1999 年在苏黎世大学的一个由克里斯蒂安·马雷克（Christian Marek）所指导的、包括维克多·瓦尔泽（Victor Walser）在内的非常小的读书组，我们阅读亚里士多德的《政治学》，这加强了我对宪法问题的兴趣。我非常感激彼得·甘西（Peter Garnsey）和大卫·吕弗（David Lupher），他们对整篇草稿提出了非常宝贵的意见。安德鲁·林托特（Andrew Lintott）和于尔根·冯·恩格恩-斯特恩伯格（Jürgen von Ungern-Sternberg）阅读了许多章节的草稿并提出了意见，他们对我的工作给予了极大的帮助和鼓励。本尼迪克特·金斯伯里（Benedict Kingsbury）对我的工作提供了坚定不移的支持，而纽约大学法学院也是我进行研究的机构。瑞士国家科学基金会为这个项目提供了可观的高级研究人员学术奖学金。早先，我就从与伊丽莎白·梅耶尔（Elizabeth Meyer）的评论和通信中获益匪浅。维尔弗里德·尼佩尔（Wilfried Nippel）邀请我参加在赫尔辛基举行的会议，帮助我阐述了自己的想法，而帕斯夸尔·帕斯基诺（Pasquale Pasquino）则是我讨论独裁和紧急权力的最佳人选。我感谢克里斯托弗·布鲁克（Christopher Brooke）、莱斯利·格林（Leslie Green）、安德鲁·林托特和弗格斯·米勒（Fergus Millar）为我 2009 年的牛津访学提供了便利，而很幸运的是，一贯支持我的项目的比特·纳伊富（Beat

Näf）邀请我回苏黎世执教一个研讨班，且让我在2012年做了一系列讲座，使我能够进一步阐述我的观点。2013年，我在罗马的法兰西学院和美国学院馆藏丰富的图书馆里写了几章。在宾夕法尼亚州伊利市举行的古代历史学家协会会议以及在巴塞尔大学和伯尔尼大学举办的讲座，让本书的部分内容获得了一批感兴趣的批判性听众。我要特别感谢瑞恩·巴洛（Ryan Balot）、斯特芬·雷贝尼奇（Stefan Rebenich）、阿尔弗雷德·施密德（Alfred Schmid）、塞巴斯蒂安·施密特-霍夫纳（Sebastian Schmidt-Hofner）、托马斯·斯派思（Thomas Späth）和卢卡斯·梭曼（Lukas Thommen）的讨论、批评和发言邀请。我与乔伊·康诺利（Joy Connolly）、米歇尔·洛丽（Michèle Lowrie）、安德鲁·孟森（Andrew Monson）、迈克尔·皮金（Michael Peachin）和凯乌斯·托里（Kaius Tuori）在纽约大学古典学系的罗马政治思想和法律史的非正式聚会上分享了许多关注点，他们帮助我理清了思路。金奇·霍克斯特拉（Kinch Hoekstra）、马尔蒂·科斯肯涅米（Martti Koskenniemi）、埃里克·纳尔逊（Eric Nelson）、克里斯·沃伦（Chris Warren）和亚瑟·韦斯特斯汀（Arthur Weststeijn）回答了我的问题，提供了建议和反馈。弗雷德里克·韦尔瓦（Frederik Vervaet）和托比亚斯·沙夫纳（Tobias Schaffner）也是我的同事，与他们的交流让我备受鼓舞。丹尼尔·李（Daniel Lee）非常慷慨地与我分享了他即将出版的《早期现代宪法思想中的人民主权》(*Popular Sovereignty in Early Modern Constitutional Thought*)一书的手稿，我对博丹的解读显然要归功于他的见解。我还应该提到大卫·戴岑豪斯（David Dyzenhaus）的著作所提供的灵感，这远不止本书中所引用的他有关霍布斯的学术研究。大卫对魏玛的宪制思想的学术研究对本书有着重要的间接影响，卡尔·迪特里希·布拉舍尔（Karl Dietrich Bracher）的著作也是如此。不用说，这些被提到的学者都不会认可我的所有论点；所有遗留的错误都是我自己的。我还要感谢我的编辑斯蒂芬·弗兰卡（Stefan Vranka），他从未停止过对这个项目的支持。我还要感谢匿名的审稿人和我的编辑安德鲁·戴克（Andrew Dyck），他的博学使得这本书变得更好。我非常感激我能获得许可再次使用以前发表在《政治思想史》的"晚期罗马共和国的宪制思想"一文中的材料["Constitutional Thought in the Late Roman Republic," *History of Political Thought* 32, 2（2011）: 280-292]。

安娜-玛丽亚·冯·罗施（Anna-Maria von Lösch）和恩佐·弗朗克（Enzo Franco）在罗马提供了酒、餐点、谈话和陪伴；在纽约，是贾沙·普鲁斯（Jascha Preuss）、娜奥米·沃尔芬森（Naomi Wolfensohn）、阿里埃拉（Ariella）和塔尼（Tani）；在巴塞尔，有托姆塞（Thömse）、简（Jane）和罗恩·沃尔夫（Rowan Wolff）；在阿劳（Aarau），则是狄埃姆斯（Diems）夫妇。和安德烈亚斯·吉尔（Andreas Gyr）的友谊一直是思想、谈话、支持和交流的重要而长久的来源。在我十六岁生日时，我的父亲布鲁诺送给我一本莱斯克·科拉科夫斯基（Leszek Kolakowski）的《马克思主义的主要潮流》（*Main Currents of Marxism*），科拉科夫斯基这本引人入胜的书让我相信，思想史，只要做得恰当，就是行动之所在。我父亲的直觉是正确的：比起他自己的兴趣和天赋——音乐——来说，思想史是更适合我的活动领域。他的品位、异于寻常的宽宏大量、热情和机智，无论怎样形容都不为过。我的母亲露丝对一切与文学和思想有关的事物都很感兴趣，也非常支持我。我的兄弟们，提尔（Till）和帕特里克（Patrick），很早就帮助我磨炼了论证能力。尽管他们以及阿德里亚娜（Adriana）、埃利埃（Élie）、雅尔（Yael）和阿布里尔（Abril）和我天各一方，但却不断地给我友谊和寄托。伊娃（Eva）和新生的布鲁诺给予的是无与伦比的、我能想到的最好的陪伴。

本杰明·施特劳曼

纽约市，2015年9月28日

导论　罗马共和国的衰落与宪制思想的兴起

> 难道有人会如此冷漠和懒惰，以至不想去了解整个世界如何在不到 53 年的时间里就被罗马人单独统治了（这是史无前例的），以及这又是源于什么样的政制（τίνι γένει πολιτείας）吗？（波利比乌斯，1.1.5）

> 忒拜人的胜利的原因并非他们政制的结构（ἡ τῆς πολιτείας σύστασις），而是他们领袖的美德（ἡ τῶν προεστώτων ἀνδρῶν ἀρετή）……对于雅典城邦，我们也应当如此看待。（波利比乌斯，6.43.5-6.44.1）

古代罗马共和国的非凡影响力并不局限于古代（classical antiquity），也不局限于其势力所及的广大地理范围之内。在历史事件与制度以及政治和法律观念两个方面对西方政治历史影响深远的，是罗马，而非雅典；那个被认为是极为成功、持久、稳定、自由的共和国的缩影的，是罗马，而非雅典；源远流长的宪制思想（即有关限制立法权威和行政权力的思想）产生的原因是罗马,而非雅典。简而言之,在西方后来的政治思想史上,罗马共和国——而不是任何希腊城邦(poleis,除了斯巴达之外)——才是那个用以思考宪制政府的合适的研究对象。罗马在政治和法律思想上的这种非凡影响力至少持续到了19世纪民主制(包括雅典民主制)的复兴之时。[1]

从波利比乌斯开始,人们在政治思想史上对于罗马共和国最为关心的就是其宪制设计。最重要的是,本项研究认为:早于公元前1世纪起,越来越多的著作关心共和国的危机与衰亡,从宪法的角度描述罗马共和秩序(republican order)的终结,把危机描述为宪制危机并把宪法作为解药。这些著作的焦点,正是罗马共和国的宪制。西塞罗的理论著作、诉讼演说(forensic oratory)以及庭议演说(deliberative oratory)都吸收了这种宪法精神并包含着许多只可被称为宪制论争(constitutional argument)的内容;李维以及其他历史学家的历史著作也都用早期共和国来影射其时代的宪制论争[这些辩论的议题包括:共和宪制中的多种权力和权威的恰当边界以及对紧急权力(emergency powers)的恰当使用]。正是罗马共和国的危机激发了对宪法和超宪法的暴力与权威(extra-constitutional violence and authority)之间界限的宪制反思。对当时的人来说,共和国宪制的失败以及随后从共和国到元首制的转变是最需要解释的问题。而这个解释,在罗马人以及后来的西方政治思想家看来,必须到对宪法权力的合理界定中去寻

---

[1] 关于斯巴达,见 Rawson, *Spartan Tradition*。对于雅典的影响,参见 Roberts, *Athens on Trial*。更为一般性的研究,可参见 Nippel, *Antike oder moderne Freiheit*; Straumann, "Review Nippel"。

求。在面对真正的或者号称的紧急状态时，有关宪法权力的范围的辩论就变得格外相关并且激烈，因此这些以紧急权力和例外权能（emergency powers and extraordinary competencies）为中心的宪制辩论自然会成为我们关注的核心。我们不会带着"共和"的兴趣去关心早期共和国未被败坏的美德，相反，我们对于晚期共和国的宪法危机及其最终的失败有着浓厚的兴趣。

罗马共和国的制度以及（最为重要的）罗马共和国的政治与宪制思想的独特贡献，正逐渐被"古典共和主义"这个标签下的政治思想史所掩盖，因为"古典共和主义"就是一种将希腊、罗马的各式成就搅和在一起的"大杂烩"。至少在两次世界大战间隙，政治思想史的学术研究就特别忽略罗马时期的观念。[2] 那个被政治思想史家称作"古典共和主义"的东西混杂了柏拉图对再分配的冲动、波利比乌斯所谓的混合政体理论、萨卢斯特式的（Sallustian）对腐败的担忧，以及最重要的亚里士多德对美德的关注。然而，这一概念对罗马的特殊性不够敏感，故而钝化了我们的概念工具，并且把水搅得相当浑浊。除了昆汀·斯金纳（Quentin Skinner）、菲利普·佩蒂特（Philip Pettit）、毛里齐奥·维罗利（Maurizio Viroli）、埃里克·纳尔逊等人对共和主义以及"新罗马"国家理论的一系列开创性的著作（这些是重要的例外之作），"古典共和主义"一词往往被过于宽泛地使用，以至于不但雅典、斯巴达这样的希腊城邦（city-states），其他更小的希腊城邦（poleis）以及罗马的制度

---

[2] 可参见和我的研究路径非常不同的一些研究：Hammer, *Roman Political Thought*, ch. 1; Kapust, *Republicanism*, ch. 1; Hammer, *Roman Political Thought from Cicero*。另见 Straumann, "Review Hammer"。

现实都可以被容纳在内，就连由这些共和国（commonwealths）产生的政治思想也可以被装进去。

这样一个"大杂烩"的缘起，与邦雅曼·贡斯当（Benjamin Constant）1819 年在巴黎皇家学院发表的著名演说"古代人和现代人的自由"有着很深的渊源。这篇演说本身就是一个最为重要且最具影响力的传统的产物。这个传统起自亚当·弗格森（Adam Ferguson）和孔多塞侯爵（Marquis de Condorcet），[3]它认为古代的自由和现代的自由之间有着界限分明的区别：一边是缺乏个人权利（individual rights）的古典时代，另一边则是把权利作为自由之基础的现代。曾受教于爱丁堡的贡斯当吸收了他的苏格兰先辈们已经接受的区分，即古典时代的军事城邦（the martial polities）与现代商业社会（commercial societies）之区分。对于贡斯当而言，这对应于古代自由（即意味着真正的政治参与）与现代自由（对"个人享受"的制度保障，即以"个体权利"限制政府范围）之区分。这种区分对 19 世纪的历史编纂学以及自由主义政治思想产生了极大的影响，在福斯泰尔·德·库朗热（Fustel de Coulanges）、雅各布·布克哈特（Jacob Burckhardt）、阿克顿勋爵（Lord Acton）以及马克斯·韦伯的著作中都可以找到它的影响。[4]当然，贡斯当也注意到了古典时代有不同的图景：雅典因其对贸易的开放态度，

---

[3] 见 Ferguson, *Essay*, p. 156; Condorcet, *Sur l'instruction publique*, p. 47。前者关于古典时代的论述，见 McDaniel, *Ferguson*。

[4] 见 Nippel, *Antike oder moderne Freiheit*, pp. 201-221；同前，"Antike und moderne Freiheit," pp. 49-68。这个传统的影响，见 Podoksik, "One Concept"，贡斯当的看法在某种程度上与阿拉斯代尔·麦金泰尔（Alasdair MacIntyre）所呈现的伦理学史互相对应，只不过贡斯当看作进步的地方被麦金泰尔看作前现代美德的衰败。见 MacIntyre, *After Virtue*。

"相比于斯巴达或罗马,允许其公民拥有远为广阔的个人自由"。然而,贡斯当并未把这种差异化归功于雅典的宪制特色。从宪制的角度而言,古代城邦都被贡斯当搅在一起:它们都缺乏对个体独立的尊重,所有的个体行为都屈从于"立法者的帝国"(the empire of the legislator)。[5]贡斯当由此认为,古代宪制世界基本上无甚大区别,进而把"古代的自由"和"在集体权力(collective power)中的积极、常态的参与"等同起来。因此,他指责古代世界(作为一个整体)错把"社会体(social body)的权威当作自由",并且让全体公民都服从于"让国家成为主权者"这个目标。[6]与之相反,在贡斯当的时代,"个体有着社会必须尊重的权利"。[7]这就给"立法者的帝国"施加了限制:法律,尽管比人的专断权力(arbitrary power)更加可取,但亦有其界限。[8]

当然,贡斯当绝非第一个把古代世界当成一个整体的人。我们可以举出霍布斯,他认为,所有的希腊和罗马的政体都是民主国家(popular states),古典作家们所描述的自由并非"个别人"的自由,而是"政治体的自由"(Libertie of the Common-wealth)。[9]自由宪制主义正是从这个传统当中生长出来,旨在保卫个体权利,而其中最重要的权利就是私有财产权。设计这些保障制度就是针对贡斯当所谓的"立法者的帝国",无论这立法者是人民、贵族还是君主。

---

[5] Constant, "Liberty," p. 319.
[6] 同上书,p. 318。
[7] 同上书,p. 321。
[8] 同上书,p. 320。
[9] Hobbes, *Leviathan*, vol. 2, ch. 21, p. 332.

在一场或可被称为是新的"古代人与现代人的争论"中,"古典共和主义"这个词已经被附加到了许多古代的事物和观念上面,并且通常更偏重于古代希腊城邦。受过古代史训练的保罗·拉赫(Paul Rahe)在其《古代和现代的共和国》(Republics Ancient and Modern, 1992)——一部比较政治学的长篇大作——中强调:"古希腊共和国与现代共和国之间的那条鸿沟是相当深的。"这个结论是非常贡斯当式的。[10]然而这一贡斯当式的结论却是值得怀疑的,因为拉赫的推论方法相当避重就轻——闭口不谈本可以弥合古今共和国之间的裂缝的那个共和国:罗马。尽管拉赫在两年后的《古代和现代的共和国》的平装本序言中承认,一个人"如果不考虑罗马的制度与法律,就无法充分理解早期现代欧洲为自治(self-government)而斗争的历史",并且承认"古代罗马的优先性无疑是可以辩护的";但是,他仍旧总结道:"就现代政治对古希腊政治思想反思、借鉴以及回应的程度而言,希腊必须被赋予首要地位。"[11]而这种论断无疑回避了问题的实质,因为他说的"程度"(extent)才是关键所在:在何种程度上,现代政治思想是参考并回应古希腊人的,在何种程度上它又是参考并回应古罗马人的?进一步言之,难道不正是因为几乎所有希腊政治思想中都具有的那种根深蒂固的反民主特质,西方政治理论才被引向罗马共和国的范例和观念吗?如果是这样,罗马难道不才应该被赋予首要地位吗?

然而,拉赫却回避了罗马共和国,对贡斯当所提出的那

---

[10] Rahe, *Republics*, p. 19.
[11] 同上书,*The Ancien Régime*, p. xxiii。

个"古代和现代的共和国"的视角亦步亦趋。借用一位批评者的话，他不过就是以浩繁卷帙"重印"（reprint）了贡斯当的三言两语。[12]与此相对，杰出的罗马史家弗格斯·米勒（Fergus Millar）则许诺给予我们一部当下急需的有关西方政治思想史中的罗马共和国的研究。米勒试图通过他的《政治思想史上的罗马共和国》（*The Roman Republic in Political Thought*，2002）择要地考察罗马共和宪法的后世影响：从亚里士多德可能会对罗马共和国的评论、波利比乌斯、晚期希腊作家、马基雅维利、马尔卡蒙·尼德汉姆、詹姆斯·哈林顿、约翰·弥尔顿、孟德斯鸠、卢梭一直讨论到美国国父们。说到底，米勒关心的是追寻他自己所认为的罗马共和国的民主特色。但他书中所讨论的这些作家却并不持有这个观点，这使得他的这部书看起来就有点奇怪。一位评议者不无讽刺地评论到，米勒费劲解释了半天为什么如此之少的人认为罗马共和国是民主的，就像是"夏洛克·福尔摩斯对看门狗在案发当晚竟没有吠叫大做文章"一样。[13]

本研究因此或被看作是对弗格斯·米勒和保罗·拉赫之重要研究的有力补充。但和米勒不同，我并不试图寻找罗马共和国所谓民主制度的回响；相反，我意在说明我所认为的罗马对于政治思想史的核心贡献：宪制主义、对前政治的权利（pre-political rights）以及对公民权利（civil rights）的关注，还有与此相关的（与希腊人对正义的思考迥异的）政治正义（political justice）观。同样，本项研究很可能被认为是给

---

[12] Nippel, *Antike oder moderne Freiheit*, p. 335 ("Neuauflage").
[13] Zetzel, "Review Millar."

保罗·拉赫在《古代和现代的共和国》中讨论的那些希腊的范例再添上一个罗马政治思想。然而,和拉赫"重印"贡斯当的做法相反,我想要展现罗马共和国衰落之时所发生的宪制危机是如何催生出宪制思想的,而这个宪制思想展现出很深的预示自由主义的贡斯当式关切,比如立法权的界限、人民主权等主题。的确,晚期罗马共和国的宪制思想中最有趣也最独特的地方在于其对主权的关注——它的来源、它的界限、它的机构载体,以及它瓦解的后果。米勒强调晚期罗马共和宪制中的民主因素是有吸引力的,因为他给予波利比乌斯对宪制之解释其所应有的关注。但是,波利比乌斯自己的结论却是非常悲观的,[14]并且在规范性层面与米勒的结论完全不符。波利比乌斯曾预言:"罗马最民主之日,也就是最腐败之时。"[15]

而罗马宪制的相关论争,在关于紧急权力的讨论中就变得尤其重要:每当紧急状态的合宪性处在风口浪尖的时候,每当超常权力(extraordinary commands)、独裁权(dictatorships)以及破坏公民权的合法性遭到质疑的时候,罗马宪制论争及其背后的宪制理论就会试图决定主权何在。而这也就要求我们讨论独裁权制度、超常规权力(imperia),以及将对上诉权(provocatio)的侵犯合法化的种种尝试。

贡斯当把古典宪制理想(constitutional ideals)的复兴与法国大革命后的恐怖时期以及雅各宾派对希腊和罗马模式的复兴联系起来。在其"古代人和现代人的自由"的演讲中,他已经把目标确定为:遏制任何后拿破仑时代遗留的模仿古代

---

[14] Polyb. 6.57.9.
[15] Zetzel, "Review Millar."

共和国的热情［或者至少是模仿一些"共和旧制"（republican usages），诸如雅典的陶片放逐法（ostracism）或者罗马的监察官制度（censorship）］。贡斯当的论点主旨非常清晰地展现出了现已成为陈词滥调的那种古代共和主义和自由主义之间的对立。这种对立是大多政治思想史的突出特征，同时也充分体现在美国革命时期与共和国早期的历史学当中。

美国政治思想史确实在很大程度上依赖于古代共和主义与自由主义之对立。这两个概念被用来展现建国时期的政治思想从古典共和主义到现代自由主义的转变。虽然历史学家对政治思想上的年代划分已有异议（晚期殖民地和早期美国的界限），但是这两个概念的可信度（integrity）却从未被质疑。在《美国革命的意识形态起源》（*The Ideological Origins of the American Revolution*，1967）一书中，伯纳德·贝林（Bernard Bailyn）坚称古典共和主义对国父们的政治思想仅发挥了微乎其微的作用，它只是以英国辉格派传统为中介，[16]间接地为国父们提供了资源。[17]而另一派历史学家则跟随戈登·伍德（Gordon Wood），力主古代共和主义在革命时期有重要地位，[18]直到1787年发生"从共和主义到自由主义的……文化"的"转变"。[19]几年后，约翰·波考克（John Pocock）进一步强调了古典共和传统之于早期建国阶段（the early national

---

［16］ Bailyn, *Origins*, pp. 22-54.
［17］ Wood, *Creation*, pp. 48-53.
［18］ 同上书，p. xii。
［19］ 同上书，p. 609。关于南方"古典"共和主义和一个"拥抱现代性的"新英格兰共和主义的区别，参见 Shalev, *Rome Reborn*, p. 113。

period)的重要意义。[20]正如我们所见,虽然保罗·拉赫在《古代和现代的共和国》一书中承认古代和现代的共和主义都有"一个精心设计的混合政体"[21],但到最后仍旧坚持:"古代共和主义"和"现代自由主义"之间存在着鸿沟。

同样的描述也适用于更大范围的共和主义思想史,古典共和主义与现代自由主义之对立也在此发挥着作用。的确,正如斯蒂芬·霍尔姆斯(Stephen Holmes)所言,"现代政治理论史正被重构为两种相互竞争之传统——自由主义和共和主义——的斗争史"。[22]在昆汀·斯金纳的作品里,这场斗争以一场关于社会的宪制框架是否影响其成员个体自由的辩论的面貌出现。对于斯金纳所谓的"新罗马理论家们"来说,答案是肯定的;而对于他们的批评者(霍布斯以及后来的以赛亚·柏林)来说,答案是否定的。在斯金纳看来,共和主义的阵营因此扩大,不再局限于严格意义上的共和主义作家,所有支持非绝对主义宪制设计的人均可被纳入进来。斯金纳的"新罗马理

---

[20] Pocock, *Machiavellian Moment*. 对波考克的批评,尤其是强调与"亚里士多德的希腊"对立的哈林顿的共和罗马的重要性,见 Fukuda, *Sovereignty*, pp. 8, 123-126; Hexter, "Review Pocock," pp. 330-337. 后者指出了英国人的自由和财产的语言并且把这种"古代宪制主义"追溯到《大宪章》传统〔它是一种"中世纪版本"(p. 333)〕,而且最终追溯到一种"斯多亚概念和罗马法的实践性的集合"(p. 332)。的确,这种传统在思想上接近于本书所讨论的罗马传统,但是在历史上它们是不同的;其差异可以见 Appleby, *Capitalism*, pp. 16-22,其中写到,美洲的殖民反抗首先诉诸的是英国人的权利,接下来才转变为一个更为抽象的宪制主义概念——也就是这本书中所描述的那种受到罗马共和国衰落所激发的宪制主义,见本书的结语。

[21] Rahe, *Republics*, p. x. 想要了解一种正确的对共和与自由区分的矫正,见 Sullivan, *Machiavelli*. Shalev, *Rome Reborn* 有效地展现了古代经典(尤其是它们的历史思想)对美国革命的影响。

[22] Holmes, *Passions*, p. 28.

论家"的名单里包括哈林顿、马基雅维利、弥尔顿、尼德汉姆、内维尔（Neville）以及西德尼（Sidney）。通过将个体自由（免于奴役）和自由国家（不屈服于僭主统治）相类比，这些人都把个体自由视作"自由国家"存在之条件。[23]

为了强化霍布斯的自由概念与共和主义、"新罗马"式自由概念之间的对立，斯金纳在《霍布斯与共和主义自由》(*Hobbes and Republican Liberty*, 2008) 一书中再次强调，霍布斯所反对的观点正是那些"民主的绅士"（Democraticall Gentlemen）所捍卫的——自由地生活等同于生活在一个非君主制的共和国，也即在君主制下不可能自由地生活。然而，斯金纳对霍布斯《利维坦》中自由概念的解读显得有些牵强、狭隘。他给予霍布斯所谓"自由的专属意义"（the proper sense of liberty）过多的强调，却忽略了一个事实：霍布斯在讨论臣民的自由（the liberty of subjects）以及政治自由（political liberty）的时候，似乎并没有遵从这个"专属意义"；相反，他认为，自由是指免于法律与契约的"人为锁链"（artificial chains）之自由，也就是贡斯当所谓免于"立法者的帝国"之自由。[24]

更进一步来说，《利维坦》中的自由概念以各种方式限制着主权者（sovereign）：如果主权者命令臣民不得使用食物、空气、药品"或者其他生命所必需之物"，那么臣民有不服从的自由。[25] 臣民有不起诉（accuse）他们自己的自由，当

---

[23] Skinner, *Liberty, passim*. 亦可见 "Negative Liberty," p. 203。
[24] 见 Gert, "Review Skinner"。
[25] Hobbes, *Leviathan*, vol. 2, chap. 21, p. 336. 要了解一种有说服力的对霍布斯的宪制主义解释，见 Dyzenhaus, "Hobbes' Constitutional Theory" 以及本书第七章和结语。

然，他们同样也有自我保卫的自由，可以在未获豁免的情况下，为了保存自己的生命而对抗主权者。[26] 因此，按照《利维坦》，没有什么可以被解释为臣民同意放弃了这些自由——事实上，这里存在一种以先验（a priori）的对自然状态的看法为基础的、不可让渡的权利，而这种权利带有鲜明的指向宪制的色彩。虽然将霍布斯的自由概念解读成一种狭义的概念或许并没有错，但斯金纳将所谓的"新罗马"理论家与"自由主义之后"（after liberalism）的自由主义者（比如邦雅曼·贡斯当）相对立的做法无疑缺乏说服力。这些斯金纳所谓的"新罗马"理论家之所以能被归为一类，似乎并不是因为他们都强烈反对王制（正如霍布斯对他们的脸谱化描绘），而是因为他们都支持以宪制保障来限制政府权力，哪怕他们对于宪制结构的具体立场各异。[27] 斯金纳曾很简要地提到这一点，却并没有给予它足够重视；那些容许"君主成为一个自由国家的统治者"的"新罗马"理论家们，之所以可被看作"自治"和自由的拥护者，是因为他们支持以宪制保障来剥夺"一个国家首脑使共和国陷入依附状态（condition of dependence）的权力"。[28]

---

[26] *Leviathan*, vol. 2, ch. 21, pp. 336-337.
[27] 同上书，vol. 2, chap. 29, pp. 506-507。
[28] Skinner, *Liberty*, pp. 54-55. 要了解对之和佩蒂特观点的批评，并强调罗马共和自由和一定程度的父权制之间的可兼容性，见 Kapust, "Skinner, Pettit and Livy"。我们有必要强调，佩蒂特对"非支配"作为一种共和主义的核心特色的强调确实也符合宪制主义；然而，他的共和主义不似这里所讨论的共和主义，有一种结果主义的倾向（*Republicanism*, pp. 99-102）。更进一步，佩蒂特似乎从一个"罗马"宪制主义式的正义标准（几乎就与自由主义相同）滑向了一个卢梭式的观点：一个精心设计的民主程序就足以保障一种作为非支配的自由。见 Pettit, *Republicanism*；同前，*On the People's Terms*。参见 Dyzenhaus, "Critical Notice of *On the People's Terms*"，非支配有时代表了霍布斯的和平与安全，不同于佩蒂特，它或许最好通过霍布斯的方法来取得。

可如果情况确实如此，那么"新罗马"还有什么独到之处可言呢？或者换一个角度说，这些理论家最终是不是也投身于一种"自由主义之后"的自由理想呢？当这些作者开始强调宪制保障，并将其地位提升到自由的充分必要条件的时候，他们是否在正式放弃"新罗马"的独特性，转而支持霍布斯和贡斯当所共享的自由主义观念，即认为真正重要的"不是法律的来源，而是它的范围"呢？[29] 如果宪制保障才是关键，而不论其具体宪制结构如何的话，那么"新罗马"和自由主义之间的区别也就不复存在了，而真正的区别则出现于自由主义（无论是不是新罗马）与另一种狭义的共和主义之间——这种共和主义强调参与、美德与自治，而非对主权者权威加以限制。这便是"雅典共和主义"（Athenian republicanism），直到19世纪的乔治·格罗特（George Grote）和约翰·斯图亚特·密尔以前，这种对于雅典的认识都相当流行。而讽刺的是，雅典的历史与制度现实，特别是其公元前5世纪以后的历史与制度现实——与理论著作和规范文本所鼓吹的那种雅典形象相反——对于那些对宪制主义及其制度感兴趣的人来说其实才更应有吸引力。这一点之所以未被澄清，是因为至少在格罗特之前，对希腊历史的兴趣通常不会超过阿吉纽西审判（Arginusae trial）这个时间点。与宪制主义史密切相关的诸雅典制度——某种形式的司法审查［即"对与法相悖的制定法的起诉"（graphe paranomon）］以及高阶法律（nomoi）和纯粹制定法（psephismata）之间的区分——被当时大多数的政治思

---

[29] Skinner, *Liberty*, p. 85. 见 Hobbes, *Leviathan*, vol. 2, chap. 21, p. 332。

想史所忽视。[30]相比之下,希腊的政治**思想**(相对于其宪制实践)几千年来却一直有着极为重要的影响。而另一方面,晚期罗马共和国的制度和历史现实,则更接近于本书所关注的那种具有罗马独特性的政治与宪制思想,同时也为后者的发展提供了动力。

无论历史学家们倾向于在何处划出界线,也无论不同的学术路径描绘出怎样的差别,他们都普遍相信古代共和主义和现代自由主义之间存在着基本对立。这个信念似乎奠基于两个不言而喻的假设。其一,确实存在"古代共和主义"这么一个东西。他们认为,不同版本的古典共和主义以及古典文学、哲学、历史编纂学所呈现出来的现实共和国共享着足够多的特点,以至可以提出一个统一而有意义的概念。其二,奠基于个人权利与公权力限制的自由概念是现代所独有的。自由主义之后的自由很少关注自治,却强调对贡斯当所谓的"立法者的帝国"的限制。

共和主义是政治思想史最为强调的罗马遗产,某种特定的共和主义甚至被认为具有规范性意义,比如昆汀·斯金纳和菲利普·佩蒂特那些研究"非支配的自由"(freedom as non-domination)的作品就做如是观。这个观点无论从规范性还是从历史性根据的层面都已经受到了批评。[31]而我希望拙作可以从古代史和思想史的角度对上述讨论做出贡献,同时我也期盼它可以被政治思想史家和古典学家所阅读。本书所强调的罗马

---

[30] 除了休谟之外(他展现出对这些制度的兴趣,见第五章。参见 Ostwald, *Popular Sovereignty*。

[31] 例如,见 Ando, *Law*, ch. 5。

政治思想遗产，不应与斯金纳和佩蒂特的关注点相混淆。我所关注的罗马贡献乃是一种特定的政治观念：它以一定的权利和规范为中心，这些权利和规范被一系列高阶的、具有法律性质（legal character）的宪制规则所保障。在我看来，这种诞生于晚期罗马共和国危机的政治观念极具影响力，也宜于同希腊政治思想进行比较。早在古典时代，希腊历史学家波利比乌斯便已经提出，罗马共和国的制度安排异常成功且值得注意；他的观点也有许多后世追随者，排在第一位的便是马基雅维利。[32]然而，这个观念背后的成功观——如果不是彻头彻尾地愤世嫉俗的话，也是非常实用主义的：罗马的帝国扩张被认为是其共和主义宪制秩序的主要成就。也正因此，如克里福德·安藤（Clifford Ando）所言，将罗马的制度安排当作"非支配的自由"的理论模板是非常奇怪的。不过，其实也一直存在另一种对罗马共和国宪制框架不那么实用主义的解释，这便是本书所关注的那种对于罗马模式的**规范性**理解。

由于邦雅曼·贡斯当的古今之争，一种独特的罗马宪制传统——不要和斯金纳的"新罗马"共和主义相混淆——已经淡出了我们的视野。我们要想再次看到它，就必须拆解掉"古典共和主义"这样一个过于宽泛的概念，而这便需要仔细考察其中罗马这一部分。近些年来，这方面已经取得了许多进展。一种对于"古典共和主义"这个集合概念日益怀疑、对于其间的差异性日益敏感的态势在政治思想史中已经显现出来。那些不

---

[32] 然而，正如我们在波利比乌斯那里看到的，不似马基雅维利，他为罗马宪制主义提供了一个真正的规范性辩护，这不同于并且超越他敬仰罗马的那种审慎。

由分说地预设"古典共和主义"的早期研究[33]现已让位于更加关心希腊和罗马政治思想与法律制度史之间的实质差异的研究。[34]这一进步之所以成为可能,是因为人们开始愈发关注古代世界本身、关注它的制度与政治思想,以及古代史家、古典学家和古希腊罗马哲学史家所发展出来的丰富文献。

在那些关注古典时代对后世政治思想史之影响的古代史家的著作中,我们可以看到这种进展的表现,比如彼得·甘西、弗格斯·米勒、维尔弗里德·尼佩尔、保罗·拉赫、伊丽莎白·罗森(Elizabeth Rawson)以及珍妮弗·托伯特·罗伯茨(Jennifer Tolbert Roberts)的作品。与此同时,所谓的剑桥学派以及其他一些政治思想史家,也开始日益关注古典学家们所创造的丰富的相关文献,比如哈依姆·维尔佐布斯基(Chaim Wirszubski)关于罗马自由(*libertas*)的开创性专著、安德鲁·林托特关于罗马共和宪制的作品、罗伯特·摩尔斯坦-马克思(Robert Morstein-Marx)对晚期共和国的议事会(*contiones*)的创新性研究、克劳德·尼古莱特(Claude Nicolet)对罗马公民权的研究、维尔弗里德·尼佩尔对混合宪法理论(*Mischverfassungtheorie*)的研究,或是库尔特·冯·弗里茨(Kurt von Fritz)的《古代的混合宪制理论》(*The Theory of the Mixed Constitution in Antiquity*)。此外,至少在美国学术界,有一种明显的趋势:古典学家和古代史学家不仅要研究(古代)政治思想的历史,还要更多地

---

[33] 例如,见 Pocock, *Machiavellian Moment*。
[34] 见 Millar, *Roman Republic*; Nelson, *Greek Tradition*; Hammer, *Roman Political Thought*; 同前, *Roman Political Thought from Cicero*; 以及斯金纳和佩蒂特有关共和主义的著作。

研究政治理论本身的问题。这样的例子简直信手拈来，比如乔赛亚·奥伯（Josiah Ober）、瑞恩·巴洛、金奇·霍克斯特拉以及最近的杰德·阿特金斯（Jed Atkins）的著作，都可算作这方面一些最为有趣且引人注目的研究。

本书对于这类研究试图做出的贡献在于：我是把政治思想的历史当作古典时代的接受史（history of the reception）来研究。我希望这可以引起古代史家、政治思想史家、法律史家、早期现代研究者以及政治理论家的兴趣。此外我还希望，本项研究所探讨的观念、制度以及历史发展，甚至可以对那些对实证研究更感兴趣的人有所帮助。在过去的四十年里，经济学家、经济史家、政治经济学家，特别是和新制度主义经济学有关的学者，都对制度的发展以及其与历史主体行为间的关联性很感兴趣。[35] 而本书所讨论的宪制主义思想，诞生于晚期共和国的制度和政治背景之下，同时它也证明了观念在历史上的强大影响，以及我们西方人现在所栖身的那套宪制制度立基于大量先在的思考。本书所研究的宪制主义，并非仅仅是众多制度中的一种；相反，它是所有其他制度所倚赖的基础和奠基性框架。其他制度固然重要，但是它们都以宪制主义为先决条件。而宪制主义虽然至关重要，但它也是以一种特定政治理论为先决条件。在晚期共和国衰落的背景下解释罗马宪制思想的出现，并非是把这些宪制观念还原到历史语境中。作为一种政

---

[35] 见 North, *Institutions*; North, Wallis and Weingast, *Violence*。要了解新制度主义在 1688 年后的英国宪制主义上的应用，见 North and Weingast, "Constitutions and Commitment"。要了解一种对罗马共和国的制度的阐释（罗马共和国制度作为一种"包容性的"制度提供了经济激励），见 Acemoglu and Robinson, *Nations*, pp. 158-164。

治理论与抵御共和国衰亡的解药，宪制主义不仅仅是附带性的（epiphenomenal）；与之相反，我们可以在经验上证明，它从长期来看已经成为一种自变量（causal force）。从本书所描述的传统来看，拥有一个规范性宪制（normative constitution）乃是一个稳定和正义的政治秩序的必要条件。[36]

本书想要处理的一系列问题包括：晚期罗马共和国宪制危机所孕育的有关宪制主义以及紧急状态的政治观念，以及它们在西方政治与宪制思想史上的遗产。过往研究并没有完整、融贯地处理过这些问题。[37]在古代史方面，还没有一本学术著作全面地处理过晚期共和国宪制历史中所出现的种种紧急制度（emergency institutions）与例外权力（exceptional powers）。[38]这或许是因为学者中间日益增长的一种怀疑态度：在古代世界，法律规则是否有效？与此同时，学者们对于法律以外的其他力量在促进社会融合中所扮演的角色更加有兴趣、更敏感。[39]而自罗纳德·塞姆（Ronald Syme）的开山之作《罗马革命》（Roman Revolution, 1939）[40]出版以来，以群

---

[36] 我关于宪制主义和它的重要性的思想受惠于一批出自乔恩·埃尔斯特（Jon Elster）和斯蒂芬·霍尔姆斯的文献。见 Elster, *Ulysses and the Sirens*；同前, *Ulysses Unbound*; Holmes, *Passions*。

[37] 要了解罗马共和国的衰落，见 Bleicken, *Geschichte*, pp. 242-246；同前, *Gedanken*; Bringmann, *Krise und Ende*，尤其是 pp. 93-95; Christ, "Untergang"，尤其是 pp. 150-157；同前, *Krise und Untergang*。亦见 Beard and Crawford, *Rome in the Late Republic*; Meier, *Res publica amissa*; Deininger, "Zur Kontroverse"; Gruen, *Last Generation*。

[38] 但可见 Nippel, *Aufruhr*; Lintott, *Violence*；同前, *Constitution*; Arena, *Libertas*, pp. 179-220; Golden, *Crisis Management*（参见 Straumann "Review Golden"）; Vervaet, *High Command*, ch. 7。

[39] 例如，见 Nippel, *Public Order*。要了解一个对雅典的类似看法，见 Cohen, *Law*。

[40] 塞姆广为人知地把共和宪法称为"一个幌子和一个假货"：*Roman Revolution*, p. 15。

像学的手法、从旧贵族瓦解的角度来描述共和制向元首制的发展便渐成主流。[41]这个趋势被另一种（似乎由政治科学所激发的）叙述所补充并在某种程度上被超越，即用结构的语言去描述罗马共和国的制度并指向它们背后的社会力量。[42]尽管在过去的三十年里，很少有学者打算把罗马共和国的宪制构造（constitutional makeup）当作关键性的自变量，甚至有人宣称罗马的宪法性法律根本不存在，[43]但在晚近的一些学术著作中，我们仍能找到那种对于"罗马的法律和宪制机制之核心地位"的信仰，[44]而西奥多·蒙森（Theodor Mommsen）的《罗马国家法》（*Römisches Staatsrecht*）在这一领域也仍旧发挥着决定性的影响[45]——哪怕其一直没有被翻译成英文。

的确，弗格斯·米勒的观点是晚近对罗马共和国的宪制安排的研究中最具启发性和影响力的，在过去的二十年里，它主导了这个领域的辩论。但是，由于它声称要追随19世纪概念法学（*Beriffsjurisprudenz*）传统中的所谓理想型（ideal-

---

[41] Wiseman, *New Men* 和 Gruen, *Last Generation* 是这个传统中所见最好的，它们从德鲁曼（Drumann）和格罗伊布（Groebe）早期的群像学著作以及闵采尔（Münzer）和盖尔泽（Gelzer）后来对 *Paulys Realenzyklopädie* 的贡献中浮现出来。例如，参见 Drumann, *Geschichte Roms*；Münzer, *Adelsparteien*；同前，"Ti. Sempronius Gracchus"；Gelzer, *Pompeius*。对此的批评，见 Brunt, "Fall"；North, "Politics and Aristocracy"。
[42] Meier, *Res publica* 自从1966年出版以来就激励并影响了研究界，并且可以说是开启了对罗马"政治文化"而非制度的研究浪潮。有关最近几十年的研究，见 Hölkeskamp, *Rekonstruktionen*；见梅耶的影响，尤其是 pp. 31-56。
[43] 有关把这个观点归咎于爱德华·弗兰克尔（Eduard Fraenkel）的做法，见 Daube, "Das Selbstverständliche," p. 10。
[44] Lintott, *Violence*, p. xxvii.
[45] 有关蒙森的 *Staatsrecht* 及其持久影响，见 Nippel and Seidensticker, *Mommsens langer Schatten* 的贡献。亦参见 Grziwotz, *Verfassungsbegriff*, pp. 25-284。

typical)、元历史(meta-historical)的概念框架,因此遭到了严重的诟病。[46]卡尔·约阿希姆·霍尔克斯坎普(Karl-Joachim Hölkeskamp)和马丁·耶恩(Martin Jehne)虽然各有侧重,但是都主张从一个综合的"政治文化"角度——而非狭隘的法律视角——来研究罗马共和国。[47]而约亨·布莱根(Jochen Bleicken)在他的《公共法》(Lex Publica)一书中则讨论并且从根本上批判了蒙森的进路,这标志着一个中间立场的出现:我们在考虑祖先习俗(mos maiorum)以及其他规范性不明显的法律规则的同时,也不要低估晚期罗马共和国的宪制与法律论争,由此保持祖先习俗、法律(leges)以及更宽泛意义上的宪法性法则与一般政治实践间的区别。[48]

与布莱根一样,本书承认区分宪制规则(constitutional rules)这一概念与其他行为导向的规范(action-guiding norms)的重要性,同时也主张宪制规则应包括传统(mos)中所蕴含的法则。[49]故而,我使用的宪制概念比蒙森的狭义用法更为

---

[46] 尤见 Millar, *Crowd*。对之的批评,见 Hölkeskamp, *Senatus*, pp. 257-277(回顾 Millar, *Crowd*);同前,*Reconstructing*, pp. 12-14;Jehne, *Demokratie*, p. 8。亦见 Mouritsen, *Plebs*。有关人民大会的角色,见 Morstein-Marx, *Mass Oratory*。关于晚期罗马共和国选举的重要研究,见 Yakobson, *Elections*;参见 Harris, "On Defining"。

[47] 霍尔克斯坎普受到克里斯蒂安·梅耶著作的影响,见 Hölkeskamp, *Rekonstruktionen*, pp. 57-72;同前,"Ein 'Gegensatz'"。进一步可参考 Jehne, "Die Volksversammlungen," pp. 149-160。

[48] Bleicken, *Lex Publica*, pp. 16-51,432-439;同前,*Verfassung*, pp. 12-14。前者使用 *Verfassung* 概念时没有着重引用。亦见 Grziwotz, *Verfassungsverständnis*;同前,*Verfassungsbegriff*。要了解蒙森对这个概念范畴的讨论,见 Kunkel, "Bericht";Wieacker, *Rechtsgeschichte*, pp. 343-345,353-354;Kunkel and Wittmann, *Staatsordnung*, p. 15;Thomas, *Mommsen*。

[49] 参见 Hölkeskamp, *Reconstructing*, p. 17。

宽泛，但是却比马丁·耶恩的制度性（Institutionalität）更为严格。[50]这点很重要。本书背后的预设是，在晚期共和国重要人物的头脑中，那些可被合理地称为"宪制规则"的规则确有其特殊地位，如果不诉诸宪制规则这一概念，我们就无法完整描述某些行为和主张；[51]如果我们把"宪制"简化为"政治文化"，就无法充分地阐明晚期罗马共和国中某些特定规则的规范意义与司法性质。制度以及推动制度的观念都是"一种拥有生命的特别有机体：就其本质而言，它们是由先人创制而加诸后人；它们就像珊瑚礁一样，半生半死，在那块坚硬的石头上，摧毁那些想要改革或者抗拒它的人，正如同格拉古兄弟（Gracchi）和凯撒此后的结局"[52]。就像约亨·布莱根在给克里斯蒂安·梅耶《丢失的共和国》（Res publica amissa）的书评中所写，正是这种观点使得国家具备了**法律**的本质，直到奥古斯都的元首制国家也依然有效。[53]此外需要强调的是，蒙森并不是一个通常所认为的"时代错乱"的概念法学家（Begriffsjurist）：他在《罗马国家法》中所用的术语大部分是从史料中来的。实际上，正如阿洛伊斯·温特林（Aloys Winterling）近来所指出的那样，蒙森对于政治和社会的语境是非常敏感的。[54]史料记载的晚期共和国的政治文化重要特色之一，就是政治制度和运行机制都是通过**司法规范**来表述的。

---

［50］ Jehne, "Die Volksversammlungen," pp. 155-158，尤其是 p. 156。
［51］ Raz, *Practical Reason*, pp. 108-111 给出了原因。
［52］ Linderski, "Review Lintott," p. 591.
［53］ Bleicken, "Rezension Meier," p. 460. 的确，某种程度上一种特定的司法的宪制主义思路是罗马政治文化的核心。
［54］ Winterling, "Dyarchie," p. 193.

而这些规范的存在与相关性"无可否认"[55]，这些规范发展出了一种独立于纯粹的政治或经济考量的规范性考量（normative pull）。公元前133年，谋杀第一次成为民主政治的重要工具，提比略·格拉古（Tiberius Gracchus）罢免在位同僚的做法遭到了大众强烈的不满与怀疑，[56]我们似乎有责任以学术的眼光来关注其**对规范的破坏**——这似乎才是史料的核心。对格拉古兄弟的反抗通常被解释为一种出于经济利益的、针对其土地政策的反击。然而，最近的研究和史料本身都证明：这和格拉古兄弟的再分配政策没有多大关系（这项政策持续多年，涉及的土地大概也比格拉古兄弟的支持者们所预想的要少多了，他想要分配的只是意大利同盟者的土地，而非公民的。在某种程度上，土地政策可以说是成功的），[57]相反是他对规范的破坏激起了甚至是来自大众的反抗。在西塞罗看来，毁掉提比略·格拉古的不是土地，也不是其他政策问题，而是他过于看重人民大会（comitia）的权力，并且破坏了宪法所保障的保民官（tribune）的神圣性："除了罢免那个妨碍他的同僚的权力之外，还有什么其他事情能把他拉下马？"[58]我们或可说西塞罗表现出了一种对其时代社会现实问题的无视，但是这并不能让我们也无视那些困扰着晚期共和国的真正的宪制问题。

因此，本书所基于的信念就是，共和宪制及其规范性特征才是问题的核心。共和国最后一百年的主要政治人物都是以法

---

〔55〕 Winterling, "Dyarchie," p. 193.
〔56〕 Plut. *Ti. Gracch.* 15.1.
〔57〕 Bringmann, *Agrarreform*; Lintott, *Judicial Reform*, pp. 45-58; Roselaar, *Public Land*.
〔58〕 Cic. *Leg.* 3.24. Trans. Zetzel. 但是，有关罗马共和国衰落最正宗的萨卢斯特式的解释，见 Wiseman, "The Two-Headed State"。

律的语言、通过对共和宪制的不同解读来表达他们不同的观点和态度,这一点必须被严肃对待。晚期共和国至少存在着一种宪制主义雏形。[59]晚期共和国所经历的各次危机都不可避免地伴随着对于共和宪制完全不同的解读,从某种程度上说,这些危机就是不同解读的一种外在表现。这些宪制解释(或者说法律论争)在不同领袖的追随者之间引起共鸣,给他们提供理论支持。支持或反对紧急状态措施、支持或反对将某种情势称为例外的这些论争,就是关于这些措施是否具有**合宪性**的争论。一言以蔽之,这些论战的主角们确实有一种规范性的宪法概念(无论多么不成熟)。[60]同样,那些给共和国改革提出的理论药方——无论成功与否——也都是宪法性的,比如屋大维最终施行的那种制度性补救措施。虽然晚期共和国的政治领袖们指责其对手错误地解读了共和国的宪法性规范,认为某一特定行动方式或法律是完全非法的(iure),但这并不意味着其背后不存在任何宪法规范。恰恰相反,这些争论的激烈程度正是以宪法规范的存在为前提。我们将会在第二章和第三章中讨论这个问题。

当涉及对"宪制的"或是"宪法"这类语词的使用时,古典学家们通常会表现得非常迟疑。我认为,这大多是因为他们在解读史料时,已经有了关于宪法概念的成见:宪法难道不是成文文件吗?它们难道没有为宪制问题提供一个清晰的文本指引吗?它们难道没有规定可实施的基本宪制权利吗?在宪制责任终结的地方、宪制决定一锤定音的地方,它们难道没有预想一个最终裁决者——比如司法审查吗?这很大程度上是语义

---

[59] 参见 Nippel, "Gesetze," p. 97。
[60] 有关这些概念在历史和其他文化的应用,见 Raz, "Theory of Law"。

学的问题。我们当然完全可以把这些元素提升为核心的判定标准，但是我们必须意识到：这种做法会使大部分曾被称为"宪制主义"的历史现象被忽略，一个更加狭隘的、现代的概念会被加诸历史问题之上。从孟德斯鸠所仰慕的英国宪制模式，到早期美国宪法，再到魏玛宪法（我只列出了最著名的一些例子），没有一个例子严格符合上述标准：早期美利坚共和国（American republic）缺乏司法审查，英国缺乏成文宪法，而魏玛共和国则缺乏可实施的基本权利。当这些标准被应用到现代的例子的时候，它们都会显得非常幼稚。研究美国最高法院法理学的学者们非常清楚：文本证据的缺乏会给裁决宪法问题带来很大困难，但是这并不能当作美国缺少规范性宪法的证据。事实上，在今天大多的法律体系当中，成文性既非宪法规范的充分条件也非必要条件。我们并不能因此便说这些体系都是没有宪法的。

为了解释晚期罗马共和国中某些具有规范性力量的规则，解释晚期共和国史料中那些尤其罗马的、司法的特色，我权且提出如下标准来定义晚期共和国的宪法概念：（a）**刚性**（entrenchment）。和其他规则相比，这些规则更加稳固、更难以更改，也更不易改塑（malleable）。（b）**政治重要性**（political importance）。这些规则在政治上具有重要性，因为它们主导着政治权力通过其运行的制度。（c）**在规范性上的重要性**（normative importance）。这些规则反映了政治体系（及其支持者）背后所仰赖的政治理论。（d）**司法性质**（juridical quality）。这些规则具备司法的性质，也就是说它们可以被辨识为法律论证的一部分。

需要记住的是，本书并不想论证晚期罗马共和国存在或不存在一部宪法；相反，本书的第一部分想要展现的是，在共和国的最后一百年里，罗马人对于依据高阶的、更加刚性的规范来评价一些紧急措施、行政官职与立法的合法性的必要性高度敏感。我的论述主要是在宪制**思想**和论证层面——而非在制度的层面——展开，尽管本书第一部分也需要讨论大量制度与历史语境。我想要强调的是：对于宪法的不同解释占据着晚期共和国危机的核心地位。这种分歧出现在政治辩论与时局冲突中，也出现在西塞罗的理论——或者更准确地说——哲学反思之中（我们在第二部分将会看到）。罗马人的宪法概念是从共和国的危机中孕育出来的，换而言之，宪制主义诞生于晚期共和国之精神。危机的爆发以及超常权力与紧急措施日益频繁的出现使西塞罗和其他人相信，他们需要具有宪法性质的规范。在其政治理论中，西塞罗探寻并且试图发展一些在他看来可以为宪制主义提供实质内容的规范和权利。而我想说的是，这种罗马政治思想所特有的对于宪制的关注决定性地将它与希腊先驱区别开来。这种对于宪制的关注可以在克劳迪娅·莫阿蒂（Claudia Moatti）称为罗马"理性时代"（age of reason）的思想革命的语境中被发现，事实上，它正是其中的一个组成部分。[61]

第三部分则是关于这些罗马观念的后世影响。对文艺复兴以降的许多思想家而言，正是罗马的宪制思想（一种通过高阶规范来限制政府的思路）——而非萨卢斯特和奥古斯丁所谓罗马的美德——使罗马变得独特。最为重要的是，宪制主义思想滥觞于由罗马共和国衰落带来的焦虑感以及人们对其危机的本质的洞察——它是关乎宪制的，博丹以降的思想家们受此启发，

---

[61] Moatti, *Raison de Rome*, p. 54.

认为宪制主义是共和国顽疾的药方。在这个视角下,博丹的确至关重要:他开启了一种对于罗马共和国的衰败的解释传统,这一传统抛弃了萨卢斯特陈词滥调的解释,即罗马共和国的衰败是美德沦丧的后果。在这一传统看来,宪制主义以及宪制设计——而非美德——才是问题的答案;这一看法从博丹开始,经过孟德斯鸠,直到约翰·亚当斯以及大西洋彼岸那个新兴的大型共和国。罗马共和国最后一百年的这种宪制主义雏形很对这些受博丹影响的早期现代作家的胃口,他们开始从主权的角度描述晚期共和国围绕宪制的冲突。晚期共和国的宪制讨论背后总是隐伏着主权问题;博丹以及他之前的彭波尼(Pomponius)把这点讲了出来,并使其读者与思想传人们通过主权的棱镜看共和国的危机,也通过罗马共和国历史的棱镜看主权问题。他们所提供的那种全新的宪制共和主义"美德不足"[62],却旨在避免罗马共和国的命运——沦为军事独裁。尽管自贡提利(Gentili)和格劳修斯以降的自然法学家将会提供一个更加详细且极具影响力的有关前政治或超政治的自然状态的规范图景,但是本书所追寻的宪制主义传统则关注自治政府的脆弱性以及对于保持共和国正义与稳定来说具有关键性的宪制安排。[63]这一传统在《联邦党人文集》以及约翰·亚当斯的政治思想中达致巅峰。通过观察18世纪晚期的法国人和美国人对于罗马共和国的不同看法来切入他们理解主权和宪制主义的差异是相当有益的:当美德仍旧占据着山岳派和公共安全委员会(*Comité de salut public*)修辞的核心地

---

[62] Shklar, "Montesquieu," p. 279.
[63] 这两种传统是不同但互补的。要了解自然法传统和它对于罗马私法传统的倚仗,见 Kingsbury and Straumann, "State of Nature";同前文,"Introduction"; Straumann, "*Corpus iuris* as a Source of Law";同前, *Roman Law in the State of Nature*。

位时，亚当斯却对美德持怀疑态度，并且注意到了罗马共和国的危机与失败的宪制本质。因此，博丹、加图（Cato）、孟德斯鸠、亚当斯以及联邦党人都没有简单地将他们的目光集中于"作为共和**美德**仓库的早期罗马"。[64]相反，他们更加感兴趣的是从宪制角度思考共和国之衰落，并且一致认为：本可阻止共和国衰败的不是共和美德，而是宪制性的补救措施。

在方法上，我希望本书的研究能成为一个大卫·阿米蒂奇（David Armitage）所谓长时段（*longue durée*）思想史研究的范例。[65]西塞罗和他的同时代人在罗马共和国衰落的刺激下，试图到宪制中为时代危机寻求解答。这种经由西塞罗更为理论化的著作所提炼出的宪制主义雏形，被那些努力为其自身时代问题寻求答案的思想家继承了下来，作为一种"单位观念"（unit-ideas）或是基本概念要素被用来（如同战利品一样）构造政治秩序以避免罗马共和国的命运。[66]正如杰尔兹·林德斯卡（Jerzy Linderski）所观察到的那样，"历史中没有终结，罗马共和国的终结"以及这一伟大共和体系（尽管绝非民主的！）的衰败乃是美国共和制兴起之前西方历史的决定性事件"。[67]晚期罗马共和的危机是一个实验性的政治语境，相关的作者们在其中探索他们所认为的自治共和国的永恒问题，一个极具影响力的对这一问题的回应由此逐渐成形。[68]这一回应

---

〔64〕 Zetzel, "Review Millar."
〔65〕 Armitage, "Big Idea."
〔66〕 要想了解一种对洛夫乔伊（Lovejoy）"单位观念"的令人信服的振兴尝试，以及一种对之语境依据的同样令人信服的辩护，见 Knight, "Unit-Ideas Unleashed"，亦见 McMahon and Moyn, *Rethinking*，尤其是 ch. 1。
〔67〕 Linderski, "Review Lintott," p. 592.
〔68〕 我的 *Roman Law in the State of Nature*, pp. 19-23 给出了有关方法论的看法；亦见 Steinberger, "Analysis and History"。

虽然最初只是不成熟地形成于其特定背景，最终却变得如此深邃、有趣且有力，以致很多后世思想家都认真思考罗马文献中的命题内容（propositional content）及其普适性，并进一步发展他们在其中所发现的那种宪制主义。这一典范共和国为何衰落的问题长萦他们心头，而从中他们得出了这样一些结论：不要相信美德，而要依赖高阶的法则与制度，而这些结论此后被一起贴上了"宪制主义"的标签。

  总而言之，贡斯当式古今自由的对立虽然在概念上是圆融的，却遮蔽了一个历史事实：存在一个独特的罗马政治和宪制思想传统，源起晚期罗马共和国，并在文艺复兴中重获新生。这个传统的主要关切是宪制保障措施和对政府的限制，这是一个从晚期罗马共和国危机中生发出来的宪制概念。西塞罗的理论著作和演说以及李维的历史学所展现出来的宪制和政治思想，密切地关注着合法政府权力的确切边界，这些思想是由导向共和国覆灭的那些危机所激发出来的，它们起初所关心的是紧急权力、独裁官权力以及例外措施，这些措施要么被认为是拯救罗马宪制之必需，要么被认为是共和秩序灭亡的催化剂。然而，在共和制度坍塌的背景下，这些主张和辩论——特别是西塞罗成熟的政治理论——获得了一种新的性质。共和制度的功能失调极富意味地象征着一种自然状态。而诉诸紧急措施的做法与具有例外权力的大人物的诞生，使得西塞罗以及其他有着类似思想的政治家们确信：基于自然法和自然正义的规范性宪法的存在是必要的，这也促使他们寻找作为其实质内容的规范与权利。而最终的结果就是：一个具有罗马特色的、与希腊政治思想迥异的规范性宪制概念就此诞生。

第一部分

晚期罗马共和国宪制主义雏形

23　　这本书的目标之一就是让读者明白：罗马的政治思想（西塞罗的著作是这种政治思想最著名的表达）必须被看成是对希腊的政治思考的根本背离。或许可以说，罗马的政治思想必须通过晚期共和国危机的背景来解释，也必须被解释这一危机的结果。一种对这场危机的恰当理解应为：它表现了人们对罗马最基础的规范（即，宪法性规范）天差地别的解释路径。自格拉古兄弟以降的政治危机以及它引发的内战的首要特点就是"元老院权威和人民的权利之间的冲突"。[1] 元老院的权威（*auctoritas patrum*）和罗马人民的权利发挥了宪法性概念的功能，人民大会（popular assemblies）合法权力的恰当边界的争议性一点也不亚于元老院权威的合法范围的争议性。至少自格拉古兄弟以降就存在着**两种**相互排斥、乍看上去都很有道理并且相互竞争的对共和宪制的解释：一种是人民大众的解释，一

---

[1] Brunt, "Fall," p. 34.

种是来自元老院视角的解释。[2]

这两种竞争性解释的存在表明，当时所有的政治行动者都预设了宪法概念。在接下来的章节，我会论证：对于晚期共和国而言，这样一种宪法概念可以适用到一系列规则，比起其他的法律条文，这些规则更加牢固也更为重要。我将尝试展现这个概念是如何出现的，以及在晚期共和国的诸种危机[3]和剧烈竞争中，人们又是如何越来越多地诉诸它的。我们或许可以说，诉诸宪法性规范的做法恰恰说明：紧急情况越多，共和国常规机制就越失效。越是诉诸宪法性规范，越是说明宪法（这里所说的宪法就是约翰·斯图亚特·密尔所谓的那种"已经被决定了的、永恒的、不会被质疑的东西"）解释的对立性差异已经到达了已有的宪制性和制度性机构都无法再做调整，只能依靠暴力来解决的地步。的确，当我们阅读密尔对这些基本预设（任何宪制秩序得以运转的保障）的评论以及他对于这些预设的崩塌的描述时，很难不想到晚期罗马共和国：

> 所有得以长期存在的政治团体都具有某个确定的点：人们认为它是神圣的；在任何言论自由是公认准则的地方，人们在理论上对它进行争论是完全合法的，但是没有人会害怕或希望看到它在实践中被动摇；总而言之，（除了在某些暂时性的危机之中，）它被公认为是不容讨论的东西。……在人类本身得到巨大改善以前，一个国家从来

---

[2] 见 Nippel, "Roman Notion," p. 21；Grziwotz, *Verfassungsverständnis*, pp. 311-349。

[3] 要了解将"危机"此术语应用到共和国的衰落上的讨论，见 Flower, *Roman Republics*, pp. ix-x。亦见 Hölkeskamp, *Politische Kultur* 对之的贡献。

不会,也永远不能期望自己长时间地免于内部争端;因为绝不存在也未曾存在过一种人民之中几个强大派别的短期利益和激情之间没有纷争的社会状态。那么是什么使各个国家得以平安度过风暴……?正是此物——无论人们觉得自身的利益所在有多么地重要,冲突都不会影响社会联合体系所赖以存在的这些基础性原则……但是当这些基础性原则被质疑而且这种质疑成为一个政治体的常态的时候,当所有由此状态而自然引发的剧烈的对立产生的时候,这个国家实质上就已经处于内战的状态了,并且无论在行动还是在事实上都无法长时间地避免。〔4〕

可以说,自格拉古兄弟以降,这种对"根本性原则"(也即罗马共和国的宪法)的质疑成为共和国的"常态";这种质疑施之于共和国运转的张力让人们察觉到了一个"确定的点"的重要性和必要性。故而,原本很大程度上还是"未言明的宪制"(implicit constitution),到了公元前2世纪晚期变成了争论的焦点,人们也明显感受到了一种明确的宪制论证(从政治哲学层面讲,就是宪制理论)。在罗马人民面前或元老院面前的制度场景中,诉诸超越于纯粹制定法之上的规范日益使得一种(或可被称为罗马独具的)"法律性"的政治概念发展起来。无论在实践还是在宪制理论的层面上,这种对政治的理解确认了"明确的宪法"——根本性的、永恒的"确定的点"的必要性。在西塞罗的演说(尤其是他的哲学作品)中,这种理解达到了它的顶峰:一种基于自然法的宪制主义。

---

〔4〕 Mill, *System of Logic*, Part II, VI. 10.5.

在这种关于政治的法律性概念中,刚性的宪法规范的观念是核心。与希腊人以幸福主义来理解政治的做法不同,罗马的理解并不强调法律之于有美德的公民的产生的必要性,故而也并不强调法律对创造良好生活条件的必要性;相反,它是在制度衰败和内战的状态下寻求一种宪制的良方。往往,这种寻求良方的迫切需求是通过毫无界限的立法活动而被带入视野的。与此同时,制度的衰败和罗马共和国的沉沦引起了这样一个问题:在制度和实定法都被摧毁的情况下,什么规范——如果有这样的规范的话——在国家中还奏效?[5]当西塞罗(有关紧急权力的宪制辩论的主要推动者之一)转过头来开始写政治哲学的论文时,许多宪制辩论中的主要观点以及蕴藏于这些观点之中的法律性的政治概念都在论文中被表达了出来。共和国衰落的时局(狂热的立法活动以及成文法的日益失效)使得真正的问题浮现出来:主权坐落于何处?它的边界在哪里?整个时局也成为一个形象的、可怖的自然状态。罗马政治思想(特别是西塞罗的理论著作中所展现出的政治思想)最终发展出了自然状态的观念以及对自然状态与国家之间的关系的关注,这种关注导向了刚性原则的观念的发展(即便这些原则没有通过人民立法的意志表达出来);因此,对政治的法律性理解(即政治被法律形态的宪制原则所约束)产生了,它完全不同于亚里士多德式的理解(伦理和政治之间有连续性,城邦对个人具有自然优先性,政治的最佳形态保障了美德)。

---

[5] Cic. *Phil.* 11.28. 见 Girardet, "Rechtsstellung," pp. 227ff.。

第一章 "不是制定法"
——罗马的宪法概念

罗马人是否有宪法的概念？这一章所呈现的案例就是想要说明：罗马人实质上完全有能力从高阶的宪制规范的层次来思考问题，任何论述紧急权力的尝试都已经预设了这些规范。首先，就晚期罗马共和国的政治观念领域中是否存在宪法概念的问题，我们给出一个肯定的回答。其次，我们还要展现，在晚期共和国的宪制冲突中，各方是如何诉诸宪制规范的资源的。可以这样说，宪制辩论的参与者们通过唤起祖先习俗（*mos maiorum*）的概念，更重要的是法（*ius*）的概念，把宪法性的法律置于纯粹的制定法之上。[6]

尽管我们不乏有关罗马共和国宪制或是共和秩序的宪制特色的研究，但是除了约亨·布莱根的著作以及 P. A. 布隆特（P. A. Brunt）和安德鲁·林托特的评论之外，仍旧只有很少的文献直面这样一个根本性的问题：从宪制的角度去描述罗马共和

---

[6] 要了解反对晚期罗马共和国规范等级存在的论点，见 Lundgreen, *Regelkonflikte*。

秩序是否是有益的？更为令人惊讶的是，正如维尔弗里德·尼佩尔在最近一篇文章中所指出的那样，克里斯蒂安·梅耶的重要著作《丢失的共和国》也并未涉及多少有关罗马的宪制规范之本质的原则性讨论，[7]而梅耶也承认了这点。[8]当然已有许多关于宪制问题的学术辩论，但是这些辩论的参与者们对于"宪法"这个词对罗马共和国的适用性都抱有了固定看法：他们要么是不加细思地使用这个词，要么就是在提及的时候带上狐疑的引号。

幌子和假货？塔西佗式的看法

有人认为：罗马共和国不存在任何与那种清晰而有效的宪制规范相类似的宪制秩序。罗纳德·塞姆以最直白的方式把这个看法表达了出来："罗马宪制就是个幌子和假货（screen and sham）。"塞姆认为，"在其背后的或在其之上的强力"[9]才是真正重要的因素，由此自然地导向这样一种对罗马政治的理解：纯粹的"精英统治阶层的权力斗争"。[10]此种看法至少可以上溯至塔西佗。塔西佗的对手是那些把罗马共和国的制度描述成宪制秩序的人（比如波利比乌斯和西塞罗，尽管他们的描述方式本身亦有所不同），在他们看来，人民、精英以及君主的元素都结合在一个规范性的体系里。相反，塔西佗似乎不仅否认了混

---

[7] Nippel, "Regel," p. 121. 关于梅耶的评论的概要，见同前书, pp. 123-124。
[8] Meier, "Antworten," p. 279. 最近有一个研究尝试展现我们谈论罗马宪制主义是有意义的这一点，见 Pani, *Costituzionalismo*。
[9] Syme, *Roman Revolution*, p. 15. 参见 Luc. *Phars.* 9.207，连同塞姆的术语。
[10] 这些词都是布隆特所用，他认为这种观点的错误基础是那种对庇护制度过于重视的现代倾向："Fall," p. 32. 亦见 North, "Politics and Aristocracy"。

合宪制具有持续存在的可能性,而且更加彻底地否认了**任何宪制秩序**具有真正的规范性力度的可能性。对塔西佗而言,赞颂一种结合了人民统治、精英统治或一人统治的元素的共和国模式容易,但实践起来难,而且即便实现了,也不能持久。[11] 塔西佗并不认为规范性的宪法性规则是可行的,故而他真正看重的反而是描述现实运行的权力关系,也就是他的信徒塞姆所说的,不同于一系列规范而"在其背后的或在其之上的强力"。

乍看上去,这与塔西佗对罗马共和国的历史的看法是一致的,但是塔西佗在《编年史》(Annals)的一处较早的关于共和国历史的篇章中也为另一种观点留下了空间,即适当的宪制秩序可以存在一段时间,随后才经历腐败。在《编年史》第三卷对共和国的简短描述中(自国王被逐到公元前最后一个世纪的共和国衰落),塔西佗认为由保民官所引导的人民的立法活动是共和国衰亡的关键因素。虽然塔西佗叙述的仅仅是法律的制定和共和国的腐败之间的密切联系,但是他实际上指向一个更强的结论:立法活动是共和国衰亡的唯一最重要的**原因**。塔西佗写到,在塔克文(Tarquinius)被驱逐之后,罗马人民就做了一些保障**自由**的安排;十二表法代表了"正义和公平的法律的极致(finis aequi iuris)"。然而,随后的法律(secutae leges)却是由强力所裹挟(per vim)以"获取不法荣誉"或者为了其他"卑鄙的缘由"。苏拉的改革带来了短暂的平稳,但是随即保民官就重新"获准领着人民朝向任何他们想要的方向走去",所以"现在的法律程序并不只是以普遍的形式制定,而是针对个别的人。在国家进入到最为腐化的状态的时候

---

[11] Tac. *Ann.* 4.33.

(*corruptissima re publica*)，法律的数量也是最多的"。[12]

塔西佗远不只是简单地把共和国的历史表现成一系列精英之间的权力斗争，他还提供了一套关于共和国的说法：行之有效的宪制"安排"被建立以保卫自由和稳定性；在此之后很久，这个行之有效的宪制秩序才因为坏的、非宪制性的立法而逐渐衰败。塔西佗所谓的"随后的法律"指的并不是自十二表法至共和国结束之间全部的种种立法，而是指自公元前133年以降的那些。[13] 在塔西佗颇具敌意的眼光看来，这些法律不仅仅是通过暴力制定的而且带着卑劣的立法目的（*ob prava latae sunt*）。如果这种主流解释正确，而塔西佗真的认为立法活动的腐化影响局限于格拉古兄弟以后的时期，那么从宪制的视角来看，自十二表法到公元前2世纪晚期的历史发展历程是风平浪静的，因为宪制规则被建立起来了；而且不仅提供了三百年的稳定，还保障了自由和法律面前的平等。塔西佗暗示，不仅仅是十二表法自身构建了最高程度的正义法律，而且十二表法之后的立法活动也体现了 *aequum ius*（公平的法）。[14] 由越界立

---

[12] Tac. *Ann.* 3.27. Trans. A. J. Woodman. 仅有一个例外，我把 *finis aequi iuris* 翻译成"正义和平等的法律的极致"（the greatest degree of just and equal law）而非"公平的制定法的巅峰"（culmination of fair legislation）。*Aequum ius* 在这里具有"法律面前的平等"的意思，见 Wirszubski, *Libertas*, p. 13；参见 Cic. *Off.* 2.41-42。而且，*ius* 并不一定指向制定法，同样也可以意味着非制定的宪法，见 Bleicken, *Lex Publica*, pp. 348-354；我在后文也有讨论，pp. 54-62（凡此数字均指原书页码，即本书边码。——编者注）。亦参见 Livy 3.34.6。

[13] 见 Woodman and Martin, *The Annals*, p. 251。亦见 Ungern-Sternberg, "Wahrnehmung," p. 96。要了解法学家们对公元前133年危机的回应，见 Behrends, "Tiberius Gracchus"。

[14] 如果塔西佗（基于 Livy 3.34.6 并与其保持一致）真的写了 *fons aequi iuris*，传达出了十二表法是"公平和正义法律的基础"这层意思，那么这个解释当然会被进一步加强，见 Woodman and Martin, *The Annals*, pp. 250-251。*Fons* 则会进一步加强十二表法是**根本性的制宪**这个解释。

法所带来的危机被呈现为宪制危机——有问题的立法并不仅仅在道德上是坏的，或者仅仅像塞姆说的是精英内部权力斗争的工具，它们还应该被描述为对早期共和国所建立的宪制安排的多方面破坏。

的确，与他在 4.33 中表达的塞姆式的看法不同，塔西佗在我们刚讨论的段落中承认了真正的宪制秩序的存在。这个观点最明显地体现在：塔西佗提及了公元前 133 年之后的那些制定法，它们的制定**仰仗暴力**，并且其目的在于获取"不法"荣誉（*inlicitos honores*）；塔西佗还强调了那些针对普遍的法律主体的立法程序和针对个体的立法程序之间的区别。凭借什么样的标准我们才可以说一个由暴力撑腰的立法是非法的？在塔西佗看来，荣誉是如何成为 *inlicitos*["不法的"，这个词有着很强的司法意味，"不法"（*illicit*）的意思是"与法律相违背"]？在什么样的基础上，塔西佗可以去质疑那些旨在攻击（显赫）个人的法律程序（*quaetiones*）或者制定法［即，剥夺个体公民权法案（bills of attainder），相对于那些针对政治体整体的规范］？在格拉古兄弟执政和罗马共和国灭亡期间所立的大部分制定法并不仅仅是道德败坏和不明智的，从而腐化、破坏共和秩序的长久和稳定，相反，这些制定法所服务的目的以及它们所产生的方式是**不合宪制的**。

作为宪制危机的晚期共和国危机

接下来，我要试着讲明：塔西佗的表述（共和秩序的解体是一种宪制危机）如何得以成为本书所处理的问题的指南。首先要注意的是，即便如塔西佗这样的宪制怀疑主义者也不得不把晚期罗马共和国的危机描述成一种**宪制危机**；其次，塔西佗指出了宪制安排的重要性，即它从秩序的冲突中产生，保障了自由以及对根本性宪制原则的基本共识；第三，塔西佗注意到了非法的制定法所扮演的角色，并且暗示共和国分崩离析的一个主要原因是那些通过制定法而被授予的超常的不合宪权力。由此，塔西佗得以精要地描述了共和国的最后一个世纪到底发生了什么。我们从很多当时的思想和写作中都可以看到，自格拉古兄弟到奥古斯都以来的暴力叛乱和内战被解释为宪制危机，[15] 在西塞罗的政治哲学作品和他的演说词当中尤其如此。进一步来说，由共和国最后一个世纪的宪制危机所激发的政治思想和宪制争论都无疑是极具原创性且有重要意义的，因为它们在政治思想史上第一次展现了对宪制主义、个体权利和特定程序的宪法保障的关切——也就是说，晚期共和国的危机所激发的关于宪制秩序之目的的关切是规范性的，而非仅仅是描述性的，它不仅仅关切理性的算计，比如稳定与和平，而且还关切消极自由和程序保障。

在晚期罗马共和国的宪制现实中，废除那些凭借暴力（*per vim*）而通过的制定法的做法是否有法律和习俗的基础，这点是成疑的。[16] 苏拉在公元前 88 年向罗马进军之后，苏尔比基

---

[15] 要了解一个新的分期，见 Flower, *Roman Republics*；参见 Yakobson, "Review Flower"。

[16] 我遵循 Lintott, *Violence*, pp. 140-143。林托特拒绝将暴力当成"废止的技术性理由"（p. 145）的这个看法可能过于严苛。暴力可能并不"根据制定法是一种犯罪"，而是根据非制定法的 *ius* 是一种犯罪。苏拉以苏尔比基乌斯的法律曾是"非法的"（Cic. *Phil.* 8.7）为由对之提出异议——也就是说，在 *ius* 是否是非制定的宪制性法律这个关键问题上，"这个 *ius* 或许没有成为过制定法"这个观点就是前提当结论了。从公元前 100 年起，元老院似乎已经废止了大约十项制定法：见 Heikkilä, *Lex non iure rogata*"。

乌斯（Sulpicius）的法律被废除了，因为它们是凭借暴力而获通过的。[17]这看起来像是一次建立元老院废除通过暴力制定的法的权威的习俗的尝试。当塔西佗猛烈抨击公元前133年之后的暴力立法活动时，他想到的就是这个例子——这个段落中他所表达的对苏拉的同情倾向于支持这种解释。除了晚期共和国的制度现实之外，当然存在着一种非常强的愿望：通过权威遏止由暴力所立之法。这种愿望不仅仅是被塔西佗所表达出来，同样也存在于晚期共和国的宪制思想当中。西塞罗在《论法律》(*On the Laws*)中提出了我所谓的宪制规则，包括："让暴力在公共领域消失"。[18]这里的暴力专指被用以影响人民大会的立法决策的暴力。他接着提供了对这条规则的解释：

> 接下来要处理的就是人民的问题，其中首要的条款就是"让暴力消失"。没有什么比在一个宪制共和国的公共事务中使用暴力更危害国家、更不符合法与制定法（*contrarium iuri ac legibus*）以及更不文明和人道的了。法律要求人们服从提出否决的人，没有什么比这更加宝贵：宁可阻碍一件好事，也不要通过一件坏事。[19]

塔西佗是站在晚期共和国的宪制思想一边的，他既认识到了以暴力手段通过立法的问题又认识到了宪制解决方案的必要性，

---

[17] Cic. *Phil.* 8.7.
[18] Cic. *Leg.* 3.11.3. Trans. Zetzel.
[19] Cic. *Leg.* 3.42. Trans. Zetzel. 我把 *contrarium iuri ac legibus* 翻译成 "不符合法和制定法"（contrary to law and statutes）而不是 "不符合权利和法"（contrary to right and law），为的是传达这里的 *ius* 指的是恰当构成的作为整体的共和国的法律秩序，包括非制定的宪法，而 *leges* 指的是制定法。

也就是说，能够为立法提供有效性标准的高阶规范是必要的。同样，上文提到的他对罗马共和国的衰败的宪制思考，以很明显的西塞罗的风格[20]批评了通过制定法和法庭压制个体的做法［这种做法是与法律面前的平等（*aequum ius*）的通行法律原则相悖的］。最说明问题的是塔西佗宣称由暴力执行的立法以"不正当的荣誉"（*inlicitos honores*）为目的，这正是我们研究的关键。这种立法之所以有问题，不仅仅是因为它在程序上的缺陷，也是因为它的本质。塔西佗在这里似乎在暗示，存在着一个实质性的界限以规范着人民可以在人民大会上通过什么以及不可以通过什么。

  塔西佗想到的"有害的""不合法的"法律可能是保民官 P. 苏尔比基乌斯·鲁弗斯（P. Sulpicius Rufus）所提出的，该法剥夺了 L. 科尔内利乌斯·苏拉（L. Cornelius Sulla）抵抗米特拉达梯（Mithridates）的指挥权。该权曾经由元老院授予苏拉，鲁弗斯的法又将其转交给普通公民 C. 马略（C. Marius）。[21]这项法律是通过暴力而被通过的，[22]但是授予马略的指挥权之所以是不合宪的不仅仅是因为暴力，而且是因为马略只是一个普通公民，并没有指挥的资格，而这项指挥权已经被授予苏拉了。苏拉随后向罗马的进军、政变、占领和公元前 88 年的统治带来了两个新变化：（1）罗马军队入侵罗马；

---

[20] 他想到的是那些导致西塞罗流亡的事件。要了解西塞罗自己对 *privilegia*（特权）的宪制补救措施，见 *Leg.* 3.11.9, 3.44。关于其他的法律事实，见 Dyck, *Commentary*, p. 17 及 n. 71。

[21] Livy, *Per.* 77 (*perniciosas leges*); Diod. Sic. 37.29.2 (παρανόμως); Vell. Pat. 2.18.5-6; Val. Max. 9.7, ext. 1; Plut. *Mar.* 34-35; *Sull.* 8.2: App. *BCiv.* 1.55-56; Broughton, *Magistrates*, vol. 2, p. 41.

[22] Cic. *Phil.* 8.7.

（2）更深层的变化是，有罗马公民被宣布为敌人（hostes）或是"罗马人民的外敌"。[23]阿庇安（Appian）令人信服地指出了苏拉政变的革命性特征："先前的共和规则"不复存在之后，"传统共和政府也在公元前88年坍塌了"。[24]阿庇安强调，公元前88年是共和国衰亡史的一个节点。[25]

塔西佗不得不从宪制的角度道出了晚期共和国的一些特征，而且他认识到根本性宪制原则的重要性。现代的罗马共和国的研究者们又是如何做的呢？无论是那些认为罗马人拥有严格意义之宪法的学者，还是那些加上引号来使用宪法一词以求保险的学者，都疏于论证他们的立场；相反，两派观点的正确性都或多或少是建立在不明确的假设之上的。林托特在他的《罗马共和国宪制》（The Constitution of the Roman Republic）一书中就没有处理这个问题，[26]而那些更愿意使用带引号的宪制的学者[27]则似乎有一个不言明的假定：典范的宪制秩序（美国式或法国式的）和罗马共和国的宪制秩序大不相同，故而直接使用这个词语是很荒谬的。这里似乎就潜在地假定了现代宪

---

[23] Vell. Pat. 2.19.1; App. *BCiv.* 1.57-60. 见 Ungern-Sternberg, *Untersuchungen*, pp. 74-75。波皮利乌斯·拉埃纳斯（Popillius Laenas）在公元前132年的法庭宣称提比略·格拉古的追随者是公敌（hostes）了吗？见 Lintott, *Violence*, pp. 162-164；但是，"因为，如果波皮利乌斯要证明他在这个罪名上的理由是合理的，他就要涉及**假设**一个合法审判会给出的判决"（p. 164，我自己做的强调）。

[24] 见 Flower, *Roman Republics*, pp. 91-92：苏拉进军罗马是一个导致"传统共和文化彻底崩塌"的分水岭。亦见 Keaveney, "What Happened"; Levick, "Sulla's March"; Volkmann, *Sullas Marsch*; Dahlheim, "Staatsstreich"。

[25] App. *BCiv.* 1.60.

[26] Lintott, *Constitution*. 例如，亦参见 Brennan, *Praetorship*; Martino, *Storia*; Bleicken, *Verfassung*, pp. 12-14。

[27] 例如，Hölkeskamp, *Reconstructing*, pp. 12-22；亦参见 Syme, *Roman Revolution*。

制的一些特征（比如成文性、司法审查以及某些个体权利的保障）是一个真正的宪制秩序的定义性特征。

一个暂行的宪法概念

正如导论所指出的那样，问题在于定义。如果司法审查是宪法的必要特征的话，那么历史上很多制度安排就都称不上宪制秩序了，比如在美国最高法院宣布它有权宣判法律是否合宪之前，美国的早期宪法就是如此。同样地，如果成文性是一个核心标准，那么包括英国宪制在内的许多政治秩序则会被排除在宪制一词之外。

具有革命性的小册子作家托马斯·潘恩在针对1716年英国《七年法案》（Septennial Act）的《人的权利》（*Rights of Man*）一书中指出："这个英国政府自己赋予自己七年执政年限的法案本身就昭示了英国的宪制秩序荡然无存。通过同样的权威，议会或许可以任享更长的年限，甚至是终身的年限。"[28] 对于潘恩来说，严格意义上的宪法的定义性特征就是"在政府之前的（antecedent）东西；政府仅仅是宪法的产物"。[29] 这就使得他认为"没有宪法的政府就是没有权利的权力"。[30] 因此，潘恩认为英国的制度秩序就"是一个没有宪法的纯粹政府形式，它以任何自己喜欢的权力构建自己"。[31] 因此，在罗马共和国的宪法（或者是"宪法"）问题上，潘恩也许会支持

---

[28] Paine, *Rights of Man*, p. 311.
[29] 同上书，p. 310。
[30] 同上书，p. 428。
[31] 同上书，p. 373。

古代史家中的引号派。然而，我们在讨论罗马这个案例时，应当使用的宪法概念则更接近于博林布鲁克子爵亨利·圣约翰（Henry St John, Viscount Bolingbroke）在1733年所提出的那个有用的概念阐述：

> 每当我们恰当、准确地谈论宪法时，宪法一词的意思是指法律、制度和风俗的集合，它源于某些确定的理性原则，指向某些确定的公共善的目的，并构成了一种共同体同意据此被统治的总体制度。[32]

35 恰巧，这个英国的案例——作为一个罗马共和国的宪法概念的样本，也作为一条让我们得以回到和晚期罗马共和国相似的历史情境和宪制辩论的通道——似乎非常贴合我们的宗旨。我们需要记住引发潘恩的评论的契机（即1716年的《七年法案》），在1715年雅各布派（Jacobite）叛乱后，该法案推迟了议会选举。辉格党人辩称这次议会权力的扩大是必要的，尽管是超常的、紧急的措施。有趣的是，他们引用了西塞罗在《论法律》中的著名格言：让人民的安全成为最高法（salus populi suprema lex esto）。约翰·塞尔登（John Selden，公元1584年—1654年）早在一个世纪前就抗议这种使用西塞罗格言的做法：

> 在这个世界上没有什么比这句话——让人民的安全成为最高法——更被滥用的了，因为当我们使用它的时候，就

---

[32] Bolingbroke, *Dissertation*, p. 88.

好像如果是为了人民的最大利益,我们就应该终止已知法律一样,但是这句话却根本不是这个意思。首先,这句话不是"人民的安全就是最高法"(salus populi suprema Lex est),而是"让……成为"(esto)。它曾经是十二表法之一,在各种法律之后,有的是为惩罚而作,有的是为奖励而作,然后就是这条。"让人民的安全成为最高法":就是说,在你所立的所有的法中,必须要把人民的福祉纳入到特别考虑之中;这和他们现在理解的含义有什么关系?[33]

塞尔登声称"让人民的利益成为最高法"这个短语是十二表法的法条之一,这当然是错误的。这个短语是西塞罗的,而且它的完全版本就是在西塞罗的《论法律》中才被第一次写出来,"罗马人民的安全"这个更为精简的版本则常常出现在西塞罗的演说和书信里。[34]就本书的宗旨而言,无论是塞尔登对原句出处的误解还是他的阐释都很有意思。首先,塞尔登似乎认为,"让人民的安全成为最高法"的原则正是因为其作为十二表法的一部分才具有了某种特殊的、也许是比其他立法更为重要的法律权威。其次,就塞尔登对这条原则的解读而言,我认为,他虽然错误地把立法过程("在你所立的所有的法中")和在位执政官的行为联系在了一起,但是我认为他却说对了一点:这句短语给在位的执政官的行为提出了一个最高原则,而不是把执政官放在法律之上。我相信,如果我们更仔细地考察

---

[33] Selden, *Table Talk*, s.v. People, p. 112.
[34] 在这些演说里有 18 次 [15 次是在喀提林(Catilinarian)事件发生之时或之后],两次是在书信里,Dyck, *Commentary*, p. 459。

这条原则的真实背景（我很快就会这么做），即西塞罗的《论法律》，我们就可以看到这点。

为了理解晚期共和国的罗马人是否有宪法的概念，我们必须回到最初的问题：什么是这个概念的定义性特征。我们不同意托马斯·潘恩的观点，因为无论是成文性还是司法审查似乎都不是核心特征。相反，博林布鲁克的"法律、制度和风俗的集合"构成了一个"共同体同意据此被统治的总体制度",[35]这似乎是一个更加符合我们宗旨的说法［但我们不能错误地认为博林布鲁克的"集合"中的习俗部分——大致对应罗马的祖先习俗或非制定性的法（non-statutory ius）——仅指那些现实实践和行为，而完全没有规范性效力］。

我们需要一个在晚期罗马共和国语境下的暂行性宪法定义。对我而言，以下两个标准各自都是宪法概念的必要标准（且合起来是充分标准）：(a) 刚性。即有一些法则比另一些规则更加稳固且更难变动。(b) 政治重要性。即某些法则有实质的重要意义，因为它们主导着政治权力之运行所依傍的制度。第一个标准——即刚性——建立了一个规范的**等级**，因为更加刚性的规则必须是高于那些更易变更的规则的，因而当规则之间有冲突时，更加刚性的规则也是优先于更易变更的规则的。

很明显，从狭义的角度而言，即便一种制度设计不允许任何超过制定法的高阶规则，它似乎也至少仰赖了一种高阶规则："凡立法所提供的，皆为有约束力的法律（binding law）。"巧合的是，这被不少重要的宪法学家看作是英国宪法的观点；"女王在议会所颁布的就是法"被认为是英国宪法的最重要的

---

[35] Bolingbroke, *Dissertation*, p. 88.

规则。它意味着"不存在任何议会不能变革的宪法性法律",除了一条根本性的原则:议会主权自身。[36]

这可以类比于李维所认为的十二表法所奠定的规范:人民最终所要求的即被看成法律(*ut quodcumque postremum populus iussisset id ius ratumque esset*)。[37]虽然李维对十二表法的记载的历史真实性是非常值得怀疑的,[38]因为这句话很可能是"在公元前1世纪的动乱当中被发明出来的",[39]但是这仍旧不影响我们将它看作是李维对自己时代的政治和宪制思想的一种表达。尽管李维坚称,百人团大会(*comitia centuriata*)通过十二表法使之成为法律(*lex*),[40]但是这几乎肯定是后世史学的构建——十二表法是由十人立法委员会所通过的一项制定法(statute),而十人委员会之所以被选为决策机构,恰恰是因为它具备超出任何现存法律和政治机构的制宪权力。[41]从十二表法具有某些公法条款(public-law provisions)的角度而言(虽然确实非常少),它们可以被恰当地描述为一份宪法性文件。

故而,李维所认为的第十二表法的规则——"凡是人民发出的最后命令都应具有法律(*ius*)效力"——可以类比于刚才所提到的英国宪法的最根本的原则。第十二表法的这条规则可以被称为罗马人民主权的根本宪制原则,而且可以被解释为:**除了罗马人民拥有主权这一根本宪制原则**("凡是人民发出的最后命令都应具有法律效力")**之外**,并不存在罗马人民不能

---

[36] 见 Goldsworthy, *Sovereignty*, p. 1 及各处。
[37] Livy 7.17.12 (=Tab. XII. 5, Crawford, *Roman Statutes*, vol. 2, p. 721).
[38] 见 Oakley, *Commentary*, vol. 2, p. 191。
[39] Crawford, *Roman Statutes*, vol. 2, p. 721.
[40] Livy 3.34.6.
[41] Bleicken, *Lex Publica*, p. 91.

改变的根本宪制规则。有人认为，这项条款仅仅在这种情况下适用：**两条法律相抵牾的时候，新法总是废止旧法**（*ubi duae contrariae leges sunt, semper antiquae obrogat nova*），[42]而并非在表达人民主权的原则。[43]但是，这个可以废止并凌驾于先前有冲突的制定法的权力当然必须被看作是对人民主权原则的表达。

这点非常重要，因为如果它是对的，那么我们就有了一部不用加引号的共和国时期（或至少是晚期共和国时期）的存在于罗马的宪法，这部宪法至少包含了一条宪制原则。[44]这当然不意味着罗马共和宪制的全部，但这意味着，这样一个东西确实存在过。我现在将要给出一些关于罗马共和宪制（主要出现在政治思想当中）的讨论，因为这样我才有机会去充实罗马宪法的观念，使其不仅仅是罗马人民主权这么一条宪制规则。

但是首先，让我们考虑李维提供给我们的这一根本宪制原则起作用的例子，即 P. 科尔内利乌斯·西庇阿［P. Cornelius Scipio，即小阿非利加努斯（the later Africanus）］在公元前213年当选市政官（aedileship）这个例子。它看上去完全表达了一种对罗马宪法的狭义理解，即任何事情都可以被罗马人民所改变，唯独只有人民主权这条根本性规则不能。李维告诉我们，西庇阿谋求市政官一事被保民官所反对，因为他的年龄未及要求——西庇阿当时只有22岁，尽管市政官在当时是否存在着最低法定年龄并非完全清楚，但是即便从习俗的角度来

---

［42］Livy 9.34.7.
［43］Crawford, *Roman Statutes*, vol. 2, p. 721.
［44］要了解 H. L. A. 哈特（H. L. A. Hart）所谓的作为承认规则的解释，见 Lundgreen, *Regelkonflikte*, pp. 259-273。

看，西庇阿的年龄都是非常年轻的。同样，牢记这点很重要：我们应谨慎地把以下的事解释为对公元前最后一个世纪的政治思想的反映，而并非把其看作是对西庇阿在公元前 213 年实际言论的历史记述：

> 当西庇阿毛遂自荐之时，保民官反对了，并且说西庇阿不够资格，因为他还没有到达法律年龄。他回复："如果罗马公民（the Quirites）都想让我当选市政官，我就已经够年龄了。"因此，人民以极大的热忱急忙投出了自己的部落票（tribal votes），以至于保民官们不得不放弃了他们的反对意见。[45]

从这个角度看，人民大会的普遍支持胜过了其他的规则，是一个更加稳固的高阶规则。甚至，它还在三年之后授予了西庇阿西班牙行政总督（pro-consular）最高治权[*imperium*，而非仅仅是小小的市政官权力（*potestas*）]：

> 整个集会的目光都看向了他，人们通过欢呼和拥护，把幸运而吉祥的统领权授予了他。接下来的命令是：他们可以去投票了。此时不仅仅是每个百人团，而且是每一个个人都决定：普布利乌斯·科尔内利乌斯·西庇阿应被给予西班牙的治权。[46]

---

[45] Livy 25.2.6-7. 参见 Polybius 10.4-5。对李维的翻译，有 Canon Roberts, in Everyman's Library (London, 1912); D. Spillan and Cyrus Edmonds, *The History of Rome by Titus Livius* (London, 1849); 以及我自己翻译的版本。

[46] Livy 26.18.8-9.

39 这段话似乎也说明了，共和秩序完全不缺少任何高阶的宪制规范，至少它奠基在这样一个规范上：人民大会的任何决定都有效力，即便它与早先施行的立法、习惯、习俗（mos）或者非律令性的公共法（non-statutory *ius publicum*）中的某一条款相悖。[47]

法律之上：一种更有雄心的宪制主义

我们可以在希腊史家阿庇安那里找到一个更为重要并且也确实更为有趣的一种对共和宪制秩序的理解范例，即阿庇安对公元前148年西庇阿·埃米利阿努斯（Scipio Aemilianus）的执政官选举的记述。[48] 乍看上去，他的观点与之前我们提到的李维的观点是类似的，但是我们将会看到，他提出了一个比李维记述更为丰富的宪制主义论点。这个论点超越了对罗马宪制秩序的狭义理解，即人民的绝对立法主权。阿庇安，这个出生在亚历山大里亚的罗马史家，记述了自王政时代至公元2世纪的罗马历史，他写到，西庇阿·埃米利阿努斯并非在选执政官，而仅仅是在选市政官；然而人民却不顾法律（西庇阿太年轻以至于不能被选为执政官），进一步把他选为了执政官：

> 选举临近，西庇阿是市政官的候选人，法律并不允许他当选执政官，因为他太年轻，但是人民把他选为执政官。这是非法的（*paranomou*），当执政官们向人民展示法

---

[47] 虽然非制定的 *ius* 的宪制地位比 *mos* 受到更少的重视，但是也值得更仔细研究，见 Bleicken, *Lex Publica*, pp. 348-354 及下文, pp. 54-62。

[48] 见 Ungern-Sternberg, "Romulus-Bilder," p. 39。

律（*ton nomon*）的时候，他们变得更加难缠，并且进一步提出要求，他们大声呼喊，根据自图利乌斯（Tullius）和罗慕洛斯（Romulus）传下来的法律（*ek ton Tulliou kai Rhomulou nomon*），人民有左右选举的权威（*kurion ton archairesion*），至于相关法律（*ton peri auton nomon*），他们可以不理会或者肯认他们所乐意的任何一条。[49]

同样，这份材料的历史准确性问题对我们的主旨是不重要的。[50] 阿庇安的写作可以（我们也有充分理由认为它可以）被解读为对罗马政治思想的表达，[51] 从这个角度而言，这份材料所展现的东西是与我们关于晚期罗马共和国的研究话题——宪制思维模式、在高阶规范的限制内行事的意识——高度相关的。事实上，这份材料说明了：在人民提出的宪制论点当中，一种区别正在产生。一边是执政官们展示给他们的法律，另一边是"自图利乌斯和罗慕洛斯传下来的法律"。正是后面这种法律提供了某种宪制标准，使其可以废除后世法律（在这里是执政官们给人民看的、意在把职位的资格和某一特定年龄挂钩的法律）的有效性。

更为重要的是，阿庇安的记述不仅仅提出了某种来源于希腊思维的人民主权的观念。不似上文提到的李维的例子，阿庇安真正传达了人民的一种自觉的宪制论点，它依赖于两种法律的等级差异。根据这个论点，"自图利乌斯和罗慕洛斯传下来"

---

[49] App. *Pun.* 112.531. Trans. Horace White，略有改动。
[50] 参见 Astin, *Scipio Aemilianus*, p. 67，其认为这些事件是历史性的。
[51] 见 Ungern-Sternberg, "Romulus-Bilder," pp. 39-40。

的法律勾勒出了一个人民具有最高权威的领域，即选举以及所有"相关法律"。这就不似我们上文讨论过的李维笔下的选举，因为那里仅仅暗示存在高阶规范，当然更没有进行论证。但是此处不同，我们有了罗马人民[52]的呼喊：正是依据自王政时代以来的法律，他们才应该具备不理会和选举有关（且仅仅和选举有关）的早先立法的权威。[53]

这表明，如果没有"自图利乌斯和罗慕洛斯传下来"的法律，人民大会就没有这样的权威；更一般地来说，如果没有宪制上的辩护，人民大会就没有能力为这些事情立法。如果按照这个逻辑推下去，那么就会推出一个有点悖谬的结论：如果不存在来自王政时代的古老法律，那么人民大会就不会被允许去"禁止或承认"一条自己先前通过的法律。这就存在着一种对宪制的理解：立法过程并非被简单地拔高到其他宪制组成部分所不及的地位——简言之，这不同于蒙森有关人民主权及立法意志的"绝对"属性的看法。[54]

当然，这种说法有过度推演阿庇安所举的人民的宪制论点的例子的危险。这个段落还不足以被用来说明宪法划定了制定法的潜在界限，更不能作为一个例证去支持这样一个看法：存在着一系列从王政时代传下来的法，直到公元前2世纪，它们

---

[52] *Auct. ad Her.* 3.2 认可了元老院在将西庇阿从禁止他当选执政官的制定法中解放出来的事件中所扮演的发起人角色。

[53] 参见 Livy, *Epit.* 50：西庇阿·埃米利阿努斯最终被免于相关法律的限制，并被任命为执政官，但没有提及宪法原则。亦参见 Cic. *Phil.* 11.17；Vell. Pat. 1.12.3。关于阿庇安的叙述的可信历史内容，见 Bleicken, *Lex Publica*, p. 136, n. 111。

[54] 见 Mommsen, *Staatsrecht*, vol. 3.1, pp. 300-368，尤其是 313-314。参见 Bleicken, *Lex Publica*, pp. 292-293，尤其是 n. 100。关于 *Gesetzesabsolutismus*，见 Bleicken, *Lex Publica*, pp. 342-343（不同于蒙森）。

都作为宪制事实约束着公民大会。但是，我们至少可以承认，这个段落可以反映出晚期共和国的宪制思维模式。面对以人民大会之名的绝对主义主张，[55]那些具有这种思维模式的人逐渐意识到，自己有能力通过诉诸高阶以及更稳固的规范来宣布某一制定法是非法的。我们尤需注意上述所引段落中人民的宪制论点：人民大会并不被先前规定某一职位的资格限制的制定法所约束。[56]这不是诉诸人民的绝对主权，而是通过诉诸一系列更古老的法律而运行的；这些更古老的法律通过将人民权威限制在特定的选举相关法律的领域，严格地限制了人民的立法权威。

同样，李维在前十书中所提出的某些宪制主义的理解同样展现出：晚期共和国的政治思想非常清楚而敏锐地表述出人民大会权威在宪法之下的边界。我就简要地谈谈其中两个例子吧。在第十卷当中有这样一个例子（历史上并不真实）：当昆图斯·费边·马克西姆斯·鲁利阿努斯（Q. Fabius Maximus Rullianus）在公元前298年未满年纪的情况下，被不符合规定职位年龄法律地再次选为执政官的时候，他被描绘成非常抗拒的样子（这当然是一种历史错置，因为公元前2世纪中叶之前都没有引进禁止执政官连任的立法[57]）。李维写道：在伊特鲁斯坎人（Etruscans）和萨莫奈人（Samnites）纠集重兵这种危险近在眼前的氛围下，人民转向费边·马克西姆斯，但是他自己却无意参加选举：

---

[55] 见下文第三章，pp. 119-129。
[56] 即反对执政官认为他们选举西庇阿非法（*paranomou*）的论点。
[57] 要了解 *lex annalis* 的日期，见 Brennan, *Praetorship*, vol. 2, pp. 647-652，尤其是 p. 650；亦见 Bleicken, *Volkstribunat*, p. 58, n. 1。

这种谦虚和无私的表现只会让大众更具热忱地支持他，因为这恰恰说明了大众的感觉多么正确。他考虑到，阻止这个做法的最好的方法就是诉诸对法律的本能性的尊敬，故而他命令复述禁止任何人在十年之内再次当选的法律。由于现场的喧哗，这法律几乎没被听到。保民官还宣布，这不构成任何障碍；他们会向人民大会提出动议，使他免于这些条款的限制。然而，他坚持拒绝，并且反复质问：**如果法律可以被他们的制定者任意打破，那么制定法律的目的是什么？**"我们，"他说，"**正在统治法律，而非法律统治我们。**"尽管他很反对，但是人民却开始投票，一个个百人团被召唤进入，没有任何犹豫，都宣布投费边。最后，屈从于同胞的普遍意愿，他说："希望神能够同意你们所做的以及你们将要做的。"[58]

费边的观点展现了一种对李维所处时代的无限制的立法所带来的问题的意识。现在，让我再次举出李维的前十书中的段落作为例子，尽管这肯定不是历史上发生的，但是仍应被解释为李维时代的政治思想的表达（甚至比我们之前所引的例子更是如此）。这个段落给予了我们一种对共和宪制更加丰满的理解，并表达了对共和政府的实质支持与对君主政府的实质反对。李维在描述了国王被逐与罗马解放之后的布鲁图斯（Brutus）的行径之后，他说到，他正在写的历史正是"属于一个自此就自由的罗马"，并且"她的法律的权威比任何人的权威都更强大"。[59]

---

[58] Livy 10.13.8-12（我做的强调）。
[59] 同上书，2.1.1。

李维认为，这种新获得的自由的源头正是对执政官一职的任期限制，"因为执政官权力被限制在一年"。[60]除了对法治的普遍认同之外，值得注意的是，李维再次提到了某种宪制的特征，即任期限制，在那个时候，它不是任何制定法案的一部分。李维接着说，布鲁图斯，这个狂热的自由卫士（custos libertatis），"强迫人民发誓：他们不能容许任何人成为罗马的王"。[61]

尽管这个誓言几乎是在重压之下逼出的（populum... adegit），但是这个誓言的内容以及誓言（iusiurandum）本身这个有约束力的程式看上去都在展现一种**宪制规范**：在罗马不应有一个王制政府。[62]这个规范之所以是宪法性的，是因为它符合我们两个标准：重要性和刚性。它是宪法性的，因为它在政治上是重要的，也因为它似乎比纯粹制定法具有更高等级——的确，十二表法中所提到的**人民**进行立法预设了一条宪制规则，即不能有王制。至少根据李维的记述（当然是神话性的），在共和国的元年，瓦勒瑞乌斯·普布利科拉（Valerius Publicola）就把反对王制的宪制规范纳入了制定法（lex）。[63]这并不与以下论断矛盾：到晚期共和国时，对王制的禁令已经在本质上被看作是属于宪法的了。相反，这应当被解释为李维的一种尝试：赋予我们说的这个制定法以长寿地位，其自身就可以被看作规则稳定性的表达。而且，将宪制规则纳入制定法并不会削弱它的宪法地位。

让我们转而探讨被塞尔登批评的短语，"让人民的安全成

---

〔60〕 Livy 2.1.7.
〔61〕 同上书，2.1.9。
〔62〕 见 Bleicken, *Lex Publica*, p. 341。
〔63〕 Livy 2.8.2；参见 Dion. Hal. *Ant. Rom.* 5.19.4；Plut. *Publ.* 12.1。

为最高法",以及转向它的出处,西塞罗的《论法律》。塞尔登错误地将其归于十二表法,实质上它出现的语境是西塞罗的《论法律》有关行政官员(magistrates)的法典(law code)部分。西塞罗介绍执政官一职时说:"要有两个拥有王权一般的统治权的人……在军事上,他们要有最高的权威,他们要不服从于任何其他人。对于他们而言,让人民的安全成为最高法吧。"[64]首先要问的问题是,西塞罗是否想让执政官凌驾于法律以及任何宪制规范之上(除了"让人民的安全成为最高法"这一规范),也就是说在非常情况下(比如紧急状态)让执政官免于宪制和道德的约束。第二个问题是,这个短语本身以及它所从属的法典有什么样的地位。

对于第一个内部的问题,这项条文与《论法律》之前的原则——即"正如法律主宰(praesunt)官员一样,官员主宰人民"[65]——相矛盾,读上去像是在鼓励执政官去做非法或者违宪的事。之前的这个原则和李维的原则有强烈的共鸣,它阻止我们把关于人民的安全的短语理解为以某种方式给予执政官以颠覆现有规范的紧急权威。相反,似乎在他们任职的时候,他们反而要在法律上被人民的安全所约束,并不会被给予超越根本性规范的权威。

西塞罗的成文宪法

乍看上去,西塞罗以**法律**(*leges*)来指称他在《论法律》

---

[64] Cic. *Leg.* 3.8. Trans. Zetzel.
[65] 同上书,3.2。Trans. Zetzel,略有调整。

中主张的规范（norms）的做法似乎会支持这样一种判断，即我们在处理的不是一个宪制框架，而仅仅是一个反映更高级的自然法的成文法典。但是，自从克劳斯·吉拉德特（Klaus Girardet）1983年出版的有关《论法律》的著作之后，这部对话的主流解释就转变了。我们现在更倾向于——我相信是更正确地倾向于——认为：西塞罗提出的不仅是反映了在等级上更高的自然法，而是相反，他意在写出一部实质上就**曾是**自然法的规范法典（code of norms）。[66]近来，伊丽莎白·阿斯密斯（Elizabeth Asmis）提出：《论法律》卷二、卷三中的法律仅仅是"分参"（sharing in）自然法，而并非自然法本身，故而她在承认西塞罗的规则系统的宪制本质（"应被理解为一部成文宪法"）的同时，维持了自然法和《论法律》所提出的规范之间的差别。[67]她的观点假定了西塞罗的想法应当在斯多亚学派的框架内加以理解，即认为人类立法是不属于"法律"的，而自然法是完美理性的化身，是一个只有斯多亚圣人（sapiens）才能理解的东西。从这个观点看，西塞罗的法律仅仅是为**全体**人类通往"中等适宜行为"（kathekonta）提供导引，而非引导圣人通往"完美的适宜行为"（katorthomata）。阿斯密斯的论点在某种程度上成功地展现了西塞罗试图把斯多亚自然法理论（强调圣人和完美理性）与罗马共和国宪制框架进行调和所遇

---

[66] Girardet, *Ordnung der Welt*. 参见 Rawson, "Review Girardet"; Dyck, *Commentary*, pp. 103-104。要了解一种隐晦的、不同的、强调西塞罗的目标是将法律隔绝在政治之外的观点，见 Sauer, "Dichotomie"。要了解对自然法和西塞罗的法律之间的差别的辩护，见 Asmis, "Cicero on Natural Law"。要了解西塞罗成熟的政治哲学作品，见第四章。

[67] Asmis, "Cicero on Natural Law," 25. 亦见 Griffin, "When is Thought Political", 尤其是 pp. 272-273。

到的困难。杰德·阿特金斯在他具有启发性的著作中提出接近于阿斯密斯的观点:《论法律》卷二和卷三中的法律并非在阐述卷一中所解释的自然法。相反,西塞罗在卷二和卷三中追随的是柏拉图模式而非斯多亚模式(这里阿特金斯偏离了阿斯密斯)。这就使得卷二和卷三提供了一种在人类本性和人世偶然性限度下最接近自然法的东西。[68]

在西塞罗看来,《论法律》中所展现出来的罗马共和宪制或与自然法等同,或仅仅分参了自然法(如阿斯密斯的解读)。对于本书的目的而言,最要紧的是:即使阿斯密斯或阿特金斯是对的,西塞罗在他的法典中所展现的仅仅是最类似自然法的相似物,他仍旧是在找寻一个有着永久效力的、更高标准的"宪法系统"[69]。如果我在接下来这个问题上要同意吉拉德特,那么就是因为西塞罗看上去十分有意地、自觉地使他的自然法学说疏离希腊斯多亚式的对完美适宜行为和中等适宜行为的区分。西塞罗倾向于瓦解这种区分,并给予希腊斯多亚派所谓的"无关紧要的东西中的更愿选择之物"(*adiaphora proegmena*)以更大的重要性,尤其是私有财产。我们将在第四章中看到,私有财产在西塞罗的正义理论中扮演了重要的角色。[70] 同样,西塞罗的自然法理论也并非只是针对圣人,而是针对全人类。[71]

---

[68] Atkins, *Cicero on Politics*, chs. 5 and 6,尤其是 pp. 195-208。
[69] Asmis, "Cicero on Natural Law," p. 31.
[70] Cic. *Fin*. 3.50 尝试在 *adiaphora* 之间做了一个比希腊斯多亚派更强的区分;在 Cic. *Off*. 3.17 中,*kathekonta* 和 *katorthomata* 之间的区分的相关性似乎受到了质疑;对于斯多亚派自然法的这种罗马化的观点及其对早期现代自然法的影响,见 Straumann, "Appetitus societatis," pp. 58-62。
[71] 尽管西塞罗的定义还是把自然法和斯多亚派圣人的 *recta ratio*(正确理性)等同起来(Cic. *Leg*. 1.18-19; 2.8),但他还是去除了人类之间所有在属上的差异(Cic. *Leg*. 1.29-30)。见 Vander Waerdt, "Philosophical Influence," p. 4872。亦参见 Sauer, "Dichotomie",他在此支持吉拉德特的观点。

西塞罗的语言证明了：《论法律》中所呈现的法律要么自身是自然法，要么至少来源于自然法且在等级上高于纯粹制定法。比如，尽管西塞罗或多或少误导性地使用了 leges 一词指代"法律"（laws）——这会让人想起法律制定和人民立法——但是他很清楚地表明这不是他所想的。不似那些在罗马共和国的人民大会上通过，又随后被元老院视为无效并废除的立法，西塞罗提出的法典不会被废除。西塞罗在对话中写道（在这里，我们姑且不考虑其陈述的历史真实性问题）："刹那间"，某些特定的法（leges）"就被元老院的一句话给废除了"。他接着说："然而，那些我所解释过的法律的效力**既不会被移除（removed）也不会被废除（abrogated）**。"[72]他的兄弟昆图斯（Quintus）对此回答道："故而我想，你将要通过的那些法律将永远不会被废除。"[73]马库斯（Marcus）肯定了这一点。[74]这里，昆图斯和马库斯都明显指的是《论法律》中的规范的法典。

西塞罗没有在（人民）制定法的意义上——即易被改变的、涉及偶然的历史和地理环境的制定法——使用 lex 一词。这点在以下这个段落中体现得非常明显，他明白地说：法律（lex）"不是被人类头脑凭空想出来的；……**并不是由人民大会所立的几项法**"。[75]在下一章中西塞罗指出 lex 一词的通常用法不同于他自己对这个词的使用："那些为一国一时写就的制定法有法律（lex）之名，大多是礼貌说法而非出于事实。"[76]

---

[72] Cic. *Leg.* 2.14. 我做的强调。
[73] 同上。
[74] 当然，这确实在一定程度上算得上一种玩笑话；然而，正如阿斯密斯指出，在其背后有一个严肃的目的，"Cicero on Natural Law," p. 24。
[75] Cic. *Leg.* 2.8.
[76] 同上书，2.11。

这样就清楚了。我们不能够太过明确地区分西塞罗在《论法律》卷一中对斯多亚自然法理论的罗马化叙述[77]和他在卷二、卷三中所谓的法律的内容；这些法是自然法，并非制定法（即由罗马共和国的人民大会所制定出来的）。这意味着，西塞罗希望《论法律》中的规范在等级上高于纯粹实定的制定法：西塞罗在《论法律》中所做的正是草拟宪制规范的体系。我们在这里主要处理的不是相关的学术争论（即这部作品到底是一个坚实的政治计划抑或是一次柏拉图式的高度抽象的理论努力）。[78]重点在于：作为政治思想，西塞罗确实有一个宪制的概念。甚至，西塞罗形成了一套宪制规范，就其构成**自然法**而言，它们比纯粹的正常立法更为坚固并且在冲突的情况下处于优先地位。

在《论法律》卷三中两条关于官员的所谓法律中，这点表现得最为明显，因为此处给出的对立法的制约立于一个坚实的基础：第一个条款禁止官员提出任何影响单个个体的立法［与普世适用范围（universal scope）相对立的剥夺公民权法案（bills of attainder）］，第二个条款坚持死刑案子必须只能带到一种特定的人民大会上去，即百人团大会（the assembly of the centuries）。[79]西塞罗声称这两个条款是十二表法的一部分，但是这也并非为它们被收入其法典所做的辩护；相反，西塞罗给出规范性的论证，即与"针对私人"的法律（即 privilegia）相比，"没有什么是更为不义的"，因为"法律的本质正是去做

---

[77] 尤其是，Cic. *Leg.* 1.17。
[78] 见 Rawson, "Review Girardet," p. 311；就文字方面而言，见 Dyck, *Commentary*, pp. 15-20。
[79] Cic. *Leg.* 3.11.

一个适用于所有人的决定或命令"。至于第二个条款（禁止官员决定死刑或把这种案子带到任何非百人团大会上去），西塞罗主张"通过财富、等级和年龄来分配人民的方法比泛泛地通过部落来号召人民的方法更有利于为投票带来智慧"。[80] 这两项都表达了自然法的条款，是比由人民大会通过的立法更为高阶的法律，故而也对后者加以限制。

西塞罗在《论法律》中呈现的罗马宪法，作为自然法，表现了不同于历史偶然性的普遍性以及永久性。这就带来了一个提供宪法规则的前政治的（pre-political）道德秩序的概念。的确，西塞罗在他的一些诉讼演说［特别是《为塞斯提乌斯辩护》（*Pro Sestio*）和《为米洛辩护》（*Pro Milone*）］、《论法律》以及《论义务》（*De officiis*）中提供了一个自然正义的图景。这个自然正义的图景能够昭示出高阶的宪法规范，以及作为推论的对人民立法和实定法体系的约束。在第四章，我们会转向西塞罗宪制理论的实质。在此章中的剩余部分，我们会将注意力转向宪法在实践中的来源，探索我们现有的史料和那些最初点亮了罗马宪制思考的宪制冲突。

宪制规范的来源：习俗

"宪制规范具有更高等级且更加稳固"的观点同样进入到法庭辩论当中，这为宪制论证提供了一个桥梁，使其从政治思想进入到"由我们祖先以最智慧的方式构建的"罗马古老的共

---

[80] Cic. *Leg.* 3.44. 关于 *privilegia*，亦见 Cic. *Sest.* 73。

和宪制的制度现实当中。[81] 西塞罗的演说不仅使得我们了解实践中诉诸共和宪制的案例,而且使我们瞥见那些为他的法律和关于宪制的论争提供背景的制度秩序的部分内容。在公元前56年,西塞罗在常设罪犯法庭(quaestio)为前一年的保民官普布利乌斯·塞斯提乌斯(Publius Sestius)——因公共暴力(de vi)而被指控——做辩护。在《为塞斯提乌斯辩护》的演说中,西塞罗似乎力求完备地列举了可能的宪法来源:广义理解的宪法(ius)、祖先习俗(mos maiorum)以及法律(leges)。[82]

一会我们再来讨论 ius,我们先讨论 mos maiorum,或者说,"祖先的方式"。这个词语指的是习俗(custom),即"当时做事的方式"。[83] 约亨·布莱根讨论过这个词的发展,他认为这个词逐渐有了规范的功能。[84] 虽然习俗一词最先(也就是说在早期共和国的时候)仅仅指的是在私人的、宗教的和公共的法律领域的实践,不包含任何规范的力量,但这个词语越来越拥有了规范的含义,从而有可能与其他法律规范[比如制定法(leges)]相冲突的可能。从公元前2世纪以降,习俗自身就被理解为一种法律的概念。按照布莱根的说法,这就导致了

---

[81] Cic. *Sest*. 137. 这和晚期共和国的宪制现实之间显然有张力。然而,它背后的理想是,原则上元老院是从人民大众中征召而来,这个理想应当被严肃对待。这也支持了米勒的观点,即"没有人凭借出身就成为元老院的一员",最终,"贵族制"这一个词不能被严格地应用在元老院精英身上:*Crowd*, p. 5。正如布隆特指出的那样,直到"元首制出现,这个理想才被放弃";等级秩序这才被强化,最终法律面前的平等才消失。Brunt, "Fall," p. 338.

[82] Cic. *Sest*. 73.

[83] Lintott, *Constitution*, p. 4. 关于习俗,见 Linke and Stemmler, *Mos maiorum*。

[84] Bleicken, *Lex Publica*, pp. 354-396; Nippel, "Gesetze." 亦见以下较早的论文:Plumpe, *Wesen*; Roloff, *Maiores*; Rech, *Mos maiorum*; 以及 Grziwotz, *Verfassungsverständnis*, pp. 219-310。

习俗的那些适于被纳入广义公法（ius）的部分被吸收入宪法之中。[85]在晚期共和国的时候，习俗已经发展成为宪法的来源，并经常与其他的一些来源（比如新的制定法）相互竞争。在自格拉古兄弟以降的宪制危机以及贵族和平民的斗争当中，贵族面对其不喜爱的人民立法时，他们最青睐的宪法来源就是习俗。[86]这也导致习俗、法以及具体制定法都潜在地被看作是宪法规范的平等有效的来源，习俗也成为一个具有规范性的司法概念，从而也可以被法令表达出来。[87]

布莱根对于习俗的发展过程的看法是高度推测性的。[88]很明显，无论什么时候引证习俗材料，它几乎都是用于规范性的目的，尤其是在对非常统领权或紧急权力的合宪性进行攻击（或者反过来，进行辩护）的时候。故而我们有理由说："祖先习俗"一词自身只有在共和国最后一个世纪的宪制辩论和演说中才成为修辞和宪制的术语。[89]公元前2世纪早期的恩尼乌斯（Ennius）有名言："罗马国家建立在古德与古人之上。"[90]其中的习俗（mores）缺乏任何的宪法含义，同样也没有包含普劳图斯（Plautus）公元前3世纪晚期的喜剧《三文钱》（Trinummus）当中的宪法意义。在这部喜剧当中，习俗和祖先习俗是作为每个家庭的先人的习俗和行为而出现的，并且

---

[85] *Lex Publica*, pp. 371-377.

[86] 关于平民和贵族的对立，见 Robb, *Beyond Populares*，其论点是：这些标签并不能传达政治家的类型区别。但可见 Yakobson, "Review Robb," p. 214。

[87] 见 Cic. *Pis.* 50。

[88] 见 Lintott, *Constitution*, p. 6。要了解更早的从蒙森到昆克尔（Kunkel）和威特曼（Wittmann）的解释，见 Nippel, "Gesetze," pp. 89-96。

[89] 见 Blösel, "*Mos maiorum*," p. 85。

[90] Enn. *Ann.* 467 Warmington.

很明显是与法律和公共制裁（public sanction）相对的。[91] 另一方面，在格拉古兄弟之后的革命年代里，这个词被大量在公共场合中使用以指向宪法规范，比如在对人民的演讲中、法庭上或者在元老院。故而，祖先习俗作为一个宪制语词可被看作一种相对晚近的发明，这项发明在晚期共和国宪制危机的背景下彰显了其重要性和相关性。我们可放心地说：只有通过西塞罗，这个词才获得了宪法倾向。[92]

有材料为证。西塞罗在公元前66年的一次人民大会预备会上的演讲中支持了保民官C. 马尼留斯（C. Manilius）的一项提案。这项提案授予庞培重要的军事指挥权以抵抗本都（Pontus）的米特拉达梯，西塞罗则讨论了一个先前就被提出以反对该议案的宪制议题。该提案最具威望的反对者之一昆图斯·卡图鲁斯（Quintus Catulus）提出：不应该引进任何与祖先的先例（exampla）和实践（instituta）相违背的创新，授予用以抵抗米特拉达梯的统领权正是这样一次宪制创新。这一权力意味着管辖范围极广的、超常的权力，它包含比提尼亚（Bithynia）、本都以及西里西亚（Cilicia）的统领权（*imperium*），而且还挟制其他相邻行省的总督的统领权（*imperium maius*），它使得东部所有军队都归于庞培帐下。这统领权结合了多种权力，它们被认为是超常的（*extra ordinem*），[93] 故而也潜在的是不合宪的。尤其，这些权力并不是由元老院以常设官员权力之扩展的名义授予的，而是由人民

---

[91] Plaut. *Trin.* 1046. 见 Earl, *Political Thought*, pp. 25-26。
[92] 要想了解更多证据，见 Blösel, "*Mos maiorum*"。
[93] Cic. *Dom.* 18.

大会寄予一人的，此人在公元前65年曾是一个普通公民，[94]却被寄予了执政官的权力，[95]这引起了贵族的反对。在随后的章节中，我们会讨论这样的紧急权力是否合宪的问题；这里我们想重点讨论的是关于习俗作为宪法规范来源的论述。卡图鲁斯提出这项权力破坏既有先例，西塞罗对此回应道：

> 我们的祖先（*maiores*）从来在和平年代遵循习俗（*consuetudo*），而在战争年代遵循实用，他们从来以新的做事方式来面对紧急情况。[96]

这个著名的、天才的论断说明，奴性地遵循法律远非"祖先的方式"，相反，"祖先的方式"就是改变祖先的方式。在紧急情况下，有更高阶的习俗去遵守，即打破和平时代的习俗。在紧急情况下"无视习俗"本身就是祖先习俗，换句话说，在紧急情况下，可以将"悬置寻常的限制"提升到习俗的地位。

为了支撑他的主张，西塞罗似是而非地指出：布匿战争和西班牙战争也都曾由单独一个将军指挥。[97]正如我们之前所讲，西庇阿·埃米利阿努斯在公元前147年当选执政官以及他任布匿战争指挥的事和同僚合作问题无关（他毕竟有一个在任同僚），问题在于他当选的时候还没达到法定年龄。尽管西塞罗

---

〔94〕庞培在前一年（公元前67年）打击海盗的三年非常指挥权还在延续，并增加了他的权威，所以严格意义上说，他在这个时候并不是一个普通公民；但是，对早先的那个指挥权的反对部分是因为人们认为这种授予普通公民权力的做法是不合宪的。见 Gelzer, "Das erste Konsulat"。
〔95〕Vell. Pat. 2.31.2-4.
〔96〕Cic. *Leg. Man.* 60. Trans. D. H. Berry.
〔97〕同上。

的重点有些奇怪，但他确实指出了一个符合宪法的非常做法，这与他关于习俗的论证是相得益彰的。他继续提醒他的听众：在马略的案例中，罗马就已经将抵抗朱古达人（Jugurtha）、条顿人（Teutoni）以及辛布里人（Cimbri）的指挥权交与一人之手，就是马略（西塞罗背后暗示的是卡图鲁斯的父亲曾经在政治上与马略有联系，他在公元前102年与后者共任执政官，并在下一年与之一同凯旋）。[98]西塞罗在这里所举的宪法事件是关于同一职位的重复担任甚至是连任。[99]毕竟马略七次被选为执政官，并且五次是连续当选，而且还有缺席并重新当选的情况，以及最重要的是，这破坏了法律（法律规定，同一个职位的当选间隔应当为十年）。[100]关于这条法律的证据并不确定，[101]它看起来与另一条禁止任何人担任两次执政官的法律相冲突，[102]但是至少，人们对于重复担任乃至连任执政官通常具有很强的厌恶之情，这点是非常清楚的。不清楚的是，卡图鲁斯是否真的在引用某个法律基础（我指制定法、法令）以证明他的主张，即授予庞培的统领权是不合宪的；如果他确实如此，那么也仅仅是暗指而已（先例和制度都被看作制定性的法规）。

西塞罗口中的习俗的概念根深蒂固地与后格拉古兄弟时代的宪法辩论紧密关联。关于紧急情况的宪法讨论很少绕得过

---

[98] Cic. *Leg. Man.* 60. Trans. D. H. Berry.
[99] 见 Brennan, *Praetorship*, vol. 2, pp. 647-652; Kunkel and Wittmann, *Staatsordnung*, pp. 6-8; Lundgreen, *Regelkonflikte*, pp. 85-97。
[100] Plut. *Mar.* 12 提供了对宪制事务的充分讨论。亦见 Plut. *Mar.* 14.6-8; Livy, *Per.* 67。
[101] Livy 7.42.2. Meier, *Res publica amissa*, p. 309 是带有怀疑的；Rilinger, "Ausbildung" 少一些。关于任期限制，见 Coli, "Sui limiti"。
[102] Livy, *Per.* 56. 更进一步参见 Broughton, *Magistrates*, vol. 1, p. 490, n. 1。要了解西庇阿当选执政官，见 Astin, *Scipio Aemilianus*, pp. 61-69, 135。

这个概念，诉诸习俗就是诉诸宪法规范。西塞罗在第一篇反对喀提林的演说中就曾表达了将喀提林处死是否合宪的担忧——这是否会违反祖先习俗？在这里，习俗作为宪法规范来源的争议性也变得特别明显。有趣的是，在这里习俗被给予了重要地位，对制定法的潜在破坏反而退居其次，对于西塞罗本人声名的担忧居于最末。[103] 西塞罗运用修辞技术让他的国家（patria）来问他："你想必要下命令让他（喀提林）入狱、被裁决并承受极刑吧？什么在阻止你？我们的祖先习俗？"但是，在这个例子里，习俗远非是一种限制，对于西塞罗而言，它允许了（如果称不上是命令的话）喀提林被处死刑的做法：

> 但是在这个国家这种情况也是经常发生的：即使普通公民（private citizens）也曾将危险的公民处以极刑。[104]

当然"经常"是一种夸张。增强这个论断的例证——根据修辞理论[105]——是非常少的。西塞罗在前文明显提及的只有一例而已，也就是提比略·格拉古被普布利乌斯·西庇阿·纳西卡（Publius Scipio Nasica）所杀一事（后者当时是普通公民）。[106] 在这里，习俗完全以一种宪法先例的面目出现，而西塞罗的论点也以经验为基点——普通公民曾经处死叛乱公民这种事到底是否"经常"发生。但是，是否所有的东西都可以归于这一

---

[103] 参见 Cic. *Rab. Perd.* 17 的类似等级。
[104] Cic. *Cat.* 1.27.12-28.2. Trans. D. H. Berry.
[105] Quint. *Inst.* 5.11.6. 参见 Lausberg, *Handbuch*, §§ 410-425。
[106] Cic. *Cat.* 1.3.1. 虽然处死萨图尔尼努斯（L. Appuleius Saturninus）和格劳西亚（C. Servilius Glaucia, Cic. *Cat.* 1.4.5-7）是由普通公民完成的，但却有执政官和元老院敕令之权威的保证。

点,即当谈到习俗的时候,这个经验-历史性的问题是否是唯一有价值的问题?我们可以评估习俗自身的规范性吗?

换句话说,在西塞罗看来,什么给予了祖先传统有效性?什么是它的义务基础?"当时做事的方式"[107]这一纯粹事实是否足够将习俗设定为一个有效的先例,成为宪法规范的来源,并且发展出规范性的力量?在他的修辞学论文《演说术的分类》(*Partitiones oratoriae*)的一处讨论中,这一点变得明晰起来:无论是习俗(*mores*)还是具体法律(*leges*),其有效性都建立在自然法的基础之上,也就是说,义务的首要基础(我们应该遵循习俗和法律的原因)在于自然法规定如此。这也就是说,自然法(而非纯粹的习俗或"当时做事的方式")提供了最终的标准:正是自然法"规定"或"命令"我们应该持守习俗。[108]

那么,最终的决断者是自然法;是道德评价,而非习俗。在《论法律》中,西塞罗清楚表达了这个论断。尽管这里讨论的是宗教习俗,但对于习俗的澄清却不仅仅限于宗教领域的习俗:

> 接下来的法律是[即西塞罗在《论法律》2.22.3中所提出的宗教性法律]:最好的祖先仪式应当被扶植、传承。当雅典人询问皮提亚的阿波罗(Pythian Apollo)他们应当特别遵从什么宗教的时候,神谕如此回答:那些属于你们祖先习俗(*mos maiorum*)的东西。他们又折回来问,祖先习俗常在变化(*saepe mutatum*),他们应当遵从这么多不同风俗中的哪一种(*quem morem e variis*)?他回答说,

---

[107] Lintott, *Constitution*, p. 4.
[108] Cic. *Part. or.* 130.

最好的。实际上,最好的应该被认为是最古老的、最近神的东西。[109]

习俗并不为善提供一个独立的标准,相反,什么是善决定了什么应被看作最古老的东西。事实上,西塞罗说,没有什么东西因为它古老而成为善的,恰恰相反,一个东西之所以被认为是古老的是因为它是善的。[110] 因而,我们对于习俗和法律的义务之根据是一个独立的、属于自然法的善的标准。因此,对古代的探寻并不能产生出一个有关规范性和宪法性的难题的解决方案;最终只可诉诸自然法。即便习俗更不易于改变并且也没有那么经常改变,我们还是可以推测,西塞罗也依然不会赋予未经自然法批准的习俗以规范性的力量。相反,我们会选取那些(从先在的自然法逻辑的角度来看)在宪法上有重要地位的祖先案例(ancestral exampla)。正如我们会在第四章讨论西塞罗的宪法理论时所见,正是将罗马习俗和共和宪制奠基在自然法之上这重要的一步才使得西塞罗的思想具有了典型性和高度原创的特征。[111]

有人或许会认为:所有的这些都是修辞性的,仅仅是权力政治扬起的水沫,漂浮在祖先案例的波浪上。但是,这种想法可能走偏了。西塞罗哲学作品中所展现出来的宪制思想,与在火热的政治活动中发表的演说中的说理是一体的:它们都不仅是为了修辞的目的捏造出来的,相反,它们预设了一种最终奠

---

[109] Cic. *Leg.* 2.40. Trans. Zetzel.
[110] 不同于 Dyck, *Commentary*, p. 361。
[111] 参见 Xen. *Mem.* 4.3.16,其中习俗或法(*nomos*)是被那个皮提亚的神所规定的标准。

基在客观自然法（objective natural law）上的宪法概念。的确，演说是非常具有修辞性且有宣传作用的，但这并不意味着修辞技艺对内容是决定性的。这也不意味着它们诉诸宪法原则（以习俗、法或者是融入具体制定法等形式）作为修辞是不值得认真对待、可被忽视的。相反，演说向我们展现了实践中的宪法论争，它总是在预设着：听众们需要理解接受的是某种对共和宪制的解释。所以，只要法庭、人民大会和元老院仍在正常工作，晚期罗马共和国就可以说展现了美国宪法律师们所谓的"分散式司法审查"（diffuse judicial review）。这就是说，任何一群听众在任何一个广场（forum）都可能被号召来决定一件事务的合宪性，既可能是非常具体的那类（比如刑事法庭的案件，或是在处理紧急情况的时候），也可能是抽象的那类（比如在元老院集会或人民大会的议事演说）。

宪法规范的来源：法

公元前52年，为了讨好庞培，西塞罗在他的演讲《为米洛辩护》中将庞培称为"公共法"（ius publicum）、祖先习俗和所有有关共和国之事的专家。[112] 这种经常与习俗并称的法（ius）并不是奠基在制定法之上，也不可被认为等同于习俗。[113] 根据布莱根的说法，相比于制定法，这种法指的是共和国整体的所有法律规范。[114] 布莱根认为，法指示了公共生

---

[112] Cic. Mil. 70. 参见 Luc. Phars. 9.190-191。
[113] 见 Schanbacher, "Ius und mos"。
[114] Bleicken, Lex Publica, pp. 348-354，尤其是 pp. 349, 359-362。

活的根本制度。[115] 布莱根看到，西塞罗对这个词语的运用通常不指向制定性法律，就好像法与制定法是不一样的。[116] 在我看来，布莱根应该更进一步，认识到当法与制定法冲突的时候，法体现出更高的宪法规范的来源的地位，这些规范高于制定法。接下来，我将试着夯实我这个主张。

在凯撒与庞培内战早期，公元前 49 年 3 月 25 日，西塞罗在一封写给他的朋友阿提库斯（Atticus）的信中构想了凯撒的动机和他接下来的行动：

> 我揣测，他［凯撒］希望得到一道来自元老院的敕令以及另一道来自占卜师（Augur）的敕令……要么允许一个裁判官（Praetor）主持执政官的选举，要么就任命一个独裁官（Dictator），但这两项都不是合法的（neutrum ius est）。但是，如果苏拉可以安排摄政王（Interrex）和骑士长官（Master of the Horse）去任命独裁官，为什么凯撒不能？[117]

这最后一句话远非就一个有效的先例来表达一个观点，而是颇具挖苦的意味。西塞罗的立场在第一句话中就给出了：执政官选举只能被执政官（或者独裁官）主持，而独裁官（当一个裁判官有一个准许令之后，凯撒当然即将任此职）只能被执政官提名。所有其他事都不是依据法来做的，"但这两项都不是合法的"在这里一定是指：对于西塞罗而言，凯撒所青睐的程序

---

［115］　Bleicken, *Lex Publica*, p. 349.
［116］　见同上书，尤其是 p. 361, n. 68。
［117］　Cic. *Att.* 9.15.2. Trans. Shackleton Bailey. 参见 *Att.* 9.9.3。

都是**不合宪的**。[118]

同样，在更早的两封给阿提库斯的信中，西塞罗清楚表明：根据法来行事意味着合法（legally）行事，而且与根据制定法相比，是更高阶意义上的合法——这一定意味着根据共和宪制中所蕴含的高阶规则来行事。在一封公元前49年3月17日来自弗尔米埃城（Formiae）的信中，西塞罗告诉阿提库斯：他怀疑凯撒意图在裁判官（而非执政官）主持之下选举执政官。然而，这样的行动程序是不合宪的（*non esse ius*）。西塞罗如何知道这点？这个段落非常有启发性，因为它使我们罕见地瞥见了一组丰富的古代文献的存在，它们由对宪制实践的评注构成，主要保存在宗教院的书当中，特别是占卜师院（西塞罗自己从公元前53年之后就是其中一员）。[119]在他写给阿提库斯的信中，西塞罗指出，"我们的书中提到这点"（我们，即占卜师院）："不仅仅执政官，即使在裁判官的主持之下当选"都不合法，"这种事没有先例"。[120]在梅萨拉（Messalla）已经丢失的关于占卜的作品中（一定是西塞罗的依据），他曾经解释：

> 尽管裁判官是执政官的同僚，但他并不能合法地提名裁判官或执政官，正如我们从祖先那里所知，或是从过去所遵循的可知，以及如C. 图狄塔努斯（C. Tuditanus）《评

---

[118] 关于宽恕苏拉的讨论，见Hurlet, *La dictature*, pp. 30-49，尤其是pp. 48-49；亦见Hinard, "De la dictature," p. 89及n. 15。

[119] 见Linderski, "Augural Law"，尤其是pp. 2241-2256。亦见Premerstein, "Commentarii"；Heuss, "Zur Thematik"。

[120] Cic. *Att.* 9.9.3. Trans. D. R. Shackleton Bailey.

注》(Commentaries)的第十三卷中所展示的那样；因为裁判官的治权较低而执政官的更高，所以一个更高的治权不可以被一个更低的治权合法提名，或者说一个更高级的同僚不可被更低级的同僚所提名。[121]

图狄塔努斯关于宪法的作品同样也丢失了，这部作品也处理了法与合法的行动的问题。在西塞罗写给阿提库斯的下一封信中，对这个词语的相同用法也出现了，西塞罗把苏拉、马略和秦纳（Cinna）称作行事"正确"（recte），甚至——或许！——"合宪"（immo iure fortasse）。然而，这都不再要紧，因为尽管他们的行为合法，却产生了"我们历史上最残暴、最邪恶的篇章"。[122] 沙克莱顿·贝利（Shackleton Bailey）在他的注释里正确地指出：这"肯定是在说他们可以诉诸某些宪法辩护，苏拉和秦纳曾分别被不义地（wrongfully）剥夺了统领权和执政官身份，马略是秦纳的同党，也被不义地流放了"。[123]

这封信同样和西塞罗在大约六年之后的《反腓力辞》第八篇（Philippic Eight，公元前43年2月3日宣读于元老院）中所用的法的概念契合。这篇演说的背景是：西塞罗与安东尼关系破裂，内战近在眼前。这篇演说是西塞罗反对向敌方派出使节计划的尝试的一部分。西塞罗试图展现，现在与安东尼之间

---

[121]　Gell. 13.15.4. Trans. J. C. Rolfe, 有所修改。
[122]　Cic. *Att.* 9.10.3. Trans. D. R. Shackleton Bailey.
[123]　Shackleton Bailey, *Cicero's Letters*, p. 378. 有关公元前88年苏拉行动的潜在合法性，见 Meyer, *Römischer Staat*, p. 315; Meier, *Res publica amissa*, p. 237; 亦见 Robert Morstein-Marx, "Consular Appeals"。然而，合法性必须意味着"宪制合法性"，参见 Straumann, "Review H. Beck, *Consuls*"; Ungern-Sternberg, "Legitimitätskrise"。

的争斗确实可称得上是一场战争，而且应该和之前的内战区别开来，因为在和安东尼的冲突中，所有的公民都团结一体抗敌，这个敌人为了抢夺、重新分配公民们的私有财产，企图暴力颠覆共和宪制。相反，早前的内战则是为了宪法解释而战：

> 这难道不是战争吗？或者，这是自古以来最严峻的战争吗？因为在其他的战争中，尤其是内战，冲突的起因是政治理由（rei politicae causa）：苏拉与苏尔比基乌斯之战是为了法律的有效性（de iure legum），因为对于执政官苏拉而言，这些法律是被暴力通过的。秦纳和奥克塔维乌斯（Octavius）之战是为了新公民的投票权。苏拉和马略、卡尔波（Carbo）之战是为了终结德不配位者的统治并且为显赫之人的残酷死亡复仇。这些战争起因于政治争辩（ex rei publicae contentione）。[124]

57 对于西塞罗而言，和安东尼的战争更具抵御外敌的味道；之前的内战则是为了宪法解释而发生的战争。当西塞罗说，苏拉之所以受驱动发动内战（并以其军队占领罗马）是因为在他看来，于公元前88年由保民官苏尔比基乌斯通过的制定法不具效力，故而他把这场战争看作是关于制定法的合宪性（de iure legum）的斗争。[125] 这里的有效性意思是合宪性（constitutional validity）——苏尔比基乌斯的制定法是不合宪的，这才是导致

---

〔124〕 Cic. *Phil.* 8.7. Ed. and trans. Gesine Manuwald.
〔125〕 *de iure legum* 指的是"制定法的合宪性"，亦见 Cic. *Dom.* 71（元老院有权威行使某种司法审查）。

苏拉进军罗马的原因。西塞罗坚持，所有的这些战争都是为了共和国的理由（rei publicae causa）而战斗，但不像马努瓦尔德（Manuwald）的翻译所示，这理由并非纯粹"政治的"，而显然是关乎宪制的；正如西塞罗解释，制定法或者其他法案是否在宪法上是有效的——也就是说，合法的——才是这些战争的关键所在。[126]

来自《反腓力辞》第八篇的这段话不仅仅强调了法作为一系列宪制规范的角色，而且还让我们清楚地知道西塞罗是如何将晚期共和国的危机和内战理解为针对宪法解释的冲突的。西塞罗认为，至少自苏拉以后，政治斗争倾向于以两种竞争的、相互排斥的宪法解释的形式表达出来：一边是大众的（如苏尔比基乌斯、秦纳、马略和卡尔波），另一边是元老院或者贵族的（如苏拉和屋大维）。这是大众－贵族之间的对立的最好的理解方式：不是表达任何"党派"标签，而是表达了两种相互排斥的对共和宪法秩序的解释。[127]

让我来举一个共和宪制的元老院式解释的例子（和西塞罗对晚期共和国历史的解释非常一致），这个例子会支持我们将法看作宪法规范的看法。在公元前121年，元老院第一次用所谓的"最终敕令"（senatus consultum ultimum）来宣布紧急状态，敦促执政官卢修斯·欧庇米乌斯（Lucius Opimius）处决前任保民官盖乌斯·格拉古（Gaius Gracchus），这被解读为元老院破坏格拉古的公民上诉权（provocatio）的尝试；而

---

[126] 见 Manuwald, *Cicero*, vol. 2, p. 939: *de iure legum* 意味着"法律在多大程度上是合宪的/有效的"。

[127] 要了解这些解释背后的哲学传统，见 Arena, *Libertas*, ch. 3。亦参见 Robb, *Beyond Populares*; Perelli, *Il movimento*。

欧庇米乌斯在下一年就因为杀死罗马公民而被起诉，他服从元老院敕令这一事实并未阻止对他的指控，可见这一事实自身也并未被看成一个充分的法律辩护。[128] 西塞罗在《论演说家》(*De oratore*)中陈述此事时（在写作此篇的数年前，西塞罗也在一个类似的"最终敕令"之下攻击喀提林，此事非常著名），他强调了元老院的权威（以最终敕令表达出来）和人民的权利（以规定罗马公民的上诉权的法律表达出来）之间的矛盾。如果一个人根据元老院敕令（*ex senatus consulto*）为了保存他的祖国（*patriae conservandae causa*）去处死一个公民，而这个行为不被具体制定法所允许的话，那么刑罚应加诸其身吗？[129] 对于西塞罗而言，此事简而言之就是：这一处决"是否因其根据元老院敕令服务于拯救共和国（*servandae rei publicae causa*）而被允许（*licueritne*）"？[130] 这里的"允许"很明显不能理解为被制定法（*per leges*）允许；相反，它意味着被更高的规范所允许。更高的规范想来可以允许非法的杀戮，但就算是真的，那也仅仅是当有一个"为了拯救共和国"的元老院敕令的时候，这可以是一个必要非充分条件——如果在人民大会控诉非法杀人的官员时，这个论证可以说服民众的话。

这恰恰是欧庇米乌斯案件处理的方式。欧庇米乌斯因为非法杀死 C. 格拉古而在人民的审判中被指控，尔后被无罪释放。如果西塞罗的说法是可靠的，[131] 那么由保民官 P. 德修斯（P.

---

［128］ 见 Ungern-Sternberg, *Untersuchungen*, pp. 68-71。
［129］ Cic. *De or.* 2.134.
［130］ 同上书，2.132。
［131］ 西塞罗对元老院最终敕令的青睐不应该损害他的可信度。相反，问题在于：西塞罗是否把他自己时代对元老院最终敕令的看法投射了回去。

Decius)提出的指控论点就是:元老院敕令**自身**就是不合法的,因为它与制定法不一致且相悖(contra leges)。[132]执政官卡尔波为欧庇米乌斯辩护,他认为,杀人行为是合法的,因为这是"为了公共安全"(pro salute patriae)而做的。[133]这个论点看起来令人民信服了:欧庇米乌斯被人民无罪释放。[134]西塞罗在代表 P. 塞斯提乌斯的演说中(公元前 56 年)提到:欧庇米乌斯"曾漂亮地赢得了共和国的感激",而且"罗马人民自己将其从深陷恶意的烈焰(因为盖乌斯·格拉古之死)的处境之中解救出来",[135]尽管欧庇米乌斯有此声名——在他的生涯之中经常站在人民偏好之对立面。[136]

欧庇米乌斯的无罪释放表明:卡尔波的论点在审判时占了优势。学者们对这一免罪的解读是,这次无罪释放设定了一个重要的、权威性的先例(一个范例),以支持"最终敕令"以及元老院版宪法解释的有效性。[137]这也被后来的元老院最终敕令(senatus consultum ultimum)的历史所证明,这段历史也是元老院最终敕令的宪法有效性更加刚性化的历史,直到公元前 63 年 C. 拉比里乌斯(C. Rabirius)的审判之前,都再未见任何因为破坏制定法以及上诉权(ius provocationis)而做的指控。这样一种观点也可以在西塞罗的第四篇《反喀提林演说》(Catilinarian)中对凯撒在这件事上的立场的叙述中找到:"一个提出《森普罗纽斯法》(the Sempronian law)的人自己

---

[132] Cic. De or. 2.132.
[133] 同上书, 2.106。
[134] 见 Cic. Brut. 128; Sest. 140; Liv. Per. 61。
[135] Cic. Sest. 140. Trans. Kaster, *Cicero: Speech*,略有调整。
[136] Cic. Brut. 128.
[137] 例如,见 Ungern-Sternberg, *Untersuchungen*, p. 70。

因人民的意愿（iussu populi）而遭受国家的惩罚。"[138]凯撒这里似乎是指欧庇米乌斯的免罪这件事。西塞罗可能只是在传达凯撒的观点：即便是提出了保障上诉权的法律的 C. 格拉古本人，也不符合这项法律的适用条件——因为它是一个不值得法律保护的叛徒。[139]无论如何，我们都应该记得：尽管元老院的"最终敕令"相对来说会被经常征引，尽管人民的宪法解释支持者和元老院的宪法解释的支持者在城内使用武力的行为都很普遍，但是仍旧存在通过制定法和设置永久法庭（quaestio perpetua，政治暴力可在该法庭上被指控）的方式来处理紧急权力的尝试。[140]这种以规避上诉权为目的的对元老院最终敕令的使用（相比于更一般的"宣布紧急状态"这样的使用），在公元前100年被这样使用过后就不再流行。[141]进一步而言，尽管欧庇米乌斯被释一事似乎确实将元老院的最终敕令提高到

---

[138] Cic. Cat. 4.10. Trans D. H. Berry. 见 Dyck, *Cicero: Catilinarians*, p. 224。这些西塞罗归罪于凯撒的言辞或许指向的是欧庇米乌斯以及他在公元前121年所召开的非正式集会：见 Lintott, *Violence*, p. 170。亦参见 Livy, *Per.* 61。然而，西塞罗的措辞（iussu populi）显示，他这里意在唤起欧庇米乌斯的释放之事以作为先例。欧庇米乌斯或许已经设立了某种法庭，为的是给他的行动至少一些合法性的装饰；见 August. *De civ. D.* 3.24；Rödl, *Senatus consultum ultimum*, pp. 73-78。

[139] 这取决于 Cic. Cat. 4.10。所有的手稿都有 iussu populi，但是我们有理由认为西塞罗说服的方式是去指出：即便是 C. 格拉古（森普罗尼斯法的作者）也不会被它所保护（并因此合宪地被判处死刑），即便是在没有征询人民意见的情况下（iniussu populi）。关于 iniussu 的构想，见 Ungern-Sternberg, *Untersuchungen*, p. 100, n. 86；亦见 Drummond, *Law*, p. 44, n. 127。但可见 Lintott, *Violence*, p. 170。

[140] 法庭的建立以及反对围绕它的针对反公共暴力的立法 [《卢塔蒂亚法》(lex Lutatia) 和《普劳蒂亚法》(lex Plautia)]，见 Lintott, *Violence*, pp. 112-123。

[141] 参见 Drummond, *Law*, p. 108；Ungern-Sternberg, *Untersuchungen*, p. 84。关于 SCU，见第二章。

共和宪制的常设制度的地位,但是欧庇米乌斯的审判本身也可以被解读为另一种有些不同的先例的设立:一个新引进的宪法机制受制于人民的许可,因为毕竟正是这场**人民面前**的审判创此先例;尽管欧庇米乌斯的被释证明了,一个**为了国家安全**而做出的行为即便是与制定法相悖也可以是合法的,但是这也绝不意味着,这种行为可以普遍地、永远地免于被起诉。

然而,正如我们在这里所展现的,对我们的主旨而言最重要的就是支持起诉的论点:坚持通过指向更高阶的规范——即制定法来否认元老院敕令的合法性。这就激起了被告人的驳论:还存在着比制定法更高阶的标准,即如果公共安全有需要,那么制定法可以被暂时搁置,**为了国家安全**所做出的行为至少获取了潜在的合法性。西塞罗的论述里,"合法"一词是 iure,也就是说,符合这种法(ius)的行为就是合法的,即便这个行为和制定法相悖!还有,这是一个在人民面前的审判里被接受的论点。因为我们并不确切地知道是什么论点支配了人民以致其释放了欧庇米乌斯,所以也不应把罗马人民对**作为宪法体系的 ius 的优先性**的认可看得太重。但是,这种尝试本身(诉诸法来论证存在等级上高于纯粹制定法的规则基石)仍旧提醒 ius 这个词是用于宪法语境下的;在晚期共和国宪制冲突的语境下,当人们指向宪法规范的时候,它可以作为独立于祖先习俗的一种语词选择,用于宪制论争。

举一个特别重要的例子来说,西塞罗在其早年为凯基纳(Caecina)的辩护演说[142]中认为:所有在人民大会上通过的法律都包含了一项条款——"如果此制定法中包含任何违反了法

---

[142] 这篇演讲大概是在公元前 69 年发表的,见 Lintott, *Cicero*, p. 80。

的内容，就此而言，这条制定法是无效的"。暂且不管这个说法颇为值得怀疑的历史真实性，从宪法思想的层面，我们必须注意这段话，因为它明确地区分了**法**（作为整体的法律秩序，特别是作为宪法性的生效条件）和**制定法**。西塞罗继续以修辞的方式设问："有什么违法的东西是罗马人民不能去命令或禁止的？不说远的，这项额外的条款就说明有这样的东西。因为如果没有这么一个东西，这项条款就不会被附加到所有的制定法上去。"西塞罗就此提出了一项重要的宪法主张：

> 但是我问你们，你们是否觉得：如果人民命令我当你们的奴隶或者你们当我的奴隶的话，这项命令是权威的、有效的吗？你们知道并且承认，这样一项命令是没有价值的。故而你们就得先承认这点：并非所有人民的命令都应该被批准。〔143〕

当然，西塞罗此处的论点既是修辞性的也是有强烈偏向的，但是它提供给了我们一个非常好的例子以展现在制度和诉讼的语境下宪法论证的广泛应用，以及作为一组宪法性的、高阶的法的 *ius* 在这些语境中所享有的地位。〔144〕法以及它作为由自然法所保障的整体宪法系统的角色，是如何在西塞罗更理论化的政治哲学著作中占据重要位置的，这个问题将会在本书的第二部分（关于罗马宪法理论）中得到处理。我们或许已经暗示了：

---

〔143〕 Cic. *Caec.* 95-96. Trans. Yonge，略有修改。
〔144〕 参见 Cic. *Sest.* 61：加图宣誓效忠一个没有被合宪引入的法（*lex non iure rogata*，凯撒公元前59年的土地法），因为它是被暴力胁迫执行的而且与占卜冲突。

在西塞罗政治理论的关键文本中［《论共和国》（Republic）中关于 res publica 的定义］，法具有了在其演讲中［如《为凯基纳辩护》（Pro Caecina）］已经勾勒出来的功能。在《论共和国》中，法对人民的僭主般的愿望所发挥的由自然法所奠基的宪法约束功能一点也不比《为凯基纳辩护》中所描绘的少。当西塞罗在他著名的定义中称（经由奥古斯丁[145]广泛传播，在政治思想史上被广泛阅读）共和国（res publica）就是人民之事（res populi），这里的人民（populus）指的根本不是任何人民的集合，而是指"一个在宪法原则上有共识（iuris consensu）并且共享利益的团体（society）"。[146]他并不仅为宪法规则赋予了其应有的地位（人民以及共和国存在的必要标准），而且他意图让宪法规则具有决定性的反民主倾向（正如在《为凯基纳辩护》中所表现出的），在这里，法发挥了对人民意愿的约束功能，并且首先是有"人民"这么个东西的标准。接着，莱利乌斯（Laelius）在对话中重新提到这个定义，并且认为：大众主权（in multitudinis potestate）掌控之下的事（res），就先前给出的定义而言，构不成人民之事。这是因为，如果所有的事都由人民的权力所决定（in populi potestate omnia），那么人民大会（conventus）就"和僭主一人独裁无甚区别"。[147]

这一章我未提及很多重要的宪法制度，比如（宪法性的）

---

[145] August. De civ. D. 2.21.
[146] Cic. Rep. 1.39. 我自己的翻译。
[147] 同上书，3.45. 要了解一个在演说上更加反民主、反希腊的观点，见 Cic. Flacc. 15-17 and 57。詹姆斯·哈林顿用《为弗拉克库斯辩护》（Pro Flacco）来反对民主：Oceana, p. 132。

上诉权、自我辩护的诉求或者是在《凯基利乌斯和狄底亚法》（*lex Caecilia Didia*, 98）中所提到的元老院对法律的废除；这些都会在后文得到处理。这里我所关注的是罗马宪法概念从宪法危机的历史环境中发展出来的历程。说得更彻底一些，我所关注的是这样一个想法的起源：一个高阶的、刚性的规则体系（可以约束普通法律规则，并可在规范性上对其进行判定）是必要的。我认为，在共和国的最后岁月里可以找到这些起源。在那些诉讼演说、庭议演说以及理论著作中，衡量制定法以及政治秩序的规范性尺度被构想出来。它自晚期共和国的危机中而生，表达着对共和国根本原则的诸种不同解释。对政治思想史来说最为重要的是，这指向了对于什么构成了政府合法性的宪法标准的罗马理解。与摩西斯·芬利（Moses Finley）相反，马尔科姆·斯科菲尔德（Malcolm Schofield）就曾正确地指出，西塞罗"非常明确地"提出了"有关合法性的问题，这在希腊政治哲学中从未被提出"。[148] 西塞罗式的回答——本质上是关乎宪制的、法律性的，正如它本质上是罗马的——后见之明看来是罗马宪制危机的结果，当然，对于共和国来说，它来得太晚了。但是，我们会在本书的最后一部分（关于罗马宪法思想的后世影响）中看到，对于文艺复兴和早期现代的欧洲而言，这个答案并未来得太晚。

---

[148] 见 Schofield, "Cicero's Definition," p. 66；参见同前书，pp. 64-65。

第二章　无限权力？宪法争论中的紧急情况与超常权力

"各部分所具有的权力既可以阻挠其他部分也可以与它们合作，而它们之间的互动足以应对所有的危机，故而再也不可能找到一个比这更好的宪制秩序。"（Polyb. 6.18.1）

危机为诉诸高阶的宪法规范提供了语境。当普通的制定法看上去并不足以应对危机的时候，超法律的措施（extra-legal measures）变得必要。以高于纯粹制定法的具有更高有效性的法则之名，这些超法律措施被辩护或是被攻击。正是基于这个原因，晚期共和国经常发生的紧急权力授予（bestowal）就是观察晚期共和国政治思想和实践中的那种宪制主义雏形的理想的窗口。

在超常权力授予和紧急措施的通过带出的问题的背景下，更清晰地在概念上区分"宪法的"和"超宪法的"领域就变得尤为必要。在共和国的最后一个世纪里，在宪制层面主权何在的问题和中止普通宪制约束的权威问题，具有了前所未闻的

［未闻于公元前113年之前，不闻于亚克兴之战（Actium）之后］紧急性。故而，围绕着紧急情况的争论非常切合我们的主旨，而且将会最清晰地引导我们关注宪法秩序的诸种不同解释。更为重要的是，在应对紧急情况的时候，诉诸高阶的宪法规范变得异常重要：如果不诉诸高阶法则，那么就无法决定什么构成了紧急情况并因此触发超常措施。

有一些关于超常宪法权力的例子值得我们注意。[1] 在危机时期，有三个主要的工具提供超常权力和超常措施：独裁权、所谓的"元老院最终敕令"以及超常权力（*imperia extraordinaria*）。在十人立法委员会（*decemviri*，在公元前5世纪曾草拟过十二表法）所具有的权力以及土地委员会施行和裁选不同的土地改革方案的权力中，我们也可以发现超常权力。庞培在公元前52年独享的执政官权以及他负责罗马城粮食补给的紧急管理权（*cura annonae*）均属此列。与本书整体的目的一致，这一章主要关注的既不是晚期罗马共和国宪制中的制度构架，也非晚期共和国的政治历史，而是这些制度是如何体现在史学作品中的政治思想和宪法论述中的。核心的问题是：在这个时期的宪法和政治思想中，宪法和超宪法的区分是如何构建的？

独裁权

公元前44年，作为共和国宪制制度的独裁权被安东尼颁

---

[1] 见 von Fritz, "Emergency Powers"; Nippel, "Emergency Powers"。

布的制定法废除了。[2]西塞罗指出，这是安东尼最重要的举措。西塞罗在他的《反腓力辞》第一篇中告诉我们:《安东尼法》(lex Antonia)"彻底"(funditus)废除了当时已经具有王权性质的独裁权。[3]的确，安东尼为了证明他对王权的憎恶(odium regni)，在西塞罗看来，做了他最好的举措——也就是废除独裁官，以便一劳永逸地消除对王权的恐惧。[4]阿庇安则把安东尼废除独裁权的行为看作纯粹的政治伎俩，意在安抚元老院，以达到他真正的目的——获取马其顿的统治权。在废除独裁权之后，阿庇安写到，安东尼被选为马其顿的罗马军队的"专制"统治者或独裁统治者(στρατηγὸς αὐτοκράτωρ)。[5]卡西乌斯·迪奥(Cassius Dio)在废除独裁权上也持有类似的怀疑看法。迪奥认为,《安东尼法》错误地认为: 晚期共和国的问题是由宪制中的职位和头衔带来的，故而也可以通过废除这些职位和头衔来解决; 但事实上，问题在于这些行为本身，它们并不是宪法或者制度架构的后果，而是偶然机遇的后果。迪奥提到了获取武装力量的机会，并且认为这些有问题的行为是"源于武装"(ἐκ τῶν ὅπλων)，或是源于个别统领者的品行。[6]

---

[2] 关于独裁权，见 Bandel, *Die römischen Diktaturen*; Keyes, "Constitutional Position"; Kellett, *Story*; Wilcken, "Entwicklung"; Rossiter, *Constitutional Dictatorship*; Cohen, "Origin"; Nolte, "Diktatur"; Irmscher, "Diktatur"; Hofmann, "Diktatur"; Hartfield, *Dictatorship*; Morgan, "Q. Metellus"; Münkler and Llanque, "Diktatur"; Nicolet, "Dictatorship"; Kalyvas, "Tyranny"; Nippel, "Saving"。亦参见有倾向性且不真诚的 Schmitt, *Diktatur*; 关于 Schmitt, 见 Nippel, "Carl Schmitts 'kommissarische' und 'souveräne Diktatur'"。

[3] Cic. *Phil*. 1.3.

[4] 同上书，2.91.

[5] App. *BCiv*. 3.25. 参见 Luce, "Appian's Magisterial Terminology"。

[6] Dio Cass. 44.51.2-3.

我们有的关于独裁权制度起源的记述不符合历史。它们都表现了一种再明显不过的倾向［特别是李维和哈利卡纳索斯的狄奥尼修斯（Dionysius of Halicarnassus）］：将共和国最后一个世纪的麻烦和问题都投射到共和国的早期历史中去。[7]很难想象，独裁权被表现成是为了逾越最典型的宪法权利——上诉权（上诉权保证的是罗马公民在无审判的情况下不可被处决）——而设计出来的。李维认为，外在的军事威胁［特别是萨宾人（Sabines）］催生了独裁权。他告诉我们，独裁官一职是由法律创造出来的——一定是有一个大会，无论是什么样的大会，通过《设立独裁官法》（lex de dictatore creando）而设置了独裁权。[8]这个新的制度一被创造，就在民众中引起恐慌，正是因为没有任何上诉权可以限制它：

> 当独裁官最初在罗马被设立时，巨大的恐惧降临在平民头上。当他们看到举在独裁官面前的束棒（axes）时，他们就更加小心地执行他的命令。因为他们不再拥有两个有相同的权威的执政官，使他们有机会利用一个执政官的帮助反对另一个；他们也不再拥有任何的上诉权；简而言之，他们的安全完全系于小心谨慎地服从。[9]

公元前494年，元老院面临外敌却无法征兵，执政官的命令以

---

［7］ 见 Gabba, "Dionigi," p. 217：关于独裁的起源的演讲充满了"格拉古的论调和喀提林的回声"（toni graccani ed echi dell'episodio catilinario）。李维也是如此，在一定程度上，阿庇安也是如此。
［8］ Livy 2.18.6.
［9］ 同上书，2.18.8-9。

及卫官（lictor）强行征兵的尝试遭遇到了公开抵抗，在此情况下，元老院和执政官决定通过任命独裁官来解决这个问题。李维告诉我们，强硬的前执政官阿庇乌斯·克洛迪乌斯（Appius Claudius）提出了说服元老院的决定性理由：

> 阿庇乌斯·克洛迪乌斯本性上十分强硬，现在又由于对平民的仇恨和对元老院的颂扬而变得狂热，故而提出，暴乱者聚集起来并非由于处境悲惨，而是由于放浪不羁；民众之所以产生这样的行动，更多的是因为放纵而非因为愤怒。这种错误的行径是由于上诉权而产生的，因为但凡一个罪犯向他的共犯们上诉，执政官就只能警告却没有权力执行他们的警告。"来吧，"他说，"让我们设立一个无人可上诉的独裁官，这样的话，这场导致普遍混乱的疯狂就会迅速平静下去。让我看看，当一个人知道他的后背甚至是他的生命都掌握在他挑战其权威的那一个人的权力之下的时候，还有谁会攻击一个卫官。"[10]

他们最后提名的独裁官，马尼乌斯·瓦勒瑞乌斯（Manius Valerius），成功地说服了人民，使他们相信尽管他有独裁权力，但也没有任何可害怕的——实际上他后来支持了人民的一些减债诉求，并且成功征兵，造就了一支到那时为止最大的军队。这点很重要：尽管在李维看来，无论是从引入独裁官制的一般动机来看还是从提名马尼乌斯·瓦勒瑞乌斯这件具体的事来看，其原因至少都部分是因为独裁官可免于被上诉，但是马

---

[10] Livy 2.29.9-12.

尼乌斯·瓦勒瑞乌斯却没有使用他的紧急权力来肆意处决或者鞭挞人民。相反，相较于公元前121年的欧庇米乌斯或公元前63年的西塞罗（都破坏了上诉权），独裁官马尼乌斯·瓦勒瑞乌斯扮演的是一个温和的调和者的角色，甚至当他发现他减轻债务的尝试得不到元老院的支持时，他就走下了独裁官的位置。这就说明，尽管李维把这个官位自身展现为一个在某种意义上非常适合晚期共和国危机的主人公（如欧庇米乌斯和西塞罗）的职位，但是李维笔下的早期的独裁官们却几乎从来没有使用过这令人恐惧的强制力量来镇压暴乱。

然而，李维记录了一个例子：一位独裁官和他的骑士长官（*magister equitum*）镇压了一场公元前439年据说意在获取王权的政变。当元老院发现了斯普利乌斯·梅里乌斯（Spurius Maelius）推翻共和秩序以自立为王的计划之后，指控执政官没有严惩阴谋家。执政官T. 昆克提乌斯（T. Quinctius）为自己辩护时指出：他和他的同事被上诉权掣肘，这项权利正是由法律颁布以"摧毁"他们的治权的（*ad dissolvendum imperium*）。因而，昆克提乌斯说：我们需要一个人，他不只是勇敢，而且"在法律上是自由无碍的"——这里的法律指的就是保障上诉权的法律。[11]这位执政官接着就提名卢修斯·昆克提乌斯·辛辛纳图斯（Lucius Quinctius Cincinnatus）为独裁官。他的骑士长官在试图把抗命的梅里乌斯召到独裁官面前的时候杀了他。据记载，梅里乌斯试着寻求周围人的帮助和保护，以便能武力对抗骑士长官，但是却徒劳无功；他也用了"乞求罗马人民的信任"（*fidem plebis Romanae implorare*）的语言以寻求周围群众

---

[11] Livy 4.13.11.

的帮助。尽管,他没有直接提及上诉权或者援助(*auxilium*),但是这就是典型的暗示上诉权的语言。[12]当梅里乌斯嘶声呼求时,他就被骑士长官赛尔维留斯·阿哈拉(Servilius Ahala)杀了。[13]尽管我们并不是很清楚当时的围观者是否知道独裁官的召见不容诉诸上诉权,抑或仅仅是选择袖手旁观,还是他们只是在力量上无力为之,但是李维似乎指出了:至少这些围观群众对梅里乌斯以上诉权来对抗独裁官的命令的合法性并无把握,甚至,他们默认了没有任何对抗独裁官的权利。当骑士长官告知卢修斯·昆克提乌斯·辛辛纳图斯梅里乌斯在拒捕时被杀,辛辛纳图斯称赞骑士长官解放了共和国。[14]

接着辛辛纳图斯给出了他对于此事的法律状态的解释。他召集了一次非正式集会(contio),并承认在人民面前给出辩护的政治需要,但是却不承认集会有任何正式的司法权力以评估梅里乌斯的被杀。辛辛纳图斯坚称,梅里乌斯是以合宪的方式(*iure*)被杀的,而且主要并不是因为他推翻罗马共和国并谋求自立为王的阴谋,而是由于他拒绝独裁官的召命以试图逃脱审判。[15]辛辛纳图斯这里所想的审判是他自己作为独裁官担任法官的审判,绝对不是人民面前的审判。[16]他在非正式集会中向人民再次强调,鉴于不存在对独裁官的上诉权,独裁官杀死一

---

[12] 见 Lintott, "*Provocatio*," pp. 228-231。

[13] Livy 4.14.3-6. 参见 Cic. *Sen.* 56。约翰·亚当斯(John Adams)也同意这个观点: *Defence*, vol. 3, pp. 241-244。

[14] 一个较早的传统(Dion. Hal. *Ant. Rom.* 12.4.2-5)让梅里乌斯被作为普通公民的赛尔维留斯所杀;要了解这个传统以及它和李维的关系,见 Lintott, "Tradition," pp. 13-18。

[15] Livy 4.15.1.

[16] 同上书, 4.15.2。

个公民是合宪的。

我们怎么理解这件事？比较清楚的是，将独裁权看作主要是抵御叛乱且直接针对上诉权的传统是源自格拉古和喀提林动乱的时代错置的投射。[17]这正是公元前121年的欧庇米乌斯和公元前63年的西塞罗用得上的职权。正是这个传统使得后世的历史学家阿庇安发问：为什么在公元前133年没有人会想到提名一个独裁官，[18]那正是在提比略·格拉古试图再次连任保民官后、危机出现之时：

> 在这样的情况下，元老院在斐德斯（Fides）神庙集会。令我非常震惊的一点是，他们从来没有想过在这种紧急情况下提名一个独裁官，尽管他们在这种危机时刻经常被一人统治（autokrator）的政府保护。尽管在过去，这个资源被认为是最有用的，但是无论是当时还是以后，却很少有人记得它。[19]

李维所述的独裁权出现之时代背景是债务危机（独裁官马尼乌斯·瓦勒瑞乌斯的例子）以及罗马的粮食供给问题（梅里乌斯叛乱的例子）。当阿庇安解释提比略·格拉古的支持者们的动机（恐惧不能再在公平法律之下生活并进而被富人奴役）时，这些李维的例子是阿庇安解释格拉古危机的语境。[20]同样，当哈利卡纳索斯的狄奥尼修斯回顾从格拉古改革以及公元前1世

---

[17] 见 Gutberlet, *Die erste Dekade*。
[18] 参见 Golden, *Crisis Management*, p. 40。
[19] App. *BCiv.* 1.16. Trans. Horace White.
[20] App. *BCiv.* 1.15.

纪60年代的社会问题中衍生出的传统时，他认为独裁权出现的背景就是征募债务缠身的公民从军。正如李维所写，解决方法是设立一个免于被上诉的官位并准许其向不服从的贫困公民施以强制手段。在狄奥尼修斯看来，设立一个他称为"人民自愿选择的僭政"（αὐθαίρετος τυραννίς）的原因就是那个建立了上诉权的法（根据编年史传统，上诉权是由 P. 瓦勒瑞乌斯·普布利科拉颁布的）。在狄奥尼修斯看来，这部具有神话性质的早期法律使得执政官们所做的决定和判决成为一纸空文。[21]正由于此，独裁官这个新的官职才不得不具有超越一切的绝对权力，无论是他的考量还是他的行动都不容商榷，[22]从而所有人都必须遵从命令。这当然算得上一种对上诉权的至少暂时的废除（之所以是暂时的，是因为狄奥尼修斯坚称独裁官有六个月的任期限制）。根据狄奥尼修斯的记载，为了避免公开地废除瓦勒瑞乌斯的法律（这是不可能被人民大会通过的），元老院悄无声息地引进了独裁权以达到相同的效果：

> 元老院盘算着：如果这项法律仍旧有效，那么就不能强迫穷人去服从官员。因为我们有理由相信，他们会蔑视他们将会受到的惩罚（这惩罚不会立即加诸其身，只会在他们被人民定罪以后才会到来）。但是，如果这项法律被驳回了，所有人都不得不遵守命令。元老院为了不因公开驳回法律以致人民反对，就把一个等同于僭主权力（ἰσοτύραννος ἀρχή）的新的职位引入政府，这个职位将高

---

〔21〕 Dion. Hal. *Ant. Rom.* 5.70.2.
〔22〕 同上书，5.70.1。

于所有法律。接着，他们以通过敕令的方式欺骗穷人，在人民不知不觉的情况下废除了保障人民自由的法律。敕令是这样的：时任执政官拉克乌斯（Larcius）和克莱利乌斯（Cloelius）应当放弃他们的权力，其他拥有官职或公干的人也应当如此；由元老院选出并被人民同意的那个人应当出掌整个共和国的权柄，拥有超过执政官的权力，但这项权力的实施不得超过六个月。平民们在不了解提案真正意义的情况下批准了元老院的决定，但其实一个高于合法官职的官职就是僭主；他们还同意了元老们自己考量并选择出任独裁官的人选。[23]

70 故而，大众被愚弄了且抛弃了他们自己的自由。使狄奥尼修斯认为独裁权与僭主权力等同的是其逾越既有上诉权的权力。共和传统将上诉权看作自由的首要象征。这个新的具有僭主性质的官职（超越法律，特别是保障上诉权的法律）的引入自身就是以人民大会通过的法律为前提的，出于这个原因，元老院被描绘成通过耍弄诡计的手段愚弄人民。独裁权看起来就是废除上诉权，即使独裁权有严格的任期限制。我们看到，在奥古斯都时期写作的狄奥尼修斯深谙晚期共和国的重要问题：上诉权、镇压内部骚乱以及任期限制（历史上的共和国独裁权的特点）。既然狄奥尼修斯坚称设立的独裁权享有"超越所有法律"的权威，那我们再考究一下似乎附于公元前82年苏拉的独裁权的那个名号也不为过：为制定法律以及建设共和国而任的独裁官（*dictator legibus scribundis et rei publicae*

---

[23] Dion. Hal. *Ant. Rom.* 5.70.3-5.

constituendae）。[24] 正如我们将会看到的，独裁权的这一面向并非史无前例，只不过它的前例不是历史上的共和国独裁官，而是编年史传统中的十人立法委员会（decemviri）的权力。[25] 在另一方面，人们除了坚信独裁权超出所有法律以及上诉权之外（即坚信独裁权是为了应对城邦内部危机而被特制出来的），还存在着一个熟悉的看法：说到底，对独裁权的需求是源于外在的军事威胁。

正如李维的《设立独裁官法》所体现的一样，对于狄奥尼修斯来说，以人民制定法（lex）的方式将独裁官设立为一项制度是宪法需要。当我们讨论晚期共和国应对宪法危机的典型工具（即，元老院最终敕令）时，我们会看到，我们不能说在晚期共和国时期，人们还感到需要以人民大会立法的方式来使得对上诉权的破坏合法化。同样，在晚期共和国时期，破坏上诉权的往往不是独裁权，而是超法律手段。这提醒我们，对编年史传统中那些**以平息叛乱为由**（seditionis sedandae causa）而设立的早期共和国独裁官的例子最好的解释是：这些在历史上都不是真实的。而在执政官年表（fasti）上的唯一一个可能的以平息叛乱为由设立独裁官的例子是公元前368年的普布利乌斯·曼利乌斯·卡庇托利努斯（Publius Manlius Capitolinus），[26] 而他的独裁权从来就没有和上诉权冲突过。的确，根据李维的记载，曼利乌斯的前任，在同一年担任独裁官的 M. 弗里乌斯·卡米卢斯（M. Furius Camillus）受到了保民

---

[24] 见 App. *BCiv.* 1.99。
[25] 见 Bellen, "Sullas Brief," pp. 557-560。阿庇安的措辞（παυσάμενον ἔθος ἐκ τετρακοσίων ἐτῶν）或许确实是从 Dionysius 5.77.4 来的：Gabba, *Appiani*, p. 269。
[26] Degrassi 32-33, 103-104, 398-399; Livy 6.39.1. Broughton, *Magistrates*, vol. 1, p. 112.

官法（tribunician law）的挑战。保民官法宣称：他应为其任职独裁官期间的所作所为而被罚款。李维好奇这是否是真的，他自问道，一个独裁官难道不能拒绝保民官提出的限制其权威的措施吗？[27]李维又记载道，继任者曼利乌斯·卡庇托利努斯不但从未违反上诉权而行事，相反还任命了一个平民——M.李锡尼（M. Licinius）——作为他的骑士长官。据李维所说，这很是引起了贵族精英阶层的懊恼。[28]

根据我们的材料，早期共和国的独裁权的最重要的特征之一就在于独裁官有能力通过他的（甚至是对内的）最高治权（imperium）以及免于被上诉的特权来镇压叛乱和内部骚动。这显示了人民自由和独裁官之间深刻的宪制张力——李维笔下，平民的贵族领袖曼利乌斯·卡庇托利努斯号召人民在另一场公元前4世纪早期的债务危机的情境下—并废除独裁官和执政官。[29]在面对危机的时候，裁限公民权利似乎在独裁官的能力范围之内，特别是对在苏拉任独裁官之后写作的历史学家来说更是如此。但是，正如阿庇安凭借直觉正确意识的，至少从格拉古兄弟的时代起，设置一个对抗上诉权的工具的愿望就十分明显。[30]历史学家弗雷德·德罗古拉（Fred Drogula）在他对最高治权的修正主义解释中也认可早期共和国独裁官们拥有对内最高治权（imperium domi）。[31]他认为，从来没有对内最高治权这种东西，但是独裁官被授予了对内最高治权以对抗

---

[27] Livy 6.38.12.
[28] 同上书，6.39.3. 参见 Meloni, "'Dictatura popularis'," p. 82.
[29] Livy 6.18.14.
[30] App. *BCiv.* 1.16.
[31] Drogula, "Imperium," pp. 446-447. 参见 Giovannini, *Consulare imperium*。

上诉权恰恰是他所总结的规律的一个例外。但是，德罗古拉的论点可以更强一些，如果我们承认——正如我在此所论——免于被上诉的（sine provocatione）独裁权是共和国最后一个世纪的构建，是在苏拉的独裁统治以及关于十人立法委员会的编年传统的影响下编造出来的。

换句话说，编年史传统呈现给我们的这一官职在早期共和国的重要特征，即僭越上诉权的权力，极有可能在苏拉之前根本就不是独裁官的正式特征（至于上诉权在这一传统中被预设为在公元前 300 年之前就存在，这无论如何都是一个明显的时代错置）。这就使得我们可以给阿庇安之惑（在格拉古危机时期，元老院里没有一个人想到让执政官去提名一个独裁官）一个合理的解释了。〔32〕没有人想到它肯定是因为在那个时候众所周知独裁官就根本没有免于被上诉的对内最高治权（imperium sine provocatione）；无论是他们从未有过，还是在后来失去了，这对于我们的主旨来说都无关紧要。〔33〕安德鲁·林托特提请我们注意，李维似乎一度想论证"独裁官的最高权力并不必延伸到城内，即上诉权的领域"。〔34〕在这段文本里，李维描述了公元前 325 年，因为战事而被任命的（rei gerundae causa）、萨莫奈战争中的独裁官 L. 帕比利乌斯·库尔索尔（L. Papirius Cursor）和他的骑士长官 Q. 法比乌斯（Q. Fabius）之间的冲突。此后冲突扩大，帕比利乌斯·库尔索尔下令："剥光骑士

---

〔32〕 至于其他原因，见 Gabba, "Dionigi," p. 220, n. 15。
〔33〕 昆克尔和威特曼怀疑上诉权在公元前 287 年之前不是一个有效的反抗僭主的工具：Staatsordnung, p. 169, n. 261; pp. 672-673。参见 Festus 216L。
〔34〕 Lintott, Constitution, p. 111.

长官,准备好棒斧伺候。"[35] Q. 法比乌斯的父亲,M. 法比乌斯面对独裁者,向人民上诉:

> 我要求保民官的介入以及向人民上诉。你试图逃避军队对你的判决,现在又逃避元老院正对你做出的同一判决,那么我要将你传唤到这唯一的、无论如何都比你的独裁权有更大权力和权威的裁判面前。我要看看,你是否会臣服于当初罗马国王图鲁斯·荷提利乌斯(Tullus Hostilius)都臣服的上诉权。[36]

李维叙述的这段故事是含混的。Q. 法比乌斯和他的父亲到人民面前上诉,但是他们在这件事情上是否有能力判决,却并没有被独裁官认可;但是,他确实认可保民官可以介入且提供援助。看上去,人民可以决断的问题是,首先有没有这么一个针对独裁官的上诉权,并且他们最终决定恳求他,而非正式受理 Q. 法比乌斯的上诉。至少,这个含混的地方展现了:针对独裁官的上诉权原则上并没有被排除(的确,M. 法比乌斯自己就曾当过独裁官的事实更证明了这点)。[37] 我们会在第八章中看到,让·博丹在他的《论共和国六书》(*Six Livres de la République*)中就要用这个例子大做文章来证明罗马独裁官根本不是主权者。

这点可以被铭文证据所证明:《索贿罪法》(*lex repetundarum*)中显示,一个独裁官在他的任期结束之后可以被起

---

[35] Livy 8.32.10.
[36] 同上书, 8.33.7-9。Trans. Canon Roberts。
[37] 但参见 Kunkel and Wittmann, *Staatsordnung*, p. 673。

诉。[38]这也符合波利比乌斯在他的第三卷中描述这一官职的方式。值得注意的是，众所周知，在第六卷中，波利比乌斯未将独裁官制作为罗马宪制元素之一提及。这进一步展现了这个官职并不被认为是镇压内部骚乱的工具，而是纯粹的战场上的指挥权。在第三卷中，波利比乌斯确实说了独裁官是"绝对的统帅"（αὐτοκράτωρ στρατηγός），并且在独裁官任职期间其他官员都得卸任，以彰显独裁官的绝对权力。然而，有趣且重要的一点在于，波利比乌斯认为：在独裁官任职期间保民官会继续留任。[39]这清楚地表明，独裁官制度既未染指援助也未染指上诉权。[40]而且，独裁官一职在公元前202年后被废除进一步显示了独裁官制度是专门为对外战争而非镇压内乱设定的：公元前146年之后，延长统领权的做法被制度化之后，独裁官的存在就不再有必要了。[41]

尽管我们很难确切知道具体情况，不过波利比乌斯的例子和一系列围绕着格拉古兄弟行为的争议都指向一个在后来的历史、历史编纂学以及政治思想中都极为重要的观念，那就是：独裁官有权在城中对公民实施强迫措施而免于被上诉——这个观念也许源自欧庇米乌斯处决C.格拉古一案。无论是西塞罗对西庇阿·埃米利阿努斯在公元前129年为了建设共和［rei

---

[38] lex rep. 8-9. 见 Lintott, *Judicial Reform*, p. 114。
[39] Polyb. 3.87.7-8.
[40] 不同于 Drogula, "Imperium," p. 445, n. 163. 波利比乌斯在第三卷的论述主要不是针对城市中独裁官的权力。他对保民官留任的提及表现了独裁官不可能已经在罗马像独裁者（αὐτοκράτωρ）一样行动，见 Livy 9.26.7-20; 27.6.3-5。
[41] 见 Hartfield, *Dictatorship*, pp. 252-255; Kunkel and Wittmann, *Staatsordnung*, pp. 701-702. 要了解过去两个世纪的独裁官，见 Nicolet, *Rome*, pp. 393-455。

publicae constituendae]而担任独裁官的可能性的暗示，[42]还是普鲁塔克对公元前121年欧庇米乌斯的故事的暗示[他作为执政官第一次使用独裁官权力（ἐξουσία δικτάτορος），在不经审判的情况下就将 C. 格拉古和其他罗马公民处决][43]，都表明：这一对独裁权的看法是在公元前2世纪最后三十多年才成形的。[44]埃米利奥·伽巴（Emilio Gabba）正确地指出：在公元前2世纪的晚期，"一个相对较新的关于独裁权的概念正在落地"，这"一定已经影响了对这个官职的起源和历史发展的历史编纂学解释，比如强调它对内政的干预，而非它原本的军事作用"。[45]另一种可能性是，这个新的独裁权的概念也许反映了苏拉的独裁权的一些特点。

苏拉、十人立法委员会以及凯撒

可以肯定的是，苏拉是第一个这样行使独裁权的人。[46]狄奥尼修斯原先认为：一直以来，至少在原则上，独裁官可以通过任何手段平息公民暴乱而免于被上诉。他在以下文本中大抵认为，苏拉事实上是第一个如此使用该制度的人：

> 但是，在我们的父辈的时代，在提图斯·拉克乌斯（Titus Larcius）任独裁官整整四百年之后，只有在苏拉治

---

[42] Cic. *Rep.* 6.12. 见 Nicolet, "Le *de re publica*"。
[43] Plut. *C. Gracch.* 18.1.
[44] 见 Rawson, "Interpretation," p. 350, n. 54。
[45] Gabba, *Dionysius*, pp. 142-143.
[46] 要了解苏拉，见 Christ, *Sulla* 的文献目录；Hinard, *Sylla*；Keaveney, *Sulla*；Lanzani, *Silla*。更晚近的目录，见 Santangelo, *Sulla*。

下，这项制度才成了所有人诟病和憎恨的对象，他是**第一个也是唯一一个**以严苛和残酷的方式行使他的权力的独裁官。故而，罗马人才第一次意识到他们一直以来都忽略的问题：独裁官的统治是僭政（τυραννίς ἐστιν ἡ τοῦ δικτάτορος ἀρχή）。[47]

狄奥尼修斯的观点（独裁官制度一直以来就是潜在的僭政）继承了编年史传统的如下看法，即独裁权是一个逾越上诉权的制度。[48] 狄奥尼修斯为笔下的马尼乌斯·瓦勒瑞乌斯撰写的一篇重要演讲中宏辩地提出的看法与此一致：独裁权是元老院用以对抗那些狂热且受到蛊惑家煽动的人民的工具，一个适合重建混合宪制的工具。在马尼乌斯·瓦勒瑞乌斯的演说中，这一重建甚至带有一种在宪制问题上与过去决裂的特色，这是非常苏拉式的论调。[49] 然而，如果我们采取我在前文已经论述过的看法，并且意识到这种僭越性的权威十有八九从未正式成为独裁权的一部分，而且在对内事务上，上诉权也一直都是一个对抗独裁官的（无论有多么含混的）选项，那么狄奥尼修斯的论述（苏拉是第一个也是唯一一个以僭主的方式使用他的权力的独裁官）也开始变得好理解。狄奥尼修斯没有认识到传统的独裁权并不能在国内事务上破坏公民权利，故而他想必认为，苏拉并不是在改变该职权的管辖范畴，而仅仅是展现了他的残忍性格。同样，阿庇安也敏感地注意到了苏拉权力的新特点，并从

---

[47] Dion. Hal. *Ant. Rom.* 5.77.4. Trans. Ernest Cary，我做的强调。我认为，"严苛和残酷"指的是对上诉权的忽略。
[48] Kalyvas, "Tyranny" 这篇文章从字面上去理解这点。
[49] Dion. Hal. *Ant. Rom.* 7.54-56，尤其是 7.56.2。

宪制变动的角度给予解释。在苏拉治下，罗马人民回到了"王制政府"；尽管他们在之前也受到过独裁官的僭主统治，但至少这些统治都是短期的。但是，苏拉是他们"选出的想当多久就当多久的绝对僭主"，这个职位**第一次**变成了无限期的，"因而是绝对的僭主统治"。[50] 阿庇安正确地指出，苏拉抛弃了六个月的任期限制，并且认为这带来了重要的制度性改变。同样，也是阿庇安告诉了我们苏拉成为独裁官的名头（formula）或是称号——"为了颁布他所认为的最好的法以及为了共和国的规制而立的独裁官"。[51]

有了这个名号（拉丁文是 dictator legibus scribundis et rei publicae constituendae），我们就会发现，我们被重新带回到了公元前 5 世纪的另一个紧急制度，decemviri，即所谓的十人立法委员会。无论是在明确的立法权威上（或许甚至都不需要在人民大会上被批准）[52]，还是在对上诉权的僭越上，苏拉的独裁权都并不像在共和国早期和中期**的历史上存在的**独裁权，而非常像历史记录中描述的（大抵是杜撰的）[53] 公元前 5 世纪的十人立法委员会。上述两个元素都存在于西塞罗对十人委员会的描述中："一个十人的委员会将被选举以授予最高权威，且他们的决定可不被上诉。这些人有主管之权并将立法。"[54] 这两个

---

[50] App. *BCiv.* 1.99.

[51] 同上书，见 Nicolet, "Dictateurs romains," 37-39；Hahn, "Appians Darstellung"。要了解阿庇安对罗马宪制事务的兴趣，见 Ungern-Sternberg, "Appians Blick," 208ff.。参见 Luce, "Appian's Magisterial Terminology"。

[52] Vervaet, "*Lex Valeria*," p. 69, n. 24，其认为十人委员会应该有权制定法律。

[53] 除了十二表法肯定是十人委员会提出来的这一点，欧根·陶伯勒（Eugen Täubler）指出了其中的理由：见 Ungern-Sternberg, "Dezemvirat," pp. 79-80。

[54] Cic. *Rep.* 2.61. Trans. Zetzel.

元素,尤其是对上诉权的僭越,正是我们所熟悉的狄奥尼修斯在描述独裁权诞生时的说法,而且很清楚,它们属于苏拉之独裁权。[55] 在十人委员会寻求无限期执政以及暂时终止保民官职权的尝试中,我们又找到苏拉独裁权的元素。西塞罗记述了第二任的十人委员会不愿意让别人被选上来替代他们,[56] 而李维则把破坏任期限制和僭主制(在罗马的语境下,就是王制)联系在一起:

> 这一年过去了大半:两个法表被添加进了去年所制定的十个法表中。如果这些额外的法是由百人团大会(Comita Centuriata)通过的,那么十人委员会就没有继续存在的必要。人们在想,重新选举执政官的公告还有多久就会出来;平民唯一的焦虑是他们自由的保障(保民官的权力)会以什么样的方式得到重建,因为现在它被暂时终止了。与此同时,没有任何关于选举的消息……五月的第十五天到来了,十人委员会的任期终止了,但是没有新的官员被任命。尽管十人委员会的成员现在都仅仅是普通公民,但是他们毅然决然,定要行使他们的权威,并且继续持有所有权力的象征。现在,这事实上就是一个赤裸裸的王制。[57]

在李维看来,对王制的追求就是废除共和宪制秩序。在这

---

[55] 见 Dion. Hal. *Ant. Rom.* 5.70. 有关苏拉的独裁权是十人委员会论述的模板的说法,见 Ungern-Sternberg, "Dezemvirat," p. 88.
[56] Cic. *Rep.* 2.62. 西塞罗认为这是一种对纯粹的(即没有制衡的)不断加强的、故而不会持存的寡头秩序的表达。
[57] Livy 3.37.4-38.1. Trans. Canon Roberts.

里，我们再次看到了 ius（宪法）和制定法对立的语言，李维写道：那些被"委任制定法"的人在城中没有留下"任何合宪的东西"（nihil iuris）。李维继续列举了宪制秩序的内容以及它的目标：在人民大会上投票、一年任期的官员、统治者的例行更替，只有这些才能保障自由，而自由必须是对所有人都平等的。[58]更进一步的核心问题是上诉权。在维尔吉尼亚（Verginia）被她的父亲杀死之后，大家讨论的唯一一件事［尤其是被她的未婚夫伊其里乌斯（Icilius）所讨论的］就是保民官权力和上诉权的被废。[59]根据李维的记载，在十人立法委员会被推翻之后，被认为是"自由唯一的保障"（unicum praesidium libertatis）的上诉权很快就恢复了，而且进一步被一项新条款加强了。这一条款作为一项新的制定法被设立："禁止任何被任命的官员享受免于被上诉的特权，任何做出如此任命的人，将会被正当地、合法地处死，处死他的人也不会被控犯谋杀罪。"[60]这里所使用的语言就暗示了这种处死是合宪的，其合宪性就在于，处死一个任命免于被上诉官员之人是与法相一致的（ius fasque esset occidi）。尽管这里的上诉权是被区一个制定法所保障的，但是这个所谓法令本身却包含我们熟悉的宪法语言，ius 的语言，它指向的是这个制定法所要以制定方式确立的高阶规范。在人民大会中投票和立法、官员的任期限制以及作为自由的唯一保障的上诉权，这些内容完美地总结了李维所认为的罗马共和国为了维持其宪制秩序所预设的宪

---

［58］ Livy 3.39.8.
［59］ 同上书，3.48.9。
［60］ 同上书，3.55.4-8。Trans. Canon Roberts，略有调整。关于可疑的真实性，见 Ogilvie, *Commentary*, pp. 499-500。

法承诺（constitutional commitments）。[61] 如果要去追究李维所描述的公元前5世纪中叶对上诉权的加强的历史真实性或者它有没有什么历史依据作为其核心，那就是没抓住重点。因为，李维在描述十人立法委员会的沉浮时所使用的宪制语汇，事实上本就源于共和国最后一个世纪的宪制危机。就像西塞罗曾清楚地写过的那样，在十人立法委员会之后，再无一个官员有免于被上诉的特权，即便是独裁官也是如此。[62]

回到苏拉的问题上。在保民官苏尔比基乌斯控制了罗马，引入了新的制定法以剥夺执政官苏拉在东方的统治权，并且把它交给普通公民马略之后，公元前88年，苏拉以反苏尔比基乌斯为目的向罗马进军。[63] 苏尔比基乌斯将执政官从城中驱逐，使用暴力颁布他的法律，并且将最高治权授予私人（privatus），从而事实上"废弃共和规范以图寻求控制罗马政治版图"。苏拉随后进军罗马并军事占领这个城市的行为则"推翻了共和政府"，[64] 他的军队是由一群"依附于指挥官"的士兵以及一群"被精心挑选的、将对个人的忠诚放在对宪制的顾忌之上的官员"组成的，他们处于"已知的罗马共和政治的框架之外。苏拉（或许）真的比凯撒以及屋大维更站在共和国的对立面"。[65]

---

[61] 关于任期限制，见 Livy 4.24.4：公元前434年的独裁官马梅尔库斯·埃米利乌斯·马梅尔基努斯（Mamercus Aemilius Mamercinus）被认为用大众的赞誉来限制监察官的权力时长。马基雅维利和哈林顿都引用了这句话。马基雅维利认为，延期的统领权和君主专制已经毁掉了共和国，而哈林顿认为这一原则特别适用于独裁统治本身：Discorsi 3.24; Oceana, p. 296。

[62] Cic. Rep. 2.54.

[63] 见 Levick, "Sulla's March"。

[64] Flower, Roman Republics, pp. 91-92.

[65] Badian, "Waiting for Sulla," p. 55. 相似的看法，参见 Meyer, Römischer Staat, pp. 318-324。

毫无疑问，苏拉的行径是史无前例的，特别是向罗马进军以及在城内动用武力，但是罗伯特·摩尔斯坦-马克思正确地指出，更重要的是公元前 88 年和公元前 87 年他主要的支持者们如何将这些行为合法化。在第一章中，我们已经提到了西塞罗的论述。在一封写给阿提库斯的信中，西塞罗说苏拉、马略和秦纳的行径是正确的（recte），或许甚至是合宪的。[66]"公正且冷静的"[67]阿斯科尼乌斯（Asconius）也肯定了这个说法，他写道：苏尔比基乌斯通过他的立法是在"他通过强力掌握国家之时（per vim rem p. possedisset），以好的措施开始，朝坏的方向走去。这就是内战的起点，也是为什么执政官的军队镇压苏尔比基乌斯被视为合宪"。[68]

阿斯科尼乌斯在此处的历史判断非常有意思：晚期共和国的内战并不是从格拉古兄弟开始的，也不是从苏拉进军罗马开始的，而是从苏尔比基乌斯通过暴力掌控罗马开始的。[69]此一事件激起了苏拉向罗马进军以及对苏尔比基乌斯和马略的反击，阿斯科尼乌斯毫不犹豫地把这种行为说成是"合宪的"。正如同摩尔斯坦-马克思所说，这并不是阿斯科尼乌斯一人所见，而是一个普遍的看法。[70]我们在西塞罗的作品（特别是第一章提到的《反腓力辞》第八篇的一段文字）中已经

---

[66] Cic. *Att.* 9.10.3. 参见 Cic. *Leg.* 3.20。

[67] Morstein-Marx, "Consular appeals," p. 262. 同样，要了解凯撒在公元前 49 年关于尊严（*dignitas*）的说法，见同前，"Dignitas and *res publica*"。

[68] Asc. 64C. Trans. R. G. Lewis.

[69] 类似的有 App. *BCiv.* 1.55。然而，阿庇安的论述越来越批判苏拉。参见 Sall. *Iug.* 95.4；Luc. *Phars.* 9.204-205（共和国自由的灭亡被归咎于苏拉和马略）。

[70] Morstein-Marx, "Consular appeals," p. 262, n. 14. 然而，这个论述或许起源于苏拉的回忆。参见 Marshall, *Commentary*, p. 233。

看到了这种解读：西塞罗认为，正是由于苏尔比基乌斯的无效法律，苏拉才被拖入内战、占领罗马；他把他们的冲突称为**关于法律的合宪性**（de iure legum）的斗争。[71] 同样，狄奥多罗斯（Diodorus）认为，苏尔比基乌斯将执政官苏拉的对抗米特拉达梯的统领权转移给普通公民马略的行为是不合宪的（παρανόμως）。[72] 虽然，苏拉占领罗马以针对苏尔比基乌斯的行为是没有先例且不合宪的（城内驻扎军队），[73] 但是从苏拉担任执政官[74]以及苏尔比基乌斯破坏了法和习俗的规范的角度来看，从某种程度上说，苏拉的行为是可被辩护的。[75] 这是一个典型的例子，展现了晚期共和国的危机是如何被解释成宪制冲突的（de iure legum），以及罗马式的宪法概念是如何最终从共和国的危机中产生出来的。苏拉则为苏尔比基乌斯及其同党贴上"意在僭主统治[76]的武装叛乱分子"的标签，[77] 以此来为自己辩护。

对公元前88年事件的评价和公元前82年苏拉担任独裁官的评价是截然不同的。在公元前88年，苏拉已经尝试发起宪制变动，并且力图加固这些变动，使之超越公民大会的管

---

[71] Cic. *Phil.* 8.7. 但参见 Cic. *Cat.* 3.24，在非正式集会上发表。苏拉的行为标志了内战的开始，要了解法律的合宪性，见 Cic. *Dom.* 71，尽管他让元老院有了某种司法审查的做法有些可疑。

[72] Diod. Sic. 37.29.2; App. *BCiv.* 1.59. 见 Morstein-Marx, "Consular appeals," p. 263。亦参见 Vell. 2.18.5-20.2，尤其是 2.18.6，关于苏尔比基乌斯的法律。

[73] 从宪制角度对苏拉占领罗马的批判：Cic. *Att.* 8.3.6; App. *BCiv.* 1.60; Plut. *Sull.* 9.6-7; Val. Max. 3.8.5。要了解秦纳在公元前87年试图让苏拉上法庭的尝试，见 Plut. *Sull.* 10.4; Broughton, *Magistrates*, vol. 2, p. 47。

[74] Morstein-Marx, "Consular appeals," p. 275。

[75] 参见 Livy, *Per.* 77。见 Meier, *Res publica amissa*, pp. 224-225。

[76] App. *BCiv.* 1.57.

[77] App. *BCiv.* 1.60. 参见 Nippel, *Aufruhr*, p. 91。

辖。[78]在形式上，苏拉是通过他的执政官权威来完成的，但实质上是通过他的军队在一旁施压。在苏拉做这些事的时候，他肯定已经发现执政官的权力并不足以支持他第二次占领罗马时（从东方回来之后）所想的更长远的改革。[79]这一次，他意在获取独裁权。

正如我们在之前对编年史传统中的十人立法委员会的额外讨论中所见（编年史的这个部分大概是以苏拉的独裁权为模板的），狄奥尼修斯将苏拉描绘成"第一个也是唯一一个以严苛和残酷的方式行使他的权力的独裁官"，[80]而阿庇安则认为在苏拉治下，罗马重回了"王制政府"。当罗马人民将苏拉选为一个"想当多久就当多久的绝对僭主"的时候，他们就第一次使自己臣服于无限期的独裁权之下，也就相当于"绝对僭主统治"。[81]苏拉是被摄政王（interrex）L. 瓦勒瑞乌斯·法拉古斯（L. Valerius Flaccus）[82]通过法律的方式——即《瓦勒瑞乌斯法》（lex Valeria）提名为独裁官的。[83]这在程序上之所以很成问题，不仅仅是因为摄政王并不具有提名独裁官的资格（只有执政官才有），而且还因为是苏拉让法拉古斯提名他的。这就破坏了传统独裁制度的重要特点之一：宣布紧急状态的官员（执政官）和处理紧急状态的官员的分离。首先，就程序这点来看，那些希望强调苏拉独裁权的传统特点的学者——诸如凯

---

[78] App. *BCiv*. 1.59. 考虑到对元老院施加的武装压力（Val. Max. 3.8.5），阿庇安所描述的苏拉所召集的人民大会很可能同样受到苏拉军队的压力。
[79] 要了解苏拉的改革，见 Hantos, *Res publica constituta*。
[80] Dion. Hal. *Ant. Rom.* 5.77.4.
[81] App. *BCiv*. 1.99. 参见 Hahn, "Appians Darstellung"。
[82] 关于 Asc. 37C，见 Hurlet, *La dictature de Sylla*, pp. 45-47。
[83] App. *BCiv*. 1.99.

维尼（Keaveney）、西格（Seager）、希纳德（Hinard）以及胡尔雷（Hurlet）等——就尝试消解西塞罗在写给阿提库斯的信中深思熟虑的观点，即摄政王提名独裁官与法不符。[84]其次，苏拉几乎提名自己的事实引起了阿庇安最为猛烈的批评：苏拉命令（προστάσσω）元老院选一位摄政王而且后来在信中指使法拉古斯提名自己。[85]普鲁塔克虽然非常清楚在形式上苏拉是被提名的，[86]但更加精练地说道：苏拉"自立为独裁官"。[87]虽然阿庇安的叙述也有问题（他似乎错误地认为苏拉确实是被选为而非是被提名为独裁官的），但是从苏拉独裁权的最主要的特征来看，阿庇安却说对了，即苏拉的整个政治计划——包括他的清算令（proscriptions）——都由人民大会通过，并由此披上了立法的形式。阿庇安说正是罗马人民批准了苏拉的政策，这无疑是对的。罗马人民"欢迎这种作为自由的表象的徒有其表的选举，并将苏拉选成想当多久就当多久的绝对僭主"。[88]虽然这种说法在程序细节上几乎肯定是错的，但是它确实抓住了苏拉统治的核心，正如西塞罗在公元前63年富有论战性却不失准确性的评论所言[89]：这是一个**由制定法确立的僭主制**。这是由制定法而确立的，而不是由高阶的宪法确立的——*lege*,

---

[84] Cic. *Att.* 9.15.2. 见 Keaveney, *Sulla*, p. 137；Seager, "Sulla's Monarchy," p. 347；Hinard, "De la dictature," p. 89；Hurlet, *La dictature*, p. 49。同样 见 Vervaet, "*Lex Valeria*," pp. 80-81，他同意胡尔雷，认为西塞罗指出苏拉是由摄政王合法地任命的。这种对西塞罗言辞的过度解读让我震惊。

[85] App. *BCiv.* 1.98.

[86] Plut. *Pomp.* 9.1.

[87] Plut. *Sull.* 33.1.

[88] App. *BCiv.* 1.99. Trans. Horace White.

[89] Cic. *Leg. Agr.* 3.5.

而非 *iure*。[90]

如果我们相信阿庇安的话并把它翻译回拉丁文的话，那么苏拉在公元前 82 年的名号一定是"为制定法律以及建设共和国而任的独裁官"（*dictator legibus scribundis et rei publicae constituendae*），[91] 我们已经指出，这是对十人立法委员会的名号非常接近的呼应。关于苏拉是被立为制定法律的独裁官（*dictator legibus scribundis*）还是仅仅是建设共和国的独裁官（*rei publicae constituendae*）的问题，存在学术争论。反对苏拉被授予制定法律之权的论点是站不住脚的；[92] 无论如何，更为重要的是对此的解读。苏拉被授权通过命令立法而无须人民大会批准吗？或者他仍旧需要把他的法律带到人民面前？弗雷德里克·韦尔瓦曾在其文章中准确地指出："苏拉不受人民大会的干涉的立法权力是无须置疑的。"[93] 他指出，维克多·艾亨博格（Victor Ehrenberg）以阿庇安、普鲁塔克以及西塞罗著

---

[90] 苏拉的做法是史无前例的。胡尔雷认为：Q. 费边·马克西姆斯（公元前 217 年）和 Q. 弗尔维乌斯·法拉古斯（Q. Fulvius Flaccus，公元前 210 年）的独裁权展现的是人民大会在选择独裁官时不断增长的权重，但是这些案例和苏拉不一样。不同于苏拉，费边·马克西姆斯在公元前 217 年或许是被人民**选上的**（Livy 22.8.5-6；Kunkel and Wittmann, *Staatsordnung*, p. 705），弗尔维乌斯·法拉古斯在公元前 210 年最终是被执政官任命的（Livy 27.5.15-19），见 Hurlet, *La dictature*, pp. 36-41。

[91] 见 App. *BCiv.* 1.99。

[92] Kunkel and Wittmann, *Staatsordnung*, pp. 703-704 把这个短语解释成一种对不经过大会就颁布法令的许可。即便苏拉没有不在人民大会批准的情况下就立法的权威，"为制定法律而任的独裁官"或许仍是他得到的授权和半官方的头衔。正如同昆克尔和威特曼自己的例子（Livy 3.34.6; 3.37.4）所显示：立法的十人团曾让十二表法在人民大会被批准。参见 Vervaet, "*Lex Valeria*," p. 41；Bringmann, "Das zweite Triumvirat," p. 26。

[93] Vervaet, "*Lex Valeria*," p. 42。

作[94]为依据正确地指出"苏拉要给罗马一个新的宪制、新的法律……因而是站在了所有现存法律之上的"。[95]然而,正如艾亨博格所见(昆克尔和威特曼也令人信服地强调):没有任何证据显示,苏拉的任何一条法律是没有经过人民的批准的。[96]无论《瓦勒瑞乌斯法》是否让苏拉的"绝对意志成为罗马人民的法律"[西塞罗在他的一篇反维勒斯(Verres)演说中所言],苏拉独裁权很关键的一点似乎在于:他所有的政策都被人民大会所批准而且以立法的形式颁布。不仅苏拉免于被上诉的最高治权是瓦勒瑞乌斯的法(也就是人民)授予的,而且他的集体屠杀、财产充公以及清算令也都是由该法和随后苏拉带到人民面前通过的制定法追溯性或前瞻性地批准的。[97]故而,上诉权遭到双重摧毁,对上诉权的攻击被立法所核准。尽管元老院或许批准了苏拉的清算令,[98]但是有可信的证据表明至少在元老院内部也有反对的声音。[99]苏拉的独裁权因而也具有了好几项独特且崭新的元素。[100]他所具有的是一项在罗马城内免于被上诉的权力,[101]一个没有时间限制的官职,而且他对于宪制规范的改变(比如被人民大会核准的对保民官权威的限制)是经由立法机关而完成的。在苏拉治下,宪法修正是由法律完成的。

苏拉将统治合法性(尤其是清算令的合法性)奠基于法

---

[94] App. *BCiv.* 1.99; Plut. *Sull.* 33.1; Cic. *Leg. Agr.* 3.5,以及尤其是 *2Verr.* 3.82。

[95] Ehrenberg, "*Imperium maius*," p. 126.

[96] 同上书,p. 126, n. 28;参见 Vervaet, "Lex Valeria," p. 42。类似的有 Mommsen, *Staatsrecht*, vol. 2.1, p. 726。

[97] 见 Hinard, *Les proscriptions*, pp. 17-143。

[98] 如果 App. *BCiv.* 1.97 指向的是一项元老院最终敕令。

[99] Cic. *Rosc. Am.* 153.

[100] 不同于 Keaveney, Seager, Hinard, and Hurlet。

[101] 见 Vervaet, "*Lex Valeria*," pp. 51-56。

律之上的做法并非没有引起注意。事实上，这变成了西塞罗在《论法律》中所提出的支持规范性宪法秩序的最好论点。在这里，西塞罗正是将《瓦勒瑞乌斯法》作为他的归谬法（reductio ad absurdum）的主要例子：如果所有"被人民的机构和法律批准"的事情都被认为是正义的，那么连《瓦勒瑞乌斯法》都会是正义的，那么"独裁官可以不受惩罚地将任何一个他愿意置于死地的公民在没有审判的情况下判处死刑"。[102] 我们会在第二部分深入讨论西塞罗的宪法理论的问题，但是从西塞罗早期演说来看，很明显，清算令以及为清算令辩护的法律是与由法所建立的规范相冲突的，其中最重要的规范就是上诉权。西塞罗曾在公元前80年为阿梅利亚的罗斯奇乌斯（Roscius of Ameria）辩护［这是一个在常设法庭之前关于谋杀案的辩护（quaestio perpetua de sicariis），正值清算令结束不久］，尽管西塞罗对于苏拉的新秩序总体上还是满意的，但这篇演说还是暗含了出于宪制理由批评清算令的意思。[103] 西塞罗认为，清算令名义之下可能存在犯罪，即便不是苏拉自己犯罪，[104] 而且西塞罗一方面就旧法和苏拉新法之间的区别，另一方面就制定法和法之间的区别，做了一些文章。[105] 在后来的演说中，这个从宪法角度出发的批评不再隐晦，变得明晰起来。[106] 最为明显的就是西塞罗在流放归来之后，在《论他的家宅》（De domo sua）中，将克洛迪乌斯（Clodius）流放他的法律和苏拉

---

[102] Cic. *Leg.* 1.42. Trans. Zetzel. 参见 *Rosc. Amer.* 125, Dom. 43, *Leg. Agr.* 3.5。*Leg.* 1.42 和 Cic. *Caec.* 95-96 类似，但是比后者更加精练。

[103] 见 Dyck, "Evidence and Rhetoric"; Lintott, *Cicero*, pp. 425-427。

[104] Cic. *Rosc. Am.* 91. 亦参见，同前书，143。

[105] 同上书，126。

[106] Cic. *Leg. Agr.* 3.5.

推行清算令的立法并举：

> 你或许曾经如现在的 P. 赛尔维留斯·鲁卢斯（P. Servilius Rullus）一样（在任何意义上他都是一个最卓越、最光荣的人）是一个合宪且合法的保民官——但是，你是凭着什么法、依着什么习俗或是什么范例来通过这么一项如此明确地指名道姓针对一个未被审判之公民的权利（de capite）的制定法？……"清算令"这个可怕的词以及苏拉时期所有的严酷：什么能使我们最清楚地想到残酷？我认为就是：未经审判而对罗马公民做出惩罚。[107]

无论我们是否相信"制定法律"（legibus scribundis）可以被解释为苏拉所持独裁权的固有权力，这都意味着苏拉的权力和早期的紧急制度不符，以蒙森的话来说（很适合用来描述苏拉的权力）就是"超常制宪权"（extraordinary constituent power）。苏拉利用人民大会去建立他自己的政治和宪法计划，使得整个计划成为某种宪法创新——至少如果我们坚持法和制定法的区别，则是如此。从某种意义上来说，苏拉其实隐含地持有一种关于罗马宪制秩序的看法，如我们在第一章中看到的，这个看法在李维作品中的几处有所体现。在西庇阿以低于法定年龄当选市政官的事件中被归于西庇阿的看法——"如果罗马公民（Quirites）都想让我当选市政官，我年龄已经够了"[108]——就

---

[107] Cic. Dom. 43. 我自己的翻译。参见 Cic. Lig. 12。这展现了清算令作为一种"合法化的谋杀"的本质：Bringmann, "Caesar als Richter?," p. 76。

[108] Livy 25.2.7.

84 是一个我们可以谨慎地描述为一种倾向于将主权归于人民大会的看法。[109] 这并不是说，我们应该预期罗马史料能找到类似人民主权的东西。但是，我们应该承认，在现存的证据下，人民大会以及他们的决定具有相当大的权重，而且我们在第三部分将会清楚地看到，早期现代的思想家们正是从这些材料中开始构建出人民主权的概念的。

我们会在第三章中讨论更多有关人民大会权威这个棘手的问题，但现在我们只是想说：将苏拉的独裁权看作超常的制宪权（ausserordentliche constituirende Gewalt）[110] 是合适的，因为如果将影响广泛的权威赋予人民大会，那么这种职权的诞生就是其逻辑延伸。[111] 蒙森认为苏拉的独裁权和罗马的早期王政时期类似，两者都是基于"公民自愿地把他们当中的一人当作绝对的王来服从"（freie Verpflichtung der Bürgerschaft, einem aus ihrer Mitte als absolutem Herrn zu gehorchen），并且蒙森看到苏拉对人民大会的利用是和 C. 格拉古的方法类似的。[112] 在蒙森看来，苏拉的诸种权力之合法性是来源于立法这一事实对于这些权力作为制宪权的性质非常关键。[113] 制宪权这个范畴在蒙森看来是难以界定的，在《罗马国家法》中，这个范畴摇摆于超宪法和宪法之间。[114] 这种含混性来源于这样一个事实：尽管名义上这些权力的有效性是由人民大会赋予的，但是

---

[109] 见下文，pp. 119-129。

[110] Mommsen, *Staatsrecht*, vol. 2.1, pp. 702-742.

[111] Cic. *Leg. Agr.* 3.5; *Leg.* 1.42.

[112] Mommsen, *Römische Geschichte*, vol. 2, p. 337.

[113] Mommsen, *Staatsrecht*, vol. 2.1, p. 711. 见 Bringmann, "Das zweite Triumvirat" 各处，以及尤其是 p. 37。

[114] 见 Mommsen, *Staatsrecht*, vol. 2.1, pp. 709-710。

根据罗马人的"主流看法",人民大会自身应是服从宪法限制的。[115]尽管蒙森不太情愿把苏拉的独裁权看成是完全不合宪的(因为他认为元首制的运行根本上是在宪法限制的框架内),[116]但是他确实非常明确地把苏拉的权力从传统独裁权中剔除出去[在他之前,这种做法已有很深的学术传统,从马基雅维利到西格尼奥(Sigonio)]。[117]

蒙森的踟蹰精准地表现了我在本书中想要讨论的"地质断层线"(fault line)。蒙森是自西格尼奥以降的那种学术传统的继承者。这一脉传统同情李维笔下的西庇阿在公元前213年的倾向,也就是同情人民大会之主权——这点在《罗马国家法》中表现得尤为明显:蒙森认同"制宪权"的合宪性。[118]但与此同时,他却断然区分了传统的独裁权和苏拉的超常权力。从西塞罗的解释来看(他关注苏拉通过制定法对宪法权利的废除),苏拉的权力以及批准它们的立法不能被描述成合宪的。[119]重要的是,西塞罗在他的政治和宪制思想中并非简单地重申古老传统,故而也非为克里斯蒂安·梅耶所谓的"没有选择的危机"添砖加瓦。相反,他首先"在实践上",也就是

---

[115] Mommsen, *Abriß*, p. 188.

[116] 蒙森认为,元首制在宪法上比任何一个共和制宪官职都要受到更大的限制: *Staatsrecht*, vol. 2.1, pp. 709-710。

[117] 西格尼奥延续了苏拉、凯撒和奥古斯都,并且预示了蒙森所谓的"超常制宪权力",见 McCuaig, *Sigonio*, pp. 171-172。西格尼奥和西耶斯(Sieyès)都是蒙森最重要的例子。要了解蒙森对马布里、卢梭和西耶斯的运用,见 Flaig, "Volkssouveränität";关于蒙森和卡尔·施米特的关系,见 Nippel, "Schmitts 'kommissarische' und 'souveräne Diktatur'"。

[118] 例如,见 *Staatsrecht*, vol. 2.1, pp. 711-712。西格尼奥将一个非常广泛的决策权威归于人民大会: McCuaig, *Sigonio*, pp. 208-219。

[119] Cic. *Leg.* 1.42.

在其演说中，提出了关于危机解决措施的初步想法，其后更加清晰地在他成熟的政治理论之中表述出来：约束政治决策和立法的更明确的刚性规范。对于西塞罗而言，以下这个说法毫无可能：苏拉**通过法律**[120]以废除上诉权的做法本已成为祖先习俗的一部分，没有任何与共和传统断裂的地方。[121]恰恰相反，这次废除表现了一个对人民大会的权威的独特的、崭新的理解的胜利，[122]并且对它的最好的阐释应为：一个超出法和习俗的超常制宪权力。所有的因素（苏拉提名的方式、他的权力的无任期限制以及他免于被上诉的独裁权）都证明了与共和宪制传统的断裂。至于废除上诉权这一行为所表现出的对人民大会权威的新理解，我们将会在下一章中讨论；在第八章中，我们将会处理早期现代对人民大会的新权重的一个重要分析（也就是让·博丹的分析）。

在苏拉统治和独裁权废除（公元前44年）之间的这段时间里，凯撒独自担任独裁官。公元前54年，空位期（*interregnum*）下一年就要来临，在这种情形下，授予庞培独裁权的想法在朝野传播，[123]甚至想要让他被人民推选为独裁

---

[120] 见 Cic. *Leg. Agr.* 3.5：他（即瓦勒瑞乌斯）通过法律设立了共和国的僭主 [*hic* (*sc.* Valerius) *rei publicae tyrannum lege constituit*]。

[121] 不同于 Hurlet, *La dictature*, p. 170.

[122] 见 Mommsen, *Römische Geschichte*, vol. 2, p. 337：“在这次寡头的最后的胜利中有很多失败”（Es war gar viel Niederlage in diesem letzten Siege der Oligarchie）。要了解人民大会持续扩大的重要性，见 Magdelain, *Recherches* 及下文第三章, pp. 119-129.

[123] Cic. *Qfr.* 2.14.5；*Att.* 4.18.3；*Qfr.* 3.6.4；*Fam.* 8.4.3；*Qfr.* 3.7.3 [只有"为了召开大会"（*comitiorum habendorum causa*）]。见 Borle, "Pompée et la dictature".

官，[124]但庞培最终拒绝了。[125]在公元前49年，裁判官M.埃米利乌斯·雷必达（M. Aemilius Lepidus）基于人民大会所通过之法律，在反凯撒的执政官缺席的情况下，将凯撒提名为独裁官。[126]十一天之后，凯撒——或许是"为了召开大会"（*comitorum habendorum causa*）——从他的第一任独裁官位上卸任。尽管任期遵从传统时限，但是由裁判官提名却显然不符合宪制规范。[127]次年，在法尔萨卢斯战役（Pharsalus）大捷之后，凯撒让执政官P.赛尔维留斯·伊萨乌里库斯（P. Servilius Isauricus）提名自己为独裁官。但是，这次提名是以一项立法为基础，而且任期是史无前例的一年（不同于苏拉，凯撒的任期是有限制的，只不过超过了六个月），这让人皱眉。[128]他的授权一定是基于（内部）战事的原因[129]而非是"为了建设共和国（制定法律）而设立的独裁官"。[130]凯撒大概在一年结束

---

[124] Plut. *Pomp.* 54.2.

[125] Dio Cass. 40.45.5-46.1.

[126] Caes. *BCiv.* 2.21.5; Dio Cass. 41.36.1. 参见 App. *BCiv.* 2.48；Plut. *Caes.* 37.1（凯撒被元老院任命）。从凯撒的提名中，蒙森根据以下的猜测构建了一个似是而非的规则：Q. 费边·马克西姆斯在公元前217年也是被裁判官任命的，如果得到人民的认可，那么这样的任命是合法的。Mommsen, *Staatsrecht*, vol. 2.1, p. 147.

[127] Cic. *Att.* 9.15.3; Dio Cass. 41.36.1; Kunkel and Wittmann, *Staatsordnung*, p. 713.

[128] Dio Cass. 42.21.1-2; Plut. *Caes.* 51.2.

[129] Wilcken, "Zur Entwicklung," pp. 18-19.

[130] 来自塔伦图姆（Tarentum）的铭文，提到了一个"为了建设共和国"[*rei public (ae con) / (stit) uendae*]而设立的权力，可能是指作为三巨头的屋大维：Sordi, "Ottaviano"；不同于 Gasperini, "Alcune epigrafi"。西格尼奥在他对1559年的《执政官年表》（*Fasti*）的评论中假设凯撒像苏拉和后来的奥古斯都一样，都是在"为了建设共和国的独裁官"（*dictator rei publicae constituendae*）这个名号下行事，见 McCuaig, *Sigonio*, p. 172, n. 184.

第二章　无限权力？宪法争论中的紧急情况与超常权力　　**115**

之后从独裁官位上卸任。他被选为公元前46年的执政官，[131]但是在公元前46年4月的塔普苏斯（Thapsus）大捷之后，凯撒被元老院授予了十年的独裁权。[132]这个权力被设计成一个连续十任而每任一年的独裁权，理论上凯撒在继任下任之前都需先从前任卸任。[133]这是一个明显的扩张——超常规的提名、极为超常规的任期以及连任，以及在每年的卸任中表现出的装模作样的合法主义——清楚地越过了关于共和国政府官僚的高阶规则的边界。它或许可被看成是免于被上诉的独裁统治，[134]披着由人民大会授予的合法外衣［大概是公元前48年通过的《希尔提乌斯法》(lex Hirtia)[135]］不受上诉权约束而运行，令人想到苏拉对《瓦勒瑞乌斯法》的使用。[136]在公元前49年内战爆发之时被作为一种宪制主张的保民官的宪法权利此时被凯撒无视，正如它曾被苏拉无视。值得一提的是，西塞罗在他的《反腓力辞》第十三篇中就表达了他对于《希尔提乌斯法》的法律性质的怀疑，同样是出于宪制理由的怀疑。[137]整件事的

---

[131] 见 Broughton, *Magistrates*, vol. 2, pp. 284-285, n. 1。
[132] Dio Cass. 43.14.4.
[133] Kunkel and Wittmann, *Staatsordnung*, p. 715.
[134] 我们有理由假设：一个用来反对独裁官强制性措施的上诉权是不存在的。正如布林曼（Bringmann）指出的那样，Cic. *Lig*. 11-2 并不能支持凯撒行使了刑事司法权这样的看法——凯撒所行使的仅仅是仁慈，因为法律赋予他可以按照他所认为合适的方式去处理他的敌人的权力："Caesar als Richter？"各处，尤其是 p. 77。
[135] Dio Cass. 42.20.1.
[136] Dio Cass. 43.19.2-3 给予了"凯撒的权力免于被上诉"这一结论额外的支持；要了解卫官的人数和免于被上诉的独裁权之间的关系，见 Vervaet, "*Lex Valeria*," pp. 51-56。但是同样见 Cic. *Att*. 10.4.9-10：凯撒独裁时期，宪制规范的重要性丧失了。凯撒自己也承认这点：Suet. *Iul*. 77。
[137] Cic. *Phil*. 13.32.

高潮发生在公元前44年初，凯撒卸任他的第四任独裁官之后，接受了史无前例的终身独裁权。[138] 即便是苏拉的独裁权也至少在原则上是受到任期限制的（即受限于授权的时限），而凯撒的独裁权则是彻底革命性的。对于凯撒的独裁权，法和习俗都丧失过往它们展现出的任何规范性约束。[139]

基于此，爱德华·迈尔（Eduard Meyer）区分了凯撒的王制与庞培及奥古斯都的元首制。在公元前46年，即马库斯·马赛鲁斯（Marcus Marcellus）被召回之际，西塞罗通过演说向凯撒传达了宪制的正途，凯撒却拒绝了，[140] 此后凯撒的目标是绝对王制。[141] 克劳斯·布林曼（Klaus Bringman）在他的一篇透彻的文章中有力地提出：鉴于凯撒的独裁权有着终身对政府的垄断统治，故而其不符合蒙森所谓的超常制宪权的范畴——与苏拉不同，凯撒治下，无宪可制。[142] 这两种独裁权，包括后来三巨头的权力，能够联系起来的地方在于：它们都是由人民立法所生成，并且具有了人民大会代表权（*ius agendi cum populo*），持续通过人民立法而运行。

元老院最终敕令与公敌宣告

有关所谓的元老院的"最终敕令"的宪法维度，[143] 学界已

---

[138] Cic. *Phil.* 2.87; Livy *Per.* 116; Dio Cass. 44.8.4. 要了解史料，见 Broughton, *Magistrates*, vol. 2, pp. 317-318。

[139] 见 Kunkel and Wittmann, *Staatsordnung*, p. 716。

[140] 参见 Cic. *Fam.* 13.68。

[141] Meyer, *Caesars Monarchie*, p. 410.

[142] Bringmann, "Das zweite Triumvirat," pp. 37-38.

[143] 直到 Caes. *BCiv.* 1.5.3，我们才在史料中发现这个术语；然而，它成为一个术语是有道理的，因为史料上对这一法令的所有实例都是这样看的。

有丰富讨论。这些讨论大多都集中在元老院最终敕令（SUC）的宪法地位。[144] 一个标准的进路是提出以下问题：元老院的这个敕令（"执政官需要尽心以使共和国不受伤害"）[145] 是否给予了执政官高于并超出其正常权力（potestas）和最高治权的正式权力。更具体来说，这个问题是：元老院的最高敕令是否使官员的特殊紧急权力得以产生，特别是让执政官有权中止保障所有公民的上诉权的制定法，并且允许执政官不经审判而处死公民。学者们对这些问题给予了不同的解答：蒙森认为，元老院最终敕令仅仅是紧急状态的宣告，其自身足以为所有公民实施自救（self-help，而非仅仅是官员的自救）辩护；[146] 休·拉斯特（Hugh Last）的看法是，元老院最终敕令"不过是对掌握执政权的官员执行本归属于他的职事的一种督劝"；T. N. 米切尔（T. N. Mitchell）则持有一个比较勉强的立场，即在紧急状态中，元老院既对官员也对人民拥有主权。[147]

已有成说认为，元老院最终敕令暗含了处死公民的权

---

〔144〕 见 Mommsen, *Staatsrecht*, vol. 1, pp. 690-697, vol. 3.2, pp. 1240-1251; Plaumann, "Das sogenannte *senatus consultum ultimum*"; Last, "Gaius Gracchus," pp. 82-89; Bleicken, *Senatsgericht*, p. 23; Crifò, "Attività," pp. 61ff.; 同前, "In tema"; Guarino, "Senatus Consultum Ultimum"; Ungern-Sternberg, *Untersuchungen*; Mitchell, "Cicero and the *Senatus Consultum Ultimum*"; Burckhardt, *Politische Strategien*, pp. 88-110, 121-123; Ungern-Sternberg, "Verfahren"; Duplà Ansuategui, Videant consules; Lintott, *Violence*, pp. 149-174; 同前, *Constitution*, pp. 89-93; Drummond, *Law*, pp. 79-113; Arena, *Libertas*, pp. 200-220。亦见 Last, "Review Haskell," pp. 94-95; Nippel, *Public Order*, p. 63。

〔145〕 Sall. *Cat.* 29.2.

〔146〕 Last, "Gaius Gracchus," p. 84.

〔147〕 Mitchell, "Cicero and the *Senatus Consultum Ultimum*"; 同样，吕布托（Lübtow）讨论了元老院潜在的统领权：*Das römische Volk*, pp. 334-341。

力——要么是通过悬搁公民上诉权，要么是凭其自身内含了一个将目标公民作为公敌（*hostes*）的宣告。虽然休·拉斯特如此认为，但是却没有此类含有人民公敌名单之公告的证据。鉴于此，维尔佐布斯基提出："尽管元老院最终敕令一般不提及任何名字，但是它指出了国家受到的威胁何在，并且暗示有些公民……应当以公敌待之。"[148]冯·恩根－施坦恩博格（von Ungern-Sternberg）把这看成仅仅是元老院最终敕令发展的第一阶段，后来逐渐被应用于潜在的（而非明确的）危险情况，故而元老院敕令也逐渐仰仗明确的公敌宣告（*hostis-declarations*，由元老院颁布的、独立于最终敕令的命令，但公敌宣告还在某种意义上依赖于它）。[149]

最好的观点应该是：最终敕令远非单纯宣告紧急状态，而是一种对官员（通常是执政官）的督劝，让他们做他们认为合适的"使得共和国免受伤害"的事；这些官员才是将行之事的最终责任人，而非元老院；最终敕令自身"并不是旁置法律的借口，更不是鼓励官员无视对他们权力的合法限制"[150]，它并未做任何改变宪制状态的事，更别提中止上诉权这样的事了；最后，最终敕令既不潜在包含公敌宣告，也并不必然与公敌宣告共同发生。进一步来说，最终敕令似乎严格地局限于内务，而公敌宣告就其本质而言可以并且曾经超出城内事务，延展到任何可以发现武装公敌的地方。

西塞罗和萨卢斯特都认为，诉诸最终敕令旨在构建习俗。

---

[148] Wirszubski, *Libertas*, p. 57.
[149] Ungern-Sternberg, *Untersuchungen*, pp. 117-122；但可见同前，"Verfahren"，尤其是 p. 353。
[150] Last, "Gaius Gracchus," p. 84.

公元前63年11月8日，[151]西塞罗在他的第一篇《反喀提林演说》的一个阐明性的段落中，简要地描述了他所见到的历史上的最终敕令：

> 元老院曾经宣告：执政官卢修斯·欧庇米乌斯应当确保共和国没有受到伤害。一夜之间，盖乌斯·格拉古因为被怀疑引起不和而被处死，尽管他拥有声名显赫的父亲、祖父以及祖先；同样，前执政官马库斯·弗尔维乌斯（Marcus Fulvius）也和其孩子一起被处死。另一道类似的元老院敕令将国家交到了执政官盖乌斯·马略（Gaius Marius）和卢修斯·瓦勒瑞乌斯（Lucius Valerius）的手中。为了惩处保民官卢修斯·萨图尔尼努斯（Lucius Saturninus）和裁判官盖乌斯·赛尔维留斯（Gaius Servilius），国家的死刑和报复行动曾经拖延过一天吗？但是我们现在却容许我们权威的锋芒变钝长达二十天之久了。要知道，我们手里有这一类元老院敕令，但是却束之高阁，就好像是刀剑插在鞘里一样。根据元老院的这一敕令，喀提林，你应当立刻被处决。[152]

这种对历史上的元老院最终敕令的看法颇为奇怪。一方面，它尝试声称元老院最终敕令作为一种悬置上诉权的工具是宪法上

---

[151] Asc. 6C. 要了解关于日期的讨论，见 Dyck, *Cicero: Catilinarians*, pp. 243-244。
[152] Cic. *Cat.* 1.4. Trans. D. H. Berry. 关于在公元前100年对元老院最终敕令的使用，见 Badian, "Death of Saturninus," pp. 118f.。巴迪安（Badian）认为元老院最终敕令被用来反对常设的保民官和裁判官是一个新的举措，但是鉴于元老院敕令本身就是新的，它的用法是新的也无甚令人惊讶之处。

有效的;另一方面,它看上去又是对西塞罗自己的不作为的暗自抱怨——按照他的看法,元老院最终敕令以一种宪法上有效的方式中止了喀提林的上诉权,既然如此,为什么不能以处决欧庇米乌斯和马略的方式把喀提林处理了?西塞罗的主张算得上是一种一眼便可看穿的尝试:一方面宣称元老院最终敕令作为一种被习俗建立的制度是具备宪法有效性的;与此同时,他的不作为也是默默承认,这种宣称是异想天开和站不住脚的。萨卢斯特也持有"元老院最终敕令因其由习俗建立而具有宪法有效性"这种看法:他写道,元老院最终敕令"依据罗马习俗"授予了官员一项至高权力,并允许其对盟友和公民"实行任何强制措施";这种权利(ius)执政官一般是没有的,"若无人民的命令"(sine populi iussu)执政官不会拥有这种权利。[153]

德拉蒙德(Drummond)对萨卢斯特的整个段落做出了具有洞察力的讨论。他认为,萨卢斯特对元老院最终敕令的解释——"如果某个官员想要获得特定权力,就以罗马习俗(more Romano)的方式赋权于他"——是错误的,首先因为根本就没有什么可以被诉诸的宪制传统:"欧庇米乌斯的行为是个例,而且在苏拉时代之后,随着残酷(crudelitas)作为一种政治谴责越发常见,对这种行为的戒慎也越来越强。"[154] 德拉蒙德正确地看到,当萨卢斯特把元老院最终敕令之下执政官的权力表现为"按照罗马习俗而存在,他并不是在暗示执政官的

---

[153] Sall. *Cat.* 29.3. 关于"新的祖先习俗",见 Nippel, "Gesetze," pp. 95-96。
[154] Drummond, *Law*, p. 93. 然而,西塞罗把和谐之庙(Temple of Concord)选为元老院12月3日和5日集会的地点,通过此举,西塞罗一定意在将他的观点和行动放在欧庇米乌斯的传统中:Burckhardt, *Politische Strategien*, pp. 70-85。

权力与制定法相比具有较低地位"。德拉蒙德应进一步阐明：实质上萨卢斯特和西塞罗的目标一样，就是为了给作为习俗的元老院最终敕令以宪法工具的地位，使其具有破坏上诉权的能力；这是一个将元老院最终敕令按罗马风俗设立为在宪法上**高于**制定法的尝试。令人困惑的是，德拉蒙德认为这里并不存在真正的宪法规范，仅仅是伪（pseudo）"宪法"规范；但无论如何，他正确地指出这种规范建立了行为的合法或合习俗的标准，就此来说，这些规范在"罗马人使用的语言里"具有法律性质。德拉蒙德还承认，这些被罗马人使用过的论点是具有宪法特征的，他写道："法学家和门外汉有时候都会使用公共法（ius publicum）的概念……去表达……我们现在称为宪法规范的东西。"[155]

其实，元老院最终敕令顶多是建立在非常晚近的风俗之上的。故而，它代表了一个绕开上诉的宪法权利的尝试。这个尝试作为一种宪制革新并不能说是成功的，但它向我们展现了一个事实：所有喀提林事件中的参与者都提出了宪制论点，并且明确意识到诉诸宪法规范的用处。[156]元老院最终敕令所仰赖的所谓风俗实际上是非常新的，距离喀提林阴谋发生的时间甚至不到四十年。[157]虽然发明元老院最终敕令的动机是绕开公民的上诉权，但是元老院最终敕令却从未以任何一种直接的方式将处死公民合法化——欧庇米乌斯和拉比里乌斯的审判、西

---

[155] Drummond, *Law*, pp. 86-87.
[156] Arena, *Libertas*, p. 202 认为元老院最终敕令是"没有任何严格的法律效力的"，但是这种观点有点把问题当结论了。
[157] 从它在公元前100年开始使用算起。

塞罗自己扭曲的修辞操弄、凯撒等人[158]在公元前63年12月5日的元老院辩证上的抵制，尤其是西塞罗的流放，都证明了这点。德拉蒙德认为欧庇米乌斯和拉比里乌斯的审判的焦点并不一定是宪法事务，而且我们也不知道欧庇米乌斯是依据什么论证而被释的；但是，德拉蒙德接下来承认，在欧庇米乌斯的审判中，"未经合理审判而杀死公民的做法一定是这个案子的核心"，[159]我们有的证据当然都表明，以破坏上诉权的方式杀害公民确实是共和国最后一个世纪的非常多（如果不是绝大多数）宪法争论的核心。西塞罗在引述C.格拉古被杀一案[160]时，既提出处死格拉古的合法性是"出于保存共和国的原因"（*conservandae rei publicae causa*），也抬出元老院最终敕令作为一种宪法辩护。[161]这至少展现了一个积极的尝试：将元老院最终敕令发展成为宪法主张的工具。

关于元老院最终敕令的宪法地位的疑惑从未消失，而且西塞罗自己在处决喀提林党人时也并未完全依赖它，而是依赖一个独立的元老院命令来辩护：因为喀提林党人的行为本身已使其不再称得上公民了。再一次，我们发现辩论的核心在于处死公民的合宪性问题。西塞罗在《反喀提林演说》第四篇中写道："实际上，我注意到，在那些想被看成是亲民政治家的人中，有一个缺席了我们的会议，很明显，这是为了避免对罗马公民的生死进行投票（*de capite civium Romanorum*）。"[162]这

---

[158] 或许是Q. 梅特路斯·内波斯或者L. 卡尔普尔尼乌斯·贝斯蒂亚（L. Calpurnius Bestia）：Drummond, *Law*, p. 15。
[159] Drummond, *Law*, p. 91。
[160] 虽然他是自杀的，但是他自杀的责任被认为在于欧庇米乌斯。
[161] Cic. *De or*. 2.132. 见 Drummond, *Law*, p. 92; Lintott, *Constitution*, p. 92。
[162] Cic. *Cat*. 4.10.

明显指向的是可能的对上诉权的破坏。他之所以要尝试让元老院将被监禁的谋反者宣布为"敌人"而非"人民"（最终失败了），[163]是因为他希望自己和整个元老院能"避免对罗马公民的生死进行投票"。假使他的计划成功了，那么至少破坏上诉权这样的问题就可以被绕过，即使是以一种把想要的答案埋到前提里的方式。关于公民是否可以合法地转变为敌人的问题，我将在后文讨论。现在，就元老院最终敕令问题而言，比较清楚的是它肇始于公元前 121 年以及公元前 100 年，被用来悬置上诉权（至少主要的论辩者如是说），但是此后却没有被这么使用。公元前 83 年，元老院最终敕令被宣布以反对苏拉；[164]公元前 77 年，元老院最终敕令被宣布以反对雷必达；[165]公元前 63 年，反对喀提林和曼利乌斯；[166]公元前 62 年，反对梅特路斯·内波斯（Metellus Nepos）；[167]公元前 52 年，在克洛迪乌斯死后宣布；[168]以及公元前 49 年，反对凯撒的保民官[169]：此中没有一例是旨在悬置任何人的上诉权的。[170]事实上，大多数这些敕令都是用来抵制外部武装威胁而非用来针对

---

[163] 现见 Allély, *Déclaration*, p. 62。参见 Straumann, "Review Allély"。
[164] Iul. Exup. 7.
[165] Sall. *Hist*. 1.77.22.
[166] Sall. *Cat*. 29.2; Cic. *Cat*. 1.4.
[167] Dio Cass. 37.43.3.
[168] Cic. *Mil*. 70; Asc. 34C; Dio Cass. 40.49.5.
[169] Caes. *BCiv*. 1.5; 1.7; Livy *Per*. 109; Dio Cass. 41.3.3.
[170] 公元前 62 年的元老院最终敕令可能是一个例外：保民官梅特路斯·内波斯的职位被罢免并被驱逐出城。然而，这个元老院最终敕令的背景是庞培从东方回来了，故而在这个例子里来自城外的潜在危险或许也更加重要。更进一步，梅特路斯·内波斯的职位并没有完全被剥夺（Plut. *Cat. Min*. 28-29），更别提他的上诉权受到什么威胁。

内部骚乱的。[171]只有在西塞罗这里,或者可以勉强说在李维这里,我们才发现一种将元老院最终敕令和对上诉权的破坏紧密联合在一起的尝试,用前者为后者辩护。尽管针对拉比里乌斯的上诉并没有直接攻击元老院最终敕令的宪法有效性,而是否定了元老院最终敕令曾庇护过拉比里乌斯的行为,[172]西塞罗在为拉比里乌斯辩护时仍为元老院最终敕令加码,将针对拉比里乌斯的起诉解释为对元老院最终敕令宪法性的挑战,而元老院最终敕令则被理解为必要时悬置上诉权的工具。[173]西塞罗在这篇演讲中(或者至少在公元前60年发表的版本)很清楚地想要以祖先习俗为依据给予元老院最终敕令以宪法有效性。他对人民说:

> 没有什么异族或者外部邪恶可以混入这个国家。如果你们想要这个国家不朽,如果你们想要帝国永生,如果你们想要你们的荣誉长存,那么我们所必须要防范的正是我们自己的激情、我们公民中产生的骚动和革命的欲望、机体内部的邪恶、国内的阴谋。你们的祖先已经留给了你们

---

[171] 公元前62年和前63年的敕令具有外部武装威胁的部分,尽管公元前52年的元老院最终敕令很清楚指向克洛迪乌斯死后城中的暴力和无序,但是却并不能为暴力或停止针对米洛(他在人民面前被起诉)的上诉权而辩护。然而,庞培在公元前52年早期(公元前51年和前50年也是如此)作为总督在城中带着军队,这可以被认为是和保民官权利的实施有冲突的: Lintott, *Violence*, pp. 200-201。公元前48年卡利乌斯·鲁弗斯(Caelius Rufus)、公元前47年多拉贝拉(Dolabella)和特贝里乌斯、公元前43年(或前41年)安东尼、屋大维或是公元前40年塞克斯图斯·庞培(Sextus Pompeius)的例子,也都没有把停止上诉权作为目标。

[172] 见 Ungern-Sternberg, *Untersuchungen*, pp. 83-84。

[173] Cic. *Rab. Perd.* 2.

针对这类邪恶的防范措施，都在执政官的话里，"无论哪个想要共和国安全的人"。哦，罗马人，保护好对这些言辞的合法使用吧。不要让你们的决定使得共和国脱离我的掌控；不要让共和国失去它自由的希望、安全的希望以及尊严的希望。[174]

94 讽刺的是，拉比里乌斯自己也当然用了上诉权。西塞罗要限制大众激情的提法很有趣，[175] 悬搁上诉权真的是重点吗？抑或问题在于是不是每个人（包括人民）都可以使用武力以对抗敌人？如果是后者，那就可以这样来理解西塞罗的论点：在公元前100年的诸多事件中，上诉权并没有被破坏，因为人民已变成滥用私刑之暴徒，萨图尔尼努斯向他们上诉，被他们拒绝了。另一方面，公元前63年的拉比厄努斯（Labienus）则是唯一一个试图破坏上诉权的人。[176] 西塞罗为拉比里乌斯所做的辩护演说的靠后的一个段落则支持了这种解读。在这里，暴力的缺乏并不指向关于喀提林党人的情况（这点我与林托特的看法不同），相反，它被用来表明：当城内没有正在进行的内战之时，上诉权可以被给予。这就形成了一个对比：武装的人民对抗（内部）敌人，大会中的人民审判拉比里乌斯。[177]

的确，西塞罗在他的《反喀提林演说》第一篇中仍旧支持这种看法，但是在后几篇《反喀提林演说》里，他却将元老院

---

〔174〕 Cic. *Rab. Perd.* 33-34. Trans. C. D. Yonge，略有改动。
〔175〕 关于斯多亚的背景，见 Arena, "Consulship"。
〔176〕 Cic. *Rab. perd.* 11-12. 见 Arena, *Libertas*, pp. 207-208。
〔177〕 Cic. *Rab. perd.* 35.

最终敕令和在城中处决喀提林党人这两件事的联系切断，[178]因为西塞罗是根据另一项元老院的命令来处决喀提林党人的，即他们都不再是真正的公民，而是敌人。[179]西塞罗肯定已经认识到了，他的这种尝试——亦即把元老院最终敕令形塑成被习俗所准许的宪法工具并可以用来悬置上诉权——基于非常少的先例以及非常晚近的习俗，而且最终失败了。相反，公敌理论则更加有希望：从未有人因为杀死一个被宣布为敌人的人而被起诉，更别说因此被判罪。[180]

在我们进入公敌宣告和西塞罗的公敌论证之前，我要提的一点是：西塞罗并不是唯一一个试图把传统（pedigree）和宪法合法性赋予元老院最终敕令的人。李维把元老院最终敕令安插到共和国早期历史当中（毫无疑问，非常生硬），认为第一次对元老院最终敕令的使用是在公元前464年，第二次在公元前384年。李维使元老院最终敕令和独裁权显得相似：元老院最终敕令在公元前464年的初次颁布是为了应对军事危机，公元前384年的第二次则是为了平息内部骚乱。正如上文所见，这是造成独裁权的两种传统情况。李维对公元前384年的那次元老院最终敕令的看法尤其让我们看得清楚。M. 曼利乌斯·卡庇托利努斯，从高卢人手里保住了卡皮托山（Capitol）的救星，却遭受了意欲为王（regnum）的指控，这种意图的证据仅仅是他（私自）支持了那些穷困潦倒的欠债者。为了在不破坏上诉权的情况下处死他，元老院宣称：元老院认为曼利乌斯是

---

[178] 见 Drummond, *Law*, p. 96; Nippel, *Aufruhr*, p. 103。
[179] 然而，他们从来没有正式被宣布为公敌。
[180] 但可见 Plut. *Sull.* 10.4; Cic. *Brut.* 179。

人民公敌（*hostis publicus*），谋求一种"表面上很温和，但实际上却等同于"独裁权的手段，故而元老院决定颁布一项针对曼利乌斯的最终敕令。[181]尽管这个段落已经毫无疑问地表达了处死曼利乌斯的充分合宪性，[182]但李维还要告诉我们，在这个特定的例子里，保民官和元老院站在了一起，一同在人民面前控诉曼利乌斯，这样就使上诉权得以毫发无损：一旦人民意识到曼利乌斯意在王权，他们就会更倾向于保护自己的自由而控诉他，而非让他有机会在普通判决中使用自己的权利。[183]

自公元前88年以降，存在不少罗马公民被宣布为人民公敌的例子。这在法律上也意味着：那些被宣布为公敌的人可以被任何人合法地处死。[184]然而，直到西塞罗，才有了一套如何将公民转变为公敌从而使其失去宪制权利的细致理论，或者说才有了这种剥夺宪制权利的做法本身如何合法的细致理论。这似乎是因为西塞罗首次试图将公敌这个词应用到并不处在武装状态下也并没有正在行使暴力的公民身上。他这样做的动机很明显：随着喀提林危机的发展，元老院最终敕令的重要性正在消失，与此相比，一项作为公敌宣告的元老院命令则具有更大的机会来说服西塞罗的对手们这项处决的合宪性。这种宣告从未遇到过反对，其优势在于绕开而非破坏上诉权——如果嫌疑人真的被认定为公敌而非公民，那么就根本不存在公民权以待破坏，上诉权也没有了意义。

公元前88年，罗马公民第一次（或至少我们有清晰证

---

[181] Livy 6.19.3.
[182] Lintott, *Constitution*, p. 36.
[183] Livy 6.19.7.
[184] App. *BCiv*. 1.60; *Rhet. Her*. 1.25. 见 Bauman, "*Hostis* Declarations"。

据认定的第一次）被宣布为公敌。[185]这一年，苏拉史无前例地[186]带军入城，其后让元老院宣布马略、马略之子、保民官苏尔比基乌斯·鲁弗斯以及其他九个人为公敌。[187]正是苏拉"在这样的场合引进了一个新的习俗——公开将罗马公民宣告为敌人"。[188]无论是在这次事件里，还是在一年后苏拉自己被宣布为敌人的案子里，元老院最终敕令都没有被使用到。公敌宣告和元老院最终敕令在历史上和概念上都是相互独立的，这点是经得起考验的。[189]事实上，直至公元前43年，有大约九个公民被元老院宣布为敌人的案子。[190]在这些案子里，目标公民几乎都是在城外武装作乱的。当然，公元前88年以降这样

---

[185] Val. Max. 4.7.1 提供了一个关于公元前132年由于处决Ti. 格拉古而起的公敌宣告的较弱证据。按照Cic. *Amic.* 37的说法，在公元前132年，为了处理Ti. 格拉古的余党，一个非常法庭（*quaestio*）设立了，但是格拉古兄弟却不太可能在这个场合被宣为公敌；整个宣告的事件都依赖于对Plut. *C. Gracch*. 4.1 的解释（特别是 ἐκκηρύττω 这个词），认为它并不是指向不法或是流亡（*aquae et ignis interdictio*），而是指向一种公敌宣告。这并不是一种对这个词（同样参考 *C. Gracch*. 4.2; *Ti. Gracch*. 20.3）的最自然的解释，林托特有一个精彩的论点：它肯定不意味着流放，因为一个剥夺公民权的判决（*aquae et ignis interdictio*）必须是由人民来投票，由此看来林托特的论证有点把问题当结论了。如果公元前132年的法庭认为自己有能力宣告格拉古兄弟是公敌，那么一个剥夺公民权的判决则更加可以被看作是一个合法的法庭程序的结果了。参见 Ungern-Sternberg, *Untersuchungen*, pp. 38-43。

[186] 见 Flower, *Roman Republics*, p. 92. 要了解一个反驳传统观点（苏拉的行为是非法的）的论点，见 Morstein-Marx, "Consular Appeals"。

[187] Livy *Per*. 77; Cic. *Brut*. 168; App. *BCiv*. 1.60; Val. Max. 1.5.5, 3.8.5; Florus 2.9. Vell. Pat. 2.19 并没有说马略和他的同伴被宣为公敌，他仅仅说他们被流放了；Plut. *Sull*. 10.1 也没有说；Val. Max 3.8.5 仅仅是说苏拉强烈地希望让马略尽快地被宣布为公敌。

[188] Flower, *Roman Republics*, p. 92.

[189] 见 Lintott, *Violence*, pp. 155-158 的讨论以及 Allély, *Déclaration*, p. 151 中的表格。

[190] 见 Allély, *Déclaration* 中的表格，p. 151。

相对频繁的公敌宣告也生动地证实了哈丽特·傅劳尔（Harriet Flower）说法的真实性：苏拉对罗马的军事占领标志着"共和政治时代，即每一个公民都参与到政治领域的时代"结束了。[191] 在一个只有阿庇安提到过的案子里，我们确实有对城中的公民进行公敌宣告的证据（公元前83年支持苏拉的元老们），这个案子发生的背景是苏拉第二次向罗马进军，人们对他在公元前88年的那次对罗马的军事占领还记忆犹新。[192] 公敌宣告有时和城边战争宣告[动乱（tumultus）敕令][193] 共同发布，而并不被看作是超常的或不合宪的；即使在没有动乱的情况下，只要针对的"敌人"处于武装状态或是显然的军事威胁，公敌公告也并不会被认为是有问题的。

罗马共和国将公民宣告为公敌的实践类似于美国政府在2001年"9·11恐袭事件"后把特定公民指定为"敌方战斗人员"（enemy combatants）的做法。[194] 这个类比并非天马行空。那些被政府行政部门看作敌方战斗人员的公民可以被预防性地拘留，没有任何普通刑事审判保护。那些被判定是敌方战斗人员的公民大概可以在没有审判的情况下被合法处决。[195] 我们可以从这种与罗马共和国的主张类似的做法中受到启发。在美国，对敌方战斗人员（无论是外国人还是——尤其是——本国公民）的行政拘留的合宪性是受到挑战的，因为这种拘留破坏

---

[191] Flower, *Roman Republics*, p. 92.
[192] 由于所有其他的公敌宣告的例子都毫无例外地用于军事威胁，那么 App. *BCiv.* 1.86 或许是不可信的。
[193] 见 Lintott, *Violence*, pp. 153-155；Golden, *Crisis Management*, pp. 42-86。
[194] 见 Issacharoff and Pildes, "Emergency Contexts"。
[195] 见总检察长埃里克·霍尔德（Eric Holder）2012年3月5日的演讲：http://www.justice.gov/iso/opa/ag/speeches/2012/ag-speech-1203051.html。

了他们得到普通刑事审判的宪法权利［美国宪法授予的人身保护（habeas corpus）权利］。行政部门最初提出的论证是美国总统作为最高军事首长在战争时期和紧急状态之下拥有将任何他所认为的敌方战斗人员进行拘留的宪法权力。当法院考虑这个事情，论证不断演变，逐渐出现这样的论证图景：行政部门确实有权力拘留被看作是敌方战斗人员的公民，但是这个权力并非建立在总统战时宪法权力之上，而是建立在国会授予总统的权威"以采取任何必要且合适的强制手段……阻止未来以针对美国的国际恐怖袭击为目的的任何行为"。〔196〕这同时也意味着国会可以依宪法阻断行政部门拘留公民。但是，将公民指定为敌方战斗人员的权力合法性并不排除任何敌方战斗人员诉诸某种形式的司法审查来重估其敌方战斗人员的身份：法院要求政府提供"一些证据"〔197〕来支持敌方战斗人员的认定越来越常见，而且要求设立一种普通刑事审判的替代程序，可以通过它对这种认定进行司法审查。〔198〕没有一个合格的替代普通审判过程的程序时——一些随后制定的程序确实被发现并不合格〔199〕——敌方战斗人员被允许纳入美国的司法体系。

---

〔196〕 Authorization for Use of Military Force, Pub. L. No. 107-40, § 2 (a), 115 Stat. 224, 224 (2001).
〔197〕 *Padilla v. Bush*, 233 F. Supp. 2d 564, 607 (S. D. N. Y. 2002), at 608.
〔198〕 正如伊萨卡罗夫（Issacharoff）和皮尔德斯（Pildes）所称（"Emergency Contexts," p. 322），以下观点只是部分真实：法庭"更多是通过关注权威的制度性分配的问题来解决这事而不是直接关注'个人权利'的事宜"。在他们的文章发表之后，随后的决策果然就关注了个人权利，尤其是人身保护权。
〔199〕 见 *Boumediene v. Bush*, 553 U. S. 723（2008）：终止人身保护权的 2006 年的《军事委员会法》（Military Commisssion Act）被认为构成违宪。奥巴马政府的立场是，军事委员会不能被用来审判美国公民，见总检察长霍尔德 2012 年 3 月 5 日的演讲：http://www.justice.gov/iso/opa/ag/speeches/2012/ag-speech-1203051.html。

我不想把这个类比推得太过，但我们还是可以说：如果对"敌人"的判定非常清楚，比如针对武装叛乱分子或者战场上的战斗人员，那么将公民认定为敌人的合宪性是没有争议的，而且并不被看作是对上诉权或是对人身保护权利的破坏。在宪法上更具争议的情况是：当嫌疑公民未处于武装状态且并非从战场上逮捕的时候（比如被捕的喀提林党人）。在这种情况下，基于高阶的宪法规范，需要诉诸一些对普通审判的超常替代，以便审查公敌或敌方战斗人员的认定。从这个角度来看，或许约亨·布莱根对元老院的看法并没有一直以来被认为的那么离谱：在对被囚的喀提林党人的命运进行辩论之时，元老院如同一个法院一样。[200]公元前63年12月5日元老院的集会或许并不能算作一个适当的司法程序，但是加图和西塞罗肯定觉得这种场合提供了某种合宪性的外衣，足以替代普通审判。甚至这已经是为以下这些人所提供的"最为慷慨的程序保护"了[201]：那些已经被"某些证据"（*indicio*）"证明有罪"（*convicti*），从而应该按"形同当场逮捕"处置的人。[202]这一论证的效力只是在后来才被质疑，那是由于克洛迪乌斯的宪制主张取得的成功（他的立法本身和这项立法的效果以及

---

[200] Bleicken, *Senatsgericht*, pp. 21-27；类似的有 Lübtow, *Das römische Volk*, p. 346。

[201] 首席大法官罗伯茨（Roberts）不同意 *Boumediene v. Bush*, 553 U. S. 723 (2008), at 1。

[202] Sall. *Cat.* 52.36：加图的意见被元老院接受。关于布莱根的论点，见 Sherwin-White, "Review Bleicken"：司法程序的正式元素被否认了。见 Ungern-Sternberg, *Untersuchungen*, pp. 115-117；Nippel, *Public Order*, pp. 68-69。这些讨论是事后诸葛亮（在知道了西塞罗的流放以及参议院的决定并没有解决问题的事实后而做出的），然而，这未免要求太多：2006年的《军事委员会法》也没有使问题得到解决。这两部法案最好被视为宪法试验。

由此产生的大众压力对西塞罗的影响证明了这点）。类似的争论（是否经过正当程序）也会出现在美国公民被视为敌方战斗人员而受到处决的情况下。这些争论所关涉的并非人身保护权（*habeas* rights），而是对美国宪法第五修正案中所包含的正当程序条款（Due Process Clause）的潜在破坏；这些被判定为敌方战斗人员的公民所带来的直接武力威胁越不明显，对他们的处决就会引来越大争议。

直到西塞罗发展出他的理论（公民因其行为本身就可以被判定为公敌）之后，公敌宣告才成为一项在宪法意义上有争议的事情。西塞罗关于公敌敕令的观点是：敕令并非构成性的（constitutive）而仅仅是宣告性的（declaratory），即将一个人的地位宣告为公敌。它作为一种规范性的宪法理论之所以未被完全接受，大多是因为西塞罗的新尝试：将那些未构成武装威胁的公民归入"公敌"名下。在《反喀提林演说》第一篇中，西塞罗首次提出了这个观点。他认为，尽管喀提林在演说进行时身处元老院，但他已经是人民公敌了。西塞罗宣称，整个共和国都在好奇，为什么西塞罗在"发现"（comperisti）喀提林是公敌之后，并未下令让他"镣铐加身、被带走处决并遭受最终的刑罚"。[203] 他进一步想象共和国在问他："是什么在阻止你？宪制传统（*mos maiorum*）？……或是那些被通过的关于罗马公民的惩罚的法律？"这使得西塞罗有机会做出了那可疑的宪法论证，罔顾武装叛乱的事实和仅仅对密谋武装叛乱的怀疑之区分："但是在罗马，那些武装反叛共和国的人绝不

---

[203] Cic. *Cat.* 1.27.

保有公民权利。"[204]这个主张旨在克服的障碍仍然是上诉权。然而，这个理论并没有说服力：元老院的公敌宣告仍然是判定公敌身份的核心要素，直到喀提林加入了他在战场上的同谋者时，他才被宣布为公敌。[205]西塞罗再次尝试将被捕的喀提林党人归入公敌名下，但这个观点就其自身而言几乎没有说服任何人。[206]二十年后，西塞罗在对抗安东尼时再次提出了这个论点：安东尼和格拉古兄弟、萨图尔尼努斯、喀提林以及克洛迪乌斯一起被西塞罗看作"生为公民，却自愿为敌"（*natura civis, voluntate hostes*）之人。[207]事实上，除了喀提林之外，其他人都没有被元老院正式宣判为公敌；[208]至于安东尼，在西塞罗发表《反腓力辞》时，他还没被宣布为公敌。有趣的是，西塞罗在公元前63年为拉比里乌斯做辩护时，自己破坏了自己的公敌理论。他清楚地确认，采取武装行为是公敌宣告的必要条件。[209]

这样看来，"这种形式的公敌论证或许由西塞罗而生，随西塞罗而死"。[210]然而重要的是，直到政治环境和共和机构败坏到了闻所未闻的程度，这个宪法理论才发展起来；在这种败坏的语境下，宪制冲突和论争开始转向自然法论证。这主要体现在西塞罗的理论著作里，但是在他的演说中或多或少也有雏形，因为晚期共和国越来越像自然状态。西塞罗开始是从理应

---

[204] Cic. *Cat*. 1.28. Trans. D. H. Berry，略有调整。
[205] Sall. *Cat*. 36.1-2.
[206] Cic. *Cat*. 4.10. 见 Drummond, *Law*, pp. 44, 96-102；Nippel, *Public Order*, p. 68。
[207] Cic. *Phil*. 8.13-14. Trans. Shackleton Bailey.
[208] 但是克洛迪乌斯至少是个潜在的公敌，见 Cic. *Pis*. 35。
[209] Cic. *Rab. Perd*. 35.
[210] Drummond, *Law*, p. 44.

建立在共和国的高阶规范之上的（宪法性）权利和规范出发进行论证，随后发展的论证越来越转向关于更为抽象的、刚性的以及高阶的规范（我们怀疑这些规范中的很多还是很像他所熟悉的罗马规范），换言之，那些构成了自然宪法的规范。接下来在第三章，我将尝试追踪罗马宪制思想以及论证的发展，从关于罗马宪制规范的政治和诉讼论证，到西塞罗更为成熟的政治著作中所发展的更为晦涩的政治与宪制理论。但是首先，让我们先来考虑一下围绕着另一种形式的紧急权力——超常权力——而展开的宪制论证。这类权力起先是旨在面对战争威胁时应用于城外的，随后对城内的政治也产生了影响。

超常权力

> 忽视对所有（对其宪制如此重要的）法律的尊重是致命的……这种致命的忽视导致了马略七次当选执政官，庞培早期增长的荣誉，以及凯撒在高卢长时间的连续统治。这些从各个方面都构成了共和国毁灭的直接和即时的原因。［怀特·莫伊尔（Walter Moyle），《论罗马政府的宪制》（"An Essay upon the Constitution of the Roman Government"）］

一种令人尊敬的研究传统将晚期共和国的衰落归咎于超常的军事统领。在某种意义上自马基雅维利以来，[211]毫无疑问自

---

［211］ 参见 *Discorsi* 3.24［然而"权力的延长"（la prolungazione degli imperii）既包含了延期又包含了退官留权（*privati cum imperio*）］。

蒙森以来，这种权力就被当成是元首制的先兆，以及共和国消亡唯一的、最重要的因素。[212] 在蒙森看来，元首制无非就是一个超常权力（extraordinary command）。[213] 尽管在晚期共和国的危机中它扮演了重要角色，但是近来却没有一部专著来处理超常权力的问题，[214] 除了在一些关于拥有超常权力的人［比如庞培、凯撒或是克拉苏（Crassus）］的传记中有所涉及之外。[215] 首先，我们需要重视那些我们在史料中发现的区别：延期现有权力（正如其他与行省有关的事宜一样，通常是由元老院决定）不同于由人民授予某个普通公民最高治权。后者才会被认为是超常的（*extra ordinem*），故而也是在宪法上成问题的。这种区分也体现在蒙森的用词上，"例外"（exceptional）权力是不同于"超常"（extraordinary）权力的，后者构成一个更为局限的范畴，并且只有后者包含授予私人的权力。[216] 这使得蒙森把凯撒在高卢的十年治权看成是延期的案例（尽管是

---

[212] 代表是 Bleicken, *Geschichte*, 229。亦见同前，"*Imperium consulare/proconsulare*," p. 720。参见 Brunt, *Social Conflicts*, pp. 152-153：市民们"用暴力来执行（Gabinian）的法律使庞培得到了他的极高的指挥权，这对共和国来说是致命的"。

[213] Mommsen, *Staatsrecht* vol. 2.1, p. 662.

[214] 见 1918 年的文章 Boak, "Extraordinary Commands"；1926 年的专著 Wiehn, *Heereskommanden*；Kloft, *Prorogation*；Giuffrè, *Aspetti costituzionali*；以及现在的 Hurlet, "Pouvoirs extraordinaires"；Vervaet, "Praetorian Proconsuls"；同前，*High Command*, ch. 7；Arena, *Libertas*, pp. 179-200。要了解延期制的发展，见 Jashemski, *Origins and History*。

[215] 例如，见 Gelzer, *Pompeius*；Seager, *Pompey*；Gelzer, *Caesar*；Chr. Meier, *Caesar*；Jehne, *Caesar*；Ward, *Crassus*。

[216] 见 Mommsen, *Staatsrecht*, vol. 2.1, pp. 646-662。但可见同前书，pp. 651-652：蒙森在此很暧昧。Kloft, *Prorogation* 忽略了区分：Badian, "Review Kloft," p. 793。

例外的），而非是严格意义上的超常权力。[217]蒙森当然非常清楚，[218]超常一词在史料中同样被不那么严格地用来描述某种职位，其授予以某种方式破坏或绕过了制定法[219]——这些制定法或关于晋升体系（cursus honorum）、[220]任期间隔、[221]抽签，[222]或是根本未被宪法所预见的治权[223]（比如严格意义上的超常军事统领权）。这一章中，我们将格外关注超常军事统领权及其从多种宪法原则的偏离，比如年限制（annuity）、同僚制（collegiality）以及地理限制（geographical constraints）。这是为了展现"合宪的""超常但或许仍旧合宪的"以及"不合宪的"这些概念的区分构成了晚期共和国宪制论争的主要战场。[224]随着时间发展，这些矛盾使得权威从元老院转到部落会议（tribal assembly）。

如果有人想罗列晚期共和国中广义的例外权力，他应该会提到公元前105年后期以超常方式授予马略的执政官权力；[225]那些根据克尼多斯（Cnidos）和德尔菲（Delphi）的

---

[217] Mommsen, *Staatsrecht*, vol. 2.1, pp. 646.
[218] 见同上书, vol. 1, p. 20, at n. 2。
[219] Dio Cass. 36.39.
[220] Cic. *Brut*. 226; Tac. *Ann*. 2.32; 13.29.
[221] Caes. *BCiv*. 1.32.
[222] Cic. *Dom*. 24.
[223] Cic. *Phil*. 11.20; Suet. *Iul*. 11.
[224] Arena, *Libertas*, p. 190 指出，人们总是以自由的名义来抵抗超常权力；而且，这本书意识到，对这种权力的抵制表达出了对"不同制度体之中的权力分配"的担忧（p. 198）。有关宪制原则逐渐衰落的话题，参见 Vervaet, *High Command*, ch. 7："在罗马，有执政官共享的至高地位；在意大利以及其他地区，有行省的将军（*imperator cum provincia*）通常在他任职的行省具有的最高统领权"，这两项原则逐渐衰落（p. 289）。
[225] Cic. *Prov. cons*. 19（马略在缺席的情况下再次超常地当选了执政官）。Plut. *Mar*. 12. 至少从公元前330年开始，就存在这一个规定了必须间隔十年才能再次当选执政官的法律：Livy 7.42, 10.13; Caes. *BCiv*. 1.32; Dio Cass. 40.51。

第二章　无限权力？宪法争论中的紧急情况与超常权力　| 137

《行省总督法》(lex de provinciis praetoriis) 残篇而授予的权力;[226] 公元前88年马略的超常权力;[227] 公元前74年安东尼的超常权力;[228] 庞培在公元前81年到前80年间、前77年到前71年间、前67年、前66年以及前55年中的多种权力,还有公元前57年他的供粮官(cura annonae)以及公元前52年他独任执政官之权;[229] 凯撒在高卢的权力(公元前59年和前55年);[230] 公元前55年克拉苏对抗安息人(Parthians)时的权力;[231] 公元前44年由法律授予安东尼的管辖两个高卢的权力;西塞罗谋求授予屋大维、M. 布鲁图斯以及 C. 卡西乌斯的权力。接下来,我们将要讨论那些对我们来说至关重要的超常权力的案例,也就是说那些我们掌握了其中涉及宪制论争的充分材料的例子。首先我们必须要摆出之前提到的区分:通常由元老院颁布的对现有权力的延期与延伸和人民大会对普通

---

[226] Crawford, *Roman Statutes*, vol. 1, pp. 231-270. 德尔菲铭文在 Pomtow, "Neufunde"; 克尼多斯残片在 Hassall et al., "Rome and the Eastern Provinces", 它的翻译和注释, Sherk, *Rome*, no. 55。亦见 Hinrichs, "Tafel"。

[227] App. *BCiv*. 1.56; Plut. *Mar*. 35.4; Val. Max. 9.7. ext. 1。另外的来源,见 Broughton, *Magistrates*, vol. 2, p. 40。

[228] Cic. *2Verr*. 2.8; 3.213; Livy *Per*. 97; Lactant. *Div. inst*. 1.11.32; Vell. 2.31.3-4. 另外的来源,见 Broughton, *Magistrates*, vol. 2, pp. 101-102。

[229] Livy *Per*. 89, 91, 97, 99, 100, 105; *CIL* I², 178; Granius Licinianus 36; Cic. *Leg. Man*. 52, 62 及各处; *Phil*. 11.18; Val. Max. 8.15.8; Vell. 2.31.3, 2.33; App. *Hisp*. 76; *Mith*. 94 and 97; *BCiv*. 2.18; Dio Cass. 36.23-24, 36.36-37, 36.42, 39.33, 40.56.2; Plut. *Luc*. 34-35; *Crass*. 15-16; *Caes*. 28; *Cato Min*. 45-47; *Pomp*. 54。

[230] Cic. *Att*. 8.3.3; *Fam*. 1.10; *Prov. cons*. 15, 17, and 42; *Vat*. 36; *Phil*. 2.24; Caes. *BGall*. 1.10.5, 1.21, 7.1, 7.6; Livy *Per*. 103; Suet. *Iul*. 22.1 and 24; Dio Cass. 37.57.2; 38.8.5; 39.33; Plut. *Caes*. 14 and 21; *Crass*. 15; *Pomp*. 48.3; 51-52; *Cato Min*. 33.3; Zonar. 10.6; App. *BCiv*. 2.13; 2.17-18; Vell. 2.44.5; 2.46; Oros. 6.7.1; Eutrop. 6.17.1.

[231] Liv. *Per*. 105; App. *BCiv*. 2.18.65; Suet. *Iul*. 24; Plut. *Pomp*. 51-52; *Cato Min*. 41.1; *Crass*. 15; Dio Cass. 39.33.2.

公民的授予治权之分别。在第二次布匿战争的超常境况下,这两种权力都经常被诉诸,但是它们之间的区分仍很重要。公元前 3 世纪末期,L. 科尔内利乌斯·朗图鲁斯(L. Cornelius Lentulus)向元老院索求一个凯旋仪式,虽然他功勋卓著,但他的要求仍旧被认为是不合宪的,因为他在公元前 206 年被授予治权时只是一个普通公民。[232] 相反,到公元前 146 年,罗马人在未派额外总督的情况下将非洲和马其顿组织起来,这时元老院颁布的延期令则完全是常规化的(regularized),而且事实上成为一种必要。[233]

关于人民大会在权力延期中扮演的角色存在着一些争论;然而,至少自公元前 2 世纪以降,延期制是元老院的专属事宜(这个事实似乎已经很清楚了),尽管从词源学上来说,它似乎指向向人民"征求意见"(rogatio)。[234] 但是在中晚期共和国以特定含义使用延期(prorogation)一词时,这个词源含义是具有误导性的;重新让官员当选(即延续)下一个连续任期的特定用语实际上是"重建"(reficere)。[235] 虽然连任(continuation)总是让人感觉在宪制上是成问题的,并且只适用于军事紧急情况,通常是由额外的紧急立法授予的,[236] 但是由元老院颁布的延期却是常情(routine)。这意味着,延期并不像重新当选同一职位那样增加额外的声望;延期仅仅是"被

---

〔232〕 Livy 31.20.3-4. 参见 Kloft, *Prorogation*, p. 70。
〔233〕 见 Badian, "Review Kloft," pp. 793-794。
〔234〕 参见 Livy 27.22.4-6(通过元老院的敕令和人民的确认而完成的延期)。见 Richardson, *Empire*, pp. 17-22;参见 Oakley, *Commentary*, vol. 2, pp. 660-661。
〔235〕 Brennan, *Praetorship*, vol. 2, p. 651。
〔236〕 同上书,p. 652。

加入"(folded into)到延长的职位。[237]这同样意味着,连任所具有的内在危险(僭主的危险)是和人民大会拥有任意使得同一官员不断当选的权威有关的;而这种危险和由元老院颁布的职位延期无关。与此同时,对连选连任的禁止措施——尽管抽象地被认为是属于高阶的范畴——已经保存在制定法之中了,本书的读者现在应该很熟悉制定法是如何保存这些措施的了。这就说明,这些禁止措施自身可能被紧急制定法废除[238]:在那些论辩一线的材料中,我们所见的仍是一场向着"宪制秩序统摄制定法"迈进的艰难历程,尽管材料中还没有完成真正的概念化。

更不寻常的权力——包括授予普通公民的治权,或是以破坏宪制原则(比如,年限制、同僚制、年龄限制、地理限制或是对同一官职的连任和延续的禁止措施等)的方式授予的权力——是被人民大会创造出来并授予的。这是为什么西塞罗在《反腓力辞》第十一篇(公元前43年发表于元老院)中把这些超常的权力看作是由"'大众'政治和'大众'的无常"所带来的冲击,与元老院的严肃性并不相配。[239]西塞罗尤其将"超常权力"一词的用法局限于人民大会将治权授予普通公民的情况。在通盘考察了这种权力的历史之后(这种考察有趣且很有信息量),西塞罗宣称"和早先发生的两次大的布匿战争相比,公元前190年对安条克三世(Antiochus III)的那场战争并不更需要超常权力。布匿战争的开启和结束都是由执政官

---

[237] Kloft, *Prorogation*, pp. 64-66.
[238] 这肯定是在马略不断当选执政官时期的情况:Brennan, *Praetorship*, vol. 2, p. 652。
[239] Cic. *Phil.* 11.17.

或独裁官完成的。同样，比起皮洛士（Pyrrhus）战争、菲利普（Philip）战争以及后来的亚该亚战争（Achaian War）乃至第三次布匿战争，那场战争都不更需要超常权力"。[240] 乍看上去，这是一个有争议的观点；因为在第二次布匿战争（公元前218年至公元前201年）以及接下来的几年中，大约有十五位"有治权的普通公民"（privati cum imperio）。[241] 其中大约三位只是都督（legates）而没有自己的权力；六或七位在战前的某个时候曾经拥有过最高治权，只是在战时处于普通公民的身份；其余的从来没有步入过政坛。那么，西塞罗仅是出于修辞效果而给了一个错误的说法吗？这当然是解释的一部分，另一个方面也值得思考：鉴于西塞罗认为超常权力是"大众的以及无常的"（西塞罗很讨巧地忘记了他在公元前66年支持过庞培，我们接下来会讨论），并且考虑到《反腓力辞》第十一篇是在元老院征召的情况下作的，西塞罗或许只算了那些由元老院授予最高治权的普通公民。他似乎是在说，这种权力的授予从来不是元老院的事（因而同时也和他早先的说法相冲突，即就其定义而言，超常权力就是由人民授予的）。

在这篇晚期演说中，西塞罗直接谈到了庞培的权力，他指责人民大会："是没事找事的保民官通过了制定法以赋予格奈乌斯·庞培——这个伟人，真正的第一人——统领权，除了在塞多留（Sertorius）战争的时候，当时还是普通公民的庞培的权力是元老院授予的，因为执政官们都拒绝了。"[242] 在公元前

---

[240] Cic. *Phil.* 11.17.
[241] Kloft, *Prorogation*, pp. 29-30.
[242] Cic. *Phil.* 11.18.

147年，西塞罗为当时还尚未到达担任执政官的法定年龄的西庇阿·埃米利阿努斯做辩护时指出，至少他当选的是一个寻常官职而非一个超常职位。[243]西塞罗在《反腓力辞》第十一篇中的论证更为花哨，这是由于他在这一篇中的目标是延长C. 卡西乌斯·朗基努斯（C. Cassius Longinus）的治权——他是解放者（liberator）之一，虽然在公元前44年担任过裁判官，但他现在没有治权，故而是一个普通公民。[244]西塞罗此处的论证导向了自然法领域，我们在第四章中将进一步探讨。然而，如果我们比较一下西塞罗在《反腓力辞》第十一篇对超常权力的历史回顾以及《论马尼留斯法（论格奈乌斯·庞培的权力）》[On the Manilian Law (De imperio Gnaei Pompeii)]中的回顾，那么我们会得到启发——在这篇西塞罗于公元前66年发表的演说中，他支持庞培获得超常权力以对抗米特拉达梯，而他在《反腓力辞》所引段落中显然不想强调他曾经的这次支持。

公元前67年，普通公民庞培被赋予了至少三年的整个地中海和沿海50英里陆地的无限统治权，受命消灭海盗。[245]庞培的权力仿照了公元前74年授予M. 安东尼的权力，西塞罗不久后将后者称为无限治权（imperium infinitum）。[246]该权力不仅和周边行省总督之权力相同，而且还有权征兵、征集至

---

[243] Cic. *Phil.* 11.17.
[244] 卡西乌斯的统领权没有延长，他离开城市时没有必需的仪式，故而他不具备军事权威。
[245] Vell. 2.31.2-4.
[246] Cic. *2Verr.* 2.8, 3.213; Ps. -Asc. pp. 202, 239, 259; *Schol. Bob.* p. 96 Stangl. M. 安东尼·克里提库斯（M. Antonius Creticus），M. 安东尼之子（*cos.* 99），似乎已经当过裁判官：Livy *Per.* 97。见 Broughton, *Magistrates*, vol. 2, pp. 101-102 and 108, n. 2；Brennan, *Praetorship*, vol. 2, pp. 406-407；Linderski, "Surname"；Vervaet, *High Command*, p. 218。

少 300 艘船并且指派至少 15 名拥有最高权威的都督。[247] 这项法律由保民官 A. 加比尼乌斯（A. Gabinius）提出，遭受了严厉批评。这主要是因为这项法律给予了个人太多权力，不受到年限、同僚制或地理边界的任何限制；而 M. 安东尼的行为也将产生有害影响。[248] 著名演说家 Q. 荷尔顿西乌斯（Q. Hortensius）曾在公元前 67 年抨击加比尼乌斯法案，并在公元前 66 年重申了相同的论点："如果所有事都要被交到一个人手上，那么庞培就是最合适的人选；但所有事**不**应该被交付于一人之手。"[249] 西塞罗对此反驳说：将所有事交付于一人之手早有宪制先例，诸如西庇阿·埃米利阿努斯对迦太基和努曼提亚（公元前 146 年和公元前 133 年）的摧毁；更相关的是，马略在公元前 104 年到公元前 100 年连续当选执政官（这事与任期和连任的宪法规范相抵牾）。马略在公元前 100 年第六次当选执政官和之前的当选不同，因为那时甚至没有需要应对的军事紧急状况；人民仅仅因为其美德而赋予他权力。[250] 在西塞罗的历史调查中没有提到的是：马尼留斯的法的主要反对者 Q. 卡图鲁斯（cos. 78）已经在公元前 77 年反对庞培并命令他解散军队（最终是无用功），[251] 还有，卡图鲁斯、荷尔顿西乌斯

---

[247] 关于来源，见 Broughton, *Magistrates*, vol. 2, pp. 144-145。
[248] Cic. *2Verr.* 3.213-218.
[249] Cic. *Leg. Man.* 52. Trans. D. H. Berry. Rodgers, "Catulus' Speech" 提出了一个论点：根据时代顺序，西塞罗应当优于迪奥（迪奥所记录的卡图鲁斯的反对应当发生在公元前 66 年而非前 67 年）。Arena, *Libertas*, pp. 187-188 忽略了这点。亦参见 Vervaet, *High Command*, pp. 216-219：迪奥所概括的卡图鲁斯的演说在《马尼利亚法》的背景下应当是没有意义的。
[250] Vell. 2.12.6.
[251] Liv. *Per.* 91; Plut. *Pomp.* 17.1-4. 另外的来源，见 Broughton, *Magistrates*, vol. 2, p. 90。

以及其他元老都曾从宪法的角度激烈地反对过庞培在公元前67年因治理海盗而拥有的权力。[252]

西塞罗对庞培的权力的辩护是：庞培的事业充满了诸多未有先例的行动和权力，而曾经支持这些权力的和现在反对用以对抗米特拉达梯的权力的是同一批人民。在列举了这些偏离宪制传统的例子之后，西塞罗提道：庞培曾在公元前83年以普通公民的身份募军；公元前82和前81年在西西里以及非洲的统治；公元前77或前76年对抗塞多留的权力；以及他在公元前70年在未达到法定年龄的情况下担任执政官。[253]西塞罗令人震惊地总结道："你们把有史以来所有人偏离先例的例子加起来都不如我们在这一个人身上见证的违例之事多。"[254]通常认为，这个论点所依赖的是一个原则（或者说是诡辩）："我们的先辈在和平时期坚定地遵循习俗，但在战争时期却很灵活，为了回应紧急情况他们总是按照新的方式行事。"[255]但是，这并不意味着西塞罗要宣布一种宪制原则（如果真是这样，那么西塞罗的先例清单就没什么意义了）。接下来，西塞罗在演说中揭示了一条真正在论证中起作用的重要原则，即至少在人民大会为了共和国利益而行动的时候，罗马人民凭其自身的权利（suo iure）就可以授予超常权力。元老院不能在这点上反对人民，否则就得承受这样的形象：

---

[252] Cic. *Leg. Man.* 52; Plut. *Pomp.* 25.4.
[253] Cic. *Leg. Man.* 61-62. 庞培省略了低级官阶，直接从骑士阶层升到执政官——这是进一步的反常。
[254] 同上书，62。
[255] 同上书，60。

不正义而且不可忍受——当罗马人民在所有反对者面前有很强的理由捍卫他们对于庞培的决定时，尤其如此。的确，你们完全有权捍卫这个决定，因为当你们单单把他从众多可能的竞争者中选出来并托付其抗击海盗的重任时，你们就已经听到了一阵抗议之声，而当初那些人正是现在抗议的人。如果你们委任他时，只是出于一些无足轻重的原因或是未曾考虑过共和的利益，那么这些人就有权运用他们的智慧来抚平你们的激情。但是如果当时恰恰是你们对国家利益有着更加清楚的认识……那么这些领导者以及其他任何人现在则不得不屈服于罗马人民一致的权威。[256]

虽然庞培权力的反对者们对其的超常治权的反对是基于宪制主张，而非实际考量的角度，但西塞罗则仅仅从实际考量论证，不明言他的宪制假设："凡是人民命令的都必须批准"。[257]而这个立场则明显与他在后期的演说和哲学著作中所表达的仔细思考过的观点有冲突。能够中和这个假设的唯一考虑是我们可以时代错置地称为"国家安全"的东西。从这个角度来看，对共和国国家利益的关切或许仍旧限制着人民大会的决策权威，但诸如任期制、同僚制以及地理限制等原则则不再有限制作用了。

从阿斯科尼乌斯对西塞罗为 C. 科尔内利乌斯辩护的演说

---

[256] Cic. *Leg. Man.* 63-64.
[257] Cic. *Caecin.* 96：重点当然是要证明对立面，即"并不是人民所命令的任何事都应当被批准"。参见 Livy 7.17.12 (=Tab. XII. 5) and pp. 45f.，于上文第一章。

的评注中我们可以清楚看到，西塞罗有能力捍卫——如果不是真诚地持有——上面的这个看法。C. 科尔内利乌斯曾经和 A. 加比尼乌斯（庞培抗击海盗的超常权力的支持者）在公元前 67 年共同担任过保民官。科尔内利乌斯和加比尼乌斯（或许还包括公元前 66 年的马尼留斯）都曾经面临对他们的立法的抵制，而且他们也没有避免使用暴力并凌驾于保民官的否决权之上，步了提比略·格拉古的后尘。科尔内利乌斯随后因叛国罪被处决，因为"他的行为高度涉嫌对保民官威严（*maiestas*）的损害，如果这种行为被允许施加于保民官，那么否决权将会沦为一纸空谈"。[258] 在科尔内利乌斯的案子里，暴力促使他放弃了他的努力，[259] 而西塞罗显然已经准备好辩称保民官的否决权可以被僭越。[260] 西塞罗把科尔内利乌斯和加比尼乌斯的行为比较后，强调了二人的相似性。他认为，加比尼乌斯对保民官否决权的破坏是为了"国家安全"，从而他的行为是正当的："这个人的同事 A. 加比尼乌斯，这个勇敢者，所做的一切都是为了一项杰出的事业，即拯救罗马人民，也为所有民族终结长期的耻辱与奴役（即海盗），他没有允许他一位同僚的主张和偏好凌驾于整个国家的主张和偏好。"[261]

在后世的历史编纂学中，对庞培因抗击海盗而被托付范围巨大的权力一事的在宪制角度上的忧虑已成为一个传统主题。威珥勒尤斯·帕特尔库鲁斯（Velleius Paterculus）可以接触很

---

[258]　Asc. 61C.
[259]　同上书，58C。
[260]　同上书，61C。参见 Lewis, *Asconius*, p. 268。
[261]　同上书，72C。

多史料，尤其主要是萨卢斯特和修辞传统，[262]他观察到：通过加比尼乌斯的立法，"几乎全世界的权力都被付于一人之手"。这从宪制角度看是成问题的，因为庞培的权力是没有制衡的："人们退缩而不将超常权力授予那些看起来会随心所欲保留或放下这一权力的人，这些人自己的秉性是他们唯一的制衡。"[263]贵族们从宪制的角度予以反抗：威珥勒尤斯将以下看法归于Q. 卡图鲁斯，即庞培的权力对于一个自由的共和国来说过于扩张了。[264]同样地，普鲁塔克也曾记载：庞培抵抗米特拉达梯的权力引起了统治精英阶层的恐慌——他们怕庞培正走在一条建立僭政、废除共和自由的道路上。[265]人民（所有的部落）不顾卡图鲁斯的抵制，批准了这项权力，因而使得庞培的权力近乎增至苏拉所拥有的权力[266]：这是真正超越常规的。[267]

卡西乌斯·迪奥笔下的Q. 卡图鲁斯的演说最清楚地表达了有关庞培超常权力之宪法问题的政治思想。从古代历史编纂学传统的角度来看，这篇演讲不应被视为真实的；实际上，它就是一个彻头彻尾的史家的创造。[268]虽然卡图鲁斯的演说不是一则好的关于公元前1世纪60年代的政治历史的史料，但是作为一种政治思想传统（主要关注常规和超常权力的区分）的表达而言，它必须要被认真对待。芭芭拉·塞勒·罗

---

[262] 关于威珥勒尤斯的来源，见Rodgers, "Catulus' Speech," p. 303, n. 21。
[263] Vell. 2.31.2-4. Trans. F. W. Shipley.
[264] 同上书，2.32.1。但是卡图鲁斯关于制衡的演说大约在公元前66年：见Rodgers, "Catulus' Speech," p. 298。
[265] Plut. *Pomp.* 30.3.
[266] 同上书，30.5。
[267] Asc. 65C.
[268] Rodgers, "Catulus' Speech" 各处，尤其是p. 318；亦见Millar, *Cassius Dio*, pp. 78-83。

切斯（Barbara Saylor Rodgers）的论断很有说服力：迪奥肯定主要依赖的是西塞罗的《论马尼留斯法》以及德摩斯梯尼（Demosthenes）的修辞模板。她也认为，卡图鲁斯肯定在公元前66年而非迪奥想说的公元前67年表达了对庞培权力的抵制；迪奥的卡图鲁斯所运用的论点一定曾是荷尔顿西乌斯的。迪奥的最终目的是断代——他想说的是，事后来看，庞培长时期的权力标志了共和国终结的开始，[269] 许多现代学者也分享这一看法。这些对于本文而言都不重要；真正重要的是卡图鲁斯向人民发表的演说中所包含的宪制论证。最重要的一点是，年限和禁止连任被看作是关键的宪制保障措施：

至少在我看来，首先要说的就是：连续地把这么多统治职位交给一个人是不合适的。[270] 这不仅仅被法律所禁止（ἐν τοῖς νόμοις ἀπηγόρευται），而且经验也告诉我们这是极其危险的。是什么造成了马略这样的人？恰恰就是因为在如此短的时间里他被托付了如此多的战争，并且在极短的时期六次担任执政官；苏拉这样的人也是如此造成的，他在多年连续持有军事统领权，后来又被任命为独裁官以及执政官。一个人——我说的不仅仅是年轻人，还包括成熟之人——的人性里就没有这样的事：在长时间处在权威职位之后仍旧愿意恪守祖先传统（τοῖς πατρίοις ἔθεσιν）。我现在说这些并非因为对庞培有任何鄙夷，而是

---

[269] Rodgers, "Catulus' Speech," p. 317；参见 Millar, *Cassius Dio*, p. 74-77。
[270] 这个立场一定是在公元前66年的时候就已经被阐明了，当时庞培除了之前对抗海盗的指挥权之外，还得到了对抗米特拉达梯的指挥权。

> 因为这件事在任何方面都不符合你们的利益,而且它是不被法律所允许的(μήτε ἐκ τῶν νόμων)。[271]

谈到"法律",迪奥并非仅仅指制定法,而是指蕴含在诸如年限法(leges annales)这样的制定法中的法。正是对于高阶法律的破坏才使这些权力是超常的;迪奥提出,要么就坚持合宪的紧急权力,比如传统的独裁权(不是苏拉式的),要么就让常规政务官(magistrates)和代行政务官(promagistrates)来处理这些事。迪奥和他的共和国先辈们一样区分了(合宪的)延期和(不合宪的)超常权力:

> 只要执政官、裁判官还有代行他们职务的人(比如代行政务官)符合法律地接受任命(τεταγμένως ἐκ τῶν νόμων),那么你们忽视他们或者引入新职位则既不合适也无好处。你们选举了年任官员却在当用之时不用是图什么?当然不是为了让他们穿着紫色镶边的袍子昂首阔步,也不是为了他们能享有官职的空名却被剥夺他们应该履行的义务。如果你们把这些古老的职位弃之不顾,架空那些被合法选上的人(ἐκ τῶν νόμων),却把那些奇怪的、闻所未闻的权力(γεγενημένην ἡγεμονίαν)赋予一个普通公民的话,你们怎能不激起这些人以及其他所有有意进入公共生活的人的敌意?[272]

---

[271] Dio Cass. 36.31.3-32.1. Trans. E. Cary.
[272] 同上书, 36.33。

如果从 *nomoi* 这个词的过往历史来看的话，我们可以非常合理地假设：迪奥笔下的 *nomoi* 实际上与 *ius* 相同，不能被简单地理解为制定法。假使迪奥所指确为狭义的制定法，那么他更应该选择 *psephisma* 这个词，这也是他用于元老院敕令和大众立法的词。[273] 相反，和他的希腊榜样［包括修昔底德、吕西亚斯（Lysias）以及德摩斯梯尼］一样，迪奥使用 *nomoi* 并不意指任何特定的制定法，而是"作为整体的法律与社会体系"，[274] 也就是罗马人用 *ius* 所指称的那种宪制规范或是高阶法律规范。故而，公元前 67 年的这次对普通公民庞培的权力授予所破坏的就是这种应当被理解为作为整体的宪制规范的 *nomoi*。

庞培一直在提供给我们最具启发性的围绕着超常权力而进行的宪制论争的例子。公元前 60 年，有人提出了一项土地法案，希望将公共土地分配给庞培的老兵，但最终失败了。尽管西塞罗有限地予以支持，但这项法案当时在元老院遭到了反对，而反对的理由并非实质问题，而是因为他们恐惧这项法案会给"庞培带来某些新的权力"。[275] 在传统上，新的、超常的权力就是一个和土地法律有关的危险。在一篇关于保民官鲁卢斯的土地法的演说中（公元前 63 年向罗马人民发表），西塞罗唤起了对"适合于国王而非行政长官的没有先例的暴政以及超常权力"的潜在恐惧，[276] 进而指控了这项法案中构想的那个贩

---

［273］ 例如，参见同上书，39.55.2。亦参见 fr. 57.16（当选联合独裁官）；37.26.1 (*SCU*)；45.44.3 [安东尼已经僭越了宪制秩序——"现在你一下就僭越了法律和宪制"（νῦν δ' ἅπαξ καὶ ἐκ τῶν νόμων καὶ ἐκ τῆς πολιτείας ἐκβάς）——这必须尽一切力量予以打击]；46.23.4 (*SC*)；48.16.1（宣战）。
［274］ Ostwald, *Popular Sovereignty*, pp. 84-136; p. 127.
［275］ Cic. *Att.* 1.19.4.
［276］ Cic. *Leg. Agr.* 2.8.

卖、购买并分配土地的委员会是僭政。[277]西塞罗补充道，更糟糕的是，土地委员会通过法律所得到的那种横扫一切的权力甚至比国王的权威还要大：

> 从来没有任何王权——即使几乎不被什么法（*ius*）所设限——不被理解为至少受到某些限制。但是，这种权力却是一种完全没有限制的权力（*infinitum*）；在这种权力之中，所有的王权（*regna omnia*）、你们自身如此广泛的权威（*imperium*）以及所有其他的权力（无论是经由你的准许而被自由使用的，还是只存在于你的默许之中的）都通过法律的明确准许（*permissu legis*）被包含在内。[278]

这种没有制衡的权力是更加僭主式的，因为它给予了委员会贩卖私人土地的权威（在这个案例里，还包含了罗马人民的财产，这也就是说，它还吊诡地包含了公共土地）。[279]这项土地法案从来没有被通过，但是这篇演说——这还是由庞培的超常权力的支持者所做的——必须被当成是反对这种权力的最雄辩的演说之一。我们再一次碰到了现在我们已经熟知的那个存在于制定法和法之间的张力：鲁卢斯的制定法所要设立的土地委员会远远逾越了哪怕是最微弱的、通常被用来限制王权的宪制制约，更不必说那些被认为是共和国立国之本的宪制制约了。

---

[277] Cic. *Leg. Agr.* 2.32-34, 2.75.
[278] 同上书，2.35。Trans. C. D. Yonge，略有改动。
[279] 同上书，2.38-41。Lintott, *Cicero*, p. 140：" 暴政的一个众所周知的特点是，它攫取了私人财产——通常穷人对此并不特别关心。然而，鲁兰法案（Rullan bill）为西塞罗提供了一个绝好的出路：委员会有权出售罗马人的公共土地。"

西塞罗结束放逐回归罗马的时候（公元前 57 年），他支持了庞培新的权力，其权力之大，只有公元前 1 世纪 60 年代庞培所拥有的统领权可堪一比。西塞罗对这些权力的讨论给了我们极好的证据来说明支持和反对超常权力的宪制论证的论争性特质。为了应对由于谷物的高价而引起的骚乱，"请庞培来掌管供应是一个普遍的要求，它不仅仅来自民众而且还来自绅士（*boni*）"。[280]执政官和元老院愿意给庞培 15 名都督并且"掌管全世界的谷物供应共五年时间"。一名保民官甚至更进一步地提议要设立法律给予庞培"对所有货币的控制权，此外，还有一支舰队、一支陆军以及超过行省总督的对行省的权威"。[281]元老决议通过了，西塞罗旋即以一篇具有高度启发性的演说在祭司团（college of Pontiffs）面前为他对这种超常权力的支持辩护，这就是那篇《论他的家宅》。

重点是，西塞罗想要论证的远不是"超常权力真的应该被认为是合宪的"，他被迫要诉诸的那个论证是：他的对手克洛迪乌斯并不是一个令人信服的超常权力反对者。克洛迪乌斯的论点（这个论点在公元前 1 世纪 60 年代的辩论中就已经被提出了）是：没有一个个人应当被给予超常权力。[282]对这个论点的回应也很简单：一方面，国家理性（*raison d'état*）的考量和庞培在东方和抗击海盗事业上取得的成功；[283]另一方面，也可以看看克洛迪乌斯这个人的德行（*ad hominem*），他自己在过去就曾支持过这种权力，故而也不太可能是宪制秩序

---

[280] Cic. *Att*. 4.1.6. Trans. D. R. Shackleton Bailey.
[281] 同上书，4.1.7。
[282] Cic. *Dom*. 18.
[283] 同上书，19。

的捍卫者。西塞罗所指的是克洛迪乌斯自己曾在过去当保民官的那几年所用的伎俩（他通过了一条法律给予加图超常权力[284]以便吞并塞浦路斯）。[285]这一步走得很聪明，因为加图曾经反对任何一种超常权力，而现在却使得他很难继续反对它们：克洛迪乌斯和他的同党们在罗马人民面前夸耀，他们"已经把马库斯·加图的那根曾经自由地反对超常权力的舌头从他的脑袋上给扯下来了"。[286]对于西塞罗而言，加图遵守了制定法所加于他的权力，尽管他觉得这条法律的通过是违反宪制规范（iniuste）的。[287]现在，西塞罗用克洛迪乌斯让加图获得超常权力的事实来摧毁克洛迪乌斯的可信度：在前一年还授予加图超常权力的克洛迪乌斯怎么能指责超常权力呢？[288]西塞罗进而指出，克洛迪乌斯已经通过立法授予了他的亲信各种权力，这是超常的，因为这僭越了元老院的权威。[289]西塞罗说，假使庞培最后没有走向克洛迪乌斯的对立面，[290]那么"世界上的哪个角落会没有超常的束棒（fasces）以及克洛迪乌斯的统治"？[291]西塞罗坚称克洛迪乌斯所通过的这条法律（它曾在前一年迫使西塞罗流放）本身就是一个超常措施。这里，西塞罗以有利于他自己的方式利用了"超常"这个词的模糊特性。他避免做出如此结论：他所支持的庞培控制谷物供应的超常权

---

[284] 加图以裁判官之权（pro praetore）代理财务官（pro quaestore）: Balsdon, "Roman History"。
[285] 见 Badian, "M. Porcius Cato"。
[286] Cic. *Sest.* 60. Trans. R. A. Kaster. 参见 *Dom.* 22。
[287] Cic. *Sest.* 61.
[288] Cic. *Dom.* 21.
[289] 同上书，23 and 24。
[290] 要了解庞培的理由，见 Kaster, *Cicero: Speech*, p. 275。
[291] Cic. *Dom.* 24.

力事实上是不合宪的。而当西塞罗说到反对克洛迪乌斯的高潮处，他在"不合宪"的意义上使用了"超常"：克洛迪乌斯的法律过了常规界限，根本就不是法律。[292]

作为一种论证，它不是很占理但却很说明问题。西塞罗隐晦地承认了他对超常权力的支持（无论是过去的还是现在的）可以被认为是不合宪的，但是他认为克洛迪乌斯在这个问题上就不是一个合格的批评者。此外，西塞罗的论证算得上是某种论断：如果国家理性要求（比如在现在的谷物价高的情形下，或是公元前1世纪60年代海盗和米特拉达梯威胁罗马利益时），那么超常权力在某种意义上是合宪的；反之，则不然。这里的症结就在：实质上，西塞罗这篇演说的重点变成了一种将克洛迪乌斯的制定法展现成"超常的"（故而是无效的）之尝试；[293]并且如果我们不那么善意地来理解，西塞罗的论点似乎沦为对克洛迪乌斯的人身攻击——克洛迪乌斯无论做什么都是超常的，故而是不合宪的，而西塞罗自己对超常权力的支持就展现了对原则的坚定不移之心（带着斯多亚意味的 constantia）。[294]我们要记住，西塞罗自己后来会觉得庞培对超常权力的使用并没有那么好心且合宪。他在公元前49年2月27日写给阿提库斯的信中写到，庞培和凯撒没有什么区别："这二人都是意在个人支配（dominatio）"，庞培尤其"觊觎苏

---

[292] Cic. *Dom.* 26.
[293] 西塞罗当然知道，单凭这一点很可能不足以作为论点；否则，祭司团从最开始就几乎不需要考虑此案。因此，他需要在宗教程序上找问题：见 Stroh, "*De Domo Sua*," pp. 323-330。
[294] Cic. *Dom.* 19（与克洛迪乌斯在 21 的反复无常产生对比）。

拉式的专制（*regnum*）已久"。[295]专制、奴役以及超常权力和宪制下的自由之间的激烈对立在公元前43年的可怖气氛中得到回响——弑暴君者布鲁图斯在一封写给西塞罗朋友阿提库斯的信中称：他要发起一场反抗奴役的战争，无论这奴役多么舒服；这意味着反抗专制、反抗超常权力、反抗支配以及反抗意在超越法律之权力的战争。[296]

和后来庞培所积累的超常权力相比，他五年期的供粮官一职倒显得老派了。庞培把供粮官、两个西班牙行省的五年期总督（公元前54年以降）以及执政官（公元前55年担任，公元前52年独自担任）诸职结合在一起，而这种结合则预示了城内权力和军事权力的结合，它将成为三巨头统治（Triumvirate）的典型特征，也最终成为奥古斯都秩序（Augustan order）。[297]特别的是，公元前52年2月元老院通过最终敕令，对尚未独自担任执政官的庞培——仅仅是基于其行省总督（proconsular）之资格——在必要情况下使用武力（甚至可以在城中使用）的事实上的邀请，构成了一种对苏拉式统治的公开邀请，而且破坏了"以罗马城为界"（*pomerium*）这

---

[295] Cic. *Att.* 8.11.2. Trans. D. R. Shackleton Bailey. 维尔佐布斯基认为，这为反对爱德华·迈尔的观点（即，庞培式的元首制和凯撒式的王制相反）提供了武器：*Libertas*, p. 64。

[296] Cic. *Ad Brut.* 1.17.6.

[297] Bleicken, *Republik und Prinzipat*, pp. 59-60，尤其是 n. 174 反对 Ridley, "Pompey's Commands"，认为庞培在公元前55年和公元前52年内外集权。这个观点很吸引人，他正确地指出这种集权已经在公元前59年3月1日和年底之间由凯撒所完成，其目的也是由委员会根据公元前64年晚期鲁卢斯的土地法所设想的。亦见 Bringmann, "Das zweite Triumvirat," p. 33; Gelzer, *Pompeius*, pp. 136-137, 147-148; Bleicken, "*Imperium consulare/proconsulare*," p. 708, n. 8; Vervaet, *High Command*, ch. 7。

样一条重要的宪制原则。[298] 然而，尽管我们熟悉庞培权力、三巨头统治以及奥古斯都权力（公元前 27 年和前 23 年）的政治与宪制的历史，[299] 但是由这些政治事件所衍生出的宪制思想却鲜有人讨论，这就是我们在此所关心的。

　　西塞罗在祭司团面前的演说能帮助我们理解宪制论争领域的重要之事。在凯撒于公元前 49 年攻占罗马之际，他宣称"他并不谋求任何超常职位"，[300] 而他的副官（lieutenant）C. 斯克里博尼乌斯·库里奥（C. Scribonius Curio）则公开无视当时的宪制托词，[301] 有关超常权力的辩论已经让位于对它们毫无限制的实践。公元前 47 年，在一封写给卡西乌斯的信中，西塞罗表达了"部分宪制秩序仍可以被挽救"的希望。[302] 四年之后，在一封写给布鲁图斯的信中，这个愿望已经让位于一种对是否有任何宪制秩序可以存留下来的怀疑了，无论谁将会是内战的胜利者。虽然在之前的内战中总有某种形式的宪制秩序会存留（aliqua forma futura rei publicae），但这一次，即便是共和派占上风，西塞罗也不能保证迎来的会是一个宪制体制；相反，他所能确定的是，如果共和派失败了，没有任何合宪的

---

[298] Asc. 34C. 参见 Cic. Mil. 70。见同前书，2：米洛审判时有军队在场——然而，这是西塞罗自己要求的军队（Att. 9.7b. 2）。要了解这场审判，见 Lintott, "Cicero and Milo"。

[299] 见 Boak, "Extraordinary Commands"；Ed. Meyer, Caesars Monarchie；Ridley, "Pompey's Commands"；Bleicken, Republik und Prinzipat；同前，"Imperium consulare/proconsulare"；Bringmann, "Das zweite Triumvirat"；以及现在的 Vervaet, High Command, ch. 7。

[300] Caes. BCiv. 1.32.2.

[301] Cic. Att. 10.4.9-10.

[302] Cic. Fam. 15.15.1. 参见 Luc. Phars. 9.190-214 中加图的讲话：公元前 48 年是一个重要的分水岭，至少直到庞培去世，合法权威还是在表面上存在的。

东西将会留下（*certe nullam umquam erit*）。[303] 在《反腓力辞》当中，西塞罗只剩下对超常权力绝望而彻底的辩护（在为普通公民布鲁图斯和卡西乌斯的超常权力的辩护中达到顶点），[304] 大抵诉诸自然法。辩护最终成了一则罗马共和国的实定制度（positive institutions）的讣告：

> 依据什么法律，依据什么法？依据的是朱庇特自己所设立的法：所有有利于共和国的都当被认为是合法且合宪的。制定法就是一套从诸神的意志延伸而来的正确行为的法典，规定好的东西并禁止它的反面。那么卡西乌斯去叙利亚之时，所遵守的是这个法律；如果人们遵循成文法的话，那是别人的行省；但是既然成文法被推翻了，从自然法（*lege naturae*）的角度说，那就是他的行省。[305]

这个"法"的概念完全偏离于共和国时期所建立的用法，但是和西塞罗在《论法律》中的术语却很吻合。这种对法律（*lex*）的用法相当于晚期共和国宪制争论中的法（*ius*）。上面所引的段落展现了西塞罗在何种程度上被迫设想在自然状态里也成立的宪制规范；所谓被迫，是被共和国覆灭所导致的自然状态所迫。我们不知道西塞罗会怎么想奥古斯都新秩序，但是我们有理由相信他会认为这是"某种形式的共和国"（*aliqua forma rei*

---

[303] Cic. *Ad. Brut.* 1.15.10.
[304] *Phil.* 3; 5; 10; 11. 亦见 *Ad Brut.* 1.3.3, 1.8.2, 1.10.1-2, 1.11.2, 1.15.10, 2.1.1ff.; *Fam.* 11.13a, 9.9.2-3, 12.14。参考塞涅卡的立场：Sen. *Ep.* 94, 64ff.。
[305] Cic. *Phil.* 11.28. Trans. Shackleton Bailey，略有调整。

publicae）。[306] 在第二部分中，我们将考察西塞罗关于何种最高权威（supreme authority）是宪制危机潜在的解决之道的更为理论性的看法；但是现在，让我们转向下一章的话题，即西塞罗在政治和诉讼辩论中所发展出来的那些更为精致的、有关政治及社会理论的看法的起源。

---

[306] 参见 Suet. *Aug.* 28.2：奥古斯都在一个法令中想被称为最高地位的创造者（*optimi status auctor*），因为他奠定了共和国的基础（*fundamenta rei p.*）。这和《功业录》（*Res gestae*）中的宪制特色是一致的（感谢迈克尔·皮金对这些问题的讨论）。

第三章 "自由的唯一保障"
——罗马的宪制权利

我将在这一章里详细谈谈晚期共和国的宪制危机中最重要的宪制保障措施和权利。这些宪制保障措施和权利（尤其是上诉权）是晚期共和政治中宪制主义雏形的核心。这一章所描述的是一种罗马独特的、以权利为基础的政治视野。这一主题将会在本书的第二部分得到展开，届时，我们将考察那些更具理论性和哲学性的著作中所表述出来的罗马宪制思想。

晚期共和国存在的张力和内战情势，使得三种要素通过高阶规范的保障结晶成为宪制权利和保障措施——至少有人这样主张。第一，关于共和国机构中的权力分配问题：是否存在对人民大会之决定的限制，抑或人民大会是至高无上的？[1]第二，得到常规审判的程序权利（即上诉权）。这种权利是宪制保障措施的核心，在当时的意识形态中几乎等同于宪制秩序自身。[2]上诉权已经多次出现在关于紧急权力的宪制辩论场合，

---

[1] 一些有关"主权"这个词在早期近代政治语境中的问题，见 Meier, *Res publica amissa*, pp. 117-118。

[2] 见 Wirszubski, *Libertas*, pp. 24-27。

它的重要性由此可知。第三，私有财产。它被认为构成了更进一步的宪制权利。它的重要性在西塞罗成熟的哲学著作中得到充分展现，但是在他的早期对话中，我们就可以看到它的重要发展轨迹，这些轨迹使我们可以理解他的想法是如何形成的。西塞罗正是在经历了共和国制度的不断恶化之后才开始思考前政治的自然状态中的权利和规范问题；或许悖谬的是，旨在构建凸显永恒特质和明确的法律规范等级的宪制秩序的政治理论之所以发展起来，恰恰是准宪制秩序（proto-constitutional order）衰败的语境激发的。这种政治理论将会成为本书下一部分的主题；在这一章中，我们仍将处理孕育这种理论的准宪制秩序。

罗马人民的主权及对它的限制

> 事实上，提比略·格拉古之所以被推翻，不仅仅是因为他无视了、更是因为他直接罢免了否决他的行动的人。如果不是他废除进行干预的同僚之权力让他垮台，还能是什么？（西塞罗，《论法律》3.24）

> 没有什么是比以下这个事实更为确定的了：如果法律的整个架构会被大众突然的临时意见所撼动或中止，如果人民统治法律而非法律统治人民，那么这种情况下，没有任何宪制可以持存。（怀特·莫伊尔，《论罗马政府的宪制》）

人民大会的权能是本书的一个核心问题。在下一节中，我们会看到：得到一场审判的权利、上诉权之所以被认为在规范性意义上是重要的，并不是因为它被供奉在制定法之中，而是因为它表达了一种在等级上高于纯粹制定法的原则。这意味着确实存在着某种对之前所述的李维原则("凡是人民发出的最后命令都应具有法的效力")的限制。[3] 这也就是说——至少根据某些解释——不仅仅存在一个授予罗马人民绝对处置权的高阶规范,而且还存在一套更厚重、更实质的规范,它们不仅不受人民控制,而且还规范并限制着人民大会自身。公元前133年,当提比略·格拉古请求人民罢免否决了自己土地法案的同僚保民官奥克塔维乌斯(Octavius)的职位时,这个宪制问题显得最为严峻。普鲁塔克的提比略·格拉古传记令人印象深刻地记述了这个事件,而且这个事件一直伴随着罗马共和国,直到它的灭亡。是否存在对罗马人民的决策的制约?[4]

在罗马人民罢免了提比略·格拉古的同僚之后,普鲁塔克说,面对这个被普遍看作是不合宪的事件,提比略·格拉古提出了一个很有趣的为奥克塔维乌斯免职的辩护。令人震惊的是,格拉古被迫要在罗马人民面前辩护,而非元老院面前——尽管罗马人民批准了罢免奥克塔维乌斯的请求(而且是严格以人民的名义来做的),但这次罢免也是"令人不快的,无论是对贵族来说还是对大众来说皆是"。[5] 罗马人民似乎改了主意:罢免保民官是对保民官宪制地位的破坏。提图斯·安尼乌斯(Titus Annius)所提出的两个问题迫使格拉古表现出对公民大会权力的尊重,[6] 其质问的形式是对格拉古是否敢于就如下指控的成立押下司法赌注(*sponsio*)发起挑战:"他确实已经

---

[3] Livy 7.17.12 (=Tab. XII. 5, Crawford, *Roman Statutes*, vol. 2, p. 721).
[4] 要了解有关事件的综述,见 Nocera, *Il potere*。
[5] Plut. *Ti. Gracch.* 15.1. Trans. Bernadotte Perin.
[6] 见 Malcovati, *ORF*, pp. 104-105。

对同僚保民官做出了不光彩的事情，而后者在法律上（ἐκ τῶν νόμων）是神圣而不可侵犯的。"[7] 格拉古拒绝接受这一司法赌约，[8] 相反，他还要在非正式的人民大会上指责安尼乌斯。安尼乌斯聪明地抓住机会并向格拉古继续提问："如果你想大肆侮辱、诋毁我，那么我就会请求你所在职位的另一同僚，让他站出来为我辩护，而你则会大发雷霆。来吧，你会罢免你的同僚吧？"[9] 普鲁塔克告诉我们，格拉古虽然雄辩，却不知如何回答这个问题。安尼乌斯已经展示了罢免保民官奥克塔维乌斯就是废除保民官的援助（auxilium），即一种由保民官提供的、为公民反抗官员暴政的制度帮助。[10] 这种帮助被认为是保民官的主要功能，[11] 它的被废等同于共和国宪制秩序的一块基石被移除了。[12] 故而通过罢免奥克塔维乌斯，罗马人民危险地侵蚀了一些最为重要的保障个人自由的权利。

安尼乌斯的攻击激起了提比略·格拉古对奥克塔维乌斯罢免的辩护。提比略的辩护是从这个前提入手的：保民官"是神圣不可侵犯的，因为他是奉献于人民的，是人民之代表"。进而，他发展出了一个天才的论证来支持对他同僚的罢免，值得全文引用：

如果他（被诉的保民官）倒行逆施、伤害人民、妨

---

[7] Plut. *Ti. Gracch.* 14.4. 有关 sponsio 的泛司法程序问题，见 Crook, "*Sponsione Provocare*"，尤其是 p. 133。

[8] Crook, "*Sponsione Provocare*," p. 133.

[9] Plut. *Ti. Gracch.* 14.5.

[10] 有关"援助"和它与"上诉权"的紧密联系，见 Lintott, *Constitution*, pp. 124-126。

[11] Cic. *Leg.* 3.9. 有关罗马共和国保民官的问题，见 Thommen, *Volkstribunat*。

[12] 有关罢免奥克塔维乌斯所带来的意外后果，见 Ungern-Sternberg, "Die beiden Fragen," p. 268。

害人民的力量、剥夺他们的投票权，那么他被剥夺了这个光荣的职位是咎由自取，因为他没有满足他任职时接受的条件；否则的话，哪怕一个保民官要毁了市政广场（Capitol）或是要烧了海军军火库，他都不会遇到任何干预。如果一个保民官要做这些事，那么他是一个坏保民官；但是如果他要废除人民的权力，那么他就根本不是保民官。要是保民官有把执政官投入监狱的权力，而人民（保民官权力的授予者）却不能在他运用权力伤害自己的时候剥夺这个权力，这难道不是非常畸形的事吗？执政官和保民官一样都是人民选出来的。固然，王权（the kingly office）除了包揽所有的内政功能之外，同样也通过举行最重要的宗教仪式奉献于神。但是塔克文因为他的悖谬行径而被城邦驱逐，因为一人的粗野，从罗马建立就开始的这项子承父业的权力被推翻了。有什么罗马制度的神圣高贵程度可与照料、守护不灭灶火的贞女们媲美？但是如果她们中有人破坏了自己的誓言，她就会被活埋；因为当她们向神犯罪的时候，她们就不再拥有不可侵犯的特质了，因为这特质是被给予以侍神的。因而，如果一个向人民犯罪的保民官还有那个因服务人民才有的不可侵犯的特质的话，那么这是不正义的（οὐδὲ δίκαιός ἐστιν），因为他所破坏的权力正是他自己权力的源头。同样，如果部落的多数选票使其担任保民官这个事实是正当的（δικαίως），那么人民一致投票以剥夺他的保民官职位则必定是更加正当的（δικαιότερον）。[13]

---

[13] Plut. *Ti. Gracch.* 15.2-5. 见 Ungern-Sternberg, "Die beiden Fragen"。

格拉古认为，人民罢免奥克塔维乌斯是宣告式的（declaratory），因为当他回绝人民（即否决法案）的时候，奥克塔维乌斯就已经不再是保民官了（ἐὰν δὲ καταλύῃ τὸν δῆμον, οὐ δήμαρχός ἐστι）。这里，格拉古把否决法案这项完全属于保民官权力范畴的事说成是一种架空人民权力的尝试。我们可以说，格拉古在这里表达了一种对保民官职位的柏克式的"代理者"理解，在这种模式下，保民官只是去执行人民大会所做出的有约束力的指导。如果没有做到，那么凭借这一点本身就可以罢免他。当然，这也意味着事实上废除了否决权。格拉古似乎并不想仅仅依靠"奥克塔维乌斯因其自身行为而**自己罢免自己**"这一个论点，在演说的最后，他提出了一个很重要的点：罢免保民官完全属于部落集会的权威。这最后一点（格拉古坚持部落拥有上位的权威）十分接近建立一个人民大会主权原则了。[14] 保民官对人民"做不义之事"（ἀδικῶν τὸν δῆμον）的提法还带有司法的意味，可以被解释为破坏契约。[15] 然而，人民自己才是那个决定自己是否被施不义的人，也才可以不受限制地反对保民官（哪怕他是神圣的）。这就意味着，格拉古看来并不为保民官的否决权和援助的被废而困扰；安尼乌斯第二个问题仍旧没有得到回答。保障罗马公民个人自由的程序权利故而也不再依靠保民官的宪法地位和不可侵犯性，相反，它依赖于罗马人民的多数决定！这个崭新的、革命性的对共和宪制的理解通过格拉古

---

〔14〕 不同于 Ungern-Sternberg, "Die beiden Fragen," p. 269。格拉古让人民成为主权者并且中止对奥克塔维乌斯的法案的完全依赖——现在是人民自己有能力罢免任何他们选出的官员，无论他们的行为如何。有关格拉古演说和罗马宗教法（sacral law）之间的张力（宗教法是保民官和它的神圣性的基础），见 Sordi, "La sacrosanctitas"。

〔15〕 见 Ungern-Sternberg, "Die beiden Fragen," p. 270。

一句反问而登上舞台:"要是保民官有把执政官投入监狱的权力,而人民(保民官权力的授予者)却不能在他运用权力对抗自己的时候剥夺这个权力,这难道不是非常畸形的事吗?"[16]它的力量来自于它描述了**现存的**宪制秩序:人民**不能够**轻易剥夺保民官的权力。格拉古认为人民可以如此,虽然这是革命性的看法,但是这一看法胜出了,并产生了巨大的、大抵未曾被料想的后果。可以不夸张地说,至少在这点上,罗马人民在格拉古的带领下对公民权利所做的侵蚀甚至比苏拉所为还要严重。[17]苏拉的独裁权可以被看成是普鲁塔克笔下的提比略·格拉古的观点的胜利:保民官只有为人民服务的时候才是神圣的。

格拉古的观点可以归结为:人民是不受到宪法约束的,是宪制秩序的主人。当然,人民缺乏主动权,确如克里斯蒂安·梅耶所言,在人民大会之外,还存在着"其他自权人组织"(andere Organe *sui iuris*),拥有着和人民大会相对的"更高阶的权力"(überlegene Macht)。[18]但是,普鲁塔克所记录的提比略·格拉古的论点(李维同样记录该事)想要展现的是:这些"其他组织"所具有的长效宪制权威正是问题所在,因而并非没有争议。梅耶声称只有个体官员的任职才是人民赋予的,而职位本身以及与它相关的职权(*potestas*)和治权(*imperium*)都是与人民大会的决策相隔离的;[19]但是,梅耶没法合适地解释十人委员会和一般意义上的紧急权力(比如苏拉的权力)——这些权力来源于人民,它们的权威

---

[16] Plut. *Ti. Gracch.* 15.3.
[17] 即便苏拉也没有废除保民官的否决权(Caes. *BCiv.* 1.5.1; 1.7.3)。
[18] Meier, *Res publica amissa*, p. 118.
[19] 同上书,p. 117, n. 329。

（*Amtsgewalt*）是**由法律**所建立的，也就是由人民大会建立的，不只格拉古，西塞罗也指出了这点。[20]

人民大会权威之限度这一宪制问题始终存在。然而，在共和国的最后一个世纪中，普鲁塔克笔下的格拉古在演说中所持的立场占了上风。这个时代的很多关键冲突的背后都展现了这些要素：马略多次担任执政官问题（特别是公元前100年那次）、公元前88年抵抗米特拉达梯的军事统治权的转移问题、[21]秦纳的执政官地位问题、公元前67年保民官特贝里乌斯（Trebellius）被撤问题、[22]庞培抵御海盗的统帅权问题、庞培在公元前66年的统帅问题以及尤其是苏拉的放逐令与独裁权问题。提比略·格拉古罢免奥克塔维乌斯引发了有关人民权威的制约的宪制冲突；提比略死后很久，他的宪制论证和行为所引发的意想不到的后果成为推动共和国最后一个世纪中那些最为重要的危机的引擎，最终成为决定罗马共和国解体的毁灭性的动力。

近来的研究已经削弱了传统上对格拉古改革的看法，即将其解释为一种旨在解决迫切的土地问题的尝试；虽然这在我的讨论范围之外，但值得一提的是，我这里要提出的论点和那种对公元前2世纪晚期的所谓的大规模土地危机的怀疑态度是完全相容的。[23]格拉古兄弟所激起的反抗更多是由于宪制原因

---

[20] Cic. *Leg. Agr.* 2.17（有关被鲁卢斯的农业法建立起来的超常权力）。
[21] 见 Morstein-Marx, "Consular appeals"。
[22] Cic. *Corn.* 1, fr. 30; Asc. 72C; Dio Cass. 36.24.4; 36.30.1-2.
[23] Bringmann, *Agrarreform*; Lo Cascio, "Recruitment"; De Ligt, "Poverty"; Roselaar, *Public Land*（在公元前2世纪并不存在人口危机，但是在意大利周边地区，盟友们所分到的公共土地多了）; Lintott, *Judicial Reform*, pp. 45-58, 尤其是 p. 49, 关于公元前111年的法律，"一个对格拉古成就的巩固"。

而非社会及土地的原因吗?他们的土地改革以及公元前111年的土地法运行得比传统所认为的好得多吗?格拉古兄弟的土地法难道不是"在不少区域积极地被执行了"吗?[24]我们确实应当停下来想想,当土地委员会在没有反对的情况下继续运行(至少直到公元前129年),而且很有可能在将来还要继续的时候,正是格拉古兄弟提出的宪制问题存留了下来,并且给接下来持续的冲突添薪加柴,这远远超过了土地问题本身所导致的。[25]普鲁塔克本来大体上是传统看法的始作俑者,却用一种很奇怪的虎头蛇尾的方式记述道:在提比略被杀之后,"元老院不再反对公共土地的分配,并且提议,人民应当选举一个委员来代替提比略"。[26]早先,在奥克塔维乌斯被废之后,普鲁塔克告诉我们:提比略建立了一个权力极大的委员会来依据他的土地法进行土地分配,这个委员会包括他自己、他的兄弟以及他的岳父。[27]重要的是,所有这些都没有招来**任何人的任何抵制**[28]——抵制和愤怒都集中在提比略和他对宪制规范的破坏,而非在于他的土改措施。西塞罗凭借其后见之明准确地总结到,使提比略·格拉古付出生命的不是土地法而是他对出手

[24] Lintott, *Judicial Reform*, p. 45. 要了解格拉古方案的激进之处[超过500尤杰里(*iugera*)的公共土地被分配并私有化],见 Roselaar, *Public Land*, pp. 235-239。

[25] Roselaar, *Public Land*, p. 241. 参见 Molthagen, "Durchführung"。的确,农业问题持续存在,不过有迹象表明它一直都被很成功地处理了;凯撒公元前59年的农业立法,虽然在宪法上有缺陷,但肯定是成功的,可能"在复兴农民阶级方面比苏拉做了更多的事情"。至少老兵们肯定是满意了。"在这一点上,沉默就是证据": Brunt, *Social Conflicts*, p. 134。

[26] Plut. *Ti. Gracch.* 21.1. 普鲁塔克暗示:元老院本来是对修复和人民之间的关系感兴趣的;但是假如当务之急是土地问题而不是宪制问题,为什么在提比略死后元老院就突然妥协了?

[27] Plut. *Ti. Gracch.* 13.1.

[28] Plut. *Ti. Gracch.* 13.2.

干涉的保民官的罢免。[29]这反映在《论法律》所提出的宪制当中，我们在第四章中会提到。[30]同样，元老院对保民官弗拉维乌斯（Flavius）在公元前60年所提出的土地法案的反对也是因为怀疑这项法律其实是为了庞培新的宪制权力。[31]

我们在法学家P. 穆修斯·斯凯沃拉（P. Mucius Scaevola，公元前133年的执政官）的立场中也可以见到限制人民权力的问题。在被怂恿对格拉古采取行动之时，他坚持：未经审判而处死公民不在他的权威范围以内，[32]但是也坚持人民的权威也有限度。斯凯沃拉这里的观点与格拉古关于人民大会无限权威的论点相左，并且似乎指向了人民大会剥夺了奥克塔维乌斯职位一事。斯凯沃拉坚称，有些决策是在人民权威范围以外的，因为它们是违宪的（παρανόμων），这样的决策不能被看作是有法律效力的。[33]我认为，这必须被解释为一种当时占上风的看法的表达——关于人民大会可以合宪地决定的事务之限制的看法，而这种看法在奥克塔维乌斯的被废后变得过时了。[34]

这个事件具有持久影响力。提比略·格拉古的范例有显著的效果：公元前95年左右，西塞罗的导师M. 安东尼（M. Antonius）为前保民官C. 诺尔巴努斯（C. Norbanus）辩护，后者被控削弱了罗马人民的威严（*de maiestate*）。大约十年之前，诺尔巴努斯主持了一个人民大会（其中的两名保民官

---

[29] Cic. *Leg.* 3.24; Cic. *Mil.* 72.
[30] Cic. *Leg.* 3.42 加强了否决权并且略微掩饰地提及了奥克塔维乌斯的被罢免。
[31] Cic. *Att.* 1.19.4.
[32] Plut. *Ti. Gracch*. 19.3；参见 Meier, *Res publica amissa*, pp. 118-119。
[33] Plut. *Ti. Gracch*. 19.3. 不同于 Meier, *Res publica amissa*, p. 119，这可能既意味着立法也意味着投票。
[34] Plut. *Ti. Gracch*. 11.2.

被暴力阻止而不能否决一项法案)。安东尼承认，保民官确实被暴力干预而不能行使他们的否决，但他以格拉古式的论证表示人民的威严不可能因此而被削弱："如果官员应当在罗马人民的掌控之中，那么诺尔巴努斯这个在保民官任期内遵守了城邦的意志的人何罪之有？"[35] 同样，公元前67年，当保民官特贝里乌斯试图否决庞培抗击海盗的超常权力时，他支持这项权力的同僚加比尼乌斯"开始号召部落投票以废除特贝里乌斯的职务，正如提比略·格拉古当初以保民官身份废除他的同僚M. 奥克塔维乌斯的职位一样。"[36] 在阿斯科尼乌斯的叙述中，似乎特贝里乌斯肯定了格拉古对人民大会权威的解读：在十七个部落投票支持罢免特贝里乌斯之后，"特贝里乌斯收回了他的否决"。这算得上是接受了人民的最终决定权。甚至西塞罗自己，在他的那篇最亲人民的演说《为科尔内利乌斯辩护》(pro Cornelio) 中，都似乎接受了提比略·格拉古关于人民权威的宪制论点。[37]

然而，存在着很多反对这种对人民权威的解读的宪制论点以及制度工具。在普鲁塔克所记载的穆修斯·斯凯沃拉对格拉古的立法的回应中，我们就可以看到这种苗头：官员自己会以不合宪的理由而不支持某些制定法。[38] 直到公元前98年，凭借《凯基利乌斯和狄底亚法》，宣布制定法不合宪才毫不含糊地成为一种正式程序："元老院被法（statute）授权来判断制

---

[35] Cic. *De or.* 2.167. 参见 *Cic. Part.* or. 105。见 Fantham, *Roman World*, pp. 37-38, 123-125。

[36] Asc. 72C.

[37] 见 Lintott, *Cicero*, pp. 112-119。

[38] Plut. *Ti. Gracch.* 19.3.

定法（legislation）。"[39]任何一个制定法是否合宪的最重要的判定标准是很狭义且形式化的，其中包括不能破坏吉兆（*contra auspicia*）、不能不达到公示时间（*trinundinum*）以及不能把多种不一样的措施融入一个法里（*per saturam*）。[40]在《凯基利乌斯和狄底亚法》的基础上，元老院在接下来的几十年当中废除了不符合这些形式标准的制定法。显然，他们感觉到有必要为废除法律提供一个立法基础。然而，和支持元老院最终敕令的论证方式相似，这种权力的基础总令人感觉不只是基于制定法，也是由法和习俗授权的。[41]西塞罗告诉我们，元老院有权威以"根据祖先传统"为由判断制定法，并且可以就此宣称一项已通过的法律不具法律效力。[42]阿斯科尼乌斯评论道，元老院投票决定某些"法律［公元前91年的《李维乌斯法》（the Livian law）］应当被一道元老院敕令废除。它们的通过被认为是违反了吉兆，故而人民不受这些法律所约束"。[43]

这些法律到底从一开始就是无效的，还是必须经由元老院

---

〔39〕 Lintott, *Violence*, p. 141. 这个法案或许是对之前就存在于《艾里亚和富菲亚法》（*leges Aelia et Fufia*，公元前2世纪中期）之中的条款的加强。见 Astin, "Leges Aelia et Fufia"; 亦见 Heikkilä, "*Lex non iure rogata*"。

〔40〕 见 Lintott, *Violence*, pp. 132-148（pp. 134-135 包含了一个无效立法的列表）; Bleicken, *Lex Publica*, pp. 463-473。要了解早期共和国中元老院权威（*auctoritas patrum*）作为这种废除权力的样板的问题，以及要了解对蒙森论点（这个权力仅仅是形式性的）的有力反驳，见同前书, pp. 296-304。关于元老院的权威，见 Burckhardt, *Politische Strategien*, p. 233; Lundgreen, *Regelkonflikte*, p. 266。参见 Cic. *Planc*. 8。

〔41〕 参见西塞罗在 Cic. *Sest*. 137 的最好的论述：元老院以"共和国的守卫者"（*custos rei publicae*）的姿态出现。*Dom*. 71 的论述也值得看：元老院具有某种司法审查的功能。

〔42〕 Asc. 68C. 这个文段中其他两种元老院对制定法的干预仍旧是服从于人民的，并且归根到底是"问询"（*rogationes*，参见 Dio Cass. 36.38）。

〔43〕 Asc. 69C.

的敕令来使它们无效？斯凯沃拉似乎认为前者更正确，而且有一些证据支持。我们知道，或许公元前 100 年由保民官阿普雷乌斯·萨图尔尼努斯（Appuleius Saturninus）所通过的土地立法从未被元老院宣布无效，但是官员们就是拒绝执行它，理由是它是凭借暴力通过的，[44]这就和斯凯沃拉的观点非常一致了。值得一提的是，这发生在《凯基利乌斯和狄底亚法》给予元老院宣布法律无效的权力两年之前。然而，总体而言，这种解释从来没有占据主导地位。元老院的敕令通常被认为是必要的。尽管有人总是主张，某些制定法之所以不应该被看成是具有效力的，是因为形式或实质上的不足；但是，如果元老院不以敕令形式宣称相关制定法无效的话，这些理由都不生效。我们在下一节会看到，西塞罗结束流放之后就提出，流放他的克洛迪乌斯法案不应当被看作是有效力的制定法；但是要想让这部制定法部分内容被正式宣判无效，仍旧需要元老院敕令。[45]然而对我们的问题来说重要的是，"某些未经元老院任何敕令宣判的制定法也是无效的"这样一个宪制论证可以存在，也曾经被提出，故而也不被认为是太离谱的。正如萨图尔尼努斯的立法这个例子体现的，有时候这个论证在宪制现实（constitutional reality）的层面是有效果的。

根据什么理由，我们可以说人民的立法和人民的其他决定是无效的？有一派宪制思想认为：某些制定法的无效性是

---

[44] 我同意 Lintott, *Violence*, p. 139。但参看 Bleicken, *Lex Publica*, pp. 464-465；Williamson, *Laws*, p. 389 提出元老院的确废止了萨图尔尼努斯的农业法案。虽然 Cic. *Balb.* 48 语焉不详，但似乎想要说：元老院废止了法案。参见 Lintott, *Violence*, p. 138。暴力自身（在没有破坏吉兆的前提下）或许永远不会足够是废除行为的充足理由：同前书，p. 148。类似的有 Nippel, "Gesetze," p. 88。

[45] Cic. *Att.* 4.2.3-4.

基于实质性理由,而不是仅仅基于如《凯基利乌斯和狄底亚法》中所提到的狭义的程序问题。[46]比如,蒙森认为,制定法的被废可以基于实质理由,他所举的例子是:设立不受上诉权限制的官员的制定法。蒙森认可这种对人民大会的决策权的实质宪法限制,而这种认可将他的鸿篇《罗马国家法》推向了它的理论困难;正如蒙森一定认识到的那样,所有主导共和国根本结构的规范,比如关于立法、官员以及选举的规则(年限制、同僚制、地理限制以及其他)都必须和人民的决策权威隔离。[47]但是,蒙森对这个事实的察觉和他的"人民大会主权"(sovereign Comitia)概念之间是有张力的。[48]如果程式习语"依法问责"(iure rogare)和"正义的人民大会"(comitia iusta)有任何的意义,那么它们的意义必须在于:所有以不合宪方式通过的法律都是无效的。[49]从制度史的角度来看,晚期共和国很少有对大众决定做实质限制的证据。[50]但是,从宪制**思想**的角度来看,存在着大量证据显示存在这种限制的理念。其中一个例子就是有关上诉权(共和宪制思想的一块基石)的论争;在下一节中,我们将处理它对于人民决定的潜在限制。

在西塞罗公元前56年的《论执政官的行省》(De provinciis consularibus)的演说中存在着另外一个有趣的例子。西塞罗提

---

〔46〕 要了解《凯基利乌斯和狄底亚法》规定的程序和宗教的规矩,见 Cic. *Phil.* 5.7-10,5.10 很好地区别了实质和程序性的标准。

〔47〕 Mommsen, *Staatsrecht*, vol. 3.1, pp. 366-368.

〔48〕 同上书,p. 334。这些复杂的考量表明:很讽刺,蒙森在这里比他的史料表现得"更不宪制主义"。如果人民大会的"主权地位"不是高阶的宪法秩序,那么是什么?

〔49〕 同上书,p. 363。

〔50〕 参见 Cic. *Planc.* 8(有关选举)。

出（一个自觉羞耻的态度转变）[51]：凯撒应有权保有对两个高卢的统帅权。《瓦蒂尼法》（*lex Vatinia*）将山南高卢（Cisalpine Gaul）给予了凯撒，虽然该法被认为是破坏了对制定法的程序和宗教限制。西塞罗做到了同时论证：凯撒应当被允许保留他的统帅权，而《瓦蒂尼法》确实是无效的。[52]凯撒的敌人们认为这项法律和由凯撒在其公元前59年执政官任内通过的制定法（比如他的土地法）出于程序理由都是不合宪的（*non iure latas*），[53]但在更实质的层面确实是有效的。鉴于此，西塞罗的动议似乎是提出同样的法律要再通过一次，只不过这次应没有程序瑕疵。[54]这与导致西塞罗流放的克洛迪乌斯的法形成对照。克洛迪乌斯的那些法案同样在程序上有瑕疵，但是除了这点之外，它们还被控意在推翻国家，故而在实质层面上也是违宪的。[55]这样的论点固然有吸引力，但它当然是非常修辞性的，而且不应太被认为是宪制秩序的证据。然而作为一种越来越看重合宪性的实质标准而非程序标准的宪制理论的证据，这是一个非常重要的论证，它提供了一条越来越重要的思想线索，而它的重要性的增长正是伴随着罗马共和国制度逐步失去重要性，这一论证发展的顶点是《论法律》的自然法宪制主义和《反腓力辞》中对超常权力的论证。[56]

---

[51] 参见 Cic. *Att.* 4.6.1：他内心有挣扎而且有羞耻感。
[52] Cic. *Prov. cons.* 39 所提出的唯一"论点"是：凯撒不太可能辜负元老院的信任。
[53] 凯撒的时任同僚一直在关注预兆并以此为基础坚称制定法是不合宪的。
[54] Cic. *Prov. cons.* 46.
[55] 同上。
[56] 参见 *Phil.* 11.28。

上诉权

因为你们相信,自由的权利并不仅仅存在于有保民官的地方、有其他官员的地方、充满了法庭的公民广场、有元老院的权威的地方……它还存在于世界上任何一个罗马公民的权利被侵犯的地方。[西塞罗,《反维勒斯演说》第二篇(2Verr.)5.143]

在第二章中,我们讨论了那些尝试把元老院最终敕令描绘成可以用来悬置上诉权的合法宪制工具的做法(大体失败了)。现在,让我们关注用来反对以敕令之名悬置上诉权之有效性的宪制论点。在第一章中,我们已经看到,在公元前120年欧庇米乌斯的审判中,诉方认为元老院最终敕令自身是不合法的,因为它和制定法不相容并且冲突(contra leges)。[57]欧庇米乌斯的辩护则通过指向高阶的宪制规范——公共法(ius publicum)予以回应。从关于喀提林事件的争论中,我们不难看出处决喀提林党人能否被视作合宪的(无论其根据是元老院最终敕令或是另有独立的原因)是一个有高度争议的问题:即使是西塞罗也认识到,处决手无寸铁的喀提林也许不会被认为是合宪的;[58]即使是凯撒在某些时候似乎也认为,处决被捕的喀提林党人是合宪的。[59]

---

[57] Cic. *De or.* 2.132.
[58] Cic. *Cat.* 1.5.
[59] Sall. *Cat.* 51.6. Drummond, *Law*, pp. 47-50 令人信服地提出一个带有强烈萨卢斯特意味的对凯撒意见的描绘,但是我们很难指责萨卢斯特对于元老派的案子所抱有的同情心。

反驳这样使用元老院最终敕令的论点在于：上诉权之所以是合宪的，并不仅仅是因为它委身于制定法之中；相反，更重要的原因是，上诉权本身就可以非常有效地主张它是基于祖先传统的制度，而且它是高阶公共法的具体表现。相比于元老院最终敕令这个更为晚近的概念（它有能力悬搁上诉权或其他对罗马公民的保护，诸如不受鞭刑权以及即便被判死罪也具有的流放权），上诉权背后的宪制传统被认为是更为强大的，并且与共和宪制秩序的核心更为接近。在萨卢斯特所记述的关于喀提林党人的命运的元老院辩论中，凯撒认为《波尔其亚法》（*leges Porciae*）[60]以及其他保护公民权利的制定法真正构成了习俗。[61]正如德拉蒙德所言，[62]上诉权不是凯撒此处论证的核心（凯撒的论证已经预设了阴谋者的罪行已经通过有效程序被确定），但是，德拉蒙德承认，提供给公民的宪法保护"实际上是这个论证的核心。凯撒并不怀疑希拉努斯（Silanus）的提案超过了法律所规定的界限，分析到底，他对其的反驳是基于将法律看作对滥用特权和私人权力的钳制。正是出于这个原因，祖先才引入《波尔其亚法》以及其他法律以改革早先奠基于希腊模板的刑事制度（涉及鞭刑和死刑）"。[63]尤其有趣的是，凯撒对这些宪制权利的辩护的背后是一种对希腊式宪制实践的自觉拒斥："我们的祖先……从来不缺乏智慧和勇气，但是骄

---

[60] 公元前2世纪早期的法律把城邦之外的上诉权扩展到军事上，至少对于不服役的普通公民是如此，并且取消了对公民的鞭刑，见 Lintott, *Constitution*, p. 98；Kunkel and Wittmann, *Staatsordnung*, pp. 168-170；Lintott, "*Provocatio*"；Martin, "Provokation"；Nicolet, *World*, pp. 320-324。

[61] Sall. *Cat.* 51.37-42.

[62] Drummond, *Law*, p. 36.

[63] 同上书，p. 37。

傲也不曾阻止他们接受外来制度……他们从萨莫奈人那里拿来武器，他们官员的标志（insignia）大部分也是从伊特鲁斯坎人那里来的……但是在同一时期，他们沿袭了希腊人的做法，把鞭刑加诸公民，把死刑加诸罪人。"[64] 这里所暗示的是，希腊城邦与罗马共和国不同，并不知道任何的宪法性的公民权利或是保障措施。

凯撒的论点是建立在一种恐惧之上：这些保障逐渐被破坏，这个过程最终将会依据截然相反的习俗确立宪制规范。他警告，"下一次，当其他人担任执政官时"，元老院超宪制的行为或许就成了合宪的行为了：

> 当执政官遵此先例（*exemplum*），按照元老院敕令的要求（*per senatus decretum*）亮剑之时，谁可以限制或管束他？[65]

在萨卢斯特对这场辩论的记述中，凯撒明确提到用上诉权来对抗处死阴谋者的做法。不过他们的处决被看作是不合宪的，是鉴于《波尔其亚法》所提供的保障措施以及其他公民权利，凯撒提及《波尔其亚法》的弦外之音或许就是上诉权。[66] 西塞罗第四篇《反喀提林演说》中归到凯撒名下的立场有些不同，他更加明显地提及了上诉权；此处，西塞罗写到凯撒"认识到

---

[64] Sall. *Cat.* 51.37-39. Trans. J. C. Rolfe，有所改动。
[65] Sall. *Cat.* 51.36. 凯撒在这里指的不是更早的元老院最终敕令，而是指正在讨论的可能的法令。这段文字与萨卢斯特的写作时代（公元前 44/前 43 年）有明显的呼应，西塞罗本人一直强调，他在公元前 63 年不费一兵一卒拯救了共和国的秩序：Cic. *Sull.* 33；参见 *Mil.* 70。见 Nicolet, "Consul togatus"。
[66] 要了解公共意识中的上诉权与《波尔其亚法》的紧密关系：Cic. *Rep.* 2.54。

《森普罗纽斯法》是与罗马公民相关的",以及"那些国家的敌人（rei publicae hostis）不能被看作是公民"。[67]这仍旧暗示了：虽然上诉权给西塞罗的论证带来了很大的麻烦，但是凯撒买了"这些阴谋者因其自身行为而丧失其公民权利"这个观点的账。这和萨卢斯特记载中的凯撒所强调的不一致。在萨卢斯特的记载中，凯撒所强调的是保护公民权的各种法律，而西塞罗在这里很可能巧妙地利用了凯撒立场中的漏洞：凯撒一方面坚持某些公民权利，比如不被鞭打的权利以及选择流放代替死刑的权利，但另一方面，凯撒对处置阴谋者的提议（监禁以及没收财产）[68]则可以被认为破坏了他们的上诉权。[69]西塞罗指出这点之后，又巧妙地指出凯撒提案里可能的预设：凯撒之所以愿意破坏上诉权，是因为他接受了西塞罗的论证——这些阴谋者是人民公敌！这或许只是修辞，但是对本文主旨却至关重要。正如我们在前一章中所看到的，在侵犯阴谋者的上诉权这个问题上，西塞罗的解决方案是一个新的宪制理论：西塞罗不再诉诸元老院最终敕令来为悬置上诉权辩护，相反他认为，尽管这种悬置（及元老院最终敕令）有效，但是在这个案子上却没有意义，因为阴谋者们已经不再是公民，故而不再享有上诉权的保护。[70]

在这场元老院辩论中，凯撒的立场还有两个值得一提的面向。其一是他有趣的斯多亚式论证，其二是他将对喀提林阴

---

[67] Cic. *Cat.* 4.10. Trans. D. H. Berry.
[68] Cic. *Cat.* 4.7-8; Sall. *Cat.* 51.43.
[69] 见 Lintott, *Violence*, pp. 170-171 中的讨论；Drummond, *Law*, pp. 36-37。
[70] 见 Mommsen, *Römische Geschichte* III, p. 191：西塞罗是一个真正的共和国的掘墓人。

谋者们的处决——这种方式如果称不上是不合宪的话，至少也是超法律的（extra-legal）——和苏拉的清算令等同起来。瓦伦提娜·艾瑞娜（Valentina Arena）在其最近一篇原创性的文章中认为：贵族们所提出的论点［尤其是卡图鲁斯和菲利普斯（Philippus）在公元前78年/前77年和公元前67年/前66年对雷必达和庞培的指控］是奠基在颇具斯多亚色彩的"哲学基底"之上的。[71]从贵族们对斯多亚情绪学说的使用以及他们以野心和恐惧来描述大众的做法来看，她的论证是令人信服的。但是，如果我们留意萨卢斯特所描述的公元前63年12月5日元老院辩论中凯撒所提之论点的话，[72]我们就会发现，这种对政治敌人的品性采取斯多亚式的描述的做法，绝不仅限于贵族之所为。[73]如果说西塞罗尝试把大众描述为"渴望暴乱及新兴事物之人"（homines turbulenti atque novarum rerum cupidi），[74]凯撒则在元老院辩论中就希拉努斯和贵族们建言的"新型的惩罚类型"（genus poenae novum）提出警告。[75]或许，凯撒通过宣称他们所提出的惩罚形式（死刑）是开创新例/新计划（novum exemplum/consilium）来取消其合法性主要是为了借彼之矛。[76]如艾瑞娜所言，人民派的雷必达也可以用"渴望新兴事物"来描述。[77]另一个把死刑描述为新兴之物的原

---

[71] Arena, "Consulship," p. 317.
[72] Sall. Cat. 51.1-4; 14; 27; 30; 33.
[73] 见 Drummond, Law, pp. 51-56, 作为萨卢斯特的模板的米蒂利尼辩论（Mytilenean debate, Thuc. 3.36-49）。
[74] Cic. Rab. Perd. 33.
[75] Sall. Cat. 51.18.
[76] Sall. Cat. 51.25-43.
[77] Florus 2.11.2; Arena, "Consulship," p. 306.

因是其破坏了制定法（上诉权法以及那些关于选择流放权的法律）。凯撒以斯多亚式的口吻提出，希拉努斯、加图和西塞罗所支持的那种对法律的破坏是放浪的，就如同给激情（lubido）松开了缰绳而不是让理性和自利驾驭。[78] 巧合的是，西塞罗自己后来也被普鲁塔克描述为逐渐向大众的情感屈服，而在他的早期事业当中（公元前63年底之前），西塞罗还有能力像伯里克利那样抵制大众人民的欲望并说服他们服下苦口良药。[79] 在萨卢斯特所记述的凯撒的演讲中，那些从相关宪制规范（受审权）看来需要被限制的激情不是由大众所展现的，而是由辩论的元老们展现出来的。另一方面，服从理性要求服从宪制规范。

在这个罗马历史的亲人民叙事中，放纵激情并非一个新的危险：凯撒想要强调的先例是苏拉的清算令。当凯撒描述完了希腊先例（雅典的三十僭主）之后，他继续指出，虽然很多人一开始赞同苏拉处死其部分政敌（马略党人），但这导致了禁止杀害公民的宪法限制踏上了危险的松绑之路：

> 但那是巨大的道德败坏之始；因为每当有人垂涎另一个人在城中或是郊外的房子，乃至他的财物和衣服之时，他就会想方设法让他变成被清算的人。故而，那些在达马希普斯（Damasippus）[80] 死时欢呼雀跃的人自己也走在通往死刑的快道上，直到苏拉用财富喂饱他的同党之前，杀

---

[78] Sall. *Cat.* 51.1-4.
[79] 但是普鲁塔克对伯里克利的描述逐渐走到相反的方向：他开始是一个受到公众情感喜爱的人，并有能力不去迎合他们。参见 Plut. *Per.* 15.1-2 和 *Cic.* 32.7。见 Lintott, *Plutarch*, pp. 4-11。
[80] L. 尤尼乌斯·布鲁图斯·达马希普斯（L. Iunius Brutus Damasippus）在公元前82年已经成为城市的裁判官并且处决了苏拉的诸多同党。

戮都不会停止。[81]

这种对共和宪制框架的解释的重点在于：对公民的宪制权利的破坏（清算令的案子和喀提林党人的案子里都有）。有趣之处在于，凯撒把这两个案子联系起来，但他却似乎并没有重视这样一个事实：不同于西塞罗在公元前 63 年所寻求的元老院敕令，苏拉的清算令乍看起来是建立在有效的制定法之上的。假设罗马人民的集会是制定法的来源，以下这个论点就可以成立：清算令并没有在形式上破坏上诉权。凯撒不想沾染上这种事，而且他也确实很小心，以免自己也成为这种先例，他要展现"凯撒的仁慈"（clementia Caesaris），这个计划清楚地反映在萨卢斯特为他写的演说当中。上诉权的有效性最终不是因为它的制定法地位，而是因为它是一种高阶宪制规范。

人民派和贵族虽然分属两个阵营，但是却共享这个观点。就在凯撒计划起诉拉比里乌斯一年之前，他已经在公元前 64 年掌管了处理谋杀案或者武装帮派和杀手（de sicariis）[82]的陪审法庭，并且他已经起诉那些参与并从清算令中牟利的人。[83]讽刺的是，随之而来的定罪[84]还是发生在由苏拉的法律[《关于谋杀罪的科尔奈里亚法》（lex Cornelia de sicariis）]所建立的法庭之上。同样有证据证明，在判处谋杀罪之前，有一些人已经被控从清算令中非法牟利（de peculatu）；马尔库斯·波尔

---

[81] Sall. *Cat.* 51.33-34. Trans. J. C. Rolfe. 我把 clades 翻译成"道德腐坏"（moral corruption）而非其翻译的"嗜血"（bloodshed）。
[82] 见 Cloud, "Constitution," p. 522。
[83] 凯撒大概在法庭上占有主导地位：Hinard, *Proscriptions*, p. 204, n. 223；但参见 Gruen, *Last Generation*, p. 76, n. 124, 凯撒作为控诉人。
[84] Dio Cass. 37.10.2. 亦见 Asc. 90-91C；Suet. *Iul.* 11。

基乌斯·加图（Marcus Porcius Cato）作为主事官（quaestor）在这些案子上是发挥了作用的。[85]我们可以确定只有三个人被起诉了，从这个事实我们可以判断，这些案子很大程度上是象征性的；[86]但是，它们确实表明，宪制论点是有分量的（清算令被认为是违反了公民权利）而且在诉讼场景中也得到了运用。同样，西塞罗也强调了这些清算令的合宪性是可疑的，因为它们作用于那些被剥夺了受到常规审判的权利的公民，把他们描述为非判罪之人（indemnati），即没有审判就被定罪的人。[87]当西塞罗描述他自己被迫流放的境遇时，他也喜欢用非判罪者（indemnatus）这个词，故而把他自己的境遇和那些被清算者的境遇联系在了一起。[88]

虽然清算令有制定法赋予的形式正当性，但是西塞罗认为它们是违宪的，这个观点对于我们的主旨来说非常相关。西塞罗自己在公元前58年3月被强迫流放；他的政敌克洛迪乌斯提出了一个法案，要剥夺那些未经审判就处死公民的人公民权

---

[85] Plut. *Cat. Min.* 15.4-5.
[86] 见 Hinard, *Proscriptions*, p. 206。
[87] Cic. *Leg. agr.* 2.56; *Leg.* 1.42 [他可以通过所述原因处死公民而不受惩罚（*indicta causa inpune posset occidere*）]; *Dom.* 43。希纳德引用文段 [*Proscriptions*, pp. 163-164（Cic. *2Verr.* 5.12; *Leg. agr.* 2.10）] 说明，被清算者偶尔被称作被定罪者（*damnati*），我们认为这是误导性的；这些段落讲的并不是被清算的人。正如希纳德承认（p. 165）：当西塞罗谈到被清算者的时候，他从来都把他们称为非判罪之人。弗洛鲁斯认为（2.11.3）：被没收的被清算者的财产是赃物（*damnatorum bona*），而且虽然这些东西的获取方式是可疑的（*quamvis male capta*），但是在某种程度上它们是被合宪地持有。但是弗洛鲁斯的说法并不代表对这个词的技术性使用，而是仅仅指出：出于现实，物归原主可能是不可行的。
[88] Cic. *Dom.* 43; *Pis.* 30. 见 *Red. sen.* 4：他使用了清算（*proscriptio*）这个词。

地位,[89]而西塞罗感觉到政治氛围已经不再有利于他,而且认识到他在公元前63年对喀提林阴谋者们的行为可以被这个法条管辖,于是他选择了流放。在这个场合,凯撒似乎重申了他的观点:公元前63年对喀提林党人的处决是违宪的;用卡西乌斯·迪奥的话来说,是对法律的僭越(παρανομία)[90]——这个词若译回拉丁语,最好的翻译应当是"对罗马的法(ius)的僭越"。在一部西塞罗离开之后才生效的制定法中,西塞罗被点名流放(之前的法律是处理一般情况的,并未指明任何个人)。[91]在公元前58年8月写给阿提库斯的信当中,西塞罗声称:第一个法案并没有影响他[92]——或许因为,他认为喀提林党人是以人民公敌而非公民的身份被处死的,或许更因为,根据西塞罗的蓝图,元老院起了一个类似审判的功能(quasi-judicial function),故而也就照顾到了被告人的**某些程序权利**。[93]然而,在西塞罗看来,第二个法案所制定的则是一种不合宪的、针对个人的制定法(privilegium),一个剥夺权利(attainder)的法案;以制定法的形式,实际上针对**个人**(而非广大公民)。这个论点(克洛迪乌斯的第二部制定法作为一部针对个人的制定法是不合宪的)似乎最开始是由Q. 泰伦提乌斯·库雷奥(Q. Terentius Culleo,公元前58年任保民官)以及他的密友阿提库斯提出的。一开始,西塞罗并没有完全被这

---

〔89〕 Livy *Per*. 103. 关于来源,见 Broughton, *Magistrates*, vol. 2, p. 196。
〔90〕 Dio Cass. 38.17.1. 参见 Plut. *Cic*. 30.5-6。亦见 Cic. *Pis*. 33 and 53。
〔91〕 Cic. *Dom*. 44.
〔92〕 Cic. *Att*. 3.15.5.
〔93〕 Bleicken, *Senatsgericht* 错误地提出:公元前63年元老院像法庭一样行事。见 Lintott, *Constitution*, pp. 149-157 和 Cloud, "Constitution" 提出的超常的元老院常设法庭的理论(extraordinary senatorial *quaestiones*)。

个说法说服：如果这个法案无效是因为它所针对的是西塞罗个人的话，那么就没有必要由人民大会来发出正式的驳回，但是西塞罗坚持要这个法案被驳回，这样的话至少表明他默认了法案有效性的可能性。[94]

直到西塞罗流放归来之后，他才接受库雷奥的论证，那时他正准备收回被克洛迪乌斯第二部法案没收和毁坏的财产。西塞罗在帕拉丁（Palatine）的房子已经被烧毁了，克洛迪乌斯在原址上盖了一座献给自由女神（Libertas）的神庙。这个宗教建筑成为西塞罗恢复原宅的绊脚石——如果克洛迪乌斯的宗教奉献根据他自己的制定法有效的话，那么恢复原产是不可能的。相关的祭司团（即 Pontifices）接手了这个案子，最终他们依据非常技术性的理由做出了有利于西塞罗的决定；[95]元老院根据祭司团的决议宣布这块地需要归还给西塞罗而且还要有补偿。这个案子非常有趣，因为它让我们看到了很多西塞罗代表自己而做出的宪制论证；虽然这个案子的最终决定是建立在很专门的技术性的程序基础之上（它们本质上也是宪法性的），但是这并不阻碍西塞罗针对克洛迪乌斯的制定法而发展出一个更广泛的宪制论点。

首先需要提到的是，最终归还西塞罗财产的元老院敕令事实上使得克洛迪乌斯制定法的部分内容无效。[96]大祭司们所提供的仅仅是参考意见，而元老院才有权威来判定相关制定法的有效性："大祭司是宗教事务的裁判官，而元老院是法律的裁

---

[94] Cic. *Att.* 3.15.5.
[95] 见 Lintott, *Cicero*, pp. 188-189。
[96] Cic. *Att.* 4.2.3.

判官"。[97] 其次，西塞罗在《论他的家宅》（在大祭司团面前发表）的第一部分中接受了库雷奥的论点，即克洛迪乌斯的第二部法案是一部针对西塞罗的、就要判他违法的法案，这样一部法案根本不是一部法律而是一条不合宪的针对私人的法律。[98] 一部制定法是否合宪的首要标准在于这部制定法是否和吉兆[99]违背。西塞罗已经同意克洛迪乌斯的法案并未与吉兆相违背，故而他现在对其合宪性的攻击在于它的内容：

> 你是依据什么宪制规范、宪制传统，又是依据什么先例来通过一个明目张胆地针对私人公民地位甚至不让他受审（indemnatus）的法的？《神圣约法》（leges sacratae）[100]禁止它、十二表法禁止它：个人不能成为制定法的目标，这将会构成一个针对个人的法律行为。没有人曾经提出过任何像这样的东西；没有什么比这更残酷，没有什么比这更危险，对于这个国家来说，没有什么比这更不能接受。[101]

西塞罗声称"没有人曾经提出过"针对个人的法律行为，这仅仅是一种修辞，而且很快就陷入自相矛盾："清算令，这个最

---

[97] Cic. *Att.* 4.2.4. Trans. D. R. Shackleton Bailey.

[98] 这当然会使狭义的宗教问题变得无关紧要，但西塞罗的焦虑（*Att.* 3.15.5）被证明是有道理的，而且"虽然有人否认克洛迪乌斯的法律的有效性，但并没有为此而颁布元老院敕令，只是指示执政官通过制定法恢复西塞罗以前的权利，这本身并不能压过宗教奉献的宗教力量"：Lintott, *Cicero*, p. 188.

[99] Cic. *Dom.* 42. 关于法律的方面，见 Stroh, "*De domo sua*"; Tatum, *Patrician Tribune*.

[100] 参见 Festus 278L。

[101] Cic. *Dom.* 43. 我自己的翻译。

邪恶的词,苏拉当政时期的所有苦楚"强烈激起了对残暴的记忆,是因为什么?"我认为",西塞罗自答道,是"点名具体的某个罗马公民,在未经审查的情况下执行惩罚"。[102]无论一个人是否接受西塞罗的主张,即十二表法禁止针对私人的法律行为,在大祭司团面前,他都可以可行地论证:针对私人的法律行为不是合宪的因而也不是有效的法律。很清楚,"就算是西塞罗,要在诉讼演说中蒙混过关,也得有限度"。[103]西塞罗奉承地指出:大祭司团是不会受到人民大会典型的无常、任意的激情所干扰的。不过他的如下主张或许是有些道理的:大祭司们对完善的宗教法体系、宪制先例、古代文书以及关于制度的知识有专业的了解。[104]

西塞罗强调了苏拉的清算令和克洛迪乌斯制定法之间的相似性。当西塞罗指出克洛迪乌斯的法案有关放逐西塞罗的规定是以一种不合宪或是超宪法的方式通过的时候,他做了一个有趣的语词上的联系,联系到我们在前一章所见的超宪法行为或权力——"超常"(*extra ordinem*)。[105]超常这个词被用在此处是恰当的,因为当这个法案通过的时候,西塞罗没有被起诉,更没有被审判,故而这项法案就成了非法的、针对个人的法律行为了。[106]和我之前在第一章所提出的论点相符合,西塞罗声称,所有这些,作为共和之法(*ius rei publicae*)的一部分,都

---

〔102〕 Cic. *Dom.* 43.
〔103〕 Crawford, *Roman Statutes*, vol. 2, p. 699.
〔104〕 Cic. *Dom.* 4.
〔105〕 同上书,26。
〔106〕 同上。

是共和国的宪法。[107]在西塞罗的诉讼演说中，没有哪里比这里更明确地提出上诉权或是获得审判的权利对于共和国宪制秩序而言有多么地重要，以及在何种程度上它的合法性的源头是属于法的高阶规范，而非来自法条的制定：

> 我认为，当我们的公法（*iure publico*）和法律（*legibus*）在国中有效运转时，任何公民都不应在不被审判的情况之下（*sine iudicio*）遭受这种伤害（*calamitas*）。我认为，在王制时期这就已经是宪法性的了，并且由我们的祖先承袭，最后，这是一个自由国家的本质特征（*proprium liberae civitatis*）：在未经元老院、人民或是当时由于具体事情而指定的法官团的审判的情况之下（*sine iudicio*），公民的地位（*de capite*）和财产（*de bonis*），分毫都不能减损。[108]

虽然元老院可以作为法庭的说法是有些私心的；[109]但是，制定法（例如是苏拉独裁治下的有关清算令的法律还是克洛迪乌斯的法律）不能妨害上诉权，这一根本论点必然是被西塞罗的听众所接受的，他们必定把上诉权当成是位于普通制定法领域之上的东西，因为它是被根本的公共法（*ius publicum*）所保障

---

[107] Cic. *Dom.* 32：现在处理的这个问题部分属于宗教法（*ius rei religionis*），部分属于共和国法（*ius rei publicae*）；西塞罗的理解并不完全正确，因为他只谈到它的宪法的一面（*de iure rei publicae dicam*）。

[108] 同上书，33，我自己的翻译。参见 Cic. *2Verr.* 5.141-143。

[109] 但可见 Bleicken, *Senatsgericht*, pp. 20ff.（同样，Levy, *Römische Kapitalstrafe*, pp. 340-341 已经论述过了）。不同于布莱根的观点，见 Sherwin-White, "Review Bleicken"。

的。西塞罗在这里（也包括在其他地方）[110]把保护上诉权和保护私人财产联系起来，这是很说明问题的。西塞罗明确地拒绝了通常的李维式拔高人民权威的方法，他的方法是确立一条从王制追溯起，直到他那个时代的均衡政府的路径。无论这个权威来自哪里——王或是人民，它都受到某些保障措施的约束，即上诉权和私有财产。

私有财产

在第四章中，我们将会讨论西塞罗的财产的观念以及他对自由城邦中财产所占地位的构想。我们需要特别注意，西塞罗在他成熟的政治理论中开始关切并重视财产，是晚期共和国由土地改革问题所引起的那种政治焦虑情绪产生的典型和重要的后果。的确，旨在把公共土地（ager publicus）从它的占有者们（如果不是所有者）那里夺走并重新分配给老兵或穷人的立法并非唯一的、引起西塞罗和其他贵族关切的再分配的冒险，还有其他一些措施（诸如取消债务、向城市平民分配粮食的立法）也同样引起了疑虑。但是，公平地来说，格拉古关于公共土地的立法确实触动了敏感神经，因为它确实包含了一些新的东西——在此之前从没有过"公共土地真被从它的占有者们那里夺走并被分配给穷人"。[111]我在之前说过，我并不认为这是导致格拉古兄弟最终倒台最主要的绊脚石，因为打破根本规范

---

[110] 例如，参见 Cic. *Pis.* 30。
[111] Roselaar, *Public Land*, p. 237.

(ius)才是他们当时失败的更决定性的原因。[112]不过,土地所有权的再分配后来确实促进了西塞罗的理论工作。这有双重原因:一方面,严格法律意义上的私有财产是罗马法律思想的基石,而且十二表法中就已有根据;我们将要看到,这是西塞罗的《论义务》尤为重视私有财产的主要原因。另一方面,在某种程度上,罗马公民以及外邦人所占有的原初公共土地本身的法律地位也是模糊的,这种模糊的地位就促成了一种更为宽泛的关乎在市民法(ius civile)管辖之外的财产权定义的规范性理论,也就是关乎自然状态中的财产占有的正义。在自然状态中,财产权利应该几乎是不明确的(ill-defined),至少不受制于市民法的清晰规定。这还促进了有关国家权力干预财产占有状态的合理界限的思考。

从卡洛·西格尼奥(Carlo Sigonio)开始,研究晚期共和国土地法的学者们已经正确地认识到:从法学上来说,格拉古的计划并没有破坏私有财产,故而也没有在严格意义上构成再分配,因为格拉古的计划仅仅涉及**公共**土地。[113]与此相对的是另一批学者,即使他们同意格拉古的立场,而且基本能够理解早至马基雅维利和西格尼奥的看法(无地农民被贵族建制伤害的悲惨境遇),他们仍然认为多种多样的土地法(leges agrariae)在本质上是再分配性质的,而且"具有乌托邦性质,是激进再分配的社会立法的象征"。[114]李维把李锡尼的土地法

---

〔112〕 见 Cic. *Leg.* 3.24。
〔113〕 要了解尼布尔(Niebuhr)之前的学者,见 Ridley, "*Leges Agrariae*"。要了解尼布尔对农业法以及它的思想的处理对欧洲历史的影响,见 Heuss, *Niebuhrs wissenschaftliche Anfänge*。要了解西格尼奥和农业法,见同前书,pp. 237-241; McCuaig, *Sigonio*, pp. 153-164。
〔114〕 McCuaig, *Sigonio*, p. 159。

（Licinian agrarian law）的目标描述为"对土地的限制：没有一个人能占有超过 500 尤杰里土地"（*de modo agrorum: ne quis plus quingenta iugera agri possideret*）。这个描述是非常有影响力的，虽然它是很模糊的——李维在任何地方都没有明确说只限制对公共土地的占有。[115]这种看法，与李维和西塞罗对土地法的敌意一道，对后世的思想家（诸如马基雅维利、维柯以及特别是孟德斯鸠和亚当·弗格森）都非常具有影响力。但是，这些作家并非都反对他们认为李维与西塞罗所反对的私有财产的分配，事实上，马基雅维利和孟德斯鸠［至少根据《罗马盛衰原因论》（*Considérations*）的观点］都基本同意限制土地财产。要是他们读过阿庇安和普鲁塔克的话，他们也许会得到一个不一样且更精确的看法：李锡尼的法以及格拉古的法想要限制的仅仅是公共土地的占有。[116]

然而，这种判断也许是没抓住重点，至少是西塞罗的重点。即使当我们翻阅阿庇安的著作（阿庇安准确地看到了公共土地才是事情的关键），我们也会发现存在这么一个情况：在格拉古的土地委员会开始分配之前，对公共土地的管理是非常疏忽且混乱的。主要的问题是公私土地之间模糊的划分以及最初的调查的不精确性导致的：

> 最初的公告授权所有人去耕种其想要耕种的未分配的

---

［115］ Livy 6.35.5（但参见 4.48）；见 Ridley, "*Leges Agrariae*," p. 460。参见 Rathbone, "Control and Exploitation"，该文认为：李锡尼的法指向的只是私有土地。这个观点被 Roselaar, *Public Land*, pp. 104-107 有力地反驳了。

［116］ Plut. *Ti. Gracch.* 8-9; App. *BCiv.* 1.7-9. 要了解复杂的法律情况，见 Roselaar, *Public Land*, pp. 86-145。参见 Machiavelli, *Discorsi* 1.37。

土地，而很多人马上就选择了去耕种他们的私有土地周边的毗邻部分，公私之间的界限逐渐变得模糊了；时间改变了一切。[117]

阿庇安并不认为时间的流逝改变了事物的应然，他认为这只是带来了一个认识论的问题。富人的不正义在于他们占有了超过李锡尼的法所规定的 500 尤杰里土地，但是其不正义的程度是很难辨认的。[118] 阿庇安似乎表达了对土地委员会工作的结果的不满，而他的不满是出于划定精确的公私界限的困难：

> 并不是全部所有者都保留了他们的契约或是他们的分配地的产权证明，即便那些被找到的证明也常常是很模糊的。当土地被重新统计的时候，有些所有者被迫要放弃他们的果树和农舍来换取一些地。另外一些所有者的垦地被置换成了荒地或是沼泽及水塘。[119]

阿庇安假设占有者在某种意义上事实上得到了接近于私有财产的权利，那么——阿庇安总结道——委员会工作的最终结果就"无非是大腾挪，所有人都被转移、安置到属于其他人的财产上（ἐς ἀλλότρια）"。一方面，阿庇安看起来认可有些人民确被剥夺了"属于自己之物"（也就是确认了某些占有者对自己土地有合法的主张）；另一方面，他也认为占有超过了 500 尤

---

〔117〕 App. *BCiv.* 1.18. Trans. Horace White，略有调整。
〔118〕 同上。
〔119〕 同上。

杰里的公共土地造成"巨大不正义",这两方面之间是有张力的。从法律上来说,公共土地之于它的占有者们只是"临时与让"(precarium),这也使得它们可能在任何时候都会被国家收回。但问题是,在格拉古兄弟的时代,在长占(包括了出钱和出力)之后,一些占有者对这些土地提出的合法主张是很有力的,而且越来越被认可。如同萨斯基亚·罗斯拉尔(Saskia Roselaar)所解释的那样,国家被迫"给予了公共土地的占有者们对他们所'不确定占有'的土地的范围广泛的占有权"。[120] 公元前111年,一部土地法把由格拉古法律所分配的公共土地确认为无须付租金的私有财产,肯定了之前的土地所有者们所占有的是无须付租金的私有财产(只要他们并没有超出500尤杰里的旧限制),这部法律还认可了从先前的土地占有者(veteres possessores)处购得地产之人的权利,最后,这部法律允许把至多30尤杰里的公共土地通过劳作转化为私有财产。[121] 格拉古的土地改革或许矫正了大多数非法持有的状态,导致了对新的分配地的需求,而公元前111年的法律夯实了这一成就。[122]

原先某种程度的授权(entitlement)最终在公元前111年的土地法中得到了法律表述,这促成了李维和西塞罗(尤其是

---

[120] Roselaar, *Public Land*, p. 118.
[121] Lintott, *Judicial Reform*, pp. 48-52. 参见 Roselaar, *Public Land*, pp. 236-237。
[122] Lintott, *Judicial Reform*, pp. 48-49. 林托特令人信服地提出,直到同盟者战争、苏拉的清算令和大规模的没收开始,可利用的公共土地数量才大大减少,豪华庄园(villa)作为一种新的农业模式才出现(p. 58),这一点可以在 Roselaar, *Public Land*, pp. 284-288 中找到支持:公元前59年,凯撒私有化了所有剩余的公共土地。

后者）的看法。[123] 长期以来的疏于管理以及随着时间而日益增长的对公共土地的"有权感"这两个事实使得情况类似于西塞罗对自然状态的构想："当人们在过去移居到空地之后，通过长占"，事物得以私有化。[124] 这种有意将对公共土地的事实持有状态（holding）同化为占有（occupatio）的努力（罗马法学家们认为的获取事物权利的"自然"方式之一[125]）同时也是一种将公共土地描述为自然状态的努力。西塞罗认为，提比略·格拉古的土地法已经"将富人从他们长期占有的财物上移除了"。[126] 人们或许有理由对格拉古对长占土地的再分配尝试感到恼火，尤其是当人们考虑到长期以来流入这些土地的投入的时候。甚至阿庇安都认识到了这点：

> 富人成群结队，哀号不已，责备穷人们剥夺了他们的耕作成果、葡萄园以及居所。有些人说，他们已经支付了他们的邻居土地的价格。他们难道要财地两空了吗？另一些人说，他们祖辈的坟墓就在地下，这些土地是分配给他们先祖的不动产。还有一些人说，他们的妻子嫁妆已经花在了这些土地上面，或者这些土地已经给他们的女儿当陪

---

[123] 值得一提的是，尽管这部法律承认了原本是公有的土地的免于租金或税收的私有产权，但是，它对先前占有者（*veteres possessores*）可以保留的公有土地的限额的重视程度不亚于之前格拉古时期的法律：Lintott, *Judicial Reform*, p. 48。

[124] Cic. *Off.* 1.21. Trans. M. Atkins. 当然，严格说来，公共土地并不允许逆权侵占（adverse possession）。

[125] 见 Buckland, *Roman Law*, pp. 205-208 以及 pp. 53f.；要了解在帝国语境下对这个概念的使用，见 Benton and Straumann, "Acquiring Empire by Law"。

[126] Cic. *Sest.* 103.

嫁。债主们可以展示以这些土地担保的债务。[127]

西塞罗曾试图使公元前 60 年的这种公共土地的占有者们不再遭受重新分配，他一般认为当下实际占有优先于其他名头的主张。那些被苏拉授予了被没收的土地的占有者可以留在他们的占有地上，以及那些被苏拉没收了土地但是还尚未分配出去的占有者也可以保留其占有状态："我支持去确认所有普通公民的事实占有状态"[128]——西塞罗的立场比元老院的立场更是如此。公元前 60 年由保民官弗拉维乌斯所提出的土地法案引起了元老院的担心，主要是因为这个法案背后有宪制的问题："元老院反对整个土地分配的计划，怀疑庞培将获得新的权力。"[129]但西塞罗并不是唯一担心对那些（虽在严格的法律意义上是公共的、但已经被长期占有与获得投入的）土地进行重新分配的人。罗马帝国历史学家弗洛鲁斯（Florus）就曾表达了相似的问题意识。就提比略·格拉古的土地法，他问道："在那些占有土地的人不被驱逐的情况之下，普通民众可以重新获得他们的土地吗？可这些人也是人民的一部分，他们所长期占有的这些田产是他们的先辈通过基本合法的途径（*quasi iure*）传给他们的呀！"[130]

格拉古改革自身（至少在刚开始的时候）似乎就认可：在某种程度上，对那些即将被提比略的法分配掉的土地的主张是合宪的，故而也是受到宪法保护的。原初方案的表述体现了

---

[127] App. *BCiv.* 1.10.
[128] Cic. *Att.* 1.19.4. Trans. Shackleton Bailey.
[129] Cic. *Att.* 1.19.4.
[130] Flor. 2.3.13.7. 我自己的翻译。

这点，虽然后来人民大会通过了更激进的法案代替了原初方案。原方案计划要补偿那些失去土地的土地主，从而使"占有者们至少收回他们已有的投资，因为国家事实上会买回它自己的土地"。[131] 然而在最终生效的法律之下，事实上占有者们遭受了未曾预料的损失。正如罗斯拉尔所说的："尽管理论上国家有权从公共土地占有者那里收回土地，但是格拉古真这么做的方案造成了比预料的大得多的抗议。"而且我们尤其要考虑到这些占有都是长期占有：在格拉古改革期间，这些问题土地作为公共土地至少七十年了，故而，"大部分人民都没有预料到，在占有了土地这么长的时间且为此投资了之后，自己会失去它"。[132]

人们对于那些要被分配的土地（严格来说是被"不确定占有"的土地）的占有，普遍都有这样一种感觉：即便称不上是所有权（ownership）的话，也是合法占有（legitimate possession）。我们会在本书的第二部分看到，西塞罗利用了这种普遍感觉并选择在他的政治思想和正义理论中给予私有财产以重要的地位。在围绕着晚期共和国土地法的斗争中，我们可以找到他讨论该主题哲学的主要模板和灵感。在这里，在管理缺失的状态中获取并长期持有土地作为"合法所有"的原型可以在长占公共土地中看到。在西塞罗看来，这些所有物的合法性甚至可以抬高到产权的级别，值得被保护而非分配。这说明早期现代的评注者们（从马基雅维利到孟德斯鸠，再到弗格

---

[131] Roselaar, *Public Land*, p. 238. 要了解补偿占有者的最初计划，见 Plut. *Ti. Gracch*. 9.2.

[132] 同上。

森）把土地法和对私有财产的分配和限制等同起来的做法并非完全错误。尽管在技术层面上不准确，但这是一个在古代材料中就被明确把握到的感觉。至少，公元前104年（这个时间并非完全确定）保民官菲利普斯所提出的一项土地法就曾明确指向重新分配和"均衡（equalization）私有财产"（而非公共土地）；虽然我们对此并不能确知，而且这项法案也从未被通过，但是其至少蕴含了均贫富措施的可能性。[133] 无论如何，这点是很明显的：厘定晚期共和国土地法所分配的土地的确切地位是困难的，而正是这种困难本身使其成为一种理论的源头；根据这种理论，相关的土地占有就好似是发生在前政治的自然状态之下的，因而它们并非由罗马市民法所管辖，而是应当由自然法来管辖。

---

[133] Cic. *Off*. 2.73. 参见 Dyck, *Commentary*, p. 464; Millar, "Politics, Persuasion," p. 7。

第二部分

法律的等级性：
罗马宪制理论

147 　　我们在第一部分讨论了罗马的宪制观念是如何脱胎于晚期共和国危机的。在那个时代，紧急措施被频繁地使用，有着超常权力的普通公民变得越来越重要。这些现象使得西塞罗和其他晚期共和政治的主要参与者们相信：必须要有一套高阶的规范，即一个宪制秩序。危机也使得他们开始寻找那些将会成为这一宪制秩序的实质的权利和规范。我们在第一部分已经看到，一种旨在区分公共法（一套高阶规范）和制定法的尝试，是如何由此产生的，尤其是在诉讼修辞的情境下。共和国的逐渐解体——尤其自从提比略·格拉古罢免了他的同事奥克塔维乌斯之后——具有冲击力地提出了重大问题。在第二部分中，我要讨论的正是一些针对该问题的更加理论化的回应。正如西塞罗在其更为成熟的哲学作品中所展现给我们的那样，这些回应与希腊政治理论所提供给我们的任何答案迥然不同。西塞罗的政治思想之宗旨在于为共和危机提供一条宪制主义的出路，它以晚期共和演说词中常常指向的法和制定法的区分（*ius-lex distinction*）为起点；根据这个区分，西塞罗构建了一套政治理论,其中心在于法之来源的等级的宪制主义观念,以及对可以在任何既有政治框架之外得到辩护的规范的关切——也就是可在前政治的自然状态中得到辩护的规范。

第四章　西塞罗和政治权威的合法性

古典学家杰德·阿特金斯在其最新力作中提出了一种对西塞罗政治哲学（尤其是《论共和国》和《论法律》中的政治哲学）的新解。在他看来，西塞罗深受柏拉图《法律篇》的影响，并试图重新解释理想（依据理性考察）和实践（依据人性和历史偶然性）之间的关系。在阿特金斯看来，西塞罗在"政治哲学的重要组成部分"乌托邦主义和"对乌托邦的实施保持谨慎态度"之间达成了微妙的平衡。[1] 根据这个解释，西塞罗的成就不在于一种准黑格尔式的理性和历史的融合，而在于造就了一种政治理论——"在不完全解构其类别差异的前提下，将自然、理念和理性带入习惯、偶然性和实践"。[2]

但具有讽刺意味的是，阿特金斯虽然强调了西塞罗对历史和偶然性的敏感性，但他却未能给予共和国的衰落（西塞罗的政治理论至关重要的历史背景）应有的关注。这个历史背景就

---

[1] Atkins, *Cicero on Politics*, p. 230.
[2] 同上书，p. 6。

是宪制危机以及我们前几章所关注的有关紧急权力的论证。无视这种历史背景，无异于忽略了西塞罗的理论努力背后的重要经验，即内战和晚期罗马共和国宪制的瓦解。西塞罗认为，晚期共和国衰亡的原因并非自然法理的胜利（阿特金斯笔下的那个柏克式的西塞罗或许会这样认为），相反，人民在危机中没有可诉诸的高阶宪法规范才是衰亡的原因。在本章的稍后部分，我将论证：西塞罗在他的《论法律》中所提出的正是一系列这样的高阶规则，这些规则被认为是自然宪法。虽然这部自然宪法以《论共和国》第二卷中所描述的后十二表法时代的罗马共和国为范本，但是《论共和国》中的西庇阿已经建立起了自然法与历史上的罗马共和国之间的联系（2.66），而西塞罗的任务在于：为事实上已沦为无法无天的自然状态提供一个更高阶的规则。这个自然状态正是这个内战阴云笼罩的晚期共和国。

虽然阿特金斯敏锐地看到理性、理性的局限性以及历史偶然性之间的张力，并把它作为西塞罗政治理论的核心问题来探索，但在我看来，他的分析中仍缺少了一个基本要素：西塞罗所试图补救的是共和国的衰落，他提出的解决方案具有宪法性质。尽管我同意西塞罗在《论法律》第二卷和第三卷中所提出的规范与他的柏拉图式模板之间确实存在亲缘关系，阿特金斯确实也有力地论证了这些规范只是在给定人性和历史偶然性限制之下最为接近自然法的规范，且其本身并不是斯多亚式的自然法，但是，即使在阿特金斯自己的解释框架中，这些规则仍然代表着高于普通立法的标准。这类解释试图评估西塞罗在多大程度上依赖希腊模式，但它们所掩盖的正是西塞罗提出这些主张的目的：解决晚期共和国解体的问题。西塞罗的政治理论与波利比乌斯在《历史》（*Histories*）的第六卷中所提出的观点有相似之处（尽管在很多重要方面，他们之间也有很多不同）：波利比乌斯的分析基于他对罗马宪制的规范性（而非仅仅描述性）理解之上；西塞罗所提供的也是一个旨在解决罗马共和国衰落的**宪制**方案（不仅仅是在《论共和国》《论法律》中，也在《论义务》中），这个宪制方案所依赖的是一种规范性标准，政治和普通立法都以此为标准。西塞罗承认偶然性以及理性的限度可以发挥一定作用，但是他仍预设了一种由自然法规范支配的、设想的前政治状态，以保障他有关国家目的和高阶规则之有效性的论点得以成立。我认为，西塞罗正是在羸弱的共和国的最后几年的无法无天的状态里，发现了这种前政治的自然状态。

接下来，我将要这样阐发西塞罗政治理论：给予他的思想的宪制特征以应有的重视。我要提出，西塞罗作品中所呈现的宪制秩序是永恒的、普世的，而非历史偶然的。我同样想论证，这种宪制秩序预设了一种前政治的道德秩序，而后者赋予了宪制法则有效性。在他的演说和哲学作品中，西塞罗提供了一个自然正义的图景，这个图景或许启发了西塞罗在《论法律》中所呈现出来的更为具体的宪制规范并且赋予其有效性。在我论证之前，我要先介绍一下波利比乌斯对罗马共和国的宪制分析，尤其注重其与西塞罗政治理论有相似性的面向。我想要说的是，波利比乌斯的宪制思想不像他的希腊前辈，而是具有"罗马的"规范性特征。在第五章中，我将阐述与这一罗马视野相对的那些希腊前辈的视野。

第一个罗马宪制主义者：波利比乌斯的宪制均衡理论

安德鲁·林托特在一篇富有启发性的文章中试图比较波利

比乌斯和西塞罗各自对所谓混合宪制的看法。林托特指出（我也深以为然），"波利比乌斯被束缚在希腊政制思想的束身衣中"这个论点并不可信。尽管波利比乌斯明显将他的学说奠基在希腊概念以及希腊的基本政治机构之上，但是他却是以一种非常反传统的方式在做这些事的。[3] 林托特认为，波利比乌斯的原创性受益于罗马政治思想的影响、他"和罗马政治以及罗马观念的接触"。波利比乌斯具有创新性的宪制分析中最令人瞩目的地方在于：与希腊典范不同，他"谈论的是不同制度的权力之间的关系；而且他的讨论并不局限于那些来自法律或者宪制传统的形式权力（formal power），还包括某个特殊宪制元素为了其局部利益而执行形式权力时所产生的次级权力"。[4] 林托特说得对，而且表达得很好。如果说有什么进一步的补充的话，那我认为他应当指出：无论是"来自法律或者宪制传统的形式权力"还是其所谓的"次级权力"都并非描述性的社会学范畴，而是**规范性的宪制**概念。这些权力确实来自于宪制框架，而波利比乌斯也强调了这些权力之间的关系、它们之间的冲突和合作，这就是他最有名的所谓制衡学说（doctrine of checks and balances）。波利比乌斯对这些权力关系的强调其实预设了一个基于多种形式性合法权力之间互动的宪制秩序。

波利比乌斯的主流研究容易忽略一件事：主流研究认为波利比乌斯作为一个理论家强调冲突的潜在有利之处，但这里讨论的冲突是一种制度化的宪制冲突，而不是社会动乱（stasis）。

---

[3] Lintott, "Theory of the Mixed Constitution," p. 78. 亦见 Arena, *Libertas*, pp. 81-101，注意西塞罗和波利比乌斯之间的平行关系。

[4] Lintott, "Theory of the Mixed Constitution," p. 79.

体制化，或者说宪制化，需要一个宪制规范的概念（这个概念先于冲突，但有时也被冲突塑造）[5]。宪制规范赋予人民、元老院以及执政官们所享有的制度化的权力以意义。维尔弗里德·尼佩尔就指出，波利比乌斯实际上根本没有使用"混合"宪制这个词；他所使用的语言是不同宪制权力之间的互动、阻碍、竞争以及合作。[6] 波利比乌斯优先使用的词是"构成"、"竞争"、"安排"、"平衡"或者"均衡"，[7] 这种选择是对的，因为波利比乌斯的那些构成宪制秩序的法律定义下的权力是严格分开的，也就是说，恰恰**不是**混合的。[8] 我认为，诸如"宪制均衡"甚至是"宪制协调"（constitutional concert）这样的词才可以最好地传达波利比乌斯的思想，比常用的"混合"政

---

[5] 关于波利比乌斯对于罗马宪制的历史起源的看法的研究汗牛充栋，见 Hahm, "Kings and Constitutions"；同前，"Political Theory"；以及 von Fritz, *Mixed Constitution*。关于波利比乌斯的来源，见 Cole, "Sources"。

[6] Nippel, *Mischverfassungstheorie*, p. 19, 尤其是 n. 2。

[7] Polyb. 6.3.5: "被放在一起的" "结合"（πολιτείαν συνεστῶσαν）。6.10.6: 来库古的"聚集了"或者"联合了"诸种简单宪制的最好特色（συνήθροιζε）。6.10.7: "平等地平衡并处于均衡状态"（ἰσορροποῦν καὶ ζυγοστατούμενον…ἀεὶ τὸ πολίτευμα）。6.18.1: "安排"（ἡ ἁρμογή），这个词的用法和调琴有关，在其他有关音乐的语境中可以和"和谐"同义。6.18.3: "竞争"（ἁμιλλωμένων），互相角力（不一定含有敌对的意思）。6.43.5: "宪制的构成"（ἡ τῆς πολιτείας σύστασις）和"领袖的德性"（ἡ τῶν προεστώτων ἀνδρῶν ἀρετή）是对立的。

[8] Atkins, *Cicero on Politics*, p. 92 正确地指出了波利比乌斯的"关键创新"是"一种让重要权力都保持分离的方式"[但是参见 Walbank, *Commentary*, vol. 1, pp. 640-41: 毕达哥拉斯派的塔伦图姆的阿契塔（Archytas of Tarentum）曾在公元前 4 世纪就以这种方式描述过斯巴达]。虽然阿特金斯观察到，权力的分离和混合宪制是两个不同的概念，但仍旧说波利比乌斯提出的是"混合"宪制的概念。尽管威尔班克（Walbank）同样使用了混合宪制这个语词，但却很好地描述了波利比乌斯的理想的宪制论点："这并不……像一个被不同配料良好混合而做成的蛋糕。相反，它是三个保持分离的要素互相实施一系列制衡或限制，以此创造出了一个均衡状态并保障了政治稳定性。"见 Walbank, "A Greek Looks at Rome," p. 283。

体这个说法肯定好得多。这提醒了我们要注意：波利比乌斯思想的本质是宪制的而非社会学的。正如林托特通过对比的方法指出的那样，亚里士多德关心的是社会经济学的"混合"（fusion）、"寡头和民主意识形态的混合"，而且宪制制度之间的冲突或许会被他当成某种形式的政治体内部冲突。[9]相反，波利比乌斯所感兴趣的正是那些在法律上具有不同定义的宪制权力的互动，[10]也正是这些互动的合法化以及制度化的本质阻止了它滑向政治体内部冲突。[11]

杰德·阿特金斯把波利比乌斯和马基雅维利的思想放在一起对比。阿特金斯认为，这两位都拒绝他所谓的"柏拉图－亚里士多德框架"。这个框架包含四项原则：（a）相信一个具有至高规范性的理念——一个完美正义的城邦，尽管它可能仅仅是一个不能付诸实践的乌托邦；（b）认为历史偶然性必须要被严肃对待，而且要得到处理；（c）持有一种特定的政治心理学，即人性可变而且易于屈从于非理性；（d）认为应当排除危险的社会冲突。[12]我虽然接受阿特金斯对马基雅维利的描

---

[9] Lintott, "Theory of the Mixed Constitution," p. 72.
[10] 把波利比乌斯描绘成一个仅仅对权力感兴趣的人是误导性的。这就是杰德·阿特金斯要做的：让波利比乌斯看上去比西庇阿或西塞罗更不关心合法性（*Cicero on Politics*, p. 107）。波利比乌斯感兴趣的是法律上定义的权力，而不是纯粹的权力。
[11] 注意，虽然有人说波利比乌斯对冲突有一定的青睐（比如最有代表性的 Atkins, *Cicero on Politics*, p. 93），但是他指责真正的动乱。比如 Polyb. 6.44.6 或 6.46.7：来库古所构建的宪制就被认为是消除了动乱。然而，波利比乌斯脑海中"宪制化"的冲突是一种均衡而和平的竞争。
[12] Atkins, *Cicero on Politics*, pp. 82-83. 为了当下的比较尝试，我接受它所刻画的框架。我会在第五章中论证，柏拉图和亚里士多德思想中更重要的是其他面向，比如美德伦理学立场，它意味着国家的目的是特定理解下的个人幸福，也意味着相应缺乏高阶宪制规范概念。

述（拒绝了四项原则），但是我不认为我们可以通过理解这个佛罗伦萨人来理解波利比乌斯自己的立场。虽然在某种程度上马基雅维利确实跟随了波利比乌斯，但他却并没有展现出对波利比乌斯思想中对规范性（尤其是宪制性）的东西的兴趣。[13]我们将会在第七章中详细讨论，他与波利比乌斯最为共通的一点在于：他们都痴迷于罗马的帝国扩张能力。只不过，虽然马基雅维利对扩张感兴趣，但他却并没有像波利比乌斯一样认为法律－宪制结构是扩张的动因，相反异教美德才是。对于马基雅维利而言，国家的目的就是国家自身、它的荣耀以及它的扩张。相反，波利比乌斯展现出了对正义的兴趣（和阿特金斯所持观点相反），[14]并认为正义是宪制秩序和法制。这样理解的正义不仅支撑扩张，而且还支撑了由制度保障的宪制自由。虽然波利比乌斯发展出了一套智者式或者伊壁鸠鲁式的正义观，但是他也强烈地意识到，即便在这种契约式"讨价还价"的正义观下，正义仍是国家的一个核心目的，而且是任何一个稳定的共和国的必要属性。[15]更进一步，对于波利比乌斯来说，一种超越伊壁鸠鲁契约正义观的道德心理学才是正义得以可能的条件，也就是一种道德情感主义：正义的宪制秩序的起点就是对不正义的厌恨。

我对于波利比乌斯的看法和阿特金斯在多个方面不同。讨

---

[13] 如果要了解马基雅维利对法律的兴趣的缺乏，参见 Riley, "(Non-) Legal Thought"。

[14] Atkins, *Cicero on Politics*, pp. 86-87. 阿特金斯很明显是受到威尔班克对波利比乌斯"马基雅维利式"的解释的影响，我自己的解释更接近于库尔特·冯·弗里茨和亚瑟·埃克斯坦（Arthur Eckstein）的解释，见 *Moral Vision*，尤其见 pp. 16-27。

[15] Polyb. 6.6-7.

论这些争论将会帮助读者理解我自己对于波利比乌斯的解释。第一个争论就是我们刚才讨论的波利比乌斯关于正义的价值的立场。阿特金斯认为：波利比乌斯在"混合"政体设置官职"并非根据正义，而是根据他所认为的那种可以使得权力分配达到势力均衡之效果的最好方式"。[16] 然而，这种二分法是错误的。波利比乌斯所谋求的宪制均衡的最终目的正是服务于正义。无论我们考察波利比乌斯看待国家起源还是国家目的的方式，这点都很清楚。他虽以人类的自然孱弱来解释政治秩序的起源（有着智者派和伊壁鸠鲁学说的痕迹[17]），但这仅仅导向一种非常初级的秩序，和兽群服从于格外强壮的领袖的行为差不多。[18] 然而，一旦人类理性应用于社会生活，情况就不一样了。当人类看见有些人被施以非正义时，他们"会注意到此事，并且感到不适，然后开始思考，他们未来也都有可能遇到类似的事情"（很有现代博弈论描述的味道）。他们会"自然地感到不适并且被这种举动所冒犯，分享受害者的怨恨，并想象他们在同样的情景中"。[19] 这样一个过程提供了一个可以创造出正义国家的自然动机［这里的情感主义与弗朗西斯·哈奇森（Francis Hutcheson）以及后来的苏格兰作家的情感主义相似］，"不知不觉地"，强人统治让位于正义国王的统治，"凶残和暴

---

［16］ Atkins, *Cicero on Politics*, p. 93.
［17］ 这种社会发展的自然主义叙述或起源于德谟克利特，见 Cole, *Democritus*。要了解一个更加谨慎的进路，见 Walbank, *Polybius*, pp. 138-139。
［18］ Polyb. 6.5.
［19］ Polyb. 6.6.4-6. Trans. W. R. Paton, rev. F. W. Walbank, C. Habicht. 要注意对这种厌恶之情的强调和亚当·斯密思想之间的关系，正是这个看法让两个作家都有了一个"公正的旁观者"的看法，见 Smith, *Theory of Moral Sentiments*, p. 79（厌恶之情作为一种正义的自然护卫者）以及 p. 218（公正的旁观者赞扬对不正义的厌恶）。见 Berry, *Social Theory*, pp. 132, 162-163。

力让位于理性"。[20]

波利比乌斯著名的政体循环就这样开始了。但是我们需要注意,稳定性不仅仅是三种好且正义的政体之间保持平衡的最显著特征,而且是一个正义秩序的保障和必要条件。波利比乌斯认为,若稳定性不存,纵然正义秩序(比如正义的王制等)还会出现,它们也会是短命的。为波利比乌斯平衡宪制提供了动机和目的的最终还是厌恨不义所造就的正义,而非马基雅维利式对伟大(*grandezza*)的渴望。[21] 而且,我们应当记住,波利比乌斯的正义——虽然作为一种制度大致与他的正义王制同时出现——的成全不仅仅是理性的要求,还使得人们可以从规范性的角度来评判政治秩序。可以说,它是前政治的,也就是说,即使从历史时间的角度上它不是在先的,作为对政治秩序的辩护,它也至少是先于和独立于政治秩序的。波利比乌斯认为,自愿同意(vonluntary consent)是一个判断宪制秩序是否正义的重要标准。[22] 正义王制和其他非正义王制的区别在于:正义王制"只是被自愿接受的"(μόνην τὴν ἐξ ἑκόντων συγχωρουμένην),是"诉诸理性"(τῇ γνώμῃ)来统治的,而非"通过恐惧和力量"。[23] 我们可以推测,在波利比乌斯理想的宪制均衡下,王制权力将会诉诸理性来统治,贵族权力将会由"最正义的人"来把控,而民主权力则会服从于法律(νόμοις πείθεσθαι)。[24]

---

[20] Polyb. 6.6.12.
[21] 注意,这种对不正义的自然厌恶不同于政治和人类社会的最初起源(波利比乌斯论述智者派和伊壁鸠鲁派的痕迹),更多的是斯多亚派的痕迹。
[22] 见 Arena, *Libertas*, p. 95。
[23] Polyb. 6.4.2.
[24] Polyb. 6.4.3-5. 参见来库古的规划、他的宪制均衡(6.10);罗马的制衡(6.15-18)。

波利比乌斯认为，政治秩序的另一个独立之目的是：通过稳定来保障自由。当他在讨论来库古（Lycurgus）的斯巴达政体时，清晰地阐明了这点。他认为，来库古通过他的政体维持自由（διεφύλαξε τὴν ἐλευθερίαν）的时间比任何其他地方维持自由的时间都长久。[25]波利比乌斯认为，罗马人通过不同的方式也做到了这点。以稳定性保障正义和自由，这也正是波利比乌斯所提倡的均衡宪制安排的结果。说宪制秩序中的"每一个个体和部分"都是仅仅受到自利和恐惧驱动，显然是不合适的。[26]这种关于波利比乌斯的说法显然太过于马基雅维利了；[27]相反，波利比乌斯的宪制安排通过制度区隔了多种权力，并通过这种设计来避免在职者、元老院和人民的道德败坏（归根结底是政治-宪制的败坏）。他们之所以没有腐化，正是因为均衡宪制阻止了他们屈从于其"与生俱来的罪恶"（τὰς συμφυεῖς κακίας），而均衡宪制也由此获得了一种独特的规范品质以及道德重要性。[28]

这关系到我对杰德·阿特金斯的第二个反驳：波利比乌斯的人性论。阿特金斯之所以要强调波利比乌斯和"柏拉图－亚里士多德框架"的差异（在我看来这具有误导性），是因为他想展现波利比乌斯持有一种"恒定的人性论"（a uniform view of human nature），[29]也就是说，人类"总是理性而自利的行动

---

[25] Polyb. 6.10.11.
[26] Atkins, *Cicero on Politics*, p. 93.
[27] 事实上，这正是斐卢斯（Philus）试图通过提及波利比乌斯来批评西庇阿平衡宪制观念的方式：Cic. *Rep*. 3.23。
[28] Polyb. 6.10.7.
[29] Atkins, *Cicero on Politics*, p. 89.

者"。[30] 这被认为会指向一种不顾偶然性的政治思考，这种政治思考把历史性的发展变成一个可预测且可操纵的事务。然而，在我的解读中，正是人性的脆弱、不稳定、易于腐化的倾向以及它不可被改造得可靠地服从美德（至少没法长期如此）的事实使得波利比乌斯认为刚性的宪制规则是必需的。[31] 的确，正如弗兰克·威尔班克（Frank Walbank）对波利比乌斯宪制主义首要推动力的指认——虽然"导致剧烈动荡的情势是道德情势，也即统治者的腐化"，但波利比乌斯"从不认为，向前后相继的简单宪制体制中的不适元素施加道德压力可以矫正这些政体的'内在恶'（σύμφυτον κακόν）"。[32] 这个重要看法使得波利比乌斯成为第一个（也是一个首要的）独特的"罗马"宪制思想传统的代表：美德于事无补，真正的解决靠宪制方案。这也是波利比乌斯不讨论雅典和忒拜的原因：它们之所以成功并非因为它们的宪制构成，而仅仅是依赖它们领袖的美德。波利比乌斯感兴趣的只有政体的构成，而不是领袖的美德。[33] 波利比乌斯对于美德和幸福主义政治理论没有兴趣，他的兴趣是宪制主义。我认为，这也是把波利比乌斯和柏拉图-亚里士多德框架区分开来的关键。

波利比乌斯的宪制方案可以经由理性而获得。他提出了著

---

[30] Atkins, *Cicero on Politics*, p. 104.
[31] 波利比乌斯切入了一个熟悉的主题，把大众描绘为"多变的，充满了无法无天的欲望、非理性的激情以及暴戾的愤怒的"（6.56.11）。尽管出现这段话的语境是他对罗马宗教的马基雅维利式的赞扬，但是这种人性论同样形塑了波利比乌斯的宪制主义，正如同他所说的：欲望是与法相对的（*paranomon*）。
[32] Walbank, "A Greek Looks at Rome," p. 281（我做的强调）。
[33] Polyb. 6.43.5. 波利比乌斯认为，在雅典，无论是领袖还是人民都曾有非凡的**美德**，但是由于缺乏宪制规范，整个政体就像是一艘没有船长的船一样：6.44。

名的"两条道路":斯巴达道路[凭借立法者的先验(a priori)理性]和罗马道路(凭借经验)。两条道路都能达到同样的结果——由稳定的宪制秩序支撑的正义和自由。当我们认识到经验和纯粹理性都可以通达宪制秩序的时候,我们应当有理由怀疑阿特金斯的论断——波利比乌斯不认为自己的宪制安排与理想宪制("完全正义政体")有关。[34] 的确,波利比乌斯的宪制安排不是理想宪制,不是那种需要激进地改变人性才可能使人心悦诚服的理想宪制。但是,波利比乌斯的宪制安排也可以说是一种理想,因为波利比乌斯认为这是一个可以通过纯粹理性而在原则上建立的模板,而且一旦建立了,波利比乌斯的宪制秩序**本身**就可以等同于统治理性(governing reason)。罗马人并不仅依靠纯粹理性(οὐ μὴν διὰ λόγου),还通过从偶然的历史进程中所获得的知识(ἐξ αὐτῆς τῆς ἐπιγνώσεως)来做出更好的选择(αἱρούμενοι τὸ βέλτιον)的认知过程,最终达到来库古这样的立法者通过纯粹理性而达到的结果。[35] 故而,波利比乌斯的宪制秩序既是理想的,也是经历了实践经验考验的。

美国哲学家托马斯·纳吉尔(Thomas Nagel)的洞察或许可以帮助澄清我对波利比乌斯的解释。纳吉尔认为,政治理论"通常既有理想的一面,也有说服的功能"。也就是说,政治理论既规定了一个"理想的集体生活,又试图向人民展现……他们应当愿意在这个模式下生活"。接下来,纳吉尔做出了一个对我们的主题非常有帮助的区分:乌托邦理想不同于我所认为的波利比乌斯的那种理想。纳吉尔认为,"如果理性个体不能

---

[34] Atkins, *Cicero on Politics*, pp. 82, 86-87.
[35] Polyb. 6.10.14.

够被某个理想所吸引而愿意生活在其之中，那么这个理想就是乌托邦的"。纳吉尔继续写道，在光谱的另一端，我们可以发现那些"完全被个体动机束缚"的政治体系，故而这些政治体系"完全无法体现任何理想"。[36] 我或许可以同意阿特金斯，柏拉图在《理想国》里向我们呈现的理想国家是一种乌托邦式理想；[37] 如果用纳吉尔的话来表述，那么《理想国》给予了我们一种"只是关于什么是对的"的政治理论，"因为如果某个类型的社会组织可以被认为是对的，那么这就是人们想要实现它的全部的理由"。[38] 乌托邦主义的问题在于，"如果现实中的人民在心理上很难甚至无法接受理论所要求的生活或者相关的制度，那么这个事实构成了对这一理想的严肃挑战"。在光谱的另一端是阿特金斯所描述的马基雅维利式的波利比乌斯：宪制秩序"完全被个体动机束缚"，完全无法"体现任何理想"，或者用马尔科姆·斯科菲尔德的话来说，它仅仅是一个"恐惧的制衡"。[39]

但是，这种说法并没有理解波利比乌斯的规范性目的。我已经说过，当波利比乌斯描述正义的发展和从单纯使用权力与强力统治到正义统治的转型过程的时候，他强调了人类对非正

---

[36] Nagel, *Equality and Partiality*, p. 21.
[37] Atkins, *Cicero on Politics*, p. 82.
[38] Nagel, *Equality and Partiality*, p. 21. 尽管柏拉图在《理想国》中持有激进的乌托邦主义观点，但是似乎仍旧觉得他的正义政体可以通过说服的方式实现，就像苏格拉底说服格劳孔和阿德曼托斯（Adeimantus）那样。参见 Pl. *Resp.* 480a, 489a-b, 499e-501e；见 Burnyeat, "Sphinx without a Secret," p. 35。波利比乌斯的回答是，柏拉图的说服从来没有在格劳孔和阿德曼托斯之外进行过，故而美丽城从来没有到达过可实现这个水平：Polyb. 6.47.7-10。
[39] Nagel, *Equality and Partiality*, p. 21; Schofield, "Social and Political Thought," p. 749.

义的自然厌恶之情。在波利比乌斯看来,一个正义的宪制秩序之所以是可能的而且是可欲的,正是由于人类有这种自然动机作为基础。波利比乌斯犹如18世纪的苏格兰启蒙哲学家,看到了人类同情的能力和对非正义的厌恶之情。故而,他所青睐的宪制秩序以及他的均衡主义并不是纯粹奠基在相互的恐惧以及狭义的自利之上的,相反,它们恰恰是奠基在正义和自由之上的。有了这个自然动机作为基础,我们不仅仅可以构想根据波利比乌斯的宪制想法形成的正义秩序,而且正如波利比乌斯尽力要指出的那样,这一秩序同样在实践上被证明是最为稳定的秩序。[40] 波利比乌斯拒绝柏拉图美丽城的理由在于,柏拉图的美丽城就是纳吉尔意义上的乌托邦。但是,这并不意味着波利比乌斯自己的宪制秩序就无法体现任何理想而仅仅是一种恐惧的制衡。相反,波利比乌斯不仅仅提出了实现稳定和安全的理想,而且还提出了实现合法性的理想——他区分了合法宪制秩序和非法秩序。波利比乌斯的合法秩序得以区分于不合法秩序的标准在于它有能力提供正义统治——给予人类对非正义的自然厌恶制度性的表达——并且因此给予人们自愿同意的理由。

波利比乌斯之所以提出实践可检验性(empirical testability)作为条件,是因为他不想让这套秩序成为纳吉尔所言的乌托邦。但他始终坚持一种理想,这种理想并非仅仅是通过找到均衡条件(equilibrium conditions)来解决合作问题。因为,如果波利比乌斯的宪制秩序的全部就在于均衡的话,那么他同样也可以提出安排并制定一个由三种**败坏**的简单宪制所混合的宪

---

[40] Polyb. 6.47.7-10:美丽城被比作一个未受过训练的运动员;它不被允许进入"优异奖的竞争,除非它首先展现它的实际可操作性"。

政均衡，这个秩序同样可以保证恐惧的均衡，甚至更有效。但是，制定一个宪制的首要原因在于对正义秩序的规范性偏好；这个秩序的实践可检验性则保障了它在正义的前提下不会成为美丽城式的乌托邦。那么波利比乌斯的秩序如何既可以体现理想又避免了心理学上的非现实性（按照纳吉尔的话来说，不"给个体动机施加太多的压力"）？答案在于波利比乌斯的政治心理学：人们不仅仅是狭义上自利的、理性的、追求利益最大化的存在，相反，人们还具有分享"受伤的邻居的不适，并想象他们自己处于相同状态中"的自然倾向。[41] 波利比乌斯的宪制秩序之所以是**可能的**，正是奠基在这个动机之上。然而，在"简单的"宪制秩序当中，激情和欲望总是倾向于排挤道德动机（这是政治理论应该关切到的人类心理的一个方面），这使得波利比乌斯的混合宪制秩序成为**必要**。人类"的动机是复杂的，一个道德观点不能让他们转变为完全不一样的人"。在纳吉尔看来，政治理论"是人性的人质"，[42] 波利比乌斯显然也会同意。[43] 他的答案，和他以理性的方式持久地管束人性中最糟糕冲动的尝试，在于他的宪制规划。

我对波利比乌斯的解释使得他和西塞罗更加接近，在本章的余下部分我将详述。波利比乌斯的权力"互动"和制衡与西塞罗的宪制元素的"和谐"没有普遍认为的那么大的区别，至少这是我的论点。西塞罗的理想也是一个奠基在制衡机制上的宪制秩序，这点与波利比乌斯也无甚差别；[44] 尽管西塞罗的宪制和谐并

---

[41] Polyb. 6.6.6.
[42] Nagel, *Equality and Partiality*, pp. 26-27.
[43] 从某个角度来说，很像是 Holmes, *Passions* 中描述的那些思想家。
[44] 不同于 Arena, *Libertas*, p. 93: 讨论了主流看法（还有额外的文献）。

不明显是宪制冲突的后果，但是西塞罗也有时把它描述成社会冲突的宪制后果。[45] 除此之外，波利比乌斯自己的语言和西塞罗的也并不总是差得很远（有些解读让我们以为它们差得很远）——波利比乌斯的宪制权力的"互动"有音乐的和谐的味道。[46] 的确，波利比乌斯的人类学基础以及政治心理学和西塞罗的有所不同；但是西塞罗对国家目的的描述和波利比乌斯对于国家与正义的起源的描述（时而是伊壁鸠鲁式的时而又是斯多亚式的）是否真的相距甚远还是一个问题。两者都认为一个良好构想的宪制秩序会给国家带来稳定和基本的正义，两人都不认为美德可以独自完成这项工作。波利比乌斯强调同意的作用，有时他似乎采用了准霍布斯式的"开窍了的"（enlightened）理性自利这一预设作为他的道德心理学范式，但是波利比乌斯又很关键地补足了一个对非正义的自然厌恶之情；但是，正如我们所见，在另一些段落里，波利比乌斯又强调了不道德的激情和欲望的强大角色。[47] 波利比乌斯的乐观是有限的：只有当他那体现理性的宪制设计通过互掣的权力遏制激情，才有乐观的空间。[48]

---

[45] 那些反对西塞罗思想中有制约和平衡的理由是很弱的：发挥了至关重要的制衡作用的有上诉权（*Rep.* 2.54, 3.44; *Leg.* 1.42, 3.6)、保民官（*Leg.* 3.16)、还有否决权（*Leg.* 3.42)，除此之外西塞罗还强调使这些制衡得以产生的宪制冲突（*Rep.* 2.57-58; *Leg.* 3.16-26）。

[46] 例如，见 6.18.1, τὴν ἁρμογὴν。

[47] 例如，见 6.56.11。

[48] 在我看来，波利比乌斯思想中理性的自利所扮演的角色与非理性的激情和欲望的关键作用之间的这种紧张关系必须以类似于霍布斯的方式来解决（他的思想中同样有这种紧张）："开窍了的"自利确实是理性的，但它是一种**规范性**目的，不能被认为是一种经验上的有效性。事实上，从某种程度上说，波利比乌斯写《历史》的目的可以说是为了教育他的读者走向更理性的、开窍的自利，这与霍布斯的目的类似。那么，在这个有限的意义上，波利比乌斯不能说比他的希腊前辈们更"实用主义"。在这一点上，波利比（转下页）

虽然西塞罗对于自然宪法的看法（尤其是《论法律》中所详述的观点）依赖斯多亚学说中的自然法，但是他和波利比乌斯一样认为，对权力的合宪分配（也就是说，由高阶宪法确立的分配）是寻求政治秩序的正确路径。波利比乌斯只是稍微感知到罗马共和国开始遇到麻烦了，而西塞罗的理论必须被解释为一种对公元前1世纪50年代中期以来的共和制度的明显衰落的回应和解决的尝试。西塞罗对于根本问题的诊断并非萨卢斯特式的，或者是马基雅维利式的，他并不认为美德的衰落是重点。相反，他的诊断是波利比乌斯式的：缺乏合适的宪制框架、宪制规范才是共和国衰落的首要原因。我认为，西塞罗在《论法律》中提出了他作为国家的守护者（*tutor*）或匡正者（*rector*）[49]对罗马共和宪制的提案，这是他的解决方案。[50]

西塞罗的野蛮的自然状态

与柏拉图、斯多亚学派或者波利比乌斯类似，西塞罗青

（接上页）乌斯和霍布斯可以说是有重叠的，但波利比乌斯对不公正的自然厌恶的观念与霍布斯的人类学有很大的不同并且超越了后者。那么，在我的解读中，波利比乌斯更像是一个斯密主义者，哪怕是霍布斯主义者，而不是马基雅维利主义者。霍布斯学说中教育性的、规范性的面向，见 Malcolm, "Hobbes and the European Republic of Letters," pp. 543-545；亦见同前，*Reason of State*, pp. 114-115。还有 Herzog, *Happy Slaves*, pp. 85-86："自我主义……对霍布斯而言是一种改革方案。人们现在可能不是自我主义者，但是他们应当是：如果他们是，那么其他人会更好。"

[49] 见 Lintott, *Constitution*, p. 226。
[50] 要了解公元前1世纪50年代到30年代的改革方案，见 Lehmann, *Politische Reformvorschläge*; Girardet, *Ordnung der Welt*; Podes, "Krise"; Zecchini, "Staatstheoretische Debatte"; Jehne, "Krisenwahrnehmung"; Meyer, *Vision zur Reform*. Heuss, *Ciceros Theorie*, p. 271：西塞罗在《论法律》（特别是第三卷）当中想要把共和国从它的"不可逆转的死亡"中解救出来。

睬一种根本上是理性主义的道德、政治心理学,并且坚持:理性应当统治灵魂的非理性部分和被欲望统治的那部分公民。但是,虽然希腊的斯多亚派都通常把这个问题看作是个体道德心理学问题,没有什么政治内涵,柏拉图和逍遥派——无论他们之间有多少其他分歧——却都把这个问题看作是政治心理学的首要之事,从而是政治理论的首要之事。西塞罗与在他之前的波利比乌斯都坚持类似的理性统治的传统说法。然而,西塞罗和柏拉图与亚里士多德不同而与波利比乌斯非常接近的是,他在一系列高阶宪制规范中寻求理性在政治中的统治。理性应该统治,且应当化成一系列西塞罗自己提出的宪制规范来统治。正如西塞罗费力地试图解释的那样,这些规范不是简单的普通制定法;它们的合法性基础并不建立在人民大会的批准,相反是建立在正确理性的要求之上(或者与其相距不远)。理性应当统治,但它必须以一种建立在自然法之上的宪制形式进行统治。与此同时,西塞罗道出了波利比乌斯尚不能指出的症结:缺乏一系列明确的宪制规范是《论共和国》中西庇阿所阐述的原本值得倾慕的宪制秩序行不通的首要原因。西塞罗的诊断某种意义上是波利比乌斯对宪制秩序的经验测试的历史延续。历史和历史的偶然性所建立的宪制(《论共和国》第二卷中所描述的),就其符合理性与自然法而言,由《论法律》中所提出的宪制方案得到了固化。

162

在我们讨论《论共和国》、《论法律》还有《论义务》(杰德·阿特金斯并没有考虑的一个作品)之前,我们首先需要看一下他早期作品[《论开题》(*De inventione*)、《为塞斯提乌斯辩护》和《为米洛辩护》]中的人类自然状态的概念。

公元前 56 年 3 月,西塞罗为因使用公共暴力(*vis*)罪被起诉的普布利乌斯·塞斯提乌斯辩护，在这次演说中，西塞罗区分了自然状态和有法律保障的政治社会。塞斯提乌斯的罪名是参与了反对"公共秩序"（contra rem publicam）的暴力，违反了一项关于公共暴力的法律——《关于公共暴力的普劳提亚法》（lex Plautia de vi），因而被带上处理暴力的刑事法庭（quaestio de vi）。[51] 西塞罗认为，塞斯提乌斯所实行的是合理的自卫，因为没有法庭可予以救济。西塞罗的辩护强调这一点：在缺少法庭和底线的稳定和宪制秩序的情况下，社会重新进入自然状态，适用一系列不同的法则。他对法官说：

> 法官们，我们谁不知道在自然状态（natura rerum）——在自然法和公民法都未被制定之前（neque naturali neque civili iure descripto）——人类曾胡乱游荡，散落四方，只能占有那些通过杀戮和流血而得的东西，且需通过自然力量（manu）才可掠取与获得？故而，当第一批有德性且有实践智慧之人挺身而出并理解了人类是在自然上可教的时候，他们把散落的人民聚集到一个地方并引导他们从野蛮状态走出来以施行正义（iustitia）和温和（mansuetudo）。接下来，有了基于共同利益（res ad communem utilitatem）的占有物和活动，也即我们称之为"公共"的东西。接下来，人类聚落可被称为"公民共同体"，由城墙圈定的人类聚集之所可被称为"城邦"。此时，神法与人法的准则（divinum

---

[51] 关于《普劳提亚法》，见 Lintott, *Violence*, pp. 109-123；Hough, "The Lex Lutatia"。关于塞斯提乌斯的审判，见 Kaster, *Cicero: Speech*, pp. 14-22。

ius et humanum）已经被发现（*inventum*）。[52]

西塞罗在这里阐述了文明、正义和国家的起源。为此，他使用了自然状态的概念，因为他假设刑事法庭的法官们认可自然状态的概念并且觉得它很有说服力。我们可以假设，精英阶层对自然状态的概念是普遍买账的。学者已经看到，"人类胡乱闲逛"以及"只占有那些用自然力量才可占有的东西"这类描述极大程度地依赖了伊壁鸠鲁派的自然状态学说。正如罗伯特·卡斯特（Robert Kaster）指出的那样，这个自然状态"非常接近霍布斯的侵略性的、有敌意的自然状态，这和西塞罗几年之后所描述的'人类自然的聚集倾向'大相径庭"（在《论共和国》《论法律》和《论义务》中）。[53]西塞罗的这个观点是承续了他早年修辞学著作《论开题》中的观点：早期，野兽般的人类在大地上游荡，"没有什么事是依靠理性来完成的，大多是依靠强力"，"没有人注意到正义的好处"。只有通过理性和教育的说服和修辞，这些初民才可以被引导、认识正义的好处并放弃强力。[54]西塞罗这里描绘的自然状态以及强力和正义之间的强烈对比当然是与卢克莱修的伊壁鸠鲁派人类学紧密关联的，但是他们之间仍有一个重要的差别。卢克莱修认为，所有的宪制秩序和法律都是纯粹习俗性的，它的建立仅仅是人类对于暴力生活的疲乏和厌恶的结果，用后世的术语来描述，这种疲乏表现为寻求效用最大化。然而，西塞罗认为自然法永

---

[52] Cic. *Sest.* 91. Trans. Kaster，略有调整。
[53] Kaster, *Cicero: Speech*, p. 308.
[54] Cic. *Inv. rhet.* 1.2-3；参见 *De or.* 1.33。Trans. Kaster.

远存在。[55]我们在西塞罗为塞斯提乌斯的辩护词中已经看到了这点,西塞罗也必须诉诸这一点,因为西塞罗在法庭上的全部论点都有赖于自然状态中的某些法律规范的有效性。通过强调人的理性和人类的可塑造性,西塞罗得以把伊壁鸠鲁派的看法和他后来的斯多亚派或者逍遥派的看法结合了起来。[56]这样,西塞罗一方面可以提出代表"纯粹自然"[57]的伊壁鸠鲁式的野兽般的初人;另一方面,这些人的理性又可以发展[这种个体发展类似于斯多亚的属己学说(*oikeiosis*)所描述的那样],足以"发现"法律,包括自然法。[58]虽然自然法肯定已经存在于伊壁鸠鲁式的、野兽般的阶段了,但是还没被"抄写"、"转录"或者"法典化"(*descripto*)。注意,在这个看法中,自然法可以被法典化或者实定法化。

西塞罗认为,在自然状态中,人类"只能占有那些通过杀戮和流血才可得"的东西,而且他们只能通过自然力量来保持这些东西。这里的重点是私有财产权,而且确实是以一种霍布斯式的方式表达出来:每一个人似乎都有权利占有任何东西,

---

[55] Lucr. 5.1143-1160. 卢克莱修用波利比乌斯式的论点描述了君主的衰落之后[君主的野心,或者用后来的话说,他的私爱之心(*amour propre*)让他臣服于大众的脚下]认为,对官员、法和制定法的渴望根植于人性对暴力的倦怠,这就使他给出了一个类似霍布斯式的对社会契约产生的基于自利的理由的解释:这是一种对和平的渴望和对惩罚的恐惧。

[56] 故而,没有必要说西塞罗的野兽般的自然状态(*Sest.* 91)和更具人性的描述(*Sest.* 92)之间有张力,因为人类在自然上是可教的;参见 Kaster, *Cicero: Speech*, p. 310。

[57] 朱莉娅·阿纳斯(Julia Annas)的用词,她用这个词来形容一种亚里士多德式的发展论:纯粹自然是一个起点,最终会转变成为一种对事物本性的完全显现。Annas, *Morality of Happiness*, pp. 142-158. 见下文第五章, pp. 211-214。

[58] 这也是为什么克劳迪娅·莫阿蒂认为安条克对西塞罗《论法律》有影响,她写到,安条克定义了一个高于纯粹自然的秩序: *Raison de Rome*, p. 164。

并且没有相应的克制的义务。然而，一旦理性发展，不仅人们开始意识到、大概还开始法典化"神法与人法"（必然包括了自然法），而且国家与共和国（res publicae）也相应而生。西塞罗说我们把这些东西称为"共和福祉"（commonwealths）、"共同之事物"或是共和国，关乎共同利益。西塞罗在描述完在自然状态中的物品是如何被占有的之后，紧接的是"事物服务于共同利益，也即我们所说的'公共的'"，这有点目的的意味。虽然国家服务于公共利益是为了保护私有财产这个观念在这里已经初具雏形，但是这个观念是次要的，西塞罗此篇辩护词的真正主题是自卫。西塞罗首先描述了霍布斯式的自然状态以及它的对立面（法治国家），为的是提醒法庭一旦国家解体，适用的就是不同的规则。很明显，尽管西塞罗希望在塞斯提乌斯（或是米洛）的案子里使用自然力量的概念来辩护，但是他并不想说他们处于霍布斯－伊壁鸠鲁式的自然状态。相反，他们处于自然法条已经被发现并且被使用的这一较晚的阶段，只不过法庭和其他国家机器暂时失效了。

很明显，在此案中，西塞罗所坚持的点在于：法庭应该看到这些规则在国家之外具有效力。我们已经知道，法庭最后一致同意释放塞斯提乌斯。[59]如果西塞罗的论点起到作用，那么释放的原因是：自我防卫由自然法所保护，在法庭上是站得住脚的。自然法对于判案成了相关的考量，这是它法典化和有效性的最好证明。西塞罗认为，塞斯提乌斯和米洛在法庭缺席的情况之下行使自卫权以反抗暴力攻击的做法是符合自然法的，而且对于共和国的安宁和秩序是有益的。西塞罗着意指出，财

---

[59] Cic. Q. fr. 2.4.1.

产是先于政治状态的（虽然这恐怕是和案件相关性较低的讨论），自然法的规范也是如此。这些自然法规范在共和国建立之后对每个人都产生效力，但是它们实际在共和国建立之前就已存在，而且在制度腐坏之后会再次显现。西塞罗认为，通过释放塞斯提乌斯这一行为，法庭实际上重新建立了宪制秩序（*ius*）对力量（*vis*）的反抗："如果我们想要暴力被根除，那么法必须占上风"，而且法庭"承载了法的整体概念（*iudicia, quibus omne ius continetur*）；但是如果法庭不再管用或者停止存在，那么暴力则不可避免地将肆意妄为"。这就是塞斯提乌斯所遭遇的，他"被迫保卫自己的安全并获取武装保护以抵抗暴力攻击（*contra vim et manum*）"。[60]

西塞罗在公元前52年为提图斯·安尼乌斯·米洛（Titus Annius Milo）所做的辩护就没有那么成功（当时的背景是庞培近乎独裁式的单独执政官权）。米洛被认定谋杀了克洛迪乌斯，违反了庞培的新法《关于暴力的庞培法》（*lex Pompeia de vi*），故而被流放马希里亚（Massilia）。西塞罗发表的辩护演说和他实际上在法庭上所做的演说不太一样，[61]他在发表的演说里认为米洛的行为是合法的自卫，而且杀死克洛迪乌斯与杀死提比略·格拉古一样合法。[62]正如我在第一部分中所说的那样，法（*ius*）是宪制规则的整体，现在西塞罗明确地把它看作是由自然法支撑的规范：

法官们，有一种法律并未在任何地方被写下来，而

---

[60] Cic. *Sest.* 92.
[61] Asc. 41C.
[62] Cic. *Mil.* 8.

是一种自然法（*non scripta sed nata lex*）。它不是我们所学习、传承和阅读的那种法，而是我们从自然本身（*ex natura ipsa*）那里拿来、汲取、萃取的，我们不是被教导服从它，而是生来要服从它，我们不是从教育而是从直觉中知道它。这个法认为：如果有任何威胁我们生命的企图，如果我们遭遇了暴力和武器，无论是来自于盗匪还是外敌，那么每一种保存自己的方法都是在道德上可以被辩护的。[63]

正如维尔弗里德·尼佩尔已经指出的，当西塞罗提到政治制度失效、一种前政治状态（只能以暴制暴）再次来临的时候，他的论点就得到自然法的支持。[64] 西塞罗在其发表的演说中进一步发展[65]：在这一自然状态中，自卫不仅不是反共和国的（*contra rem publicam*），[66] 事实上它有利于宪制秩序或者宪制秩序的重建〔用阿斯科尼乌斯的话来说就是为了共和（*pro re publica*），用西塞罗自己的话说就是出于共和国的原因（*e re publica*）〕。[67] 西塞罗提到了对斯普利乌斯·梅里乌斯和提比略·格拉古的处决（他再次提及，格拉古被杀是因为破坏了宪制秩序），[68] 这是为了说明克洛迪乌斯虽然不在这一伙人的阵

---

[63] Cic. *Mil.* 10. Trans. D. H. Berry，略有调整。
[64] Nippel, "Macht, Machtkontrolle," p. 67. 参见 Cic. *Phil.* 11.28：西塞罗建立了类似自然法高于实定法一样的等级秩序。
[65] 但并不是他实际发表的：Asc. 41C。
[66] 尽管案件的紧迫性让西塞罗不得不承认，在一个自由国家里，公民之间的任何暴力行为在某种意义上都是违背宪法秩序的（*contra rem publicam*）：*Mil.* 13。
[67] 这种思想在 *Mil.* 13-14 里有表达，并且在 *Mil.* 72-78 得到进一步展开。
[68] 而不是由于他的土地法：Cic. *Mil.* 72. 参见上文第三章，pp. 119-125。

营，但仍旧给宪制秩序带来威胁，故而，出于共和国的目的，他被杀了。米洛杀死了克洛迪乌斯，这可以说是一手撑起了宪法、公平、制定法还有自由。[69]据说，克洛迪乌斯，作为镜像（mirror-image），自己也不尊重任何法律尤其是财产的边界（*possessionum termini*）。[70]西塞罗认为，如果克洛迪乌斯还活着，没有人（尤其是法庭上的法官）"可以盼着拥有对你们私有财产的永久所有权（*ius perpetuae possessionis*）"。相反，在庞培的一人执政期间，国家会繁盛，放荡行为会得到约束，无法无天的欲望会得到限制，法律和法庭会得到重建（*legibus et iudiciis constitutis*）。[71]西塞罗遏止政治激情的语言是有斯多亚味道的，但是他的解决办法——制衡、法律机构、宪制秩序——是波利比乌斯式的。波利比乌斯也认为人类是易变的，容易受到他们的激情和欲望的统治；同时，他也认为美德不足以克制激情，这也是为什么法作为对美德易于腐化这一问题的宪制解决方案是必要的。

在这些演说中，西塞罗提出宪制秩序和稳定是服务于公共利益的。它们回应了自然状态中的人类的软弱性。人类的社会性完全没有被提及。除了在自然状态之中存在自然法之外，这确实是一个伊壁鸠鲁式的图景。对于卢克莱修来说，所有的法都是习俗性的，但是对于西塞罗而言，即便是在他"最伊壁鸠鲁派"的时刻，都认为非习俗性的规则是必要的。我们并不清楚，西塞罗在《为塞斯提乌斯辩护》中是否提供了一个关于政

---

[69] Cic. *Mil.* 77.
[70] 同上书，74。
[71] 同上书，78。

治社会起源的解释（国家为脆弱的人类提供好处），抑或他仅仅是在指向可能的、非乌托邦式的建立国家的动机基础。这两种看法并不是相互矛盾的，西塞罗或许兼涉两者。他肯定持有后一种看法：即便人类是狭义的自利动物，但"共享的利益是维系社群的纽带"，[72]国家还是可能的。杰德·阿特金斯正确地指出，在《为塞斯提乌斯辩护》当中，我们已经看到西庇阿《论共和国》对共和国的定义中的两个关键元素：法的存在以及对利益或好处（utilitas）的关心。[73]我将会论证，在为塞斯提乌斯和米洛所作的两篇演说词以及西庇阿《论共和国》对共和国的定义中，法意味着一套高于纯粹制定法的宪制规范。[74]

两篇演说都想让法庭认识到重新建立宪制秩序和国家的必要性。它们都尝试奉承法官：只要他们判塞斯提乌斯和米洛无罪，他们就能防止罗马共和国进一步堕入西塞罗绘声绘色地描述的暴力的霍布斯式自然状态之中。霍布斯暴力的自然状态代表着国家解体后的唯一选择。根据西塞罗所说，虽然（自然）法在自然状态之中存在而且可以被辨别，但是只有法庭可以执行它。故而，西塞罗诉诸自然法规范并不会对国家或者制定法秩序产生腐蚀（如人们经常所认为的那样），[75]相反，西塞罗正是呼吁国家及其制度（特别是法庭）来保障和执行自然法。国家的目的在于维持法，而法是基于自然法而有效的，它提供了

---

[72] Zetzel, *Cicero: De Re Publica*, p. 129, 关于 *Rep.* 1.39（共同利益）。

[73] Atkins, *Cicero on Politics*, p. 132.

[74] 并不逊色于我们在晚期罗马共和国的宪制辩论中所见，见本书第一章、第二章。

[75] 关于此，见 Atkins, *Cicero on Politics*, pp. 39-40, 195, 210。但是西塞罗自然状态的观念当然是反亚里士多德的，人们很早就认识到了这点：见 Bellarmine, *De Laicis*, ch. 5, p. 22。

一系列高阶规范以统治并限制政治和制定法。当我们转向西塞罗的《论共和国》、《论法律》和《论义务》的时候，我们就会看到，这是西塞罗对宪制理论的核心贡献。

西塞罗论私有财产和自然正义

我想说，西塞罗的宪制思想充实了斯多亚的正义观点（与自然法保持一致）。这种观点和柏拉图以及亚里士多德的自然正义观点不同：正义在他们看来并不在于与一系列（自然）规则保持一致，而是首先是给行动者带来幸福的行动，其次带来一种好的事态（state of affairs），我会在第五章中详述这点。[76] 在西塞罗的宪制理论当中，自然正义通过由自然法支撑的一系列规则被表达出来。这些规则被认为在前政治的自然状态中就有约束力，如我们在上一节看到的，而且它们理应对罗马国家的政治、立法以及司法活动施加规范性的影响。柏拉图和亚里士多德的政治理论既不容一个前政治的、由法律式的规范性结构管辖的自然状态，又不容一个不根据自然差异来区分人的公民权利的概念。

西塞罗在公元前56年到前51年之间写作《论共和国》。在他前往西里西亚（Cilicia）担任总督时（公元前51年春），这部作品公之于众了。在《论共和国》里，西塞罗显然希望他所提出的宪制理论被理解为是为了回应公元前1世纪50年代晚期的政治制度衰落的状况而作的。书中的对话被设定在公元前129年早期，意在重现这样一个时刻：人们本可以在这个历

---

〔76〕 要了解斯多亚的起源，见 Striker, "Origins"。

史时间点上避免共和国的衰落。对话的主人公普布利乌斯·科尔内利乌斯·西庇阿·埃米利阿努斯是反格拉古派的领军人物，西塞罗虚构对话的时间点后不久，他就去世了。他所提出的有关正义共和国的宪制理论必须被理解为西塞罗为正在吞噬罗马共和国的问题所提出的解决方案。西塞罗的对话在某些方面是以柏拉图的《理想国》为模板，并且还有一部叫《论法律》的续作；但是，不同于柏拉图同名作品，西塞罗的续作给《论共和国》中所描述的理想宪制秩序提供了一个宪制主义理论以及一系列具体的宪制规范。

接下来，我想要展现的是：西塞罗在这两部对话当中描述了一个非常明确是"宪制"的解决方案，以此来解决他所认为的导致罗马共和国衰落的宪制危机。在《论共和国》当中，西庇阿提出了一个共和国的定义，这个定义首先现实地针对稳定性问题。随后，在另一位参与者盖乌斯·莱利乌斯（Gaius Laelius）提出的斯多亚派的自然法学说的启发下，西庇阿对共和国进行了重新定义。这个新定义明确了一点：没有刚性宪制的共和国严格上不可被称为共和国。这个重新被定义的宪制共和国为西塞罗的《论法律》提供了模板并且规定了一系列的宪制规范。

在第一卷当中，西庇阿提出了著名的国家——共和国（res publica）——的定义。[77] 实质上，这个定义所依赖的是第二个

---

[77] 关于西庇阿的定义，见 Büchner, *Cicero*, pp. 122-124; Schofield, "Cicero's Definition"; Ferrary, "L'archéologie"; Asmis, "State as a Partnership"; Harries, *Cicero and the Jurists*, pp. 24-25; Arena, *Libertas*, pp. 95-96（强调和波利比乌斯观点的相似性）; Atkins, *Cicero on Politics*, pp. 130-134（国家的性质就像是法律上的合伙，这点和这个定义的总体法律背景一起被强调）。

定义——该定义阐明了什么是国家中的人民的含义：

> 共和国是人民（*res populi*）的关切/财产。然而，并不是以任何方式聚集起来的人群都是人民，只有那些通过对法的同意（*iuris consensu*）以及共同利益（*utilitatis communione*）联结起来的（*sociatus*）的具有一定规模的聚落（*coetus*）才是人民。聚集的第一原因并不是脆弱性（*imbecilitas*），好像是人组成了自然畜群一般：人并非一种分离的或者倾向于独自游荡的物种，人类是这样一种造物，甚至在资源足够的情况下，他们也不是……[78]

首先，西塞罗似乎在某种程度上已经改变了他对自然状态的观点。无论在国家的**目的**上还是在它的历史-生物**起源**上，我们之前看到的带有浓重伊壁鸠鲁派色彩的观点已经让位于亚里士多德或斯多亚派的观点。在我们讨论国家的目的之前，我们首先要注意，西塞罗在讨论政治社会的历史性起源的时候已经容许了自然社会性。[79] 但我们也应同样注意，西塞罗（或者说对话中的西庇阿）也并没有决定智者派或伊壁鸠鲁式的人的脆弱性和亚里士多德与斯多亚式的自然社会性孰轻孰重。虽然为塞斯提乌斯的辩护词中所强调的脆弱性似乎已经淡出，自然社会性获得了更高的地位，但是脆弱性仍旧扮演着它的角色，而

---

[78] Cic. *Rep.* 1.39. Trans. Zetzel, 有调整。现有文本是不完整的，其后一段空缺。

[79] 参见 Cic. *Off.* 1.11-12：同样，人的脆弱性和自然聚集性共同提供了政治社会形成的动机，但是重点在于理性（然而，正是**自然**在通过理性运作）。《论义务》和《论共和国》的看法没有什么差别，正如 Zetzel, *Cicero: De Re Publica*, p. 127 所认为。

且西塞罗清楚表明,这两者不是互斥的。西庇阿对于构成真正共和国的、形成真正人民的聚集之目的和原因的双重阐述,反映并对应于政治社会的双重起源论。西庇阿认为并不是每一个聚集起来的聚落都是人民,而是那种有一定规模的、成员相互之间对法、共同利益和好处达成共识的聚落才是人民。为了实现和最大化利益而聚合对应于"聚集的第一原因"(*prima causa coeundi*)——脆弱性。故而,西塞罗并没有完全忽视脆弱性、利益以及共同利益的实现,只是不再把它们看作是其国家解释中必要的了。[80]

西塞罗新的国家理论中必要的东西,也是这一理论的新焦点,是西庇阿所谓的"对法的同意"。[81] *iuris consensus*(对法的同意)这个概念很可能是西塞罗自己的,它只在这里出现,除此之外,西庇阿在第三卷重新定义共和国的时候再次提到了这个概念。[82] "对法的同意"是将国家的两个定义统一起来的元素,并且它促使西庇阿重新调整并且发挥上面引用过的第一个定义。只有对一系列宪法规则的同意——也就是说,对我们已经在本书之前的章节中讨论过的晚期宪制论争中的"法"的同意,即对一系列通常是非成文的(non-statutory)、更为刚性的以及比一般制定法更为高阶的法的体系的同意——即只有对这一系列法的体系的同意才会把杂多的民众转化为一类人民,把共和国转化为真正意义上的宪制秩序。"共同利益"则不再提及,这意味着西塞罗从伊壁鸠鲁式的、把人的脆弱性

---

[80] 虽然还在,但是不再有必要;即便我们不脆弱或者没有共同利益,自然也会促使我们聚集:Cic. *Rep.* 1.39(with Nonius 321.16)。
[81] 这必然是一个宾语性的属格(objective genitive),见 Büchner, *Cicero*, p. 123。
[82] 同上。

强调为建立政治共同体的首要动机转变为亚里士多德或斯多亚派式的对社会性的强调。在第六卷当中，大阿非利加努斯（Africanus the Elder）第三次提及了这个定义，并且把国家称为通过法联结起来的人民聚落（concilia coetusque hominum iure sociati）。[83]

伊丽莎白·阿斯密斯以及杰德·阿特金斯都令人信服地提请我们注意西庇阿国家定义的罗马法背景——西塞罗实际上使用了"合伙"（societas）这个法律概念来比喻国家。[84]在罗马法中，合伙是组织成员之间为了追求利于双方的某件事而达成的一种契约性的同意（contractual agreement）。故而，这也体现了西塞罗的国家论述中契约性的面向，意味着权利和义务的某种分配。[85]杰德·阿特金斯非常令人信服地指出，这个论述中的权利类似于现代自由主义中"面对统治权威的""主张权利"（claim-rights），"因为共和国这个概念本身就要求了人民'拥有'它"。故而，这些权利并非是按德分配的分配正义（如在亚里士多德那里）的结果，相反，"它们在一个不同的节点被纳入如何正义地分配福祉的考量"，也就是说，它们是前政治的关键因素，"在考量时对它们的考虑"早已纳入。[86]

然而，罗马法的合伙制是被法所管辖的，这个法的体系本身不会（且不能）受辖于缔结国家或合伙之契约。盖乌斯在他

---

［83］ Cic. *Rep.* 6.13. 第三卷中的再定义：*Rep.* 3.43-45。

［84］ Asmis, "The State as a Partnership"; Atkins, *Cicero on Politics*, pp. 134-138. 关于 *societas*，见 Wegner, *Untersuchungen*。

［85］ Zetzel, *Cicero: De Re Publica*, p. 129.

［86］ Atkins, *Cicero on Politics*, p. 147. 西塞罗和亚里士多德之间的差别，见本书第五章，pp. 208-221. 艾瑞娜注意到了西塞罗从亚里士多德那里借用了一些分配正义的特征：*Libertas*, pp. 101-111。

的《法学阶梯》(*Institutes*)中对合伙制这样描述道:"然而,我们所谈论的这种通过纯粹同意(*nudo consensu*)而缔结的合伙,受辖于万民法(*ius gentium*),它与自然理性相吻合从而在所有人中通行。"[87]通过缔约的方式来追求共同利益被法所限制。正如我们首先在《论共和国》第三卷随后又在《论法律》中所见,这个法就是万民法。在西塞罗看来,万民法和自然法是等同的,并且提供了西塞罗在《论法律》第二卷和第三卷中所要法典化的规范。[88]高阶的宪法创造了遵从合伙制所要求的义务之义务,也创造了遵从国家所立之法的义务,它也创造了我们在共和国中享有的主体权利,而这个高阶的宪法正如西塞罗在《论共和国》以及其接下来的著作中所言,就是自然法。[89]

我们即将更详细地讨论,国家这个合伙所保障的利益不仅仅包含杰德·阿特金斯所言的政治和程序性的权利,而且包含对私有财产权利的保护和保障(这点更加重要)——私有财产就是西塞罗在《为塞斯提乌斯的辩护》中所说的那些只能通过"杀戮和流血"人们才能"凭借自然力量得到和维持"的东西。[90]这些权利不能被简单地随意拿走也不能通过契约转

---

[87] Gai. *Inst.* 3.154: *sed ea quidem societas, de qua loquimur, id est, quae nudo consensu contrahitur, iuris gentium est; itaque inter omnes homines naturali ratione consistit*.

[88] 我虽然同意杰德·阿特金斯对西庇阿的"共和国"的解释[即一种授予(主体)权利的合伙制],但我不同意 *iuris consensus* 应当被理解为对(主体)权利的同意。相反,其中的 *ius* 是我们在第一章中所讨论的 *ius*,它的意思是一种统治性的宪制规范,以使合伙变得可能并授予(主体)权利。

[89] 参见 Cic. *Part. Orat.* 37(要么是写于公元前1世纪50年代晚期,要么甚至更晚):西塞罗在修辞学的语境下解释了法和自然法的意思,也解释了为什么我们需要自然法产生一种遵循制定法和习俗的义务。

[90] Cic. *Sest.* 91. Trans. Kaster.

移，恰恰是它们首先构成了缔约进入国家这个合伙的原因；故而，财产权利提供了一个对合伙的实质限制。在《论共和国》当中，西塞罗希望超越他在《为塞斯提乌斯辩护》中功利主义的、伊壁鸠鲁式的观点——并不完全抛弃这一观点，试图将他的合伙，即国家奠基在更为斯多亚式的基础之上，即奠基在自然理性和自然社会性之上。他这么做必然是因为他在《论共和国》第三卷和《论法律》中的洞察：一种纯粹算计性的、伊壁鸠鲁式的契约主义不能在根本上产生并解释他以自然法为基础的宪制主义所要求的那种道德义务。[91]

故而，通过以社会的共同利益为目标的契约缔结国家的想法固然是存在于西塞罗思想中的，但是这个想法受到一个正义的理想的约束——这一正义理想给予了管辖政治社会的规范以额外的规范性内容和形式。当西庇阿在第三卷中重新提及他的国家的定义的时候，这点体现得很明显。在此之前，西庇阿已经通过举出十二表法后的罗马共和国的"品性节制的"（well-tempered）宪制作为历史例子，来说明他所认为的理想宪制是均衡的或者温和的，大致正是波利比乌斯所描述的公元前3世纪晚期的罗马共和国。[92]然而，西庇阿和波利比乌斯不同的地方

---

[91] 见 Cic. *Leg.* 1.42 关于契约主义并不能解释为什么人应该缔约的问题的讨论，它反对 E. M. 阿特金斯对西塞罗正义理论的工具性的（霍布斯式的）解释："'Domina et Regina'"。对阿特金斯的驳论，见 Horn, "Politische Gerechtigkeit"。最近，Mackie, *Ethics*, pp. 107-111 尝试去解决这个问题，但是我认为是不成功的，它提议依靠普罗塔哥拉的观点：需要一种羞耻感和道德感来产生必要的道德义务，这是狭义的自利的契约主义者们不能感受到的——这难道没有展现出契约主义的局限性吗？

[92] 我认为波利比乌斯和西塞罗的宪制理论之间存在的相似性比林托特或杰德·阿特金斯所认识到的更多；不似林托特，我不认为西塞罗忽略了人民激情和矛盾的贡献（"Theory of the Mixed Constitution," p. 81），而（转下页）

在于，他更进一步阐明：节制而温和的宪制罗马最终将会与来库古的制度或者王制罗马完全不同。[93] 其原因在于，虽然来库古和罗马王制或许已经展现了**混合**宪制的某些特征，但是它们并没有很好地**被制约**或**管束**，因为它们仍旧是被"拥有永恒权力的一人所统治"。故而，王制罗马或者来库古的斯巴达本质上仍旧是采用一人统治制度；它们是"非常不稳定的"，因为只要一个人缺乏美德就可以颠覆整个国家。

西庇阿不把王制罗马或者来库古的斯巴达算作是被恰当管束的、温和的体制的原因正是波利比乌斯式的，这也是波利比乌斯不讨论雅典或者忒拜的原因——当共和国和它的倾覆之间的距离只隔着美德，这样的"宪制"秩序名不副实。保障稳定秩序的并不是统治者的美德，而是宪制的设计。[94] 所以，西塞罗所青睐的宪制秩序恰恰不是"混合的"，而是以特定方式"节制的"。[95] 正如西庇阿所描述的，他所追求的是宪制权力之间的权利和义务（*et iuris et officii et muneris*）的"恰当均衡"（*aequabilis compensatio*）。这种恰当均衡是通过自然进

（接上页）认为宪制权力的分离以及制衡在西塞罗的思想中具有重要的位置——特别参考他对保民官（Cic. *Rep.* 2.53-63, *Leg.* 3.16-26）和上诉权（*Leg.* 3.27）的讨论，接下来我也会展开。不似阿特金斯，我认为在波利比乌斯的思想当中也有一定程度的宪制"和谐"，并且其发挥了重要作用（上文 p. 160），而且西塞罗式的正义观和波利比乌斯式的权力制衡之间没有冲突。

[93] 参见 Cic. *Rep.* 1.45 and 54, 1.69：西庇阿首次完整描述了节制政体，并称赞它具有非凡的稳定性，而且把它放在王制之上。

[94] Polyb. 6.43.5, 6.44，以及见上文 p. 115。但参见 Cic. *Rep.* 1.69：西庇阿似乎认识到了统治者的"巨大的恶"对于他所青睐的宪制秩序来说也是一个潜在的陷阱。然而，正如毕希纳（Büchner）所指出的那样，节制的共和国（*res publica temperata*）相对而言没有真正的统治者（*Cicero*, p. 166）。

[95] Büchner, *Cicero*, p. 214.

程[96]完成的：罗马的宪制冲突历史表现了它，它的顶峰在于保民官的设立制衡了执政官的治权。[97]最典型的制衡或者宪制制约当然是上诉权——西庇阿把它置于其宪制历史（从王制历经贵族、十人委员会的寡头制直到公元前4世纪早期最好的、品性节制的宪制）的核心位置。[98]

历史上的罗马制度是如何与一种先验的政治理想（在柏拉图《理想国》最为典型）相关联的？西庇阿和他的前辈波利比乌斯一样，追寻的是一种经得起实践检验的理想制度，而公元前4世纪的罗马共和国提供了这个例子。西庇阿指出，历史所提供的是一个纯粹的、他脑海中的那种最佳政体的"例子"，而先验的最佳宪制也可被描述为"自然所给予的图像"（*imago*

---

[96] 西庇阿此处使自然和理性对立，这让阿特金斯进而论断：西庇阿认识到了理性在政治中的局限，故而提出"政事不服从理性"（*Cicero on Politics*，p. 61）。这有一定道理，但是不同于阿特金斯（pp. 98-99）的地方在于波利比乌斯认为罗马历史是被偶然性所掌控的——当然，西塞罗和波利比乌斯也认为偶然历史是要接受理性考察的。毕希纳说得很好（*Cicero*，p. 235），对于西塞罗而言有两个自然，互相之间有张力：一个是力求自我保存的自然（类似于朱莉娅·阿纳斯所说的"纯粹自然"），另一个是"力求较高理性方案"的自然（有种类似黑格尔的味道）。西塞罗在公元前1世纪50年代写作时公开哀叹宪制秩序的衰败，这种宪制秩序本该出现在《论共和国》文字中的时间和他自己所处年代之间。

[97] Cic. *Rep.* 2.57-58. 在这里，西塞罗的确给予了宪制冲突和人民抵抗应有的地位。西塞罗和波利比乌斯之间并没有明显的差异，他们都使用制衡的语言，可以说正好证明这点。西庇阿感叹来库古没有能力去约束或者限制希腊人（*ne Lycurgi disciplina tenuit frenos*），并且说斯巴达的五长官（*ephors*）是用来对抗王权的（*contra vim regiam*），正如同罗马的保民官是用来对抗执政官权力的（*contra consulare imperium*）。

[98] Cic. *Rep.* 2.53-63, 尤其是2.54。毕希纳令人信服地提出，西庇阿论述的终点肯定是在公元前367年之后，也就是在《李锡尼和塞克斯提亚法》（*leges Liciniae Sextiae*）之后：*Cicero*，p. 245。

naturae）。[99]这个自然图像必然意味着一种对（最初通过归纳而获得的）抽象事物的描述方式。[100]当西庇阿继续推进并给出自然图像的时候，他有趣地描述了一个有远见的明智之人（*prudens*）的灵魂。明智者被等同于西庇阿的理想政治家，即匡正者或领导者（*moderator*），这又指涉一些西塞罗的同辈，特别是庞培。[101]有远见的人可以用心智（也就是理性）控制住他的激情和非理性欲望，成为国家构建方式的模板。

然而，西塞罗远远不是力主真的让一个明智者来接管政府，他是用一个明智者的灵魂作为他的理想的、好品性的宪制的比喻。[102]正如让-路易·费拉里（Jean-Louis Ferrary）所言，对于西庇阿而言，一个好品性的宪制支配"一个城邦，与明智者的灵魂有类似特点"。[103]明智者并非一个有着超常权力的潜在领导人，而是一个被均衡宪制支配的国家的比喻。[104]西庇

---

〔99〕 Cic. *Rep.* 2.66.
〔100〕 似乎预见了莱利乌斯在第三卷中对自然法的描述，参见 Atkins, *Cicero on Politics*, p. 65, n. 51，虽然他被"西庇阿并不欣赏莱利乌斯的观点"这个不可靠的假设牵绊住了，但是他仍旧青睐这个观点：同前，pp. 41-42。见下文，pp. 177-178。
〔101〕 见 Atkins, *Cicero on Politics*, p. 73。我非常同意 Lintott, *Constitution*, p. 226。
〔102〕 Cic. *Rep.* 2.41 (=Nonius 342.39. Trans. Zetzel，略有调整）所暗示的那种："被构建的最好的共和国（*optume constitutam rem publicam*）是从三种原初形态中有节制地混合而成的（*confusa modice*）……它不会通过惩罚来激起狂野和野蛮的思维……"西塞罗以一种比喻的方式从明智者过渡到了音乐和谐，再到 *Rep.* 2.69 所描述的均衡宪制。这也是为什么"理性的限制"和"理性控制的失败（它让西庇阿在先前的对话中遇到了麻烦）"并没有出现在此处（Atkins, *Cicero on Politics*, p. 78）：一旦平衡宪制统治了，那么理性就统治了，于是从比喻意义上来说，明智者也就统治了"。
〔103〕 Ferrary, "Statesman," p. 63.
〔104〕 人们会同意林托特，进而说，就像西塞罗自己在《论法律》中所言，宪制的给予者是明智者：Lintott, *Constitution*, p. 226。

阿所言的最好的均衡宪制是一个由自然法支撑的刚性宪制规则整体。西庇阿并不像阿特金斯那样，认为这种宪制"绝不会实现"，相反，他认为历史上的罗马宪制的确就是最佳宪制"在经验中的实现"。[105] 阿特金斯认为，由于（人类）理性的局限性，一个理性的理想城邦的大同模型不能实现；但他自己也不得不承认，对于西庇阿而言，历史上的罗马共和国确实可以作为一种"在经验中的实现"。我认为，西庇阿之所以可以解除理想与现实之间的张力，是因为他指出了一点：罗马在公元前4世纪的均衡宪制是一个非人格化的制度机制，可以用一种理性的方式处理社会中的非理性；而且，只要历史模型中蕴藏的宪法规则可以在自然法的基础上被明确建立，那么这种宪法稳定性和对法的同意就可以被再次实现。

　　西庇阿的定义要求对法的同意，这就要求他证明他的法可以被称作正义的，并且构成自然法。当西庇阿在《论共和国》的第三卷再次提出共和国的定义并打磨它的时候，他吸纳了莱利乌斯关于正义和自然法的演说，并提出：实际上，如果没有正义（在这里意味着一种可以被法典化为一系列宪法规则的正义），那么就不存在一个严格意义上的共和国。在此之前，莱利乌斯已经被敦促着去证明"没有正义，国家不可能运行起来"。[106] 触发这个要求的是西庇阿自己的主张：在第二卷的末尾，西庇阿提出正义对于平衡的宪制来说是必要的。这进一步引向了第三卷中著名的卡尔内阿德斯辩论（Carneadean

---

[105] Atkins, *Cicero on Politics*, p. 79. 这种紧张关系是阿特金斯论证的核心，他最终也没有令人信服地解决它。

[106] Cic. *Rep.* 2.70. Trans. Zetzel.

debate)——从很多方面来说,这都是本书的核心部分。卢修斯·斐卢斯(Lucius Philus)自告奋勇,当起了卡尔内阿德斯的代言人。他以一种智者派-伊壁鸠鲁式的观点提出:所有的法在本质上都是契约性的,这就是为什么世界上各个地方的实定法都不一样;而且,并不存在普遍的自然法,至少不存在那种自然正义意义上的自然法;只有对自利的追求才是理性的并且是自然的;唯一可以被称为自利的和在这个意义上有益的正义的是对法律的服从,而法律应当被理解为和惩罚权力绑定的习俗性契约;普遍自然法的支持者称之为正义的东西,那只是纯粹的非理性的愚蠢。这种思想无疑也依赖了柏拉图《理想国》中格劳孔的论证,莱利乌斯对此予以驳斥。不幸的是,莱利乌斯的论证只以残篇的方式存留给我们。然而,清楚的是,莱利乌斯以斯多亚派的方式来为一种普遍的自然法辩护:

177

> 真正的法律是正确的理性,与自然一致,通行于全人类。它是恒常与永恒的……其分毫都不可被废除;它不能被完全中止。元老院和人民都不能豁免这个法对我们的管辖。[107]

---

[107] Cic. *Rep.* 3.33=Lact. *Inst.* 6.8.7-9. Trans. Zetzel. 虽然法律的概念是斯多亚的,但是正如我们所见,对它们的使用是非常西塞罗的而且非常罗马的;参见 Ferrary, "Statesman," pp. 67-68。正确理性规定了自然法的内容;这首先让它可以被认识,其次解释了为什么它的命令是义务性的。在理性之外,还有自然社会性等动机因素,为遵循自然法的支配提供了非认知的动机,这让人联想到 18 世纪苏格兰的道德情感哲学家们。但与斯多亚自然法不同的是,西塞罗的自然法由规则(而不是简单的以行动者为中心的美德)组成,保障权利,并且可以适用于罗马共和国,而不仅仅是适用于斯多亚圣人的世界城邦。以规则为基础的自然法的起源,见 Striker, "Origins"。

莱利乌斯继续以将来时的口吻勾勒一种彻底反卡尔内阿德斯的图景——在未来的某个不确定的时刻，这种自然法会被采用：

> 在将来，不会在罗马有一部法，在雅典有一部法，此时有一部法，而未来又有一部法；相反，所有的国家在所有时候都受到一部永恒不变之法的约束。[108]

这篇被在场者热情称颂的演说——西庇阿尤其称颂它（"西庇阿看起来最为狂喜"[109]）——显然是意在反驳斐卢斯对西庇阿所构想的均衡宪制的理解：这个均衡宪制只是基于恐惧和脆弱性的纯粹功利主义契约（潜台词是：在没有可靠的对惩罚的恐惧之时，这个法会并且应该被打破）。[110] 莱利乌斯以自然法为基础的驳论促使西庇阿重新审视他在第一卷当中关于国家的定义。西庇阿现在阐明：他所构想的宪制秩序保障自然正义，也就是说，这套秩序建立在实质的正义观念上而非简单的恐惧的均衡之上。故而，与斐卢斯或卡尔内阿德斯的观点不同，正是这份正义才使人们理性地予以同意，这也会导向对法的同意。如果没有统一大家的宪制共识——"法的纽带"（*vinculum iuris*），那么人民就不是人民而是乌合之众，故而也不会有共

---

[108] Cic. *Rep.* 3.33. 见 Girardet, *Ordnung der Welt*, pp. 129-131，关于时态改变的重要性。

[109] Cic. *Rep.* 3.42. Trans. Zetzel. 这与阿特金斯的观点有矛盾。阿特金斯认为"我们不可能知道"西庇阿是否接受了莱利乌斯的论点，而且认为西庇阿对城邦的正义的必要性的处理"并没有指涉莱利乌斯所呈现的那种自然法理论"（*Cicero on Politics*, pp. 41-42）——阿特金斯这些说法都是不令人信服的。西庇阿对国家的重新定义明显是莱利乌斯演说的直接后果，莱利乌斯和西庇阿的亲缘性在 *Rep.* 3.45 得到进一步的展开。

[110] Cic. *Rep.* 3.23.

和国。如果没有一套达成共识的宪制规范,也就是没有法,那么就不会存在真正意义上的国家。

然而,这一套宪制规范不能仅仅在形式上被定义;它必须包含具有实质内容的自然法规范,以便要求人民对其产生共识(这种共识对其稳定性是必要的)。莱利乌斯的演说非常戏剧性地清楚阐明了这一点。他远非简单地将罗马共和国等同于自然正义的宪制秩序的体现,莱利乌斯实质上力图强调的是:共和国事实上破坏了宪制秩序,从而陷自身于危机。他所举的例子戏剧性地展现了其脑海中的包含自然正义的规范范围:不公正地对待拉丁人民及盟友(注意了,他们非公民)就是对宪制秩序的破坏,并将宪制秩序的坍塌——即从法到暴力的转变——与之等同。[111] 重要的是,这种不公正的对待是对拉丁人民及其盟友所认为的财产权利的无视。莱利乌斯认为提比略·格拉古的土地委员会就以超宪权力破坏了宪制规范。西庇阿对于国家的重新定义澄清了一点:一个国家若想名实相符,那么体现宪制正义的规范就必须在其中拥有关键地位。西塞罗在《论共和国》的续篇《论法律》当中提出了这种宪制规范。

西塞罗《论法律》的评注者们总是纠缠于一个问题:该书第二卷和第三卷中所提出的法律究竟是(或在何种程度上是)自然法,还是仅仅反映了自然法?是接近它,还是以其为基础?让这个辩论重获新生的是杰德·阿特金斯对克劳斯·吉拉德特的新正统解释的挑战。吉拉德特的解释认为,第二卷和第三卷中的法律和第一卷中的法律理论是统一的,也就是说,它们自身就是自然法。不同于希腊的斯多亚主义者们(他们会否

---

[111] Cic. *Rep.* 3.41.

认任何成文的、翔实的法律有真正的法的地位），吉拉德特的西塞罗在《论法律》中是一个明智者或是有智慧者（sapiens），而西塞罗所撰写的规范本身就是自然法，因为它们是从一个明智者的正确理性中流溢出来的，故而也就是从人类理性、人类自然中流溢出来的，故而也就是从自然中流溢出来的，而根据《论法律》的第一卷和《论共和国》的第三卷，自然就是法律的源头。[112]而另一边，阿特金斯认为：尽管《论法律》的第一卷确实提出了斯多亚式的对自然法的理解，但是第二卷和第三卷考虑了理性和人类自然的局限，故而模仿柏拉图的《法律篇》，为最佳现实政体提供了最为接近自然法的法。[113]詹姆斯·泽策尔（James Zetzel）则提出了一个乍看上去颇为合理的中间立场：西塞罗"犹疑于到底要将他的法律表现为绝对的最佳法律（故而是自然法的化身），还是可能范围内的最佳法律；犹疑于到底把它们看作是普遍的，还是专门针对当时罗马的特殊状况"。[114]

固然，这个对于西塞罗的工作的描述已经足够真实；但是，我所怀疑的是这个描述是否准确抓住了西塞罗的野心。阿

---

[112] Girardet, *Ordnung der Welt*, pp. 85-110. 这个观点被许多学者关注，让－路易·费拉里、E. M. 阿特金斯以及安德鲁·戴克是其中的典型。要想了解一个很有趣的对《论共和国》和《论法律》中不同的自然法观念的区分，见 Moatti, *Raison de Rome*, p. 164; Fontanella, *Politica e diritto*, ch. 6 所呈现的解释强调了西塞罗思想中的法学性质和原创性；Neschke-Hentschke, *Platonisme politique*, pp. 193, 200-201 强调了柏拉图的元素。

[113] Atkins, *Cicero on Politics*, chs. 5 and 6. 亦参见 Asmis, "Cicero on Natural Law"，其认为第二卷和第三卷中的斯多亚的法律所针对的并不是斯多亚圣人而是道德修行者，其目的是鼓励后者去施行"中等适宜行为"[*kathe konta*，而非圣人的"完美适宜行为"（*kathortomata*）]。

[114] Zetzel, *Cicero: On the Commonwealth*, p. xxiii.

特金斯把第二卷和第三卷中的规范视为仅仅是属于次佳、可实践的政体的，但他并未说服我。我有如下理由：首先，恰恰是均衡政体承担了明智之人和正确理性的功能；正确理性化身为均衡政体来使得人类的非理性被稳定下来。[115] 固然，在我上文已经讨论过的意义上，西塞罗所追求的是一个非乌托邦的政治理论；但这并不意味着这个理论不是一个绝对的、永恒的以及非偶然性的理想。西庇阿描绘的历史上的罗马共和国是一个理想，而不仅仅是一个次佳政体，而且如果其中隐含的宪制规范得以彰显，那么这个政体则可以被重建（正如在《论法律》中那样）。[116] 这也是西塞罗防止自然法成为既定制定法条的"溶剂"（solvent）的方式：赋予这些既定法条以自然法的品质。如果历史或者习俗自身就有规范性的价值并可以为这些规则辩护，那么西塞罗就不能这么做了。然而，这些制定法必须由理性来使其有效。固然，理性要求这些规则能在它所要求的程度上在实践中得到一定的检验。这也是为什么波利比乌斯、西塞罗以及西庇阿都把尘封的共和国拿来当作例子：这个共和国在实践上已经被检验了，但是它所依赖的标准自身并非从实践历史中推演出来的。

正如阿特金斯所见，西塞罗的确认识到了理性的局限以及偶然性的重要性。然而，西塞罗对理性限度的解决方案自身是纯粹出于理性的：理性的限度问题必须通过固化一个均衡的宪制来处理，这本身就是正确理性的要求。西塞罗引入作为均衡

---

[115] Cicero, *Leg.* 3.12 阐明：他明确地把《论法律》中所提出的宪法规则和西庇阿在《论共和国》中所提出的平衡的、品性节制的宪制等同。
[116] 要了解《论法律》的普世主义，见 Moatti, *Raison de Rome*, pp. 293-298。

宪制的正确理性，正是为了应对偶然性，使其稳定下来。吉拉德特已经正确地指出，莱利乌斯在《论共和国》中的自然法概念已经暗含了一个未来构想：一个扩张的宪制帝国。莱利乌斯同意，斐卢斯（或是卡尔内阿德斯）所描述的当下的规范性的多样性是成立的，但是这些差异都会在未来合流，让位于一个帝国性的对法的同意。《论法律》第二卷和第三卷中的规范致力于在一个均衡宪制秩序之中（明确包含高阶的、更加稳固的宪制规范）完成这种合流。因为西塞罗的自然法是一种针对人的本性的自然法，而西塞罗又认为人性既有理性也有非理性激情，所以，只有当自然法成为管辖均衡宪制的永恒且稳固的规范时，它才生效；于是，理性以宪制的面貌来统治。[117]

西塞罗在他晚期的哲学著作《论义务》中颇有教益地澄清了自然法（他自始至终都将其等同于万民法，也即自然法在实践中的表达）和每个历史性社会的市民法之间的关系，可以帮助我们看清（他在《论法律》中提出的）宪制规范和地方性的市民法之间的关系。西塞罗安排了一个段落来说明：市民法（ius civile）和自然法可以被区别开来，如果如此，那么自然法处于优先等级且应当作为主导。西塞罗又详细讨论了二者之间的关系：市民法和自然法不同，"不是每一条市民法都会出现在万民法中，但是万民法中的每一条都必须同时是市民法的一部分"。[118]西塞罗用集合理论的话语来表述二者的关系：自然法（或者万民法）是子集，而市民法是父集。这意味着市民法可以管束的事务超过自然法所决定的事务，但是市民法**必须**

---

〔117〕 *Rep.* 2.67 比喻性地描绘过。
〔118〕 Cic. *Off.* 3.69. Trans. E. M. Atkins.

包含并执行所有自然法的规则。很明显，自然法在根本上决定了市民法的管辖范围。一些不那么重要的法规可以通过地区性的、具有历史特别性和偶然性的方式来处理，但是那些根本性的原则（即自然法所管辖的）是所有其他不那么根本的规范的基础并且起到管束它们的作用。如果这些自然法的根本性规范自身都没有承载（自然）正义的观念，那么它和制定法之间的关系就说不通了。[119]

然而，就本书的目标而言，我不需要在这场学术争论中选边站。即便阿特金斯的立场是正确的（即第二卷和第三卷之中的法律只是接近自然法），那么这些法律也代表着高阶的标准，即一套旨在支配和限制普通制定法的宪制规范。容易给人造成混淆的是，西塞罗把第二卷和第三卷中的法律称为 leges，就好像它们构成了由人民大会通过的普通制定法一般。我认为，这个混淆还造成了另一个误解：西塞罗认为这些规则的有效性依赖于人民大会的同意，或者至少是对话中的其他两个角色的同意（西塞罗的朋友阿提库斯和他的兄弟昆图斯）。然而，西塞罗已经明确指出，这几卷中所提出的规则的有效性并不依赖这种同意。当西塞罗恳请他的朋友们同意的时候，他只是在玩修辞的把戏，没有任何其他的意思。西塞罗所追求的有效性是基于自然法的标准，并非一个集会的投票。[120] 这也造就了西塞

---

[119] 否则，无限倒退就会出现；自然正义的规范本身必须导向一套更根本的规范，而这套规范本身可能是偶然的，但它本身又导向另一个更根本的理想，以此类推。

[120] Cic. *Leg.* 2.14. Atkins, *Cicero on Politics*, p. 207 非常强调：阿提库斯和昆图斯不接受西塞罗的法典中所提出的所有条款；按照这个逻辑，至少已经接受的条款应当被看作是自然、普世且永恒的。然而，这个逻辑是不成立的。虽然正如阿特金斯所写，西塞罗确实提到"某个成文法"，（转下页）

罗的所谓法律的辑录（事实上，这里的法律应当被理解为一系列高等级的宪法性的法）以及实际的制定法（由人民大会所通过）之间的等级差异。西塞罗明显试图建立起一个机制来加强在《论法律》第二卷和第三卷中所包含的宪法规范和纯粹制定法之间的等级区分。其中最为重要的尝试是——与罗马的历史实践相抵牾——西塞罗改革了监察权，使其变成了一种旨在保护"法律的忠贞（fidelity）"的一种权力。[121]

西塞罗非常确定，阿特金斯正确地指出的政治中"理性的限度"的问题的唯一可能的解决方法，就在西庇阿的均衡的、好品性的宪制的权力制衡和组织结构之中。他也说得很明白，在《论法律》中他为这种均衡宪制指明了宪制规范。当昆图斯指出《论法律》第三卷中提出的宪制法典和罗马历史上的宪制设定之间的相似性的时候，马库斯回答道：

> 昆图斯，你的观察非常正确。这就是西庇阿在另一本

（接上页）"如果它能满足特定标准的话"当然会被认为是有效的——但是，这些标准是由正确理性（recta ratio）所提出的，而且其有效性来自自然法。Leg. 1.42 尤其是 Leg. 2.8-14 非常清楚地阐明了这个区分，见 Girardet, *Ordnung der Welt*, pp. 72-73. 还有一个有意思的观点在 Schofield, "Cosmopolitanism," p. 13：正是理性之人的判断提供了这个标准，而偶然的因素影响这个判断。同样参见 Ferrary, "Statesman and the Law," p. 69, n. 52。

[121] Cic. *Leg.* 3.11. 亦参见西塞罗加强占卜师的分量的尝试，这和实际运行的主流情况是不同的；正如我们在第三章（pp. 95f.）所见，占卜师会将违反吉兆的案子交给元老院，而元老院的裁量才是法律是否有效的依据（参见 Lundgreen, *Regelkonflikte*, pp. 265-266）。在《论法律》（*Leg.* 2.21）当中，西塞罗似乎认为占卜师应该有属于自己的职权，类似于一种司法审查："无论一个占卜师宣布什么是不正义、错误、有瑕疵的（*iniusta nefasta vitiosa*）或是凶兆，这些事情都是无效的；不服从者将会被判处死刑。"翻译来自泽策尔，除了 *vitiosa* 这个词，这里显然是指某种技术性的程序瑕疵：Dyck, *Commentary*, pp. 308-309. 参见 Nippel, "Gesetze," pp. 87-88。

书中所赞颂并且最为同意的均衡国家。如果这些官职不这么分配的话,这个国家就没办法实现。[122]

宪制解决方案是制度性的,自觉区别于美德导向。正如西塞罗在《论共和国》中所说,这个体制是在"共和国的权威之下",通过制度和法律（*partim institutis, alia legibus*）,[123]为了公民的幸福和正义的生活（*beate et honeste vivendi*）而造就的。乍一看,这与亚里士多德有几分相似,但是我们即将在对《论义务》的讨论中看到,这实际上和逍遥派的理想国家——一种旨在塑造公民从而使他们可以过上有美德的生活的教育机器——十分不同。西塞罗对宪制体制的关注应当已经提醒我们:他并不主张以美德为中心的政治理论。西塞罗的评注者们经常论断,宪制和谐（*concordia*）对于西塞罗来说就好比制衡学说对波利比乌斯一样,但是西塞罗在《论法律》第三卷中所提出的保民官的历史证明,他和波利比乌斯一样（但与昆图斯的拒斥不同）,对维持制度化的冲突和不同宪制权力之间的制衡非常感兴趣。[124]西塞罗对于保民官否决权或者调停权（power of intercession）的着重加强更加证明了这点,这当然和他对格拉古的看法（通过剥夺他的同僚奥克塔维乌斯的否决权而破坏了宪制秩序）是一致的。[125]

正如我们在第一章中所见的约翰·塞尔登对西塞罗的解读,人们通常认为,在必要时,西塞罗的《论法律》赋予了

---

[122] Cic. *Leg.* 3.12. Trans. Zetzel,有修改。参见 Schofield, "Cosmopolitanism," p. 12。
[123] Cic. *Rep.* 4.3.
[124] Cic. *Leg.* 3.15-26.
[125] Cic. *Leg.* 3.42. 西塞罗对禁止连任和《年资法》（*lex annalis*）的强调：*Leg.* 3.9。

主要官员以打破宪法的权力。这种看法产生的根源就是著名的"让人民的安全成为最高法"。[126]克林顿·沃克·凯耶斯（Clinton Walker Keyes）推进了这个看法，他认为西塞罗"实际上希望让执政官处于法律之上"，"在面对紧急情况时给予执政官超常权力"。[127]然而，凯耶斯自己也指出，这个解释实际上和《论法律》中所提出的宪制之间——具体来说，就是和它的第一准则"让执政官的权力合宪"（iusta imperia sunto）——存在张力。这一准则意味着，存在着界定执政官权力的制衡措施，特别是上诉权："让官员管制不服从且有危害性的公民……如果没有相等或更大的权威或人民禁止这件事情的话，得保障向人民上诉的权利。"[128]我们还有更进一步的证据："正如同法律管制官员一样，官员也如此管制人民"——这就已经概括了宪制规范和官员之间的等级关系。[129]当西塞罗把人民安全提升到宪制规范的地位的时候，他为在任执政官的行为提出了一个至高的宪制原则，而非把执政官置于法律或任何宪制规范之上。如果我们理解了"让执政官的权力合宪"和上诉权的制约，就应该把这个宪制原则理解为对执政官权力的制约而非紧急状态下的一种许可。[130]

那么，西塞罗的安全（salus）的实际含义是什么，或者他的公民幸福生活的确切含义是什么？尽管有关段落乍看上去有亚里士多德的痕迹，但是人们却没有办法在其中发现那种足以

---

[126] Cic. *Leg.* 3.8.
[127] Keyes, "Original Elements," p. 317.
[128] Cic. *Leg.* 3.6.
[129] 同上书，3.2。
[130] 参见 Dyck, *Commentary*, pp. 458-459，有关 *Leg.* 3.8："困难或许在于过于字面地去理解这句中的'法'。"

澄清幸福主义（eudaemonistic）的美德伦理的目的的全局性的幸福主义机制。当然，传统的核心美德还是受到了一定程度的关注，只是西塞罗更强调将正义（iustitia）定义为避免对他人私有财产的侵犯的规则，而不是逍遥派重视的美德作为塑造品格的习惯对幸福多么必要。总而言之，保护私有财产的规则是重点，作为通往幸福或生活得好（well-being）的道路的美德则不再被强调。[131]当西塞罗使用他最具特色的短语"人民的安全"[132]的时候，他在想什么？关于这个问题，我们是有重要线索的。西塞罗思想的一个线索是对国家存续的关切：西塞罗在公元前63年自己就采取过行动来维护人民的安全。[133]但是，我们必须要记住西庇阿对populus（人民）的定义是"对于什么构成宪法达成一致的人"。从这个角度看，人民的安全就是保全人民对法的同意的坚实性。

当我们转向西塞罗晚期关于实践伦理的著作《论义务》的时候，我们可以看到西塞罗发展了一套关于罗马共和宪制的学说，在其中罗马共和宪制是奠基于自然法的，而国家的目的在于维护正义（这和他在《论共和国》和《论法律》中的看法一致）。而正义在这里就明确在于保护和保障本质上是前政治的财产权利。

在《论义务》当中，西塞罗在他对政治社会起源的解释中重新引入了人类脆弱性，但是自然社会性则更加重要而且最终

---

[131] 见 Cic. Off. 1.20-60 论正义（20-40 论狭义正义，41-60 论慷慨）。见戴克关于狭义正义和慷慨/善心（liberalitas/beneficentia）之间的区别的评论：Commentary, pp. 106-107. 偶尔西塞罗也会象征性地提一下幸福（eudaemonia）：参见 Leg. 1.52。
[132] 这个词组在演说中出现了18次：Dyck, Commentary, p. 459。
[133] Winkler, Salus, p. 31。

被认为可以独自驱使人行动。而通过采用一个斯多亚的属己学说［至少大体是帕奈提乌斯（Panaetius）版本的］，人类脆弱性从图景中消失了。[134]理性活动和对真理的追求被单独提出来，作为美好生活的必要之事，但是其他"任何可以为人和他身边之人的舒适和生存做出贡献的东西"也是同样必要的。[135]

西塞罗在第二卷讨论了统治原则。在讨论完《论共和国》与《论法律》之后，我们现在有能力把这些看作是均衡宪制需要体现的原则加以评估。西塞罗一开始就说，土地法是错的，因为它剥夺了人民的财产：

> 那些管理公共事务的人必须首先意识到，每一个人都会握紧属于他的东西，而公共行动绝不可剥夺普通公民的私有财物。菲利普斯在他保民官任内有害地提出了土地法……

随后，西塞罗定义了国家的**目的**（西塞罗由此澄清，这里的讨论不仅仅关于好的政治策略，而是触及了他政治思想的核心）：

---

［134］ Cic. *Off.* 1.11f. 参见 Dyck, *Commentary*, pp. 88-92, 提及了这里有波利比乌斯的影响；Lefèvre, *Pflichtenlehre*, pp. 19-20 认可了西塞罗自己的贡献。亦参见 *Off.* 1.158：反对伊壁鸠鲁观点的理由。

［135］ Cic. *Off.* 1.13; 1.12. Trans. Atkins. 这非常接近于霍布斯对于"人民的安全"（*salus populi*）的解释，他在《法律原理》（*Elements of Law*）2.19.1, p. 179 中引用了西塞罗的短语："让人民的安全成为最高法；我们必须要这样理解，它不仅仅意味着保存他们的生命，而且在一般的意义上保存他们的福祉和善。"他进而指出"生活的便利"（commodity of living）是关键的尘世善好，被囊括于"人民的安全"这个短语：*Elements* 2.19.3, p. 179; Malcolm, *Reason of State*, pp. 116-117 所引。

政治社群（political communities，*res publicae*）和公民身份的构建之目的尤其在于使人们可以握紧属于他们的东西（*ut sua tenerentur*）。或许，是自然首先引导人们聚合成群，但是使他们到城邦中寻求保护的是一种希望：保障他们的所有物（*spe custodiae rerum suarum*）。[136]

那么，对于西塞罗而言，就存在着前政治的财产权利，而政府的合法性就奠基于它能在何种程度上保障这些前政治的权利。故而，私有财产权为政体的合法性提供了一个准洛克式的标准。根据这个标准，我们可以评价现存政治秩序，而西塞罗也希望把这个标准提高到宪法规范的地位。故而，杰德·阿特金斯的看法（西塞罗的政治理论中找不到**自然**权利）必会受到挑战。[137]固然，私有财产权一开始并不存在于自然状态之中，但是一旦它们出现（比如通过先占的方式），就受到自然法的保护，从而也应当受到宪制规范的保护。[138]这些规范的目的并不在于提供一个**分配**私有财产的正义模式，相反，它接近于政治哲学家罗伯特·诺齐克（Robert Nozick）的义务论的（deontological）、以财产为中心的正义理论，分配正义完全被矫正正义（corrective justice）所取代。西塞罗确实是向反亚里士多德的方向迈出了激进的一步，将保障前政治的财产权利转变为政治正义和合宪性的定义本身。正如 G. E. M. 德·斯

---

[136] Cic. *Off.* 2.73. Trans. E. M. Atkins. 见 Wood, *Cicero's Social and Political Thought*, p. 132。
[137] Atkins, *Cicero on Politics*, pp. 138-154. 阿特金斯此处谈的是《论共和国》，但是西塞罗的《论义务》应当被看成是一部将《论共和国》和《论法律》中所提出的国家目的问题进一步明确的作品。
[138] Cic. *Off.* 1.21.

特·克瓦（G. E. M. de Ste. Croix）所见，我们从未见过任何一个希腊作家将对私有财产权的保障提升到"国家的首要功能"这般地位。[139]土地法、免除债务或者任何类似的再分配措施都破坏了宪制规范，即国家的根基（fundamenta rei publicae）；正义的政治秩序使得每一个人都能握紧他所有的东西，各得其所（suum cuique）不再是应得的和正义的分配的结果，而是政治正义与合宪性的前政治标杆。[140]西塞罗通过举例的方式特别否定了苏拉的清算令以及凯撒的解除债务措施。宪制规范的正义（aequitas iuris）和法庭的正义的首要功能就在于"使得每一个人保有他所应得的"（suum quisque teneat），以及"不让弱者因其弱势地位而被压迫，不让富者因为他人嫉妒而不能保存或恢复原属于他们的东西"。[141]

早在公元前 69 年为凯基纳的辩护词中，西塞罗就已经提出了他有关国家的核心目的之观点。他在那里指出：财产权需要被国家保护，或者更准确地来说，被不可动摇的法律规范保障。如果这些规范可以由于任何专断的考量而被改变，那么就不会有财产权利而且最终也不会有政治秩序，因为是法律为这种秩序提供了纽带（vincula utilitatis vitaeque communis）。[142]我们正是依靠了法和制定法才得以享有财产："我们每一个人所享有的财产，与其说来自那些真的留给我们财物之人，不

---

[139] Ste. Croix, *Class Struggle*, p. 426.
[140] Cic. *Off.* 2.78. 参见 *Caec.* 70：一个轻视法的人会摧毁制定法和正义（*leges ac iura labefactat*）。要了解共和国的奠基（*fundamenta rei publicae*），参考 Suet. *Aug.* 28.2：奥古斯都在敕令中想让自己被称作最高地位的创造者，因为他为共和国奠定了牢固的基础。
[141] Cic. *Off.* 2.85. Trans. E. M. Atkins.
[142] Cic. *Caec.* 70-74.

如说是我们的宪法和制定法（maior a iure et a legibus）的遗产。"〔143〕这是归功于宪法的不可改变性的关键特点：法庭上的陪审员们或许可以被腐化，但是法律不能被临时改变。〔144〕托马斯·霍布斯抓住了西塞罗的这个说法，并认为它可以证明西塞罗也认为在缺乏主权的情况之下就不会存在财产权利。但是，这过于草率地把西塞罗看成一个推崇主权的实证主义者。不同于霍布斯，西塞罗并不认为国家创造了财产权利，相反他认为国家的目的是保障它们，并且我们可以通过看国家是否能成功地保障财产来评判它，而霍布斯则认为只有自我保存这唯一的前政治的主张可以被用来判断主权者的合法性。〔145〕霍布斯正确地看到，西塞罗认为财产权在一定程度上依赖于政府保障，因为自然状态中缺乏安全，但是西塞罗的立场显然是洛克式的而非霍布斯式的。对于洛克而言，就像对于西塞罗而言，在自然状态中，人类对占有物的享有是"非常不确定的，而且经常暴露在他人的侵犯之下"，这才是国家存在的理由和规范层面的辩护。〔146〕

西塞罗对于私有财产的概念也并非狭义的实证主义（positivistic）或是法条主义（legalistic）；他所想的权利并非仅依靠实定法律获得效力。当西塞罗在《论义务》中讨论西锡

---

〔143〕 Cic. *Caec.* 74. trans. Hodge, 有修改。
〔144〕 同上书, 72。
〔145〕 Hobbes, *Leviathan*, vol. 2, ch. 24, p. 388：" 即便是西塞罗（这个热情的自由的捍卫者）也曾在公开请求中把所有财产归属于市民法。" 霍布斯认为"财产的引入是国家的后果"，但是这和西塞罗的如下立场不符：国家的目的是保护财产。但是，在霍布斯的自我保存和西塞罗的财产权利之间还是存在形式上的类似关系。
〔146〕 Locke, *Second Treatise*, ch. 9, §123. 国家是产生正义的工具而不是反过来：不同于 E. M. Atkins, "'Domina et Regina'"。参见 Horn, "Politische Gerechtigkeit"。

安的阿拉图斯（Aratus of Sicyon）的时候——西锡安的阿拉图斯面临的问题是，财产应当被判还给已被剥夺财产达50年之久的财产所有者，还是自此剥夺开始就已经占有了该财产的持有人——所想的明显是由罗马土地法产生的规范性问题。他阐明：即便在西锡安这样没有"依据法律的长占"一说的地方，最近的占有者可以拥有对他们所占有的土地的正义的主张并要求宪法保护，"因为长时间以来，这块地作为遗产被继承、被买卖以及作为嫁妆而被给予，所有这些都不是非正义的（sine iniuria）"。〔147〕阿拉图斯通过认可两方占有者的权利，并通过赔偿那些没有重新得到权利的人的方式获得了和平与正义。故而，他得以避免分裂（divellere）人民的利益（commoda civium），并在正义的法规（aequitas）和善意的信任（fides）之下将每个人联结起来。〔148〕

重要的是，当正义的规范（aequitas 或 ius）以及实定法规范（ius civile）相碰撞的时候，正义的规范具有优先地位，正如《论法律》第二卷和第三卷中的宪法规范一样。在《论义务》第三卷，斯多亚哲学家巴比伦的第欧根尼（Diogenes of Babylon）和他的学生塔苏斯的安提帕特（Antipater of Tarsus）对关于买卖的罗马法律中的一些案例进行了辩论，而规范的等级关系也就此浮出水面。〔149〕他们讨论了在财产转移过程中隐

---

〔147〕 Cic. Off. 2.81. Trans. E. M. Atkins. 这显然和那些公共土地的长占者是类似的，见第三章，pp. 105-109。参见 Cic. Sest. 103。

〔148〕 Cic. Off. 2.82-84。

〔149〕 Cic. Off. 3.50-67. Lefèvre, Pflichtenlehre, pp. 164-167：这场辩论不是发生在历史上的第欧根尼和安提帕特之间的。相反，这个段落完全是罗马的和西塞罗式的。有关这场辩论的历史真实性和可能的史料来源，参见 Dyck, Commentary, pp. 557-564。

瞒和欺诈的法律事务。挑战在于：一个行为是否可以被称作是对的（*honestum*）或者仅仅是权宜的或者明智的（*utile*）。《论共和国》中的卡尔内阿德斯辩论已经体现了两者之间潜在的张力，而这张力自然也构成了《论义务》第三卷的主题。西塞罗希望展现的是：任何张力只能是表面的，因为没有什么明智的事情会在道德上是不正确的。[150]换句话说，西塞罗重新定义了 *utile*，故而，一个狭义的自利行为不再算得上是真正的明智。[151]第欧根尼认为那些没有违背市民法的现行法律规范的行为可以被允许，而安提帕特则认为，在更讲道德的自然法的规则（*ius gentium/naturae*）之下，卖方和买方之间的信息不对称应当被揭示出来。朱莉娅·阿纳斯认为，西塞罗在这里混淆了道德义务和可执行的法律权利，[152]故而这个辩论表现了一个"不存在的冲突"。[153]然而，十分清楚，第欧根尼所谈的是：符合市民法的行为**在道德上**是正确的，而非仅仅是不受法律禁止的。[154]第欧根尼相信，他的法律论点具有道德相关性。安提帕特虽然同意，但是他认为实定市民法的道德标准是过低了的。故而，冲突是真实存在的，而西塞罗站在安提帕特这边，想要通过给予自然法一个比实定法标准更高的宪法地位的方式

---

〔150〕 正如西塞罗所言，我们上文提到的卡尔内阿德斯辩论是一个模板；但是参见 Dyck, *Commentary*, p. 563, n. 50。

〔151〕 第欧根尼并没有否认安提帕特的观点［真正"开窍了的"自利（*utilitas sua*）和人类的整体利益（*utilitas communis*）是等同的］，并且潜在确认了安提帕特的立场。他所否认的仅仅是他所赞扬的行为确实构成了欺诈性隐瞒（*celare*）。Dyck, *Commentary*, p. 561 有一个不一样的看法。

〔152〕 Annas, "Cicero on Stoic Moral Philosophy," p. 164；相似的有 Nörr, *Rechtskritik*, p. 43。

〔153〕 Annas, "Cicero on Stoic Moral Philosophy," p. 165。

〔154〕 同上书，p. 161 承认，第欧根尼意识到安提帕特论点的道德本质。

来解决这个冲突。这就是为什么西塞罗支持安提帕特的立场；这也使得西塞罗对第欧根尼（更"财产友好"的一方）的反驳显得不那么"令人迷惑"，因为西塞罗的立场是关乎规则的等级性。[155]

这场关于市民法和自然法的辩论是西塞罗关于自然法和正义的根本性讨论的引论，这不是巧合。[156]我们已经看到，西塞罗借着这场辩论提出：当制定法或市民法与自然法之间出现冲突时，前者必须让位；市民法可以管束那些自然法规定的范围之外的东西，但是它**必须**包含并执行所有的自然法的规则。[157]西塞罗相信，他所处时代的一大特点正是宪法性的自然法和制定法或市民法之间的等级关系的消解。他进一步提出了基于自然法的对罗马正义（aequitas）的理解：aequitas在这里是作为自然法的正义，而自然是法的源头；但它也意指那套由罗马裁判官所主持的、罗马特有的法律程序，即"程式"（formulary）。最重要的是，它最初是由涉外事务裁判（peregrine praetor）发展起来的，这也解释了为什么它等同于万民法且高于市民法。[158]这就和西塞罗之前对正义的实质内涵的讨论联系起来了。在第三卷的较前部分，西塞罗发展出了一个正义的定义，把它称为 formula（呼应裁判官的程式流程）。根据这个定义，偷窃，即对私有财产的破坏，构成了最为根

---

[155] Arena, *Libertas*, p. 161 并没有讨论规则的等级性，故而也肯定会觉得西塞罗的立场是令人困惑的。然而，她对于西塞罗/安提帕特关于私人财产的论述却把握得很到位："从人类共同体的合伙性来看，每一个人都共享的利益是每个人都能各得其所。最终，这使得追逐私人利益成为合法的。"

[156] Cic. *Off.* 3.68-72. 我追随 Lefèvre, *Pflichtenlehre*, pp. 167-169。

[157] Cic. *Off.* 3.69.

[158] Cic. *Off.* 3.72.

本的不正义,会导致社会的解体。[159] 我们故而已经来到了西塞罗政治和宪制思想的核心——正义,它被罗马法语言定义为"对现存的财产所有物的保障"。而这个正义具有高阶宪法规范的地位。

关于西塞罗根本的政治理论,他的宪制思想的实质告诉了我们什么?西塞罗的宪制主义并不是我们可以在柏拉图《理想国》中的格劳孔或伊壁鸠鲁派的政治理论那里找到的对国家的契约主义辩护。它也不仅仅是斯多亚派或亚里士多德式的关于自然社会性以及政治联合的自然性的看法。它不是契约主义的,因为它预设了并不可以随意攫取的私有财产权;它不是亚里士多德式或斯多亚派的,因为它为国家的辩护增加了一个重要的方面(即使也接受它的起源的自然性)。这个额外的关于私有财产权的辩护是一个非常重要的特色,它改变了应用于政治制度的正义理论;西塞罗卓有成效地把政治正义的分配性面向完全替换成了矫正性的面向,使得政府的合法性与合宪性都奠基于政府对既存的、根本上是前政治的财产分配情况的尊重,并且对政府再分配的权力进行宪制约束。

---

[159] Cic. *Off.* 3.21. 程式流程是 3.19-32 的核心,这个文段处理的是正义和自利之间显在的矛盾。见 Lefèvre, *Pflichtenlehre*, pp. 141-151:关于这个文段所具有的罗马特殊性,而且有更进一步的文献。

第五章　希腊与罗马宪制思想对比

在这一章中,我将试图找出并描述希腊政治理论与罗马宪制主义之间的重要分别。宪制主义史家查尔斯·麦克伊万(Charles H. McIlwain)指出,在希腊政治思想中,"国家中的法"被认为"仅仅是整个政治体中的一部分或一方面,从来不被认为是政治体需要遵从的一种外在于或不同于国家的东西";[1]相反,西塞罗无论在其演说词还是哲学作品中都提出了一种在时间上先于国家且约束国家的法律。对于这个主张,"没有一个公元前5世纪或前4世纪的希腊人能想象自己会提出来,即便他在理智上可以理解这样一种法律"。[2]

无论在柏拉图还是亚里士多德那里,*politeia* 这个词都不能被理解为有关一种更高的、刚性的、规范性的、前政治的宪法性法典。相反,这个词是**描述性的**,是对一个既定国家的实际构架的描述。当亚里士多德讨论国家中的最高权威(to

---

[1] McIlwain, *Constitutionalism*, p. 37.
[2] 同上书,p. 38。Pani, *Costituzionalismo*, pp. 46-47:同样强调了差别。

kurion）的时候，他想说的是现实的最强权力，而非我们今天会和"主权"一词关联起来的那种合法性权威。亚里士多德对 *politeia* 的著名看法是：它是城邦官制的组织（*taxis*）。[3] 我们不能将这一看法解读为亚里士多德将 *politeia* 看作现代意义上的规范性宪制；对这一看法还需要补充亚里士多德的另一主张，即 *politeia* 是"城邦的生活"。[4] 对于亚里士多德而言，伦理学和政治学之间没有显著的区分，而 *politeia* 作为城邦的政治体系塑造城邦及其公民的生活。[5] 故而，它是"一种把所有公民——而非仅仅是那些有特殊权力的在位者——组织起来的方式"。这是因为对于亚里士多德来说，"'我们如何组织我们的官制'这个问题不能和'如何生活最好'这个更为基本的问题分开讨论"。[6] 在柏拉图的《理想国》中，理想城邦"美丽城"通过其秩序达成统一，从而可以被称为既幸福又正义的。这里的幸福并不是个体公民的幸福而是城邦整体的幸福，并且当规划理想国家的秩序的时候，关键不在于使城中不同阶级参与到幸福（*eudaemonia*）之中——这是否实现是留给自然的任务。[7]

柏拉图

我将首先勾勒一下柏拉图思想中与我们的主题相关的观点；随后，我将综述亚里士多德的政治和宪制理论；接下来，

---

[3] Arist. *Pol.* 4.1.1289a15.
[4] 同上书，4.11.1295a40.
[5] 参见 Newman, *Politics*, vol. 4, p. 210。
[6] Kraut, *Aristotle*, p. 15.
[7] Pl. *Resp.* 4.421c.

我会对比希腊思想背景和罗马政治思想，从而使我们能够更好地看到两个思想传统之间的重要差异。我将从柏拉图在《理想国》中对理想城邦中的正义的刻画开始。今天，当我们试图寻找正义概念的实质内涵的时候，我们倾向于诉诸平等、物品的分配或是对个体自由的保护。然而，柏拉图提供了一个非常反直觉的对正义的看法：理想城邦中不同阶级的自然均衡。正如埃里克·纳尔逊所言，对于柏拉图来说，"一个人的'应得'（due）是他在一个理性均衡的、有机的整体中的自然位置"，所以正义就是"诸元素的自然秩序"。[8]这里的元素所对应的就是柏拉图三元城邦中的护卫者、辅助者以及生产者。这三个阶级互相之间必须保持某种特定关系以实现城邦正义。但是，朱莉娅·阿纳斯正确地批评道：正义难道不是"通常被认为关乎自身和**他者**的关系吗"？但是对于柏拉图，"城邦之所以是正义的，并非因为它和其他城邦的关系，而是因为自身三部分之间的关系"。[9]

的确，根据《理想国》中的苏格拉底所说，构成正义的是三个等级彼此明确区分，而不只是每个人都不插手别人的工作。每一个等级中的个体或许可以在不给城邦带来巨大伤害的前提下分享等级内其他人的工作或从自己的专业分工中偏离，但没有一个人应当跨过三个等级的边界：

> 赚钱阶级、辅助者以及护卫者在城邦中发挥属于各自的功能，做属于自己的工作——这和刚才所描述的恰恰相

---

[8] Nelson, *Greek Tradition*, p. 13, n. 53.
[9] Annas, *Plato's Republic*, p. 119.

反——这样就是正义而且会实现城邦正义。[10]

这是因为构成三个阶级的个体在本质上是不一样的，故而使得阶级成为自然类别；如果不在制度层面表达出这种自然差异，那么这将是不正义的。

但是现在城邦被认为是正义的，因为存在于其中的三种自然类别各司其职。[11]

众所周知，柏拉图把他理想城邦的大厦构建在城邦和个体灵魂的类比之上，其目的就是展现对城邦和个体来说，正义是一样的，并且像健康一样，既因其自身也因其后果而值得拥有，因为苏格拉底认为它可以导向幸福——既在个体的层面又在国家的层面，而幸福可以表现为统一（unity）。个体的正义在于他或她的灵魂中的各部分之间的正确关系：理性实施统治，血气或者意志负责动机，而欲望或欲求服从于理性的要求，最终获得与身体健康相等的健康和谐的灵魂状态。很明显，柏拉图这里希望给作为个体的我们每个人以活得正义的理由——谁不希望自己健康？谁会不想按照苏格拉底的方式安排自己灵魂的各部分？正如评论者们已经指出的那样，这个论述存在着一些问题。第一个问题就是这个正义观是悖论性的：当苏格拉底被迫解释为什么一个人要过一种传统意义上的正义生活的时候，他的回答是另外发展出一套不同于传统的正义观。他并没

---

[10] Pl. *Resp.* 4.434c. Trans. P. Shorey.
[11] Pl. *Resp.* 4.435b.

有向我们解释为什么不去偷或撒谎,而是激励我们让欲望服从理性。下一个问题是个体和国家的类比:即便一个人认为苏格拉底新的、非传统的正义观在某种程度上为传统的正义观提供了支持,这种理解下的正义如何可以在国家中产生却完全不清楚。看上去,国家的三个阶级如同灵魂的三个部分,各自非常不同,以至于不共享任何特征。[12] 代表欲望的生产者之所以服从于护卫者,只是因为护卫者的统治在辅助者(代表血气或骄傲)的帮助下被施加到了生产者身上;[13] 但是,如果按照这个观点去理解,那么辅助者自身作为个体没有任何可能变得正义和获得幸福,更别提生产者了;相反,根据苏格拉底渴望建立的城邦和灵魂的类比,受到理性统治的护卫者作为个体是唯一可以获得个人幸福的。故而,幸福一方面是护卫者的谓词,另一方面又是作为整体的城邦的谓词,但是它并不是理想城邦的任何其他公民的谓词。[14]

据柏拉图所写,正义是因其自身而值得被追求的,但是正如苏格拉底希望在《理想国》的第八、第九卷所展现的,它也因为其带来的结果而值得追求。[15] 对于个体而言,幸福从正义中产生;对于国家而言,统一由正义而来。马尔科姆·斯科菲尔德对柏拉图的统一理想进行过有趣的讨论。他写道:"统一原则",即"对城邦最好的东西就是那个统一它的东西"的论断,算得上是苏格拉底的善的公式(formula)。斯科菲尔德继

---

[12] 见 Annas, *Plato's Republic*, p. 150。
[13] 柏拉图所构想的强迫的程度并不是很清楚;见 Annas, *Plato's Republic*, pp. 116-117, 172-174。
[14] 不同于 Vlastos, *Studies*, pp. 80-84 以及 Taylor, "Plato's Totalitarianism"。我同意 Brown, "How Totalitarian is Plato's *Republic*?"。
[15] 见 Annas, *Plato's Republic*, ch. 12。

续反直觉地论证道：这个将统一作为需要实现的统领性理想的看法与罗尔斯式的现代政治自由主义相去不远。斯科菲尔德写道，尽管现代自由主义坚称，"诸多关于生活的整全看法之间存在着矛盾，且每一种看法都包含自己对善的概念"，但是柏拉图的统一原则和"罗尔斯会同意的原则之间的相似之处比人们所认为的更多"。[16] 然而，这里所论的是政治社会的善，而不是美好生活的共识。我们固然可以说柏拉图认为，对于他的理想国中的国民而言，也并不存在着某种共享的美好生活的观念，因为这些公民在自然上属于人类的不同阶级；无论是生产者还是辅助者看上去都没有能力获得个体幸福。对于国家而言，是这些人把幸福（也就是统一）带入了城邦，故而他们具有工具性价值——从这个角度来说，生产者和辅助者（甚至是护卫者，因为统治也不是他们本来想去做的事）被期望为国家而牺牲自己实际的欲求。如果他们不牺牲，就要强迫他们牺牲。至于到底需要什么程度的强迫，柏拉图常常语焉不详，[17] 但是，在苏格拉底描述理想国家统一体的破裂时，他很清楚地表明，为了统一，在冲突时，生产者们可以被强迫甚至被奴役：

> 当内战爆发时，阶层或人性会一分为二。铁和铜把国家拉向贸易以及占有土地、房屋和金银。相反，另外一对（金和银）会把国家引向美德和传统制度，因为他们的灵魂并不贫瘠而是在自然上富有。他们在互相竞争和角力

---

[16] Schofield, *Plato*, pp. 216-217.
[17] 关于此，见 Kahn, "From *Republic* to *Laws*"，以及参见 Schofield, *Plato*, pp. 272-274：强调了对强迫的限制和服从。

之后妥协。土地和房屋将会分割并归私人所有,他们同意去奴役那些之前被他们看作是自由人、朋友以及提供者的人。他们现在把这些人当成仆人和奴隶,而他们的职责是盯着这些人并且负责战争。[18]

从这段话,我们非常清晰地看到:冲突被认为是绝对的坏事,并且重要的是,柏拉图并不设想用任何**公共或宪法性的法律**来管束冲突。生产者的自由只由护卫者的美德来保障,缺乏任何保障"权利"这样的东西的**正式**制度。朱莉娅·阿纳斯正确地强调:在美丽城里,"所有阶级都被保障可以去自由地拥有那些对他们最好地扮演他们的社会角色有必要的东西,与进行相应的行动",[19] 但是,只有那些对实现各阶级扮演其**社会**角色有必要的东西才受到保护,而这种保护也没有上升到**法律**保护。护卫者的品格与美德是唯一的约束。实际上,柏拉图所建造的理想国家中唯一有点重要性的法律规则是处理教育问题的——并不是和作为整体的美丽城有关的教育,而是护卫者应当接受的教育。[20] 柏拉图所认为的阶级(在自然上是不同的)和构成《理想国》政治理论主要目的的统一之间存在着张力。吊诡的是,阶级之间的刚性且制度化的差别刚好服务于国家的统一。国家完美统一之时,正是国家最像和谐的个体灵魂的时候。如果我们严肃地看待城邦和灵魂的类比,就会得出:如果"每一个阶级都与灵魂中的有限的功能对应,那么在一个重要的意义

---

[18] Pl. *Resp.* 8.547b-c. Trans. T. Griffith.
[19] Annas, *Plato's Republic*, p. 177.
[20] Pl. *Resp.* 425a; 502b-c. 法律同样规定了护卫者的共同耗用(common consumption):*Resp.* 417b。

上，城邦中的公民就不会共享一个共同的人类本性"。[21]

这导向了另外一个问题：柏拉图的正义观（阶级之间或是灵魂的部分之间的和谐）很难为传统的正义观念（"给予每个人其所应得"，或归还"欠"他或她的东西）做出解释和给予支撑。[22] 美丽城中的正义不仅仅与生产者处于臣服地位相容，甚至还要求保持这种状况。什么才能避免个体护卫者（符合柏拉图的正义观且有能力获得幸福）做出传统上被认为是不正义的行为（比如偷窃或毁约）？当然，苏格拉底认为，护卫者的教育以及随之而来的灵魂的秩序可以保障这点。[23] 这也是为什么那些关于护卫者教育[24]（甚至或许类似宪法规范）的法律规范处于核心地位，而其他制度与法律规范则无足轻重——和理想统治者的美德与知识相比，这些规范和制度显得逊色。柏拉图非平等主义的人类学理论和对于人类的看法是他政治理论的基础：既然公民在自然上是不平等的，那么正义则会要求理想国家的结构体现这种不平等。

把这种方案和我们自己的自由主义政治正义观来比较是有教益的。我们预设我们并没有任何的标准使得我们能够根据相关的自然差别区分公民，进而赋予一些人政治权力以及获得幸福的能力，同时也否定另一些人的政治权力和获得幸福的能力。我们要注意，柏拉图之所以坚持有这种标准，是因为他的人类学基础（人性论）：柏拉图认为，经验上看，并非所有人都分有理性。在他看来，出于正义，这要求那些没有能力拥有

---

[21] Annas, *Plato's Republic*, p. 150.
[22] 西蒙尼德斯（Simonides）的定义：Pl. *Resp.* 1.332c。
[23] Pl. *Resp.* 4.443a; 6.485c-e.
[24] 同上书，5.458c-d, 502b-c。

197 理性和知识的人不去参与治理事务——的确，那些没有充分具有理性的人被比作奴隶，此举意在把整个生产者阶级描绘成奴性的和不自由的。以下这个著名段落描述了一个生产阶级的成员的心理设定：

> "你认为为什么一个从事体力劳动或者以手干活的人会被鄙视？是否是下面这个理由：在他之中，最好的元素是天生孱弱的，故而他没有办法控制他自身中的那些生物，只能成为它们的奴仆。他所能做的全部就是去学会如何取悦它们。"
>
> "显然如此。"
>
> "所以如果我们想要这种人和最好的人处于同种统治之下，我们必须说，这种人必须是最好的人的奴仆，因为最好的人自身内部有神圣的统治者，不是吗？当我们说一个人需要被统治的时候，我们并不是想要去伤害这个奴仆，这是特拉叙马霍斯（Thrasymachus）的被统治观。我们只是说，最好每一个人都被神圣和智慧者统治。在理想情况下，一个人自身之中有自己的神圣和智慧的元素，但如果这做不到，那么就要从外面强加到他身上，这样的话，我们都会尽可能地接近平等，并且都是朋友，因为我们全都在一个相同的统治者的引导之下。"[25]

有学者认为，这段描述不是有关美丽城的，而是对现实中既存的奴隶或生产者的描述，故而，我们"没有理由认为好城邦中

---

[25] Pl. *Resp.* 590c-d. Trans. T. Griffith.

的农民、手工业者和商人会如这里所描述的体力劳动者和以手干活的人"。[26] 但是，正如特伦斯·欧文（Terence Irwin）令人信服地指出的，没有任何线索表明苏格拉底认为《理想国》中的理想城邦的生产者阶级会被他们自己的理性所统治，[27] 而上述描述看起来确实是针对理想城邦的。无论在美丽城还是在柏拉图的切身经验当中，生产者们在自然上都是服务于其灵魂中较劣部分的，这也正是为什么正义要求生产者阶级要被护卫者统治。当然，奴役在这里固然是一个比喻，但这并不意味着理想城邦中的生产者会参与哪怕一点点统治活动；只是说，生产者不会是传统意义上的奴隶。就理性是"从外""施加"到生产者身上的而言，生产者会被护卫者以强制性的方式统治；但是，整个城邦中的友谊依然会被保障，因为护卫者的统治不会削弱生产者自身的欲望和最终目的（他们的欲求，特别是赚钱的欲求），而会使其达成。里夫（Reeve）把这个事态描述为"统治者通过保障一个结构而造福生产者，因为在这个结构之中生产者的欲求终其一生都会被可靠地满足"，故而统治者的命令也不会"总是和生产者自身的欲求相左"。[28] 但是，这与生产者阶级不参与城邦的统治这种政治秩序相容，而且也是这种政治秩序所要求的；再次重申，这是因为，在经验现实层面

---

[26] Schofield, *Plato*, p. 274.
[27] Irwin, *Plato's Ethics*, p. 351；亦见 Reeve, *Philosopher-Kings*, pp. 48-49。
[28] Reeve, *Philosopher-Kings*, p. 285, n. 3. 参见 Kraut, "Reason and Justice," pp. 217-218，其提出这种解释和阶级之间的友谊并不兼容，而且他怀疑生产者们实际从护卫者的规则（在 Resp. 590c-d 给出）中获益。亦参见 Schofield, *Plato*, p. 275：尽管斯科菲尔德拒绝了欧文和里夫的解释，并且提出生产者"可以内化理性所给出的对欲望的限制"，但是他也承认"他们灵魂中的理性永远不能占据主导位置"。

生产者就是不自由的（即，被他们的欲望统治），这也是他们必须要被护卫者的理性统治的原因。有趣的是，生产者阶级是唯一可以拥有"生产资料"（或者简单地说，私有财产）的人，而财产则与统治者们毫无关系。

对于我们而言，以下的几点至关重要。首先，柏拉图的哲学家王是有绝对权力的，他们行使权力的原则都服从于他们自己的考量。对于生产者而言，他们的生活方式里面没有自治这一说——正如我们所见，正义在于他或她并不超越生产者阶级的边界——也不存在任何公共的法律或宪制补救措施；很简单，这里没有任何种类的宪制权利。[29]当然，我必须公平地说，柏拉图认为统治阶级的教育（正如我们所见，教育是少量几个受到多少有点重要性的法律规则管辖的领域之一）会发挥制约的功能，因为它保障了理性会以至高的方式（可以说是"以宪制的方式"）统治所有人，而"每一个人最好都被神圣和智慧者统治"。美德（既被理解为个人幸福的途径，又被理解为国家统一的途径）应当发挥作为唯一约束的功能。

柏拉图在《理想国》第八卷所写的理想国家腐败和衰败的历史为法律约束的缺席提供了例证。美丽城的衰落被描述为统治阶级品质的败坏，而且不存在制度性或法律性的对衰败的补救措施。在我们引用过的苏格拉底对理想国家之统一性解体的描绘中，可以清晰地看到：一旦护卫者的教育和品格在几代之间坍塌，那么就没有什么能约束统治者的所作所为。如果他们将私有财产占为己有并奴役生产者，那么没有刚性的法律规范

---

[29] 见 Annas, *Plato's Republic*, pp. 172-178；关于希腊思想的权利概念，见 Burnyeat, "Did the Ancient Greeks have the Concept"。

可与之抗衡。令人惊讶的是，柏拉图自己并没有得出法律制度或许可以为内乱提供解决方案这样的结论。原因似乎在于——除了这种衰败被认为是不可避免的之外——当理性的统治缺失的时候，无论是个体护卫者的幸福还是国家的统一都是不可能的，从而使得理想秩序原本值得追求的东西不复存在了。无论如何，护卫者的品格和教育都是《理想国》中美丽城的政治制度的唯一保障。

我们可以总结：柏拉图对人性有一个先验的看法（也就是说，不是通过探究人们实际的利益和欲望而达到的）。根据这个看法，只有少部分个体有能力发展他们的理性并且按照理性生活；故而，只有这些（自然上的）精英有能力获得自由、正义和幸福。这意味着，剩余的人民可以并应该在原则上被强迫去扮演柏拉图意图给他们的角色；实际上，如果城邦的统一性需要，正义会积极地实施强制。重点在于，柏拉图的出发点是从规范性而非描述性角度出发理解的个体的利益，而公共善好被认为是人民**理应**拥有的利益和欲望的总体性和谐。正如朱莉娅·阿纳斯所言：柏拉图，

> 毫不犹豫地为了他的人性理论中的理想个人的需求和利益而牺牲现实中的人民的需求和利益。他的起点是设定了一个作为机制的国家，通过这个机制，所有不同形式的人性的自然需求，都会和谐地被满足。但是他最终给人民强加了这样的要求：他们中的大部分人都会觉得这些要求是外在设定的，而且不能实现他们所认为的自己的自然本性。[30]

---

[30] Annas, *Plato's Republic*, p. 181.

这是因为，在柏拉图看来，"只有一小部分人才有卓越所需的品质，故而，理性获得卓越要求强迫大部分人顺从，无论他们是否喜欢"。[31] 作为对比，马尔科姆·斯科菲尔德则采取了更为同情的视角，他更倾向于不那么强调强迫而是强调约束与自制（sophrosune）的解释，而约束与自制是通过"文化工具，主要是意识形态和法律的结合"所达成的。[32] 但是，鉴于整篇对话中法律发挥的作用非常有限（除了它在教育问题上的重要性之外），而且仅仅只有美丽城中的护卫者得到了相关的教育，我们很难不说：柏拉图确实是在"强加"给人民那些他们自己会觉得是"外在施加"的"要求"。同样，法律也有强迫的成分，生产者被施加的约束很大程度上是对惩罚的恐惧带来的。如果生产者撒谎被护卫者抓到，那么惩罚将至；说到底，"对主人的服从"构成了对生产者的限制。[33] 对欲望的抑制似乎最终是依靠对惩罚的恐惧。[34]

总体图景是把国家的利益和它的统一放在至高无上的位置，同时忽略现实中的人们的利益和欲望。[35] 柏拉图支持女性自然平等的革命性论点甚至也可以展现这个总体图景。柏拉图的著名论点是：在自然上，没有什么东西要求女性去追求与男性不同的职业，两性之间的生物差异与职业追求是不相关的。[36] 我们从

---

[31] Annas, *Plato's Republic*, p. 181.
[32] Schofield, *Plato*, p. 273.
[33] Pl. *Resp.* 3.389d-e.
[34] 但参见 Kahn, "From *Republic* to *Laws*," pp. 350-353。
[35] 对柏拉图统一概念太具野心的批评，见 Arist. *Pol.* 2.1-6，尤其是 2.1261a17-31：太多的统一性会毁坏城邦，因为城邦自然就是由杂多组成，而且这种做法会把城邦化约为一个家庭。
[36] Pl. *Resp.* 5.453e-455a，亦参见 7.540c。

两方面发现这个论点的意涵的有趣之处:一方面,柏拉图关于女性平等、符合条件的女性成为护卫者以及女性与男性护卫者享受同等教育的主张,不是基于对现实中女性利益的考量。相反,这个是一个工具性的主张:**女性对于国家而言**是一个未开发的资源。[37]属于女性的平等并不是权利(更别说是人权),相反,那些有护卫者品质的女性所享有的平等是用来增益美丽城以及它的统一的。如果它不能增益理想国家,那么其首先就不会是一个问题。[38]

朱莉娅·阿纳斯对柏拉图的批评有一定道理。不过,我们来看女性平等的第二个意涵:柏拉图的看法在这里又是建立在一种特殊的人性论上的。需要强调的是,在女性的护卫者品质和资格问题上,一方面柏拉图一些有关女性的自然平等的先验观点具有非常革命性的潜力,但在另一方面,比起柏拉图要求生产者服从的做法,他关于女性的观点的父权色彩毫不逊色。如今我们也分享这个女性平等的看法——并且推广到所有女性——这一事实不应该让我们忽视这一重要洞察:在这个问题上,柏拉图依旧没有给予他那个时代的城邦中现实存在的女性成员的欲望和利益以任何关注;他对于人性的看法是由先验推理得到的规范性看法,那些以革命性的方式被置入美丽城中的女人们是这一规范性看法下应然的女人。

但是,阿纳斯对柏拉图关于女人的论点的批评同样是有误导性的:我们自己支持女性平等权利的理由当然不是工具性的(为了理想城邦的统一),但是,我们自己的理由是否也有某种

---

[37] Pl. *Resp.* 5.452d-e, 456c, 457a-c.
[38] 见 Annas, *Plato's Republic*, pp. 181-185。

特定的人性论基础呢？女人在相关方面的自然上和男性享有同样去做特定的事的品质，这样一个柏拉图也在一定程度上持有的看法，是发展现代自由主义根基处的以权利为基础的理论的**必要预设**。如果没有这个观点，我们不可能达到一种自由主义的、基于权利的平等。在我们平等地询问了每个人实际的欲望和兴趣之后，我们要问：是否某些人应当被强迫去按照他们自然的平等性来生活？这时差别就会出现。当柏拉图时代的雅典女人被问这样的问题的时候，她们也许会（令自由主义者满意地）回答，她们宁愿待在家里。相反，柏拉图则不顾年轻女人的实际愿望，强迫她们（或许她们正处于生产者阶级）承担护卫者的角色。

重要的区别在于：从自由主义的角度来看，女人的平等权利应当因为**正义**而被坚持，即便这种坚持会有代价或危害城邦的统一。在柏拉图看来（《理想国》中所表达的）正义需要**某些**女性的平等权利和义务，因为这会导向城邦的统一和更大的幸福。

总结而言：根据《理想国》，个人幸福只是对于统治的哲学家而言才是可能的，而且，即使哲学家也只是在他们准备好扮演他们在城邦中的角色的意义上，才分有幸福。[39]进一步，对柏拉图来说，"我们最终应当想要什么"以及"什么构成了幸福"这样的问题有一个客观的答案——至少对那些曾经受到了良好的哲学教育因而是有知识的人而言可以给出这样一个答案。正是这个知识让我们得以回答：在想要正义地行动时，我们应当做什么。这种处理正确行动的实践知识是次要的，而涉

---

[39] 要了解《理想国》中哲学家和非哲学家的深刻区别，见 Bobonich, *Plato's Utopia Recast*, pp. 67-72。

及人类幸福问题的客观答案是首要的。重点在于,不存在任何超出或者先于政治的幸福:美好生活(对于那些在自然上有能力享有它的少数人而言)只是在理想国家中才有可能,而理想国家所朝向的是统一。这对所有国家来说都是最大的善:

> 好吧,对于一个城邦而言,我们能认为存在着一个比分裂城邦、让它变成多个而非保持一个城邦更大的恶吗?或者,存在着比那些统一它、使它成为一的东西更大的善吗?[40]

我们已经看到,没有任何制度性或法律性的措施能对理想国家之目的加以限制;面对统治阶级,国家中的普通个人没有资格得到任何受保障的积极权利。这不仅是因为柏拉图认为国家及国家统一具有优先地位,而且还因为柏拉图对法律安排感到倒胃口(这个理由是独立的)。至少在《理想国》和《政治家篇》中,柏拉图认为,对于有知识的政治家而言,法律安排是不合适且应该反对的阻碍。在《政治家篇》中,柏拉图让伊利亚(Eleatic)的异乡人说出了下列关于法律和技艺的观点:

> "但是现在很清楚,我们必须要讨论没有法律的政府的合适性问题。"
> "当然,我们要讨论。"
> "无论如何,从某个角度讲,立法属于王权的科学,这很清楚;但是最好的事情不是法治,而是有智慧、拥有王者本性的人成为统治者。你知道为什么吗?"

---

[40] Pl. *Resp.* 5.462b. Trans. T. Griffith.

"为什么？"

"因为法律不能精确地决定到底什么是对一个人和所有人来说最高尚和最正义的事情，从而促使他们去做对他们最好的事，因为人与人、行动与行动之间是不同的；而且我会说，人类生活中从来没有什么是固定的，这些理由意味着任何一种妄图以一个简单规则统辖所有时间、所有事物的科学是不可能的。我觉得，我们是不是可以同意这点？"

"当然。"

"但是，我们看到法律正是希望做到这件事。就如同一个顽固又无知的人不允许任何人做任何违反他命令的事，不允许哪怕问他一个问题；即使某个人有了一些新想法，且比他自己所规定的法则好，他也不允许。"[41]

异乡人说："当然，我想，任何掌握了王的知识的人，如果他有能力这么做，都不会给他自己的道路设下障碍——写下我们所称的法。"[42]随后，他继续问：

"但是如果有人为在各个城邦中受到立法者的法律照管的各个人群制定了关于正义和不正义、荣誉和耻辱、好与坏的成文或不成文的法律，这个人却不被允许制定与那些原先立法者的法律相左的法律，即使是专业的立法者或者类似的人莅临，这种限制看上去不是滑稽的吗……？"[43]

---

[41] Pl. *Pol.* 294a-c. Trans. Harold N. Fowler.
[42] 同上书，295b。
[43] 同上书，295e-296a［我用"专业的"（expert），而非该译本的"科学的"（scientific）］。参见295b-d处和医生的对比。

这个论点使得异乡人走向一种家长式的观点，即"无论有智慧的统治者做什么，他们都不会犯错……因为他们总是在施行绝对正义"，[44] 即便这不得不建立在强制的基础之上：

> "如果人们不顾成文法和祖先传统，被迫要去做那些比他们原来所做之事更正义、更高贵且更好的事的话，那么你告诉我，那些责怪如此使用强力的人——除非这个人滑稽异常——无论如何也不会说被强迫者们在强迫者的手里受到了屈辱、不正义以及邪恶的对待吧？"
>
> "非常对。"
>
> "但是，暴力会当使用者是富人就正义、是穷人就不义吗？或者，一个人无论贫富，无论是通过说服或是其他方法、符合成文法律或者不符合，但凡他做了对人民好的事，这难道不就是正当政府的最正确的标准，而智慧且好的人也会依此来管理他臣民的事务？就如同船长会在任何时刻注意对船只和水手是好的事情，不是通过写下规则，而是通过让他的技艺成为他的法，从而保存他的同伴。那么一个正确的政府难道不应该由那些会用这个原则统治的人——使技艺高于法律——以同种方式来建立吗？"[45]

如此，构想一个服从于法律统治的国家或是政府则变得不可能了。在柏拉图看来，单纯的遵纪守法不能被认为是一个优点；在柏拉图的理论大厦中，宪制和诸种宪法权利的概念就更是没

---

[44] Pl. *Pol.* 297a.
[45] 同上书,296c-297a。Trans. Fowler［我使用的是"技艺"（expertise）而非"科学"（science）］。

第五章　希腊与罗马宪制思想对比 | 273

有位置了。在异乡人发展他的正确的"政制"(πολιτεία)观念时,这点表现得非常明显:只存在一个正确的合法政制,这就是由政治家用技艺统治的专制统治(autocratic rule)。[46] 由此,政体的六分法和根据政体形式排列的政治系统的等级就是无足轻重的了;因为,和那唯一正确的 politeia 相比,这六种体系都是同样不正确的。[47] 但是,这个 politeia 只是在狭义、描述性的意义上是"宪制"。这个词只是对一个技艺高超的政治家的极权统治的描述,没有任何规范性的内容。这个政治家所做的一切都不能被逻辑一贯地称为是违宪的;确实,即便他改变了政府体系,也称不上是违宪。

虽然《法律篇》这个晚期作品乍看上去有令人吃惊的强调法律和制定法的明显倾向,似乎展现出了和《理想国》与《政治家篇》很不一样的图景,但事实上没有差别。《政治家篇》中很显眼的对法律的怀疑主义看起来在这里让位于更富同情的进路:在《法律篇》中,克里特人克莱尼斯(Cleinias the Cretan)极为有趣的尝试是去充实雅典来客的观点,其方式是通过给次佳政体马格尼西亚(Magnesia)中被提议的立法以自然法的味道。立法者需要说服公民:法律(νόμος)和他的技艺(τέχνη)如果真的都是理性的产物,那么就都"在自然上(φύσει)存在"。[48] 这里柏拉图最接近于发展出一个基于自然法的宪制的规范性概念。然而,我们必须要把此处和《法律篇》中之前提

---

〔46〕 Pl. *Pol.* 293d-e.
〔47〕 见 Balot, *Greek Political Thought*, p. 213:"柏拉图自己的核心评论是'对宪制类型的整个讨论几乎是没有意义的',因为真正的宪制'正确性'的标准是统治者的知识。"
〔48〕 Pl. *Leg.* 10.890d.

出的一个观点结合起来阅读：总体而言，马格尼西亚之所以依赖法律，是源于一种对人性的悲观看法以及人类的灵魂规律为美丽城施加的界限，而非对于正义和立法的关系问题有一个态度上的原则性转变。法律之于人类必要的原因还得到人类本性（φύσις ἀνθρώπων）中去寻找，或者更准确地讲，在动机问题中去寻找。在一处似乎放弃了苏格拉底否定不自制（akrasia）现象的地方，柏拉图承认：且不说能使人们认识到什么有益于城邦的认知能力，总是存在一个动机问题。[49]"理由是这样的：没有人的本性既能自然地感知到对人的公民生活有益的东西，又能在感知之后还有能力并且愿意去实践这最好的东西"。[50]即便给定统治者具有知识，比起《理想国》和《政治家篇》，《法律篇》对统治者的动机的信任也是更有限的。《政治家篇》为有知识的专家的专制统治辩护，《法律篇》则针锋相对地表达出怀疑：

> 即便一个人完全掌握了技艺原则的真理，如果他后来又控制了国家，成为一个不用被问责的独裁者，那他也不能被证实能始终奉行这个观点、永远持续地促进国家的公共利益并把它当作首要之事，且把私利看成是次要的。相反，他的有朽本性总是促使他去做一些攫取和自利的事，非理性地避免痛苦并且追求享乐；他的有朽本性会把这两个目的放在正义和善之上。通过滋长自身之中的黑暗，它会让自己和整个国家都彻底充满各种邪恶。[51]

---

[49] Pl. *Leg.* 9.874e-875b. 这看上去表达了一种关于动机的外在主义（externalism），而不是柏拉图的典型说法。
[50] 同上书，9.875a。Trans. Bury.
[51] 同上书，9.875b-c。

正是这种怀疑辩护了雅典人选择了马格尼西亚（次佳国家）而非理想国家的做法。但即便如此，以下的看法仍然存在：如果神意使一个在本性上适合统治的人出现，那么就没有必要把法置于他之上，因为"没有法律或者法令比知识更强大，而让理性服膺于任何东西都是不正当的"。[52]但是，这种人并不存在；故而，需要一个适应于实际存在之人的动机缺陷的法律框架。虽然这是一个重要妥协，但是我们必须要考虑的是：就宪制主义观念而言，这里是否有任何更根本的东西发生了改变。上述所引的克莱尼斯的话（立法者有必要说服马格尼西亚的公民：法典是理性的产物而且自然上存在）已经非常接近将这些法看成是比单纯法律习俗更为刚性、比其他规则得到更彻底的辩护。[53]

然而，我们难道就可以认为这种说法就是一种对自然法观念以及宪法概念的表达了吗？我并不这样认为。首先，我们已经看到，即便理性可以被表达为一种刚性且制度化的法则，这也仍旧是一种次佳解决方案。理想统治者仍旧不需要以规则为基础的框架，就像《政治家篇》已经说明的那样：一般的法则没法妥善处理个别情况。其次，马格尼西亚的法律"凭借自然存在"是立法者用来说服民众的，我们并不清楚雅典来客自己是否这么认为。同样，克莱尼斯摇摆于法律是凭借自然存在还是凭借和自然相等的某种东西而存在这两种观点之间。第三（而且是最重要的），鉴于"没有法律或法令比知识（和理性）更强大"，那么马格尼西亚的法律规则的地位则必然很不稳。

---

[52] Pl. *Leg.* 9.875c.
[53] 欧文在 "Morality as Law" 一文中反而尝试解释：《法律篇》提出了一个（内在）自然法的概念。

在这方面，柏拉图的看法与我们现在的功利主义理论类似，正如吉斯拉·斯特莱克（Gisela Striker）所言："看上去，柏拉图认为，法律有某种功利主义理论中的法则所享有的地位——它们总是经验法则（rules of thumb），因为正确性的实际标准是其所造成的后果，而这就不可避免会造成法则有众多例外。"[54] 柏拉图这里不存在比其他制定法更为刚性的高阶法律规则的概念，也没有任何规范性意义上的宪法概念。

一个政府的合法性基础在于：它能在何种程度上让它的公民拥有美德。人们可以说，和《理想国》相比，《法律篇》颠倒了国家和公民之间的优先等级，而且《法律篇》所描述的幸福是所有公民都可以拥有的，而并非局限于哲学家王。然而，关于幸福的论断是否成立取决于我们对于柏拉图在《法律篇》中所划定的公民权的边界的看法。伯波尼希（Bobonich）正确地认为，这部晚期作品中的公民权是非常排他的：《理想国》中的生产者在《法律篇》中失去了他们的公民权，[55] 这和未来亚里士多德在《政治学》中所提出的秩序很像。[56] 但是，城邦和它的公民之间的优先等级问题呢？正如我们所见，在《理想国》中，美丽城可被称为幸福的原因是它的统一，而且所谓的幸福是用来描述城邦的整体，而不是公民们。[57] 这似乎与《法律篇》十分不同，就治国技艺的最终目标而言，在后者中，国家的统一性让位于个体幸福：

---

[54] Striker, "Origins," p. 214. 亦参见 Rowe, "The *Politicus*"; Cooper, "Plato's *Statesman*"; Gill, "Rethinking Constitutionalism"; Lane, *Method and Politics*。关于 *Laws*，参见 Morrow, *Plato's Cretan City*。

[55] Bobonich, *Plato's Utopia Recast*, pp. 413-417.

[56] 同上书，p. 576, n. 96。

[57] Pl. *Resp.* 4.421c. 见上文 p. 199。

简单来说，我们所同意的核心内容是：无论我们国家的成员（无论他是男是女，是老是少）以什么样的方式变成好公民、拥有属于人的灵魂的卓越（无论是来源于某种追求还是品性，还是某种形式的食谱，还是欲望、意见或是心灵的学习），贯穿其人生的全部努力都应该朝向达成这个目的；没有一个人应当展现出对任何有害于这个目的之物的偏好；最后，关于国家，如果有必要的话，即便颠覆国家也不能自愿服从于较差之人统治的奴役枷锁之中，否则他就必须弃国流亡。人必须忍受所有这些磨难，而不该转向一个自然地使人变差的政体。[58]

重要的是：这时国家已经完全服务于它的公民的幸福了。这些公民不似在《理想国》中那样具有鲜明的阶级差异，在原则上，他们**都**有接受教育的能力（故而可以过有德性和幸福的生活）。的确，"城邦中所有法典的目标都在于促进公民全体的所有美德"。[59] 然而，正如上文所述，这就需要重新划定公民权的界限，"而使正义的政治联合成为美德者的社团"。[60] 那么，我们不能说《法律篇》和《政治家篇》中关于公民权限制的法规，以及那些保障城邦最终目的所要求的教育的规范，已经到达了刚性的、高阶的宪法规范的层面了吗？我认为，这种说法有几分道理，但是我强烈怀疑（按照柏拉图自己的论证的逻辑）这些法则自身也得服从于统治者的意志；无论是在《政治家篇》还是在《法律篇》中，统治者或许仍旧在美德的等级

---

〔58〕 Pl. *Leg.* 6.770c-e.
〔59〕 Bobonich, *Plato's Utopia Recast*, p. 417.
〔60〕 同上书, p. 416.

上高于其他公民。[61] 其次，正如在《理想国》中那样，任何超政治或前政治的幸福，以及与国家竞争的规范性论断（即自身不依赖于城邦法则的规范），是没有位置的——好的生活（只有很少的人自然上有能力享受）只在理想城邦当中才有可能。故而，即便和公民权有关的法则以及教育确实可被称为高阶的（由于它们是美丽城和马格尼西亚秩序的前提），它们也绝对不是宪法性的（由于并没有独立于政治的超政治或前政治领地）。在柏拉图这里，这样一种具有严格界限的、和政治分隔开的、不受政治体侵蚀的领域在原则上是不可能存在的。统治者的理性洞察或许可以被看作是一种限制，但是出于事情之本性，它无法被法典化为宪法规范。[62]

亚里士多德

现在，让我们转向亚里士多德。亚里士多德当然是将《政治学》构思为《尼各马可伦理学》续篇的，它旨在实现《伦理学》中所论证的那些目的。《伦理学》中所描绘的美好生活如同在柏拉图的《法律篇》中一样，成为政治的最终目标，而政治则成为实现真正伦理目的之工具。接下来的讨论会表明，亚里士多德认为他的政治理论中的药方是人类美好生活实现的必要条件。因此，政治学不仅仅是简单的、随随便便的一种实现伦理学目标的手段，而是必要而根本的手段。从另一面说，亚

---

[61] 参见 Bobonich, *Plato's Utopia Recast*, p. 415。
[62] 不清楚的是，理想国中的护卫者们自己是否会保护诸如护卫者的共产主义、女性教育等基本信条，也许柏拉图会认为：有知识的统治者不会想改变这些基本信条。

里士多德认为他的《伦理学》是一部"政治性"作品并且坚持两部作品之间系统性的连续性。[63]乍看上去,那些在不遵循亚里士多德原则的城邦中生活的人(也就是说,我们今天所有人)都不能过上美好生活。这是因为,对于亚里士多德,就像对柏拉图一样,如果没有美德,那么成功且美好的生活是不可想象的:对于亚里士多德而言,美德自身就是由城邦和它的法律所塑造的(这和柏拉图《法律篇》中的观点很类似),故而美德也依赖于城邦。国家于是就像一台"教育机器"一样工作并且为美好生活负责。

我们在亚里士多德著作中所遇到的最有影响力的观点是他的政治人类学,即他对于人类的生物学本性所做的考量。众所周知,从这些考量出发,他得出许多规范性结论:

> 当很多村落联合成一个完整的共同体(足够大以至于可以或近乎自足)的时候,国家(πόλις)就产生了。它起源于纯粹的生活需求,却是为了美好生活的目的而持续存在。故而,如果早期形式的社会是自然的,那么国家也是(διὸ πᾶσα πόλις φύσει ἐστίν),因为这时国家是它们的目的,而事物的本性就是它的目的。因为无论是谈论人、马或是家庭,我们都将每一事物完全发展时之所是称为它的自然,此外,一个事物的目的因和目的就是最好的,而自足就是目的以及最好的。故而,很明显,国家是自然的造物,人在自然上就是一个政治的动物。那个在自然上而非因为偶然而没有国家的人,要么

---

[63] Arist. *Eth. Nic.* 1.1094b11.

是坏人,要么超越了人性……[64]

人的美好生活只能由国家中的人来实现,这个论点是建立在对人性的一个独特看法上的。不同于其他动物(为了合作也发展出了"政治"体),人类有语言;这一自然特征使得他们以一种特殊的方式合作,也就是通过论证什么是正义的、什么是不义的。这种论证在城邦中得到了制度化的表述——可以说城邦允许人最充分地表达他们的自然,因此城邦据其自然存在:

> 现在,很明显,人与蜜蜂或其他群居动物相比,更是一种政治动物。正如我们常说的,自然不白造任何一个事物,而人是唯一一种拥有语言禀赋的动物。纯粹的声音只是快乐和痛苦的指示,故而也可以在其他动物身上发现……语言的能力意在表达什么是有益的、什么不是,进而什么是正义的、什么是不义的。人有这样一个特质:只有人才有善恶的观念、正义和不义的观念以及类似的观念。具有这种观念的生物的联合产生家庭和国家。[65]

当然,亚里士多德不像伊壁鸠鲁一样[66]把利益和正义等同起来,但是,他把它们都看作是人类特有的关切。快乐可以是某

---

[64] Arist. *Pol.* 1.1252b28-1253a4. Revised Oxford translation, ed. by Jonathan Barnes. 要了解作为一个典型的非政治性的人的阿里斯提布(Aristippus),见 Xen. *Mem.* 2.1.13。
[65] Arist. *Pol.* 1.1253a7-a18.
[66] Diog. Laert. 10.150. 亦参见 Hor. *Sat.* 1.3.98。

些社会的目的，而家庭和城邦则是"伦理性的统一体"。[67]他对这一观点的说明（人类在自然上被造成在城邦中生活）服务于他另一个更为胆大且著名的论点：国家或是城邦"在自然上是优先于（πρότερον δὲ τῇ φύσει πόλις）……个人的，因为整体必然优先于部分"。亚里士多德通过类比来解释："如果整个身体被摧毁，那么就不会再有手和脚。"事实上，"处于隔绝状态的个体不会自足"也证明了这点。故而，正义"是政治性的东西（ἡ δὲ δικαιοσύνη πολιτικόν）；而对正义的管理，即决定什么是正义，则是政治社会的秩序原则"。[68]

亚里士多德很小心地说明：国家并不是在谱系学的意义上先于个体的——事实上，个体和家庭的出现先于国家——而是在概念的意义上先于个体的。正如 W. L. 纽曼（W. L. Newman）的概括所示："当部分从整体中分离的时候，部分失去了它发挥功能的能力"；国家"在自然上存在且先于个体，因为如果个体与城邦分离时并非自足的话，那么他就是后于城邦的，正如部分在整体之后一样"。[69]纽曼正确地指出：就这样来看，这个论证并不成立。假设"个体在没有国家的情况下不是自足的"是事实（还不一定），那它"也并不能证明：个体和国家的关系是部分与整体的关系"。即便我们承认，个体与城邦的关系和部分与整体的关系一样，我们仍旧不能"得出所有整体的所有部分和它们的整体都是一样的关系。肢体是身体的一部分，轮子是马车的一部分，一小块石头是整块石头的一部分，

---

［67］ Newman, *Politics*, vol. 2, p. 124.
［68］ Arist. *Pol.* 1.1253a19-a39. 此处的翻译有调整。
［69］ Newman, *Politics*, vol. 2, p. 125.

但肢体和身体关系要亲密得多"。[70] 很明显,亚里士多德采取这个论证想要证明:个体为了完善自己并达到良好生活必然需要国家。其关键原因在于城邦之外无美德——的确,亚里士多德声称,在城邦之外,正义的美德是无法构想的,也即正义**在本质上**是政治性的。

当亚里士多德声称国家据其自然存在并且先于个体,并进一步声称个体的自然目的在于美好生活(只能在城邦中获得)的时候,他预设了什么样的自然概念?自然的东西仅仅是(从经验上来说)那些正常的、构成了行为的通常模式的东西吗?有时候,我们会被引导而认为答案是肯定的,而亚里士多德的"自然"就是"习俗"。然而,在其他时候,亚里士多德把非常不寻常的行为看作是"自然的"。朱莉娅·阿纳斯已经很有力地说明:亚里士多德同时使用两种不同的自然观念:一种自然指"我们开始的地方,但却很难作为任何伦理向导",[71] 而另一种则更强,指的"不是那个最小的、以待改进的起点,而是其本身就是可欲的目的"。[72] 她把第一种非规范性的自然观念称为"纯粹自然",这是与具有规范性重要性的"完满自然"相对而言的。[73] 阿纳斯认为,亚里士多德在《尼各马可伦理学》第六卷对"自然的"和"恰当的"(proper)美德之间的区分与纯粹自然和规范性意义上的自然的区分完美呼应。[74] 更强的、具有规范性意义的自然概念还有其他的例子:亚里士多德在《伦理学》第一卷

---

[70] Newman, *Politics*, vol. 2, p. 126.
[71] Annas, *Morality*, p. 143.
[72] 同上书,p. 145。
[73] 比如,霍布斯似乎就使用"纯粹自然"意义上的自然概念。
[74] Arist. *Eth. Nic.* 6.1144b1-12. Annas, *Morality*, pp. 143-144.

中著名的对人类目的或功能（ergon）的看法,[75]他在《伦理学》第七卷中对快乐的看法,[76]以及《政治学》第一卷中使用"自然"概念的方式。故而，当亚里士多德声称国家据其自然存在并且先于个体的时候，以及当他说个体的自然目的就是（只能在城邦中获得的）美好生活的时候，他看上去在使用第二个具有规范性意义的自然观念。他认为，只有城邦才能代表朝向国家的社会发展的自然终点，而这个看法实质上是一个关于人性的论题,[77]即人性"是这样的：只有在城邦形式的共同体中，人们的需求才会被满足，他们的利益才会被关照"。[78]但是，这里有一个含混的地方：亚里士多德徘徊于规范性的自然观念和"纯粹的"自然概念之间。对于他而言，城邦不是力量或者操纵的产物。[79]这个看法是有很强的经验基础的；他的历史语境和希腊城邦的历史都至少给了他一个乍看之下充分理由来认为，城邦是国家建立之自然终点，而此处的自然则有"纯粹"自然的经验意味。相反，诸如马其顿或波斯帝国这样更大的政治实体则被认为仅仅是建立在力量的基础之上的。[80]

---

[75] Arist. *Eth. Nic.* 1.1097b21-1098a20. 不同于 Annas, *Morality*, p. 144："我们不能把这个论点推进得太过，以表明亚里士多德的自然观比纯粹自然更强。"因为他"并没有着重地把这个论点表现得和自然挂钩，反而"有些随意"。但是，亚里士多德似乎是要表明，人确实在自然上具有功能，他通过回答自己的设问——人是否自然而然地倾向于没有功能（ἀργὸν πέφυκεν）——否定地回答了这个问题。他通过回答这个问题而发展出来的目的论当然可以解释为基于第二种、规范性的自然概念。

[76] Arist. *Eth. Nic.* 7.1152b33-1153a15; 1153b7-19.

[77] 这和他的生物学观点完全相符，见 Arist. *Ph.* 193b3-12。关于这个问题的讨论，见 Everson, "Aristotle on the Foundations"。

[78] Annas, *Morality*, p. 150.

[79] 同上书，p. 152。

[80] 同上书，pp. 151-152。

故而，亚里士多德的国家的自然性是含混地既建立在"纯粹的自然"（这里国家自然性被看成是寻常的或是习俗的），又建立在更具规范性意义的自然概念上。正如阿纳斯有力地指出的，在亚里士多德的另一个论证中，他关于自然的概念不能依赖经验证据而必须毫不含糊地建立在规范性意义上。他有一个著名且有影响力的论证：有几种赚钱方法不是自然的，但是这些做法（比如贸易）当然绝不是不寻常的。对于亚里士多德而言，无论是城邦还是奴隶制都是自然的，因为它们是习俗，但他所认为的自然的赚钱方式（即，只是为了满足需求而生产，极少交换）代表了某种原始主义（primitivism），和他的时代的实际情况当然相反（贸易是非常寻常的）。[81] 如果一个人要把这些"自然的"赚钱方式引入亚里士多德时代的城邦，那么这将会造成与实际运行的经济方式革命性的断裂（尽管事实上，亚里士多德分享了偏好农业的贵族滤镜，而对贸易带有偏见）。故而很清楚，在这个例子里，亚里士多德的自然概念是规范性的。我认为《政治学》第一卷整卷根本上谈的都是同样意义上的自然，因为即使在亚里士多德表面上依赖希腊政治发展的经验证据的地方，他也遮掩了一个事实：他对于城邦的偏爱需要很强的关于人性的规范性假设，而这不能只建立在"纯粹自然"之上。

这里，关于亚里士多德和早期现代政治理论的关系的简要的题外话或许是有帮助的。传统政治思想史的写法通常非常强调亚里士多德和早期现代的区别，尤其是把托马斯·霍布斯（公元1588年—1679年）的工作和亚里士多德区分开来。我并

---

[81] 见 Annas, *Morality*, pp. 156-157。

不想去否认那些根本性的差别,但我认为霍布斯本人对于亚里士多德主义视角的看法似乎有时影响了对亚里士多德的解释。当我们思考亚里士多德关于没有国家之人的看法时,我们会意识到自己在多大程度上已经潜在地思考了《利维坦》著名的第十三章中所描述的自然状态。在这方面最有趣的是之前所引的亚里士多德的论断:正义本身和那个表达并加固正义的法律框架是政治性的事物,也就是说,它们在本质上是政治的(ἡ δὲ δικαιοσύνη πολιτικόν)。[82]并不清楚的是,这是否应该仅仅被理解为一个经验论断,即正义和法律就事实而言在国家以外是找不到的。但是看上去,亚里士多德的论断是更强的,也就是说,在国家之外,在**原则**上我们缺乏区分正义和不义的标准。如果从这种解释入手,那亚里士多德看起来一下就和霍布斯更靠近了:在城邦之外,只有非道德性的(amoral)自然状态,其中"充满了人的欲望和暴食",就像"最为野蛮的动物"。[83]让我们把这与霍布斯著名的对自然状态的论述比较一下:

> 显然,在没有一个共同权力使大家保持敬畏的时间中,人们就处于被称为战争的状态。这种战争是每个人对每个人的战争……这每个人对每个人的战争,还会产生一种结果,那便是不可能有任何事情是不义的。是与非、正义与不正义的观念在这儿都不能存在。没有共同权力的地方就没有法律,而没有法律的地方,就没有不正义。[84]

---

[82] Arist. *Pol.* 1.1253a37-39.
[83] 同上书,1.1253a36-37。
[84] Hobbes, *Leviathan*, vol. 2, ch. 13, pp. 192, 196.

或许这种缩小亚里士多德和霍布斯差距的解释太极端。对于亚里士多德来说重要的是：国家是凭借自然产生的，但是所谓的"自然"并不能被简单地认为是人类的生物学自然（朱莉娅·阿纳斯的"纯粹自然"）。霍布斯的看法在某种程度上是接近于此的，因为他也认为人类曾经陷入由"纯粹自然"所主导的"病态的"自然状态之中，但是有"走出这种自然状态的可能，部分存在于他们的激情，也部分存在于他们的理性"。[85]
这种"走出自然状态的可能"对于霍布斯而言同样是自然的，而且比亚里士多德更为接近"纯粹自然"。然而，我们需要记住，亚里士多德所处理的是一个具有规范性意义的人类自然，它把美好生活的本质置于美德和在理性引导下所发展起来的习惯。这和亚里士多德对国家的目的之看法是匹配的，霍布斯当然与此不同。亚里士多德的观点当然是一个很有影响力的对美好生活的看法，但是任何一个构建在此之上的政治理论都必然有明显的反平等倾向，因为只有少部分人有充分的条件并有闲暇去培养相关的美德。霍布斯自己已经指出并且以入木三分的机敏批评了这些倾向。我认为第十五章的相关段落值得全文引用：

> 在纯粹的自然状态下，正像前面所说明的一样，所有人都是平等的，不存在谁更好的问题。现今所存在的不平等状态是由于市民法引起的。我知道，亚里士多德在他的《政治学》第一卷中将以下说法当成他学说的基础：根据自然来说，有些人更适合统治。他指较为智慧的那种人（他本人认为自己就因为他的哲学属于这类人）。另一类则

---

[85] Hobbes, *Leviathan*, vol. 2, ch. 13, p. 196.

> 适合服务，这种人就是身体强壮而不属于他那种哲学家的人。说得好像主仆之分不是由于人们的同意而产生的，而是由于智力的差别而产生的。这种说法不但违反理性，而且也违反经验；因为世间很少人会愚蠢到不愿意自己管自己的事而宁愿受制于人。而当智者满心自傲地和不相信自己智慧的人以力相争时，并不能始终或经常获胜，甚至几乎在任何时候都不能获胜。[86]

亚里士多德的政治理论事实上预设在他《政治学》第七卷和第八卷所描绘的理想国家中，大多数在经济方面活跃的人都没有一席之地。这使得亚里士多德把大部分农民、商人还有手艺人从政治权利和公民身份中排除了出去。霍布斯对他的批评中所提到的学说支持这种排除：有一些人"根据自然来说……适合统治。……另一类则适合服务（就是身体强壮而不属于他那种哲学家的人）"。在这里，"自然"大概必须被理解为"纯粹自然"。C. C. W. 泰勒（C. C. W. Taylor）敏锐地注意到了亚里士多德图景中的内在不一致，并准确地描述如下：

> 现在，所谓的理想城邦根本不是一个政治共同体，因为它对于生活来说并不自足，对于美好生活来说更不足够（1252b27-30）。相反，这是一个剥削的精英阶层，即一个搭便车者的群体（其他人放弃对美好生活的追求意愿成就了他们追求美好生活的能力）。即便不谈奴隶制的问题，这个"理想"城邦也以体系性的不正义为特点。[87]

---

[86] Hobbes, *Leviathan*, vol. 2, ch. 15, p. 234.
[87] Taylor, "Politics," p. 250.

亚里士多德自己的自足性的标准与他的理想城邦对非公民的劳动的依赖是相矛盾的。理想城邦应当造就客观上美好且成功的生活以及幸福，但是它只能为那些自身可以满足自然要求且从其本性上说可以发展美好生活之必要美德的人提供这些。发展这些美德需要闲暇，而闲暇则与赚钱和生产性活动不兼容。故而，共同体的资源（政治权利以及物质资源）仅仅或大多是为精英准备的。[88]

对于我们的研究而言，最重要的是亚里士多德的政治人类学——它声称有能力决定什么在客观上构成了美好生活，以及我们在客观上应该想要并欲求什么（而不是我们偶然地想要什么）。在亚里士多德看来，理想国家奠基在美好生活这个客观目的之上，而结果就是国家可以被理解为一个达成教育目的之机制。所谓的教育目的，也就是发展公民群体中的精英的美德品质并最终为精英们赢得美好生活。这个教育机制和任何公民的作为人的权利或宪法权利不冲突，更别说理想国家中的没有公民身份的居民了。虽然公民精英确实享有政治权利，但是对于他们或者别人而言，除了政治参与权之外，没有其他制度性的权利。为什么没有？亚里士多德所描述的不同 politeiai 的内容又是什么？

要回答这个问题，我们需要转向亚里士多德对宪制的理

---

[88] 我们应该认识到，这种反平等主义的商品分配方式不会被古代的其他哲学流派所接受，但之所以会这样，一是因为他们在什么构成了真正的善好的问题上没有达成一致，二是因为他们在分配问题上没有达成一致。斯多亚派和基督徒在这两点上都反对亚里士多德：商品应该平均分配，但由于政治权利和物质商品不构成真正的善好，他们过上美好生活的能力在亚里士多德理想国家中也不会受到阻碍。民主派虽然会基本同意亚里士多德关于什么构成相关善好的观点，但会坚持这些商品的平等分配。

解。传统上，希腊语 politeia 被翻译为 constitution。如果我们想要澄清亚里士多德的"宪制"观念，就必须首先注意他对这个词的使用以及他思想中 politeia 和国家（polis）的关系。亚里士多德写道，国家是一个集合（collection）或是结合体（composite），是由"组成它的公民"（ἡ γὰρ πόλις πολιτῶν τι πλῆθός ἐστιν）构成的，[89] 而且国家的本质是"数量足够多，以至于可以保障生活独立"（πόλιν δὲ τὸ τῶν τοιούτων πλῆθος ἱκανὸν πρὸς αὐτάρκειαν ζωῆς）的公民的集合。[90] 亚里士多德继续问到，当国家的 politeia 改变的时候，它自身是否改变。亚里士多德通过这个问题来发展他的"宪制"观念。他对这个问题给出了肯定的答案，并认为一个特定国家的 politeia 决定了它是否同一或不同（εἰς τὴν πολιτείαν βλέποντας）："很明显，一个国家的同一性主要在于宪制的同一性"，而非它居民的改变。[91] 故而，宪制成为决定性的标准，这与亚里士多德早先对公民群体的重点关注已有不同。亚里士多德通过类比展现了这点，他把国家与戏剧中的歌队相比较："尽管悲剧歌队与喜剧歌队在成员上或许一样，但它们是不相同的"。[92] 故而，politeia 决定性地刻画了国家——但是亚里士多德的 politeia 到底意味着什么？

在著名的对 politeia 的分类讨论之前，亚里士多德给出了同样著名的对 politeia 的定义：

---

[89] Arist. *Pol.* 3.1274b41. Trans. Rackham.
[90] 同上书，3.1275b20。Trans. Rackham.
[91] 同上书，3.1276b10-13. Trans. ed. J. Barnes.
[92] 同上书，3.1276b4-6。

宪制（πολιτεία）是一个国家（πόλις）中的官职安排（τάξις），尤其是对最高官职的安排。在国家中，政府（πολίτευμα）在哪儿都是至高无上的，故而政府几乎就是真正的宪制。比如，在民主制中，人民是至高无上的（κύριος），但是在寡头制中，是少数人；因此，我们说这两种宪制是不同的。其他的例子也一样。[93]

这个段落是含混的。一个国家中的官职安排被说成就**是**宪制。最高的官职是最重要的，并且这个最高官职（*politeuma*）被等同于宪制。故而，官职和政府机关的等级秩序或安排决定了我们所拥有的宪制种类。这和之前的歌队比喻是一致的，它似乎在说：每一个宪制都以一种典型的方式安排一个国家当中的公民。[94]最后做决定的权威（最终决定者、最高权威）决定了我们讨论的是什么宪制。我们会说，当人民是主权者的时候，就是民主制。但是，亚里士多德对宪制的分类是从用**形式性**的理由（多数人统治、少数人统治以及一人统治）区分不同 *politeiai* 开始的，现在又添加了一层**规范性**的标准，变得更为丰富：出现了三种"正确的"和三种"不正确的"宪制。[95]这个推进增加了一个新的规范性的视角：柏拉图所认为的仅仅是"合法"的秩序在亚里士多德这里成为"正确的"——当且仅当宪制的统治者们（它的 *politeuma*）关心城邦的共同利益而非他们自己潜在的、暴政的派系利益。我们需要牢记，对于亚里

---

[93] Arist. *Pol.* 3.1278b9-15. Trans. ed. J. Barnes，有所调整。
[94] 参见 Newman, *Politics*, vol. 3, p. 153。
[95] Arist. *Pol.* 3.1279a22-1279b10.

士多德而言，统治者们的**伦理**品质才是决定性的，而不是宪制形式。而在现实世界的"不正确"宪制中，对于亚里士多德来说，宪制问题大多是关于荣誉的主张以及社会经济阶层的经济回报，而不是和个人对国家的权利主张有关。

的确，我们需要注意，最终经济的和伦理性的标准超过了形式性的标准。亚里士多德事实上破坏了他最初的形式性分类图景，并暗示：一个穷人少数统治富人多数的国家是民主制，一个富人多数统治穷人少数的国家是寡头制。[96]《政治学》第七卷和第八卷所展现的理想国家是一个幸福主义组织（eudaemonistic organization），这有着很强的柏拉图《法律篇》的痕迹，其目标是排他性的公民群体的幸福。这个理想国家超越了第三卷中的宪制分类，而且很难把它安插进类型划分。令人吃惊的是，理想国家所代表的 politeia 的类型（按照第三卷中的分类图景来看）似乎显得无关紧要。即使在第三卷的 politeiai 的划分之中，"正确"与"不正确"的规范性区别并不和任何一个宪制形式类型绑定。最终，一个宪制是否是"正确的"和它是被一人、少数人还是多数人统治无关。即便我们不提它们的法律性的或者制度性的架构，只要它追求的是整个国家的利益而非团体的利益，它们都可以是"正确的"。在理想国家中也是如此，只要教育、美德以及幸福被促进，它就是正确的。[97]这或许是出于第三卷所阐述的理由：在美德上杰出的

---

[96] Arist. *Pol.* 3.1279b20-1280a6.
[97] 在第四卷，亚里士多德描绘了"政体"（polity），把它界定为民主制和寡头制的混合，作为一个仅仅是次佳的宪制，逊色于理想国家（贵族制和王制仍是最佳政体的选项；1289a32f.）。这些关于"政体"的"正确性"的疑虑的背后是亚里士多德对多数人的能力和美德的疑虑。

人不能由他人为其立法;"不存在管辖这些人的法律(nomos),因为他们自己就是法律"。[98]

重要的是,亚里士多德首先用描述性的标准去区分不同宪制类型。接下来,当他做出规范性判断的时候,他仍旧考量在形式上不同的各种类型。我认为,这表明亚里士多德似乎像一个我们现在的社会学家、人类学家或者政治科学家一样在运用一种纯粹经验性的宪制概念来描述实质的权力关系。《政治学》的第五卷充满了精细的对宪制变迁的历史-经验描述,其中大多是由社会经济学利益推动的。每当亚里士多德对城邦以及它们的政府做出规范性判断的时候,他都不是从宪制形式的角度出发的,而是考虑其统治者的伦理品质。现在,我们应当清楚:这种宪制概念非常不同于我们在前四章中所遇到的罗马共和国晚期的政治思想和西塞罗思想中的宪制概念。

有人或许会提出反对观点:亚里士多德把合法性(legality)或是法治(遵守法)抬高成正确且稳定的宪制的标准,故而,在这里我们似乎遇到了一种和之前所描述的罗马宪制概念很像的一种宪制概念。比如,我们在第三卷中发现著名的对以下问题的讨论:为什么法治作为一种更为理性的统治比个人统治(哪怕是最好的人统治)更值得青睐。[99] 但即使是这里,我认为亚里士多德用 nomos 所指的是实际存在的秩序(taxis)而非规范性的、高阶的法律规则体系。当我们看到亚里士多德进而把法律最终奠基在习俗(ethos)之上,对法的内容没有任何具体刻画或是要求,法也没被要求去强化任何实质性的目标,这

---

[98] Arist. *Pol.* 3.1284a13-14.
[99] 同上书,3.1287a15-1287b35。

里法律所意指的东西的描述性特点就变得越来越清晰。我们最多可以说，这里是关于我们现在所说的"法治"，也就是说，相较于独断的行为（arbitrary behavior），对规则指导下的行为有一个形式上的偏好，虽然这一偏好是不涉及内容的。当然，这本身也是非常重要的，而且和柏拉图的观点有值得注意的不同之处，但是亚里士多德的学说绝对没有涉及一种旨在保护前政治权利的规范性的宪制概念。亚里士多德的国家的具体功能（polis 的目的）是美好生活，这个目的可以在一系列不同的法律性-制度性的安排下达成；但是亚里士多德并没有给我们一个建立在实质理由基础上的对国家权威合法范围的划定。他最多承认：

> 有些人或许会说，无论如何，一个个人具有权威而不是法律具有权威（κύριον）是一件不好的事情，因为他受制于人类激情的所有起伏不定。但如果法律自己是寡头的或是民主的，这会帮助我们解决我们的问题吗？根本不会，结果是一样的。[100]

当亚里士多德像下面这样描述 nomoi 的统治的时候，他似乎靠近了那个更强的、规范性的宪制概念：

> 当法律是良法的时候，它应当拥有权威；而且……只有当法律没有能力精准处理问题（因为一般原则很难处理所有的具体情况）的时候，官员们（无论是一个还是多个）

---

[100] Arist. *Pol*. 3.1281a35-39, trans. ed. J. Barnes，略有调整。

才应当开始管事。但是,什么才是正确建立的法律还没有被解释清楚,旧的问题还在。法律的好或坏、正义或不正义都必然随着国家宪制的不同而不同。然而,清楚的是,法律必须要适应于宪制。但要是这样的话,正确的宪制必然有正义的法,而败坏形式的政府则会有不义的法。[101]

正确的 *politeiai* 产生正义的法,而法的正义性是相对于宪制被确定的。但正如我们已经看到的,宪制的正确性自身是由 *politeuma* 的目标所决定的,也就是说,由统治者的伦理品德所决定的。这里我们最终获得的是一个**描述性的**、实定的宪制概念,而 *politeia* 仅仅意味着官制的正确安排,所指向的仍旧是给那些具有正确品行性格的人(即有美德的人)以政治权利。法自身仅仅是简单地反映了它们在其中被制定的宪制语境,而这使我们回到了最初的事实:亚里士多德并没有给予我们任何可以用来测定最佳宪制秩序的实质标准。换句话说,在法之上,有的是亚里士多德对于美好生活的全神贯注,而没有任何针对那些法律本身内容的制度性的约束。[102]

亚里士多德的确触及了基于实质性标准的限制立法活动的问题——或许可以被简单地称为宪制主义问题——特别是,当他在讨论最高权威(*to kurion*)和私有财产关系的时候。然而,我不相信亚里士多德所构想的解决方案真的是**宪制性的**;相

---

[101] Arist. *Pol.* 3.1282b1-14, trans. ed. J. Barnes, 有调整。
[102] 在那些更次一点的政府中,亚里士多德所青睐的是一般法(*nomoi*)和制定法(*psephismata*)之间的形式差别以及两者之间的等级关系(见 *Pol.* 4.1292a5-7)——这是公元前4世纪雅典的特征(我们会在接下来的一节讨论)。但是如果这是一种宪制主义的话,同样也只是一种实定宪制主义,它和西塞罗基于自然法所提出的宪制主义非常不同。

反,它所依赖的是教育和美德。这里有一个看起来像一场公共辩论的相关段落:

> 这里同样存在着一个国家中的哪个部分应拥有最高权威的问题:大众?富人?好人?最好的那个人?或者是僭主?任何一个选项似乎都涉及了不令人满意的后果。比如,如果穷人因其势众而瓜分富人财产,这难道不是不义的(ἄδικον)吗?(回应将是)不,苍天为证,因为最高权威以恰当形式(δικαίως)如此意愿。但如果这不是极端的不义(ἀδικίαν),什么才是?同样,如果大众在瓜分了所有财产后又开始瓜分少部分人的财产,如果这么继续下去,他们会毁了这个国家,这不明显吗?但是,很清楚,美德(ἀρετή)不会毁坏它的拥有者,正义也不会摧毁一个国家。那么也很清楚,这项充公法(νόμον)不可能是正义的(δίκαιον)。如果它是正义的,那么僭主的所有行为也会是正义的;因为正如同大众强迫富人一样,他也是用强力强迫别人。[103]

这里我们看到亚里士多德接近一种宪制视角,但是如果我们过于强调这种解释,则一定会遇到困难。首先,我们应当注意到,这里所说的充公之所以是不正义的是依赖于一个经验性的前提,即

---

[103] Arist. *Pol.* 3.1281a11-24. Trans. ed. J. Barnes,有调整。纽曼正确地指出:人民的最高权威的捍卫者们所提出的观点是"最高权威所决定的,仅仅因为这本身就是正义的"。他故而想要把 δικαίως 翻译成"正义地"(justly),而不是"具有充分法律效力"(with full legal validity)。然而这个论证忽略了一步,即"以正当形式制定的法律是正义的";这个观点利用了希腊原文包含的含混性,Newman, *Politics*, vol. 3, p. 210.

充公会摧毁国家。然而，这个前提是非常可疑的。假设充公没有摧毁国家，那么按照亚里士多德的看法，这个论证就失败了（虽然是有效的论证，但并不是清醒明智的论证），而充公法也不仅仅会被认为是按照应有形式制定的，而且会被认为是正义的。亚里士多德之所以会这么认为，是因为他并没有一个前政治的不可侵犯的权利的标准，这点很重要。其次，除了经验性的理由（私有财产对于国家是有用的故而需要保护），亚里士多德对于私有财产的同情也是出于他对于慷慨这一美德的独特看法。如果没有私有财产，那么慷慨就会消失。[104] 故而，私有财产的保护所依赖的是一种对国家的独特看法：国家是一个以帮助公民拥有美德（对美好生活是必要的）为任务的教育组织。如果慷慨并不是一种美德，或者，如果在没有私有财产的情况下慷慨也有可能，那么私有财产则不值得被保护。美德才是中心，而不是财产。

对以上段落进行宪制主义的解释会产生第三个问题。充公的有效性是基于人民大会的法令，这至少在程序方面是无可指摘的。尽管亚里士多德论战性地把这比作僭主使用强力实行的强迫，但是一部以正当方式颁布的律令肯定不同于僭主的赤裸强力。[105] 事实上，法令被"恰当地颁布"本身似乎就意

---

[104] Arist. *Pol.* 2.1263b5-14. Irwin, *Aristotle's First Principles*, pp. 462-466 讨论并批评了亚里士多德对私产的辩护。

[105] 纽曼认为，亚里士多德在这里或许想到的是 Xen. *Mem.* 1.2.42-46；同样，任何经过正当程序而颁布的法律和野蛮的强力之间的区别被抹平了。对于亚西比德（Alcibiades）而言（色诺芬所描绘的他），核心的标准是说服。如果一个法律的实施无法说服作为整体的公民，那么它就是通过强力来施加的（1.2.45）。强力和说服之间的对比当然在柏拉图的《法律篇》中很重要，这个区分最终导向了他具有高度原创性的点子：在法律之前增加序言，以此把说服"混入"强力：Pl. *Leg.* 722b4-c2。正如安纳斯（Annas）所指出的那样：在《法律篇》中，说服永远不是被单独使用，总是和强力混合："Virtue and Law in Plato," p. 76。

味着存在一种高阶的规则，存在一种可以解释什么是合法的（δικαίως）、什么不是的标准。故而，在很弱的意义上，我们或许可以说，亚里士多德暗示了某种宪法概念，但那会是纯粹程序性的概念，并未在程序正确之外明确任何实质内容。所以，只是在这个弱的意义上，我们可以把这种观点看作是宪制主义的；和晚期罗马共和国的宪制主义相比，这确实是一种非常单薄的宪制主义。

希腊宪制主义？

222　　对于我的思路，存在一个明显的反对。我们比较了希腊的政治理论和罗马的宪制思想，从后者在晚期共和国的冲突中的产生入手去处理它，并且一方面在高耸的政治理论层面追溯它，另一方面也把它放到由政治冲突引起的论争中去，在这个更现实的层面追溯它。与此相对，我们探讨了在高度抽象的层面上运作的希腊政治理论；然而希腊的现实制度呢？雅典城邦国家难道没有某种保障程序来防止那些想要绕过现存法律（nomoi）的人？至少从公元前403年民主重建开始，这些法律难道不比纯粹制定法更为刚性牢靠、更为高阶？如果任何一个公民认为一项法律与既存法律相矛盾（graphe paranomon），那他就可以起诉该项法律的提议人，但这难道不意味着某种接近司法审查的东西可能存在，根据它，低阶的立法的有效性要在高阶规范之下受到审查？

在我们讨论雅典制度和诉讼演说之前，让我再处理一个希腊宪制主义的可能形态：未成文法或是与此相关的自然正义概念，尤其是它在公元前5世纪有关习俗／法（nomos）和自然（phusis）这一著名区分的争论中的出现。[106] 自然法的观念的出现难道不是和这一系列观念有关吗？宪制主义和高阶法律规则的观念难道不是可以回溯到更早的自然正义的观念吗（比如安提戈涅的未成文法的概念）？我并不打算在这些问题上花太多的时间，至于原因，吉斯拉·斯特莱克已经说过了。斯特莱克在一篇重要的文章中曾令人信服地提出：亚里士多德和柏拉图（或许还有某些智者派）所熟悉的自然正义的观念并不能被解读为暗含了自然法的观念。他指出，这是因为"'正义的'（just）或'正义'（justice）作为语词所指向的是某种可以保障社群稳定繁荣的事态（state of affairs）或行动方式"。然而，我们根本不能断定这些行动方式"一定是被一系列不变的法则所涵盖的"。她总结道："或许存在自然正义的概念，但是不一定需要有对应的自然法的观念。"她认为斯多亚派发明了自然法的观念，而怀疑柏拉图和亚里士多德"会拒绝以自然法来理解道德"。[107] 斯特莱克认为，柏拉图和亚里士多德"确实都认为，存在着一个客观的、'自然的'正义标准"；但是他们决定性地"不相信这个标准是由任何可被称为自然法的东西所给予的"。她认为，虽然正义作为美德有自然品质，但是"这一美德看起来不是诉诸任何自然**法**而被定义的"。[108] 在柏拉图的《高尔吉亚》中，智者卡里克勒斯（Callicles）首次提出了"自然法"（νόμος τῆς φύσεως）。[109] 很显然，他是在智者们关于自

---

[106] 见 Hirzel, *Agraphos nomos*；Ehrenberg, *Rechtsidee*；Ehrenberg, *Sophocles*；Ostwald, *Nomos*；Ostwald, "Was There a Concept?"。

[107] Striker, "Origins, " pp. 210-211. 要想了解关于自然法概念起源的辩论情况，见 Miller, "Stoics, Grotius and Spinoza," pp. 117-120。

[108] Striker, "Origins," pp. 214-215. 我做的强调。

[109] Pl. *Grg*. 483e6.

然和法的明确区分的背景之下，尝试提出了一个悖谬而惊人的观点；然而他并没有试着给他的"自然法"以任何基于规则的内容。[110] 斯特莱克以简洁的语言捕捉到了起源于斯多亚派的基于规则的自然法概念（the rule-based concept of natural law）和稍早流行的自然正义观念的关键区别："柏拉图和亚里士多德从这样的正义观念出发：正义是好或正当的事态，或者适宜产生这种事态的行为；继而他们把好的或是正义的法描述为关于如何获得这样好的事态的必然不完美的规定。斯多亚派则最先有一个作为理性规则、规律性的善的观念，随后将美德和正义行为定义为服从自然法。"[111] 斯多亚派这一创举与他们的前辈的区别使得斯特莱克认为斯多亚的自然法观念是真正现代的、"义务论的"（deontological）道德理论的先驱。我虽然同意斯特莱克关于希腊斯多亚派必然是这样一种自然法理论的最初发明者的说法，但是我认为直到西塞罗的《论法律》出现，这个理论才有了充实的内容，并被融贯地表述出来。正是在西塞罗的表述当中，预示了宪制主义的自然法律规则体系这个理想才有了在政治和法律思想史中产生的巨大影响力。[112]

那么"未成文法"（ἄγραφος νόμος）的观念呢？有人认为，它意味着一种普遍有效的神法，而这个出现在智者之前的概念才是自然法的合法先驱。[113] 然而，马丁·奥斯特韦尔德（Martin Ostwald）等人正确指出：从赫西俄德到悲剧诗人所

---

[110] Striker, "Origins," p. 212.
[111] 同上书, p. 219。
[112] 见 Watson, "Natural Law and Stoicism".
[113] 例如, 见 Pizzorni, *Diritto naturale*, pp. 19-20.

言的 nomos[114] 并不是 "规定某种行为的'法'或者'命令'"，相反，这个词"指行为本身"。这是一种"宙斯给予人的生活秩序、生活方式"，而它是由"神所给予的这个事实只是偶然的"。这也是我们在《安提戈涅》中所看到的 nomos 的意思：安提戈涅用以反对克瑞翁的成文法的未成文法起源于神，但是同样，这里所言的是某种被他们所准许的行为，一个国家的习俗。[115] 品达著名的残篇曾把 nomos 称作"一切可朽者和不朽者的王"（柏拉图的《高尔吉亚》中的卡里克勒斯引用它来支持那个臭名昭著的观点："自然法"允许强者违反实定的人为法）。有人说，这里 nomos 必须要被理解成宙斯的意志；[116] 但正如古舍里（Guthrie）所正确指出的那样，品达实际直接表明了宙斯自己也服膺于 nomos："nomos 不但凌驾于人还凌驾于神。"[117] 这就使得古舍里得出一个非常合理的解释：品达所想的是"被承认的习俗（习惯、传统）有巨大的力量，无论是神还是人都服从于它。任何行为，无论它自身看上去是多么错误或可怖，只要它被 nomos 准许，它就似乎被辩护了"。[118]

总的来说，无论是品达的 nomos，还是索福克勒斯的 agraphos nomos，还是柏拉图和亚里士多德的自然正义的观念，

---

[114] 例如，见 Hes. *Op.* 276-280；Thgn. 289-290；Soph. *Ant.* 450-460；Eur. *Hipp.* 98；Eur. *Supp.* 377-378. 亦见 Ar. *Av.* 1344-1345；Pl. *Prt.* 337c-338b。见 Ostwald, *Nomos*, pp. 20-22。

[115] 见 Guthrie, *Fifth-Century Enlightenment*, pp. 119-129。参见 Ehrenberg, *Rechtsidee*, p. 113, n. 6。

[116] 例如，见 Gigante, *Nomos Basileus*, pp. 72-108。

[117] Guthrie, *Fifth-Century Enlightenment*, p. 133. 我同意他在 pp. 131-134 的讨论。

[118] 同上书，p. 134。这和艾亨博格（*Rechtsidee*, p. 120）的立场很类似：品达此处说的是那个甚至可以准许暴力的"古老神圣习俗"（alte heilige Sitte）。Hdt. 3.38 确认了品达指的是习俗的力量。

都不是基于法则的那种自然法。正如我们所见，基于法则的自然法为西塞罗的前政治的规范体系提供基础，而这个规范体系是被用来为低阶的法律规则提供一个宪制性的标准。柏拉图和亚里士多德所提出的概念的确提供了一个规范性的秩序，以及它们的"自然性"也发挥了和真正的自然法一样的功能，即提供客观性。但是，我们在这里简要讨论的其他的法的观念并非如此，它们最终旨在描述的是习俗性的安排，这种习俗安排的有效性只是来源于它们的长时间存在而别无更深的根基，并且它们不展现出任何的规范性效力。然而，希腊思想中虽然没有和以自然法为基础的宪制主义（尤其是西塞罗所提出的）对应的东西，但是公元前4世纪的雅典现实制度中也许存在着刚性的、高阶的法则的影子，而这些似乎可以在相关的意义上被称为"宪制的"。

现在，让我们转向这些制度并决定在何种程度上我们可以发现其中有任何宪制性的面向。我们会看到，最晚在公元前4世纪，雅典民主的现实制度的某些方面已经可以用宪制主义语汇去描述，这点固然是很对的。[119] 然而，不像罗马的案例，这一希腊制度现实在随后的政治**思想**中却没有什么回音。在古典时代（classical antiquity）是这样，这些宪制性的部分进入了公元前4世纪演说家们的政治修辞术之中，但却没有超越演说词而进入政治思想之中。雅典历史在后来欧洲思想史中

---

[119] 即便是在公元前5世纪，在雅典施行的立法中也有刚性条款的迹象，它们意在保护这些规范不被推翻。比如，Hdt. 1.29，梭伦立法有一个通过誓言确立的有时限的刚性化；Dem. 23.62，或许是起源于德拉古（Drakon）时代的刚性条款。然而，正如梅利莎·施瓦茨贝格所言，我们有理由相信，刚性条款被广泛运用的环境是国际而非内政——刚性条款的目的是去巩固联盟并更有效地实施外交政策。在内政问题上，施瓦茨贝格（"Athenian Democracy," p. 323）认为，"雅典人明白：法律没有办法遏制心意已决的人民（*demos*）"。

的接受更是如此。关于雅典民主政体一般得到认可的历史智慧仅仅停留在阿吉纽西审判（Arginusae trial）之前，并且雅典历史有关宪制主义的部分少有人问津。但是也有例外，比如大卫·休谟就认为建立"对与法相悖的制定法的起诉"（*graphe paranomon*）的法律是"意义重大的"并继续这样描述它：

> 通过 *graphe paranomon* 或对与法相悖的制定法的起诉（尽管它并没有被古代学家或评注者注意），如果任何人在人民大会上动议并已经通过了一项法律，而这项法律对法庭来说又是不正义的（或是有损于公众的），那么他都会在一个共同的司法法庭接受审判和惩罚。[120]

休谟认为只有那些"已经通过的"法律才潜在受到"对与法相悖的制定法的起诉"的管辖是不准确的；实际上，一个提议的动议人也可以被起诉，而且这项"对与法相悖的制定法的起诉"本身就足以悬置提案以及已经在人民大会通过的法律。[121] 休谟表现出对民主制雅典的非常传统的看法[122]："雅典民主制的政府是如此动荡，以至于我们现代人都很难对其有一个概念"，在雅典民主制度中"整个公民群体对每一条法律都投

---

[120] Hume, "Remarkable Customs," p. 180.
[121] 关于"对与法相悖的制定法的起诉"，见 Wolff, *"Normenkontrolle" und Gesetzesbegriff*；Bleicken, "Verfassungsschutz"；同前，*Demokratie*, pp. 385-389；Hansen, *Democracy*, pp. 161-162, 205-212；同前，*Sovereignty of the People's Court*；Yunis, "Law, Politics and the *Graphe Paranomon*"；Carawan, "Trial of the Arginousai Generals"；Lanni, "Judicial Review"；Schwartzberg, "*Graphe Paranomon*"。关于对立法提议和已通过立法的悬置，见 Hansen, "*Graphe Paranomon*"。
[122] 见 Roberts, *Athens on Trial*。

票",而且"没有任何官员、元老院的钳制;故而无视秩序、正义或审慎。"[123]在他看来,"意义重大的""对与法相悖的制定法的起诉"既是钳制煽动家们的尝试,故而约束了人民大会的立法行为,同样也是民主制存在的必要条件。休谟对"对与法相悖的制定法的起诉"的钳制功能的评论极具挖苦意味。休谟认为,雅典人确实认识到其宪制中对人民大会缺乏控制的"诸种危害"(mischiefs)以及内在危险:

> 但是他们不喜欢用法条或限制来约束他们自己,不过他们至少决定以对未来的惩罚和质询的恐惧去限制煽动家们或是谋士们。相应地,他们建立了这项意义重大的法;这项法被看作是他们政府形式的核心,以至于埃斯基涅斯(Aeschines)坚称,如果它被摧毁或无视,那么民主的存续将是不可能的,这是众所周知的真理。[124]

那么上面才是这个"意义重大的法",即对违法性,或者可以说是违宪性(在这个阶段,我们最好不把话说得这么死,以避免让论题预先带上观点)的指控(indictment *paranomon*)?这是一个在公元前5世纪第一次建立的程序。我们已知的有关"对与法相悖的制定法的起诉"的第一个证据是在公元前415年,但是这个程序大概比这个日子还要久远。[125]任何公

---

〔123〕 Hume, "Remarkable Customs," p. 181.
〔124〕 同上。
〔125〕 一些学者的断代是紧接在厄菲阿尔特(Ephialtes)改革(公元前462年/前461年)之后,比如Bleicken, *Demokratie*, p. 386。然而,公元前415年是我们拥有的唯一确定的日期(Andoc. 1.17)。我同意Wolff, "*Normenkontrolle*," pp. 15-22:这个起诉不会在公元前427年之前产生。亦见Ostwald, *Popular Sovereignty*, pp. 135-136。

民都可以依据"对与法相悖的制定法的起诉"来起诉提议和既存法律相违背的法案或人民大会法令之人。这种起诉可以悬置有嫌疑的法案，而且既可以用来反对已经在人民大会上通过的制定法，也可以用来反对提案。起诉与法相悖的制定法会首先上陪审法庭，如果成功的话，则会导致对法律的提案者进行严厉惩罚。如果提案者被判定无罪了而且法律被看作是符合既存法的话，那么，如果法律已经被人民大会通过，那么它就会被重新确立；如果它只是一个法律提案，那么这项提案就无须再到人民大会上通过，陪审法院作为立法主权者就直接通过这项法律，这是令人吃惊的。[126] 正如休谟注意到的，公元前330年，埃斯基涅斯认为能够起诉与法相悖的制定法的是民主的堡垒；[127] 这是公元前4世纪修辞学的传统主题。如果我们考虑到发生在伯罗奔尼撒战争中的寡头政变（公元前411年）正是把废除"对与法相悖的制定法的起诉"作为废除民主的预备工作的话，那么休谟的观点是有道理的。今天的学者仍旧普遍这么认为。[128]

在公元前5世纪，"对与法相悖的制定法的起诉"被用来反对提出类似法律和法令的人，因为法（*nomoi*）和制定法（*psehismata*）都是在人民大会上通过的。公元前403年民主重建之后，由于民主制在公元前411年和前404年都被颠覆的前车之鉴，故而立法过程发生了重要改革，这也使得"对与法相

---

[126] 同样，为了防止鸡毛蒜皮的起诉频发，如果一个人发动起诉案而没有获得至少五分之一的陪审团的信任，那么他将会被处以罚金。

[127] 休谟想到的是 Aeschin. *In Ctes*. 5。

[128] 例如，见 Hansen, *Democracy*, p. 211。

悖的制定法的起诉"发生了一些变化。根据修昔底德记载,在公元前411年,寡头们在人民面前没有提出"任何其他的措施","除了一条提案:任何雅典人都应被允许提出任何他乐意提的动议而不受惩罚;如果任何人起诉动议者提出了非法提案(γράψηται παρανόμων),那么起诉者应当受到重罚"。[129] 人民大会进而批准废除起诉与法相悖的制定法的制度乃至整个民主体制,没有任何人提出异议(ἡ ἐκκλησία οὐδενὸς ἀντειπόντος, ἀλλὰ κυρώσασα ταῦτα διελύθη)。[130] 亚里士多德的《雅典政制》也描述了"对与法相悖的制定法的起诉"以及另一个旨在保护公元前5世纪民主秩序的法律制度——对有叛国罪嫌疑的公民(尤其是民主制颠覆者)的指控(eisangeliai)——的废除。[131]

鉴于公元前411年寡头政变的成功(尽管是短暂的)以及人民大会自我灭亡式的批准,我们有充分理由相信:当民主制在公元前403年被重建的时候(公元前404年/前403年的第二次危机之后),引进那些变化的部分原因是出自人们希望阻止人民大会做出类似自毁决定的愿望。我们现在要转而讨论的正是这些变化以及它们给希腊宪制主义的最重要制度所带来的影响。我们讨论的话题包括:"对与法相悖的制定法的起诉"本身、在公元前403年或在此之后马上引进的一项相关的法案[即"对不当法律的起诉"(nomon me epitedeion theinai)],以及立法程序(nomothesia);官员追责程序(euthunai)以及叛国起诉[eisangeliai,尤其是涉及颠覆民主制(katalusis tou

---

〔129〕 Thuc. 8.67. Trans. Charles Forster Smith.
〔130〕 同上书,8.69。
〔131〕 Ath. Pol. 29.4.

demou）的起诉〕也属于我们的讨论语境。[132]

当民主制在第一次寡头政变后被重建时（公元前410年），一项对主要既有成文法的收集工作开始了。当民主制在三十僭主后再次得到重建时（公元前403年），这项工作得到重启，而法律也被立法者组成的委员会收集并审视，也就是所谓的立法者（nomothetai）。[133] 重要的是，对这一成文法法典的改动受制于一个新的立法程序：法的修订和变化不再由人民大会决定，而是由一个501、1001人或者更多立法者（lawgivers，从那些宣誓服务陪审法庭的人中选出）组成的新的立法机构来决定。[134] 正如约亨·布莱根等人所指出的那样：这个措施并不太可能意在减损人民大会的主权，但它确实在程序层面区分了立法过程和人民大会的其他决定。[135] 故而，那些由立法者所通

[132] 我们不应该在叛国起诉的问题上纠缠太久，但是很清楚（特别是，既然公元前411年废除了叛国起诉和"对与法相悖的制定法的起诉"）：一旦刚性的法和制定法之间的等级被建立了，一旦叛国罪在法中得到表达，而且就此刚性化，那么由颠覆民主制而引发的叛国起诉就可以被当成一个更有效的保障措施来使用。见 Hyp. 4.7-8 与 Hansen, *Eisangelia*；Harris, "Open Texture"；同前, *Rule of Law*, pp. 233-241。要了解在职官员的追责程序问题，见 Bleicken, *Demokratie*, pp. 326-329。值得一提的是，官员追责程序尽管建立了官员的责任制，却不能问责主权者自己（即人民和陪审团）：Thuc. 3.43.4-5。

[133] Hansen, *Democracy*, pp. 162-165 对公元前5世纪晚期的法律改革有精要的总结；亦见 Lanni, *Law and Justice*, pp. 142-148 的进一步的文献。然而，我认为后者太过于强调改革以来雅典法典的不断变化的本质；她声称，法"一直处于变动之中"，但这似乎是站不住脚的。实际上，我们对公元前4世纪以来的新法的证据的掌握是很少的，而且立法程序、"对与法相悖的制定法的起诉"以及"对不当法律的起诉"都使得法更稳定。

[134] 关于立法程序，见 Canevaro, *Nomothesia*（有相关的文献和证据）。关于司法誓言，见 Harris, "Rule of Law"。

[135] Bleicken, "Verfassungsschutz," p. 394; Ober, *Mass and Elite*, p. 144; Schwartzberg, "Judicial Review," p. 1052.

过的法律被视作和普遍以及宪制事务有关，而且更重要的是，它们被看成是**高于**由人民大会通过的纯粹的制定法的。在法和制定法之间的**规范等级**当然是公元前4世纪的雅典在制度层面具有宪制主义的重要论据。我们在安多赛德（Andocides）那里找到了奠基规范等级的原则："无论是议事会（Council）还是人民大会（Assembly）的制定法都没有超过法的权威。"[136]这个原则自身被表述为一项法律。实际上，自公元前403年以降，这个规范等级已经从以下事实中表现出来：对与法相悖的制定法的起诉可以用来反对那些在人民大会上通过之法规的提出者，理由是这些制定法破坏了法中含有的高阶规范。

很多学者都已经把这项措施看作司法审查的早期形态。梅利莎·施瓦茨贝格（Melissa Schwartzberg）认为雅典的法庭不能被看作是我们今天的宪法法庭，因为它们并不是任何特定种类的法律专业知识运作之场所。[137]尽管此言不虚，但我们仍要做点辩护：处理"对与法相悖的制定法的起诉"的雅典法庭确实发挥了和司法审查相等的功能。的确，虽然法庭在不同的程序设定（procedural setting）下还是代表了人民，[138]但

---

[136] Andoc. 1.87. 很多演说家都引述这个法律，比如 Dem. 23.87。
[137] Schwartzberg, "Judicial Review" 各处，尤其是 pp. 1060-1061。虽然美国的司法审查展现出了几乎是柏拉图式的对技艺的关心，但是在雅典陪审员（dikasts）的例子上，我们不应该完全否认他们至少有某些技艺或某些经验：不似现代陪审法庭中的陪审员，雅典陪审员日常判决所有案子。见 Lanni, *Law and Justice* 以及现在的 Harris, *Rule of Law*。
[138] 陪审员至少有30岁，安德里安·拉尼（Adriaan Lanni）认为，在雅典这样的社会，"年龄与智慧和理性被很强地关联起来"，这和人民大会很不同：Lanni, "Judicial Review," p. 19。我同意乔赛亚·奥伯和施瓦茨贝格，这不应当被过分强调，因为一般的陪审团和一般的议事会或人民大会在构成上是类似的：Ober, *Mass and Elite*, p. 144；Schwartzberg, "Judicial Review," p. 1052。

哈维·云尼斯（Harvey Yunis）令人信服地提出，这些不同的设定非常重要："对于煽动家而言，法庭的设定比人民大会更难操纵。起诉者拥有一批不得离场的听众（captive audience）和一段分配好了的时间来演说；他以法律的名义来起诉；他可以将法令置于法律和政治的审查之下，而在人民大会中无法做到；陪审团通过秘密投票来做出决策；仅仅是重新思考（reconsideration）这一项举动或许就可以起到驱逐煽动家影响的功效。"[139]云尼斯进而提供给我们一个重要的例子作为提示：在一例对与法相悖的制定法的起诉中，法庭推翻了人民大会的一致决定。[140]这表明，至少在原则上，负责审判这项起诉的法庭可以实施司法审查。担任陪审员角色的公民受到誓言约束必须"根据法律"（ψηφιοῦμαι κατὰ τοὺς νόμους）来投票，[141]起诉的论证方式通常是：直接比较被认为受到破坏的法［law（s）］的文件（written copies）和实施破坏的法令（decree）的文件。[142]这就产生了对法的依赖，最为重要的是，使立法者所通过的法律和纯粹由大会通过的制定法之间的等级产生效力。陪审官的誓言在起诉与法相悖的制定法的案件上必然具有特殊的地位，因为这些起诉案的核心就是某个制定法需要符合法律。[143]进一步来说，在人民大会这个场景下，政治考

---

[139] Yunis, "Law, Politics, " p. 379.
[140] [Dem.] 59.5. Yunis, "Law, Politics, " p. 379, n. 54.
[141] 有关陪审团的誓言和它的重构，见 Mirhady, "Dikasts' Oath"，亦见 Harris, "Rule of Law"。
[142] Yunis, "Law, Politics, " p. 365 给出了很好的描述并辅以证据。
[143] 这是一个反对施瓦茨贝格的论点，他的论点是：大会中的人民同样是被他们的公民成年礼的誓言所约束并遵守法律的（"Judicial Review," pp. 1054-1055）；在人民大会的设定下，这根本不是相关流程的主要关注点。很明显，正如我们接下来会看到的那样，在"对不当法律的起诉"中，誓言同样重要。

虑以及权宜的理由肯定比宪制考虑更为重要。在法庭上，法律性的考虑是最为重要的而且也是对起诉者的成功而言必要的：一项有嫌疑的制定法是否合法是这个过程的核心。[144]相反，在人民大会上，对宪制问题的考量已经不再是焦点。正如云尼斯所言，"我们应当在公元前 5 世纪末的立法改革（nomothetic reforms）的背景下来看'对与法相悖的制定法的起诉'"，它是一种工具，用来"防止人民大会通过根本性的法律措施，因为改革旨在将立法活动委托给一个更加审慎且有序的立法程序"。[145]

"对与法相悖的制定法的起诉"自身必须被供奉在法律中[146]而且与人民大会相隔离——要理解这点的绝对重要性，只需想想在公元前 411 年寡头们把废除人民大会中的这项制度

---

[144] 我在这个问题上同意沃尔夫，没有被云尼斯的观点说服。后者的观点是："尽管法律抗辩是必需的，但它自身却不足以说服陪审团给一个被诉的法令定罪。"作为一个经验观察，这当然是确凿的；但是作为一个法律问题，陪审法庭理应在起诉与法相悖的制定法的案子上仅仅根据法律性抗辩来投票。这是一个老问题了，Max Fränkel, *Geschworenengerichte*, pp. 109-110 认为，"判决的唯一标准"是"陪审团的主观喜好"。拉尼虽然没有引用这个看法，但是也持有相似的立场，不过她的描述却更同情，她强调，雅典人在法庭上**选择**了一种基于主观裁量的法庭正义观以表现他们的民主信念：Lanni, *Law and Justice*, 尤其是 pp. 41-74。然而，她承认："对法律和超法律论证的处理并不是……完全对称：法庭的发言人并没有明确要求陪审团为了公平以及其他的超法律考量而忽略法律。"（pp. 72-73）亦见 Lanni, "Judicial Review"。

[145] Yunis, "Law, Politics, " pp. 377-378. 亦见 MacDowell, *Law in Classical Athens*, p. 48 令人信服地提出：公元前 404 年政变的经验表明，"需要在法律变更生效前对其进行更仔细的检查"。

[146] 我们并没有这项法律，但是很清楚，起诉不可能仅仅奠基在一个临时法令或者某个未成文法上——因为援引未成文法（ἄγραφος νόμος）是被法律所禁止的：Andoc. 1.85, 87, 89。

看作头等大事就知道了。[147]自从立法程序被建立为唯一的改变或修订现行成文法的程序后，一项废除"对与法相悖的制定法的起诉"的动议要通过立法过程所需的所有步骤：在人民大会提案、公布提案、由委员会（*probouleuma*）向人民大会提交草案、人民大会决定从陪审员名册中选立 501 人委员会或者选出更多的立法者，还要包括当着立法者的面办一场类似于审判的活动，要求改变或修订现有法的起诉人以及旧的法的辩护者之间互相辩论。[148]提议改变或修订某条既定法律的人自己也可能被指控"提出不当的法律"（*graphe nomon me epitedeion theinai*），这个指控类似"对与法相悖的制定法的起诉"，在人民法庭上提供了对改变法进行额外审查的选项。故而，这一系列法是**非常刚性的**规范。如下事实表现了这点：在公元前 403 年到公元前 322 年间（雅典民主制的最后八十年），我们有据可查的人民大会颁布制定法的命令有几百条，但是真正在立法（*nomoithetai*）委员会上通过的法律仅有七条。[149]的确，在紧急情况下，法庭似乎会审时度势而非依据法律来做决定，但是这并不能进一步说明法律并非刚性的，或者法庭没有常规地实施司法审查功能。[150]它最多说明：在真实的生存危机面前，陪审员可以听进诉诸例外情势和必然性的论证。[151]有这

---

［147］ 要想了解对人民大会通过法律的禁止，见 Dem. 24.25：其中描述了法律所规定的立法程序，这让关于法的立法完全地掌握在立法者手中。

［148］ 关于程序，见 Canevaro, "*Nomothesia*"；要想了解一个不同的观点，见 Rhodes, "*Nomothesia*"；Hansen, "Athenian *nomothesia*"；Bleicken, *Demokratie*, pp. 216-224。

［149］ Bleicken, *Demokratie*, p. 223。

［150］ Hyp. frr. 27-28 Jensen；参见 Yunis, "Law, Politics, " p. 376。

［151］ 与此类似，在危机和紧急状态时，美国最高法院通常会听从政府其他部门而非一味保护宪法权利，见 Issacharoff and Pildes, "Emergency Contexts"。

么一件紧急的事件：公元前384年，有一项提议主张帮助奥林索斯人（Olynthians）对抗马其顿的菲利普。有人以违反既有法律为由起诉了一个动议一项旨在拨款给军队的法令的人；在这个例子中，法令的动议者被判有违反既定法律之罪。[152]我们不知道，超法律的（extra-legal）主张可以发挥多大的作用，但可以肯定的是，当这项对与法相悖的制定法的起诉在法庭上被提出的同时，德摩斯梯尼在《关于奥林索斯演说》第三篇（*Third Olynthiac*）就曾以在宪法上更为清晰的方式来劝说人民大会让立法者驳回相关的法律（看起来阻碍了给军队拨款），以便可以使用资金来帮助奥林索斯人反抗菲利普。[153]整个故事都在强调高阶法律的刚性。

这些高阶法律进而因"指控不当法律的提出"（*graphe nomon me epitedeion theinai*）强化了刚性——这项起诉允许任何公民在法庭上挑战任何立法者提出或已被他们通过的对法的更改或修订；它类似"对与法相悖的制定法的起诉"，常常也用来反对提议新法者，如果成功的话，那么提案者会受到严厉惩罚，有问题的法律也会被驳回。似乎，这项起诉只能被用来反对那些刚刚被通过不久的法律，窗口时间也很短；一旦一项法律通过了一段时间，那么它就变成了法典的一部分并且成为刚性的了，从而只有立法者才可以改变它。[154]就像"对与法相悖的制定法的起诉"一样，立法既可以从过程也可以从实质内

---

〔152〕 见 Hansen, "The Theoric Fund"。
〔153〕 Dem. 3.10. 参见 Yunis, "Law, Politics, " pp. 373-375：这个事件很好地表明了权宜论证相对重要性高于法，我不认为这个证据可以支撑该结论。
〔154〕 我们有必要假设，在法律通过之后，该法律在一段时间内仍旧受制于"起诉"，因为我们知道，法通常是被立法委员废除的，而不是法庭：Hansen, "Athenian *nomothesia*," p. 350。

容的角度被挑战。[155]那些在破坏了立法流程的情况下通过的法律要接受挑战，正如那些和其他制定法相冲突的法律一样；如果一项和其他法律有冲突的法律被提出，那么在新的法律被颁布之前，提案者就必须废除任何与之有冲突的法律。[156]德摩斯梯尼提醒陪审员们，高阶法体系内部的融贯性具有绝对的重要地位，不然大众法庭的陪审员会被迫违背他们的誓言：既然有冲突的各种法律的效力都是一样的，那么陪审员们不可能在服从一项法律的同时不违反另一项，故而他们会违背誓言。[157]

安德里安·拉尼在一篇具有启发性的文章中提出：这两项起诉首要（且最重要的）目的就是保护民主的立法过程和司法过程。她认为，基于以下理由，法律和法令的合宪性是可以被挑战的：（a）"认可存在着一系列普遍而抽象的民主原则，所有的立法都必须与之符合，而且这一系列原则是独立于既存的单个制定法的"；（b）"这些原则似乎只限于保护那些在立法和裁决流程中做出的大众决定（popular decision）"。[158]她认为，在这个意义上，当人民法庭对这些案例做出决定的时候，它们实际发挥了某种"民主司法审查"的功能。她赞扬这种司法审

---

[155] 沃尔夫认为，一般原则也起到了重要作用，然而，Sundahl, "Living Constitution" 提出：演说基本上都是从程序和与特定法律的冲突来论证。

[156] Dem. 24.34.

[157] 同上书，24.34-35。Lanni, *Law and Justice*, p. 148：当拉尼写到立法程序的效果是有限的，她没有足够注意由立法程序所建立的规范等级、规范稳固性，以及由于潜在受到"对提出不当法律的起诉"的威胁倒逼出的一致性。当然，司法判决仍旧是基于主观裁断的，但是法之间的融贯和实定的司法审查（*Normenkontrolle*）显然是目的，正如德摩斯梯尼在关于陪审团的誓言的讨论中所暗示的那样。

[158] Lanni, "Judicial Review," p. 8. 不同于沃尔夫，她认为这一系列抽象原则并不包含任何的实质道德价值。

查，因为它可以避免我们今天司法审查的重要的悖谬之处。在她看来，雅典司法审查避免了反多数人（counter-majoritarian）难题，因为雅典法庭的构成还是人民，只是在一个不同的设定之下，而且"人民陪审员可以为了当前政策权宜的利益而超越宪制原则"。[159] 拉尼引用了阿吉纽西事件，将欧里托勒姆斯（Euryptolemus）的一次以违反既定法律为名在人民大会上对一项法令的不成功的起诉（现存有关对违反既有法律的起诉的第一次讨论），解读为是将民主原则应用于获得在人民法庭得到审判的权利。[160]

然而，在我看来，阿吉纽西事件并不支持这一论证的思路。"如果雅典人在这个案子中启动他们的司法审查程序，那么这个灾难性的决定有可能就被反转了"[161]——这个说法是非常令人怀疑的。然而公元前403年到前399年之间引进的宪制主义的、反多数主义的改变（规范的等级以及法的刚性化）倒很可能是阿吉纽西事件这类经验带来的。经过立法程序的法律（nomothetic laws）和人民大会通过的法令（assembly decree）之间的严格等级肯定被引入以反对人民大会的仓促决定了。德摩斯梯尼的《反莱普提尼斯》（*Against Leptines*）中的一个段落提示了这点。在这个段落中，德摩斯梯尼举了一个法的例子，在一个对"不当法律提案"（*nomon me epitedeion theinai*）指控中，这个法被认为受到了莱普提尼斯（Leptines）颁布的法

---

[159] Lanni, "Judicial Review," p. 21. 我并不觉得这很令人信服——毫无疑问，有时它们被僭越了，但是这并不是这些演说所要支持的，或许除了极端紧急的状态下（比如 Hyp. frr. 27-28 Jensen 和 Lycurg. *Leoc.* 36-49 所提到的那些）。

[160] Xen. *Hell.* 1.7.16-33.

[161] Lanni, "Judicial Review," p. 22, n. 105.

的破坏。[162]这项法禁止仅仅为了某个紧急状态而"仓促通过"法律,也禁止在没有谨慎检查的情况下这样通过一个立即生效的法。[163]德摩斯梯尼认为,彻底审查这些法律、让合适的权威多次听到它们并不慌不忙地检验它们,对它们的有效性是非常重要的。立法者的"目的"就"是让你们每一个人多次聆听这些法律,并有机会不慌不忙地研究它们,然后颁布其中那些正义且以公共福祉为目的的法律"。[164]在提案转交给立法者之前,似乎还存在着一个关于法的提案的预辩会,[165]这额外减缓了整个事情的推进。[166]在通过高阶规范之前给些时间,显然是防止激进的、冲动的变化发生并允许反对意见被听到的重要因素。

公元前403年之后所有的程序创新都旨在让立法过程具有更少的临时性以及更少的变动性,特别是在关系到那些一般的法(指导政治秩序)的时候。拉尼说立法与人民大会中的快速决策的隔离特别表现了民主思维,到底是不是这样对我而言并不显而易见[167]——有什么能比人民大会实际处理阿吉纽西将军们的方式更好地避开反多数主义困难呢?但是很明显,这里的对制度程序的很有局限的关注只带来一个很狭义的、实证的宪制主义——这在两个起诉和"司法审查"尤其明显。

---

[162] 这个起诉是不正常的,因为这项指控是在法定年过后才被聆听的。详情见 Hansen, "Athenian *nomothesia*"; Harris, *Demosthenes*, pp. 15-21; 以及参见 Kremmydas, *Commentary*。
[163] Dem. 20.90. Trans. E. M. Harris.
[164] 同上书,94。
[165] Hansen, "Athenian *nomothesia*," pp. 354-355.
[166] 见 Bleicken, *Demokratie*, p. 387。
[167] Lanni, "Judicial Review."

比如，当德摩斯梯尼（以一种非常典型的方式）责备人民大会在没有经过正式的提案草案程序（*probouleuma*）的情况下通过法令时，他是在十分狭义且实定主义的意义上批评法令缺乏合宪性的。[168]

在所有审视法令或法律的演说之中，法律是否具有合宪性的结论都是依靠苦心的对比得出的，即对比有问题的法律和它可能破坏的既有的法的文段。雅典宪制主义的这种本质上**形式**的特征产生了宪制实定主义（constitutional positivism）。如果缺乏规范的等级和高阶法律的刚性，这种宪制实定主义是无法想象的。在关于将军们的命运的阿吉纽西辩论中，欧里托勒姆斯提出处决他们是不合宪的，他此时并没有顾及任何现存的、实定的法，也没有区分法律和法令。[169]相反，公元前4世纪的雅典确实存在着一部实定的、刚性的宪法——它的法的法典（code of *nomoi*）；也存在使它凌驾于人民大会立法权威而生效的方法——"对与法相悖的制定法的起诉"。实定宪制主义正符合亚里士多德对不同民主制的区分：一种民主制是所有公民都分享统治权，但法仍旧高于人民大会的决定；另一种民主是"最高主权者是乌合之众而不是法"。后一种民主的特征是人民大会的法令凌驾于法（τὰ ψηφίσματα κύρια ᾖ ἀλλὰ μὴ ὁ νόμος）。[170]亚里士多德也

---

[168] Dem. 22.5-7.

[169] Xen. *Hell.* 1.7.20-22. Yunis, "Law, Politics," p. 382："按照观察公元前4世纪所有案件得到的标准，欧里托勒姆斯的法律抗辩必须被认为是太弱了，尤其是它混淆了制定法和法令的区别。事实上，欧里托勒姆斯不应该受到这样的指责，因为很可能公元前4世纪的辩护人所坚持的标准还没有被引入。"

[170] Arist. *Pol.* 4.1292a5-7. Kraut, *Aristotle*, p. 454 指出：亚里士多德不仅仅是因为"人民大会没有能力做出具有足够普遍性的判决并且容易受到情绪的左右"而批评不受限制的人民大会，"他同样认为人民大会如同僭主一般，会做可怕的事情"。

承认法和制定法之间的形式等级很重要，至少对于败坏的政体来说是这样。正如我们已经在上文讨论亚里士多德时所见，他的观点有时可以算是一种弱的、实证主义的宪制主义。然而，这和我们之前所讨论的西塞罗基于自然法主张的实质宪制主义（substantive constitutionalism）仍有很大差距。有趣的是，当亚里士多德认为有一些非常具有德性的人不应当服从于任何法（因为他们就是自己的法），他是在讨论雅典另一个针对不合宪行为的保障措施——陶片放逐法的语境下给出他的这个观点的。[171]那些有瑕疵但仍是法治的政体需要诸如陶片放逐法这样的制度保障来管制这些卓尔不群的人。在亚里士多德看来，雅典民主制（公元前4世纪时，上文所讨论的两种起诉已经取代了陶片放逐法）当然算是一种败坏政体。[172]

休谟的观点是（上文已引）："对与法相悖的制定法的起诉"建立的制约最终针对的对象不是人民，这当然是对的；判决起诉案的陪审法院就是人民以另一种面貌、根据不同的程序行动。[173]休谟认为，"对与法相悖的制定法的起诉"所针对的是在大会通过的法律；但是我们已经看到，这只是公元前5世纪的情况。假设休谟熟悉复杂的、由立法程序所设立的程序性保障措施的话，那么他或许会对雅典人更仁慈，并且发现两个起诉所代表的宪制措施更加令人瞩目。休谟认为，起诉仅仅是一种控制"瑕疵"（也就是说那些不合宪法律的提出者们）的简单尝试。休谟认为它在根本上并不成功的原因在于："厌恶

---

〔171〕 Arist. *Pol.* 3.1284a13-14.
〔172〕 Yunis, "Law, Politics, " pp. 380-381 中有陶片放逐法被取代的论点。
〔173〕 见 Bleicken, "Verfassungsschutz," p. 394. 亦见同前, *Demokratie*, p. 388; Schwartzberg, "Judicial Review," pp. 1059-1061。

约束自身的"人民大会最终仍是未被制约的。然而，正如我们所见，对于公元前 4 世纪来说，这当然是错误的：人民法庭的论证中出现了数量可观的实证主义宪制思想，它们建立在由公元前 5 世纪末的司法改革所带来的规范的等级之上。然而，正如休谟的例子所展现的那样，这个非常令人瞩目的发展并没有对接下来的政治思想产生多大影响，也没怎么消除人们对雅典的印象：一个被人民多变的激情所主导的、没有宪法的、动荡的民主政体。对于接下来的大多数政治思想家来说，雅典历史在阿吉纽西事件这里就结束了。虽然，在公元前 4 世纪的制度和宪制主张的背景下，阿吉纽西事件是难以想象的，但这个事实在思想史上却没有留下什么痕迹。

总结而言：公元前 4 世纪的雅典确实很清楚刚性高阶规范和低阶可弃的法令之间的宪制区别，而且它也确实具有可以使这种区分生效的法律措施。公元前 4 世纪的诉讼演说向我们展现了这已经成为当时那个雅典社会政治思想的重要组成部分。然而，公元前 4 世纪的雅典宪制思想从未享有如罗马政治思想这般大的影响；公元前 4 世纪的记忆被公元前 5 世纪的历史所遮蔽了，而至少直到 19 世纪的政治思想那种反民主的根本的态度则依然非常强烈。[174] 此外，前几章所讨论的那种罗马宪制主义和这里所讨论的这种公元前 4 世纪的雅典版本之间还有一个重要的区别：后者的宪制主义是具有深刻的**实证主义**特色的。我们只需略读一下那些探讨两种起诉的演说就会发现，这些说法都是很明显地（而且有时很乏味地）基于（并且也只能基于）实定法以及那些法律段落——这些段落被用来反复劝说

---

〔174〕 Roberts, *Athens on Trial*.

人民法院遵守誓言并且根据法律（κατὰ τοὺς νόμους）投票。公元前 4 世纪的雅典宪制思想和宪制制度不同于罗马共和国最后一个世纪的宪制主张（更不要说西塞罗的自然法理论），因为雅典的宪制思想和制度的基础是：公元前 410 年之后的时期和公元前 403 年之后的时期所整理和改革的实定法体系。在晚期共和国的时候，存在着诸如上诉权（ius provocationis）这样的例子：制定法细致陈述了法的内容，从而使得法变得清楚和实证。然而，正如我们所见，上诉权的地位最终并不是建立在制定法之上的，而是因为它是高阶的法的一部分。[175] 高阶的 ius 并不像 nomoi 与 psephismata 之间的区分那样形式上区别于低阶法令，即使只是因为对它们来说不存在高阶法的实证理论。在这点上，罗马宪制主义或许更接近于公元前 5 世纪的雅典——后者对 nomos 作为一个整体要求什么有一个模糊的看法。[176] 罗马的法律合宪性问题（de iure legum）的论证背后始终预设了高阶规范的存在，有点令人想起"违反既有法律"的演说词，但是不似它的论证，罗马人的论证为这些高阶规范具体是什么这个问题留了做出新颖或不那么新颖的阐述的空间。在罗马共和国覆灭之后的很多世纪里，这些阐述将会抓住西方政治思想家的想象。

---

[175] 例如，见 Cic. *Dom*. 33. 见上文第三章，p. 130。
[176] Ostwald, *Popular Sovereignty*, p. 136：法是"价值之公认"的化身。Ostwald, *Nomos*, pp. 26-54, 57-136 讨论了希腊的法的观念以及它意义的转变（从对事物的习俗性秩序的指涉到实定的法律）。

第三部分

美德的局限：
罗马对政治思想的贡献

第六章　作为一种宪制秩序的罗马共和国

——从元首制到文艺复兴

彭波尼和《王权法》

我们在第一章中看到，塔西佗已经关注了晚期罗马共和国危机的宪制维度。后来，公元2世纪的法学家彭波尼在他的《手册》(*Enchiridion*)中指出：在共和国的历史中，宪法对个人权利的保护措施与紧急情况带来的必要性之间存在根本张力。彭波尼所关注的是"向人民上诉的权利"(*provocatio ad populum*)，一个罗马特有的对上诉权的制度保障。西塞罗、李维、哈利卡纳索斯的狄奥尼修斯以及普鲁塔克所依据的晚期编年史家，其实是时代错乱地把上诉权投射回公元前5世纪，这个事实并非我们关注的要点。当彭波尼讨论王制终结之后的十人委员会，以及它所具有的为罗马共和国立法的权威时，他把这种权威称为至高的(sovereign)——这也就是说，没有上诉对抗它的可能性：

> 人们决定：根据人民的权威(*publica auctoritate*)，任命一个十人委员会，安排他们学习希腊城邦的法律，并让

他们为自己的城邦立法。他们把法律完整地写在象牙制的表上面，并且把这些表集合起来放在演说台前，让它们接受公众的审阅。在那一年里，他们被给予了城邦中的至高权利（*ius in civitate summum*），以便他们在有需要的情况下，有能力修订并解释法律，且不必为任何上诉负责，比如来自其余官员的上诉。[1]

这个程序的结果（也就是十二表法）当然对罗马共和国的法律史具有最重大的意义。然而，正如我们在关于紧急权力的第二章所见，这个使得十二表法成典的程序本身——即十人委员会和它的超常权力——备受批评。我们先不管十人委员会的历史真实性问题（尽管其真实性非常可疑）以及诸如第一个和第二个十人委员会之区别这样的复杂问题，[2] 彭波尼对于十人委员会的记述展现了：在元首制时代的古典法学时期，摧毁共和秩序的冲突的原因仍旧被认为是宪制保障措施的缺乏以及僭主式的、超宪的权力的设置。[3] 彭波尼论述的核心是主权问题。十人委员会在"人民的权威之下"被授予了"至高权利"（*summum ius*）——不受上诉权（在这个语境下，我们或许可以说是否决权）的制约。主权在这里似乎是由上诉权的缺失所定义的。当然，这个主权是被人民有条件授予的（即一年时间），故而也不是绝对的。有趣的是，彭波尼（包括他所师法的李维，以及西塞罗）并不认为是十二表

---

[1] Pomp. *Dig.* 1.2.2.4. Trans. ed. A. Watson.
[2] 见 Beloch, *Römische Geschichte*, pp. 242-246；Täubler, *Untersuchungen*。十二表法的一个评注版本，见 Flach, *Zwölftafelgesetz*。亦见 Crawford, *Roman Statutes*, vol. 2, pp. 555-721, 尤其是 pp. 560-561。
[3] 要想了解彭波尼文本中人民主权的角色，见 Millar, *Roman Republic*, pp. 52-53 中的讨论。

法带来了上诉权；相反，既然十人委员会可以免于被上诉，在十二表法成典之前，上诉权肯定就存在。[4]

故而，在彭波尼看来，归根到底，主权在民；具有超常能力的十人委员会依人民之好恶而行事，它被给予了一种可在固定期限内免于被上诉的代理主权。《手册》的较后部分更加明确地讨论了僭越主权代理的内在界限的后果。彭波尼写道：

> 当法规决定被通过时，有人向人民提议：所有的官员都必须辞职，从而使人们可以委任十人委员会来制定成文的制定法。与此同时，十人委员会的任期是一年。但是，当他们为了其自己的利益延长任期（*magistratum prorogarent sibi*）、行使非法权力（*iniuriose tractarent*）、拒绝在适当时间还政于官吏、意图将共和国永远地占为己有（*perpetuo rem publicam occupatam retineret*）或私授朋党之时，他们就通过如此过分的暴政（*aspera dominatio*）把局势推到一个连军队都要退出共和国的境地。[5]

十人委员会破坏时限的做法暴露了其统治的不合宪性。也就是说，事实上，十人委员会无限延长了他们的任期，这激起了人们对他们权威不合法化和僭主化的指控。彭波尼似乎认为，虽然人民以制定法的形式通过了十人委员会这一超常官职，但与此同时，人民通过的这部设立委员会的法也从一开始就构成了对他们的权威的限制。彭波尼似乎并没有考虑一个可行的说

---

[4] 参见 Livy 3.32.6：上诉权是先于十二表法而存在的。Cic. *Rep.* 2.54 崇古地说，上诉权在王制时代已经存在了。见 Zetzel, *Cicero: De Re Publica*, pp. 209-210。
[5] Pomp. *Dig.* 1.2.2.24. Trans. ed. A. Watson，略有调整。参见 Livy 3.36.5-9。

法：乍看上去，建立十人委员会的法令及其内含的任期规定，没有任何理由被认为高于十人委员会的立法活动（包括对其任期的延长）。故而，彭波尼（和他的共和国的前辈们一样）似乎暗中预设了这样一个立场：与由人民创造的、官员们宣布的法律相比，罗马人民的决定具有更高的（宪制的）地位。

《手册》把独裁权的起源看作是人民在紧急状态的压力下做出的决定（他没有说这个决定确切的制度源头是什么）：

> 既然战争发生得这么频繁而且邻邦发起的战争又异常残忍，有时在这种事件的压力之下（*re exigente*），人们决定要建立一个具有更强大权力（*maioris potestatis*）的官职。故而，独裁官们可以处在一个不被起诉的位置（*nec provocandi ius fuit*）并且被委以死刑之权。

244 但是，彭波尼认为，"要是这个官职被保留了超过六个月，那么这就是不合法的，因为他拥有的是最高权力（*summa potestas*）"。[6] 按照彭波尼的看法，与此相比，执政官最初本拥有由制定法赋予他们的"最高权威"，但是后来一项引进上诉权的制定法被通过，而该权威也被其约束，以免执政官"要求掌控一切事物的王权（*regia potestas*）"。[7] 同样，在十人委员会这个例子里，主权（*summum ius/summa potestas*）的特征是没有针对它的上诉权。如果一个权力既不受到上诉权的约束又不受到任期限制的约束，那么它就有了王权的意味。人们毫不

---

[6] Pomp. *Dig.* 1.2.2.18, trans. ed. Watson.
[7] 同上书，1.2.2.16。

费力地通过有关上诉权的制定法来限制执政官的"最高权威"。这也说明,虽然彭波尼对"最高权威"言之凿凿,但是事实上认可人民主权的宪制规则。

我们还是把《手册》可疑的历史可靠性放在一边,仍旧保有这样一个印象:尽管彭波尼在元首制下写作,但是仍旧理解共和宪制下的上诉权的核心地位。彭波尼以蒙森的方式描述了主权和上诉权之间的反比关系。一方面,十人立法委员会被描述成一个不受到上诉权限制的制宪权力;另一方面,十人委员会仍旧受制于对其任期时限的一种大抵可算作"宪制的"约束。那么什么才是这个宪制制约的源头呢?彭波尼认为:十人立法委员会是在"人民的权威"(publica auctoritate)下而被设立的,这一次没有提到含混的制定法。当他在讨论独裁制度以及建立它的方式的时候,他同样没有提到制定法。然而,在《手册》中,其他宪制制度都奠基于制定法并依赖制定法为它们辩护。我们似乎有理由这么说:此处一直被提及(尽管并不直接)的宪制规则是:人民主权,以及可以应用于任何官员的上诉权。在彭波尼看来,无论是人民主权还是上诉权都是先于十二表法的,故而与单纯立法相比,它们被认为具有更高的宪制地位。

彭波尼和晚期共和国宪制危机中的那些主人公(尤其是西塞罗对话中的主人公)并没有什么差别,他模糊地意识到了宪制的法律规范和制定的法律规范的源头之间的等级关系,虽然他从没有把这点讲明。的确,彭波尼历史性的法律手册[来自《学说汇纂》(*Digest*)中的征引]中的等级关系并没有哲学的自然法基础,但是上诉权的重要性从它在十人委员会时期所扮演的关键角色中反映了出来,而且,《手册》充分认识到:

在紧急状态下，上诉权可以和紧急权力（诸如独裁权）产生张力。紧急权力在这里是被宪制地"对冲"了，而且针对紧急权力逾界（比如十人委员会越过了他们的任期限制）的反应是迅速且强烈的。然而，归根结底，彭波尼需要解释的是共和到帝制的转变，而他对此只是给出了一个模糊的现实报告。在公元前287年的《霍尔滕西亚法》(lex Hortensia) 给予了人民的决定以制定法的效力（法律和公民投票于是具有同等法律效力）之后，

> 平民的聚集变得困难起来，而且，整个公民群体（如此一大群人）的聚集必然更加困难……元老院故而行使权威，它所做出的任何决定都受到尊重，这种法律被称为元老院敕令（senatus consultum）……最近，正如立法的途径已经变得更少了，另有一个受到事态影响（rebus dictantibus）的逐步转变：国家的事务需要委托于一人（因为近来元老院没有能力诚实地统治全部行省）。故而，一个君主就被立了起来（constituto principe），以下的权利便授予了他（ius datum est）：他的决定被看作法（ut quod constituisset, ratum esset）。[8]

简单说来，彭波尼认为元首制主要源于罗马人民难以聚集这个现实困难。[9]皇帝立法权的起源似乎是：皇帝通过元老院代理

---

[8] Pomp. *Dig.* 1.2.2.9-11. Trans. ed. A. Watson，略有微调。
[9] 这使人想起关于罗马共和国的民主面向的学术讨论。诸如拉姆齐·麦克马伦（Ramsay MacMullen）这样的批评者认为：人民大会聚集的诸场所不可能容纳足够数量的人民以支撑罗马共和国的民主性。MacMullen, "How Many Romans Voted."

了立法权，而皇帝当然既不受到上诉权的影响也没有任期的限制。彭波尼并没有提及皇帝立法权是否可以被收回。从上述说法来看，皇帝自己似乎就是法律的来源，而且在没有可以驳回皇帝命令的人民权威，且没有法源等级区分的情况下，皇帝没有比曾经的罗马人民受到更多的法律约束和限制。在那些彭波尼所给的主权的例子当中，人民大会的主权（仅次于十人委员会）最为接近后世法学理论中的绝对权力：其本质上具有不受到任何先立之法束缚的无限立法权威（因为先立之法总是可以被废除），至少在没有更高宪制规范的情况下（在《手册》中确实不太有，除了一个很单薄的人民主权作为更高宪制规范的感觉，皇帝的权力似乎来自人民主权的转让，这预设了人民主权）。相反，独裁官和执政官的主权是被任期限制的，而且执政官还受到上诉权的制约（彭波尼没有提及这些官职不具备立法权——他们所决定的不能被"看作是法律"）。然而，忽视彭波尼说法中的宪制意味总是一个错误。皇帝被授予了立法的"权利"，如果没有这次授予他的权威就会变得不合法；他的地位是以合法的方式建立的。最重要的是，彭波尼似乎认为元老院以及后来的皇帝都有一种代表功能，因为假设没有"人民无法集会"这样的实际原因的话，他们就不会被设立，而人民则仍旧会继续立法。同样，皇帝的主权并不是上帝赐予的或者是神权统治性质的，这与《民法大全》（*Corpus iuris*）其他地方的说法不一样。

在这里我们看到的是一个绝对的皇帝主权的概念吗？或者说，皇帝的权威最终是奠基在人民主权上吗？很清楚，从谱系学上来说，皇帝的权威是来源于人民的权威，但是人民是否还保持一些他们的权威？如果没有，那么皇帝是否还受到早先的立法或他自己的立法所约束？关于这些问题，《民法大全》——包含彭波尼《手册》摘录的罗马法典——里所记录的是很模糊的。彭波尼的同时代人，公元2世纪法学家朱利安（Julian）给予了人民和人民的意志在立法中的声音，因为他看到人民的意志在习俗形成的过程中发生作用并且给了习俗以废除立法的力量："每个人通过弃用（desuetude）这一行为所表达出来的默许"可以废除制定法。[10]《学说汇纂》中的以下经典论述被认为强调了皇帝主权的绝对性："皇帝所满意的就有法律的效力"，而且他"不受到法律的束缚（legibus solutus）"。[11]不过这些论述和紧接下来的论述是互相制约的："这是因为人民把自己的全部权威和权力授予他，并以《王权法》（lex regia）的方式办到这点，而《王权法》的通过就是针对皇帝的权威问题。"[12]或许皇帝的主权不被任何制定法所约束，但是他的权威最终被看作仍是奠基在人民的权威之上的（从这个角度来看，人民肯定也不受法律束缚）。

通过《王权法》将主权从罗马人民转移到皇帝身上这个想法包含了共和的潜力，按照某些解读来看，它还具有宪制的维度。[13]如果这个转移是可撤回的或者如果它是受到某些条件制约的，那么"皇帝的主权是绝对的"这种说法就可疑了。通过《王权法》转移主权的核心问题在于：我们没有独立证据

---

[10] *Dig.* 1.3.32. Trans. ed. A. Watson. 这一段或许是错入的，见之后君士坦丁宪法中所表达出来的另一种相反的观点：*Const.* 8.52.2。

[11] Ulp. *Dig.* 1.3.31.

[12] 同上书，1.4.1.pr。亦见 *Inst.* 1.2.6。但参见 *Cod.* 1.14.12。

[13] 有关《王权法》对中世纪以及中世纪关于皇帝权威来源的观念的意义，见 Canning, *History*, pp. 7-9。有关中世纪晚期的绝对主权，见 Pennington, *Prince and the Law*。

去证实这么一项制定法。[14] 然而，在 1344 年，一个大铜表被发现，上面刻着的法律非常接近于《王权法》，这就是所谓的《关于维斯帕先权力的法》（lex de imperio Vespasiani）。这个法详细描述了公元 69 年权力是如何通过制定法授予维斯帕先皇帝的。[15] 这个铭文被发现后就被克拉·迪里安佐（Cola di Rienzo）放在拉特朗圣若望大殿（Church of St. John Lateran）中进行展示了。克拉·迪里安佐是共和政府的拥护者，他后来使用并解释了这部法律，以便在 1347 年将共和宪制重新引入罗马。无论这个铜表上的法是否真的是《学说汇纂》中所描述的《王权法》，它都无疑支持了皇帝的权威最终来源于人民、依赖于人民并且因而不是绝对的。

一个早期的排他共和者：卢卡的托勒密和《论君主的统治》出自他手的部分

克拉·迪里安佐并不是第一个对罗马共和国而非帝国表现出友好态度的。汉斯·巴隆（Hans Baron）有断言云：15 世纪初期是决定性的共和转折（republican break）。查尔斯·提尔·戴维斯（Charles Till Davis）反对汉斯命题：随着亚里士多德主义、拉梯尼（Latini）、帕多瓦的马西留（Marsiglius of Padua）、但丁、评注家萨索费拉托的巴托鲁斯（Bartolus of Sassoferrato）、多明我会士佛罗伦萨的雷米基乌斯（Remigius of Florence）以及卢卡的托勒密（Ptolemy of Lucca）的作品的

---

[14] 有关《王权法》，见 Mommsen, *Staatsrecht*, vol. 2.2, pp. 876-879。
[15] 参考这一领域的经典文献，Brunt, "Lex de Imperio"。

传播，这种共和的倾向至少可以追溯到 14 世纪早期。[16]特别是托勒密展现出了对共和国历史的持续兴趣，而且在他的《论君主的统治》(De regimine principum) 一书中表达了对作为帝国的对立面的共和国的绝对偏好。这部作品在很长时间里都被认为是托马斯·阿奎那的作品（他或许写作了第一部分），在它的第二部分展现出了非常强的"共和排他主义"(republican exclusicism);[17]也就是说，托勒密远不像之前的中世纪思想所惯常主张的那样表现出对王制的青睐，他对王制的厌恶到达了把王制与僭主制等同的地步。他还同样表现出对作者所认为的罗马共和国均衡宪制的强烈青睐：他几乎用波利比乌斯式的语言（当然，他并不知道波利比乌斯的《历史》）把罗马共和国描述为一个亚里士多德式的"政体"(polity)——一个由多数和少数共同参与的温和政府。[18]

托勒密从 4 世纪历史学家弗拉维乌斯·尤特罗庇乌斯 (Flavius Eutropius) 那里取得了一些关于罗马共和国制度的信息。他对于共和国的强烈偏好使他排除了任何其他政体形式。当他做出以下思考的时候，这种偏好显现无疑：

> 当我们谈论与政府相关的政体部分的时候，我必须要特别使用罗马人作为例子，因为罗马共和国在秩序上是非

---

[16] Davis, "Ptolemy of Lucca"; 同前，*Dante's Italy*。

[17] 这是埃里克·纳尔逊的用语。卢卡的托勒密已经有了他在 17 世纪政治思想家身上找到的"新的革命性论点"："王制就其自身而言就是一个不合法 (illicit) 的宪制形式，所有合法的 (legitimate) 宪制都是共和的。"见 Nelson, *Hebrew Republic*, p. 3。

[18] 见 J. M. Blythe, "Introduction," in Ptolemy of Lucca, *Government of Rulers*, pp. 33-39; 亦见 Millar, *Roman Republic*, pp. 59-61。但是后者太执着于辨认出民主的元素而没有看到托勒密的宪制主义。

常杰出的,也因为历史学家们已经描述过了塔克文被逐之后的官员等级了。[19]

吸引托勒密的史实是:在国王被驱逐之后,罗马人有了两个执政官,[20]他们享有同等权力,而且有任期限制。他们都被称为执政官(consuls)。托勒密沿用塞维利亚的伊西多尔(Isidore of Seville)的词源学来解释:执政官之名要么是来源于"他们'咨询(consulere)公民的利益',要么就是由于他们通过咨询建议来管理每一件事"。[21]托勒密认为,罗马人之所以设置任期限制是为了"没有人可以长时间保持傲慢"。[22]他同样意识到,根据伊西多尔和尤特罗庇乌斯的说法,罗马人在有军事威胁时设立了独裁官这一职位,"旨在加强其国家,而它比执政官权有更广泛的权力和权能"。[23]然而,托勒密和伊西多尔(在罗马共和官制主题上,他是托勒密最重要的资源[24])一样,都错误地认为独裁官的任期长于执政官的任期,"独裁官在五年之后到期,而执政官则只有一年"。[25]托勒密确实正

---

[19] *On the Government of Rulers* 4.26.1. 同样参见 4.19.5 和 Millar, *Roman Republic*, p. 60:托勒密对罗马共和国宪制的发展的看法,以及逐渐增强的"民主"特色。

[20] 要注意 Bible(1 Maccabees 8.16)中的相反信息:只有一个执政官。托勒密同样反复提到这个信息而没有提到它的矛盾:例如,见 *On the Government of Rulers* 2.8.1。

[21] Isid. *Etym.* 9.3.6. Trans. S. A. Barney/W. J. Lewis/J. A. Beach/O. Berghof.

[22] *On the Government of Rulers* 4.26.1. 这是对伊西多尔对这一职务的描述的贴切复述,"军事"和"民事"执政官之间的怪异区别也是从伊西多尔这里学来的。

[23] 同上书,4.26.2。

[24] 布莱斯(Blythe)的注释整体上没有足够注意伊西多尔是托勒密的思想来源。

[25] *On the Government of Rulers* 4.26.2. 参见 Isid. *Etym.* 9.3.11。

确地指出：凯撒曾担任该职位。[26] 但有趣的是，他并没有追随尤特罗庇乌斯而错误地认为奥古斯都皇帝同样也曾拥有独裁权，故而正确地把这一官职局限在共和国宪制的范畴内。[27] 最后，他记录了"人民是如何因为执政官对百姓的过度欺压而建立保民官一职的"。保民官之所以被如此称呼，是"因为他们把权利交给人民"。[28] 所有这些都表明：托勒密已经潜在理解了起到限制作用的高阶规范（比如，执政官的任期限制），而且也理解了这些规范的宪制特色。正是这些宪制规范才让共和国卓尔不群，而非是奥古斯丁所谓的对荣耀与光辉的狂热。

  托勒密援引教父的支持，把奥古斯丁对罗马公民美德的含混态度转变为对他们的美德的直白肯定。他认为这些美德主要表现在罗马人"对祖国的热爱""对正义的热忱"以及他们"仁善的德性"。为了彰显这些德性中的头一个，托勒密征引了萨卢斯特，而后者曾怀旧地追忆让共和国伟大的东西："对内的勤勉施政、对外的正义统治和建言献策时的自由精神。"托勒密同样引用了萨卢斯特所作的马尔库斯·波尔基乌斯·加图关于罗马共和政府衰败的演说："但我们现在不再有这些美德，而是拥有奢华和贪婪，公家贫困，私家富饶；我们崇尚财富，我们追求懒惰，我们不区分善恶，而野心收割了所有美德的奖

---

[26] *On the Government of Rulers* 4.26.2.
[27] 尤特罗庇乌斯认为无论是凯撒还是奥古斯都都曾经是独裁官，并且补充到，独裁官权是最接近瓦伦斯（Valens）的帝权的权力[《建城以来史纲要》（*Breviarium ab urbe condita*）就献给这位皇帝]，故而继续保持"元首制是共和宪制政府的延续"这样的幻想：Eutr. 1.12（ed. Droysen）。
[28] *On the Government of Rulers* 4.26.3，引用 Isid. *Etym.* 9.3.29 and 9.4.18。

励。"[29] 根据托勒密以及带了他的偏见的奥古斯丁的说法，另一项罗马的重要美德是"他们对正义的热忱（zelus iustitiae）"，这构成了"罗马人配得上统治权的另一个原因"——"罗马人"，指的是罗马共和国。对正义的热忱使得罗马人通过"自然权利（iure naturae）——正当统治（iustum dominium）的源头"而获得统治权。因为他们"尤其正义的法（iustissimae leges），别人就主动臣服于他们的统治"。[30] 托勒密进而征引《使徒行传》：

> 当非斯都［Festus，行省犹地亚（Judea）的罗马检察官］在耶路撒冷的时候，统治的祭司们拜访他并要求判保罗死刑。非斯都这样回答说：所有人都服从于罗马法，"罗马的习俗并不是去判他们死刑"或宽恕他们，"除非他们的起诉者在场并且他们有机会为自己辩护、自证清白"。出于这个原因，奥古斯丁说："上帝喜悦罗马人去征服世界，因为当世界被带进一个广大共和国的单一社会以及它的法律之中时（in unam societatem reipublicae legumque），和平就产生了。[31]

从最后一句话我们可以很清楚地看出：无论《使徒行传》的情节如何，能够展现托勒密所看重的法律和宪制特点的是罗马共和国而不是帝国。托勒密对罗马统治的辩护引用了大量材料，尤其是奥古斯丁《上帝之城》，而《上帝之城》则又非常依赖

---

[29] Ptolemy of Lucca, *On the Government of Rulers* 3.4, p. 155, 引用 Sall. *Cat.* 52.21。
[30] 同上，3.5, p. 157。
[31] 同上，3.5, pp. 157-158，引用 *Acts* 25.16 以及 August. *De civ. D.* 18.22。

西塞罗《论共和国》中关于罗马帝国的正义和罗马美德的论点。故而,《论共和国》第三卷中有关帝国正义的辩论是托勒密评价罗马共和国及其宪制的背景(尽管经由奥古斯丁)。

正如我们所见,西塞罗从一些理性计算(prudential)的标准来讨论宪制理论——比如稳定性、有效统治以及持久性,之后,他对话的第三卷就转向对罗马共和国的**道德**考量。西塞罗用公元前155年学院派怀疑主义者卡尔内阿德斯的一组著名演说作为模板,设计了一系列往来论争,来表达他的道德考虑。卡尔内阿德斯在第一次演说中支持了正义在城邦中的必要性,而在第二次演说中反对了这点。在《论共和国》中,西塞罗把演说的顺序颠倒了过来:首先开始对正义进行怀疑主义式的挑战,而以对正义的辩护作结。当西塞罗为《论共和国》改编了卡尔内阿德斯的论点时,他把正义对于政治的重要性的富有争议性的讨论用到了国际关系领域,故而将政治理论延伸到城邦之外,让罗马帝国化成为一个适合做规范性和道德性分析的主题——这一点对奥古斯丁和托勒密的讨论起到关键影响。[32] 故而,西塞罗的《论共和国》把道德哲学(以自然法形式出现)应用到罗马的统治上,超过了特定政体的边界。最重要的是,应用在这一领域的规范并不可能是任何国家的特殊规范:它们要么必须回应功利和自利的标准(《论共和国》中斐卢斯——也就是卡尔内阿德斯——所持论点),要么回应正义的标准(很大程度是通过斯多亚学派的自然法来构想的,正如斐卢斯的对手莱利乌斯在《论共和国》中所发表的支持正义的演说所展现的那样)。西塞罗著作中的自然法为

---

[32] 有关西塞罗和原始的卡尔内阿德斯辩论的关系,见 Zetzel, "Natural Law and Poetic Justice"。

探究帝国统治和征服的正义性提供了标杆，它的标准是道德的，而非卡尔内阿德斯那样纯粹建立在自我保存的基础之上的。

卡尔内阿德斯辩论通过奥古斯丁在托勒密的理论中占有重要位置。奥古斯丁对于罗马人的世俗德性持有很暧昧的态度，在他最终的分析中这不过是罗马人对荣耀的虚妄强调。[33] 托勒密则与奥古斯丁不同，他接受了一个与西塞罗（或莱利乌斯）对共和国及其帝国主义的自然法辩护十分相近的看法。进而，他又有效地把奥古斯丁吸收进这个观点里：共和国从亚历山大大帝那里继承了帝国统治，因为他们"正义地行使霸权而且合法地治理"。托勒密似乎在这里暗示，亚历山大的问题在于他是一个君主，故而没有能力通过"最神圣的法"来统治，也没有能力"依照法律指引人民"，故而也没能力保存"公民社会中的个体们，以便保存和平和正义"。亚历山大作为君主是没有能力施行那种宪制正义的，托勒密把这种正义叫作"法律正义"（legalis iustitia），而且这种正义最终是基于自然法。

在发现美洲之后，通过共和国的宪制统治、罗马法的开化作用以及罗马人的法律正义来辩护罗马共和国的帝国统治的做法成为欧洲政治思想的传统主题。[34] 虽然托勒密作品中革

---

[33] 有关托勒密将奥古斯丁对罗马人的含混态度转化为完全的赞扬的问题，见 Davis, "Ptolemy of Lucca"；有关他对于奥古斯丁的使用（和滥用）以及他力图调和奥古斯丁和亚里士多德的问题，见 Blythe, "Introduction," pp. 24-30, 亦见其文本中的注释，p. 153, n. 38。

[34] 见 Kingsbury and Straumann, "Introduction"；Benton and Straumann, "Acquiring Empire by Law"；Lupher, *Romans*；Straumann, "*Ius erat in armis*"。Vázquez de Menchaca's *Controversiae illustres*（1564）把奥古斯丁当成一个反"帝国主义"（imperialist）的人文主义法学家来使用。它这样来解释奥古斯丁的论点：罗马人之所以被上帝赐予了帝国，并不是因为他们在征服中展现出的美德，而是因为罗马人在其他美德上（不是在战争上）比其他民族更加优秀（vol. 2, c. 20, 31）。

命性的、明显的亲共和的立场（事实上就是"排他性的"共和主义）足够有趣和有突破性，[35] 但最有趣的还不是这一点。其中还有一个额外的面向，是关于托勒密对共和国产生兴趣的准确原因究竟是什么。尽管托勒密频繁地引用奥古斯丁并且力图把他自己的立场装扮成教父们的立场，但是他对于共和国的解释实际上十分接近西塞罗在《论共和国》（当然他是从奥古斯丁那里获知）、《论法律》和《论义务》（对这两部他有直接的知识）中提出的解释。他的解释并没有意识到奥古斯丁对真正的正义（vera iustitia）和纯粹的地上正义的区分，而且尽管有时候《论君主的统治》使用了一些宽泛意义上的亚里士多德的术语，[36] 但是它整体上看上去是属于罗马共和国的宪制传统的。罗马共和国的帝国主义传播了它的宪制统治。对于托勒密来说，这种宪制统治就是真正的正义，是对他们的帝国的主要辩护。出于自然权利，整个世界应当被罗马共和国统治，而且应当"被带进共和国单一社会以及它的法律之中"，从而实现和平。

托勒密（经过奥古斯丁）不经意地引用了维吉尔和萨卢斯特来作为罗马仁善（benevolence）的例子："罗马人的特别之处在于，他们会'宽恕他们的属民并且征服那些骄傲者，而且面对不义的伤害，他们更愿意去宽恕而不是报复'。"[37]

---

[35] 对此，见 Witt, "Rebirth"。
[36] 例如，见 On the Government of Rulers 3.5.3, p. 158，指向了 Arist. Pol. 1.2, 1253a2-3："公民社会中的众人的杂合"，"按照亚里士多德的看法"，是"他们作为自然具有社会性的动物的必然"。
[37] 同上书，3.6.3，引用 August. De civ. D. 1.6，其引用 Verg. Aen. 6.853 以及 Sall. Cat. 9.5。

他进而引用西塞罗的《论义务》中有关罗马人所感受到的对共和国的义务的部分来作为他们的统治的额外辩护。[38] 当托勒密简要引述萨卢斯特和他关于罗马衰落的主题（罗马是由于贪婪、奢靡以及美德丧失而衰落的[39]）时，他确实显得亲近于一种真正的奥古斯丁式的观点，意识到了共和国最终的坠落和衰败。但即便如此，他似乎也没有意图去同意奥古斯丁的观点，即罗马人是通过"一种恶"——荣誉——来克服贪婪和其他恶的。[40] 一种恶加倍突出就可以变成限制其他恶的德性的想法对于托勒密来说是很陌生的。[41] 故而，荣誉在他的论述里算不上一种目的。

托勒密很清楚地说出了罗马共和国中的宪制维度以及它的政府模式。在下面这个段落里，他对比了共和宪制政府["政治统治"（political rule）]和一人统治。他经常混淆亚里士多德对王制和僭主统治的区分，故而王制总体上具有僭主特质。"政治统治"中最有意思的地方在于：尽管托勒密称赞它的倾向是很强烈的（开始就指出了它的稳定性），但是他同样指出了它不如君主制（一人统治或王权统治）的地方，因为"政治"统治者是被法所约束的，故而不可以依照自己的意愿做出回应，比如在紧急情况中。罗马共和国所施行的"政治政府"当然一定具有令人愉快并且温和（*suave*）的特征，而且它同时也是

---

[38] *On the Government of Rulers* 3.4.3，引自 Cic. *Off.* 1.57。
[39] 同上书，3.4.3，引自 Sall. *Cat.* 52.21。
[40] 参见 August. *De civ. D.* 5.13。
[41] 关于把一种恶或是一种欲望作为对其他恶或者欲望的遏制（故而其本身获得了受尊重的地位）的看法，见 Hirschman, *Passions and the Interests*。

一种稳定的政府模式，因为它符合社群的或城邦的法律的形式（*secundum formam legum*），匡扶者（rector）是受此制约的。但是由于这个原因，统治者的明智就不是自由的，故而这个政体就离神圣更远并且更少地模仿它。尽管法律起源于自然法，正如西塞罗在其《论法律》中所证，而自然法来源于神法……但是，它们在具体行动上（*in particularibus actibus*）会失败。立法者们不能提供具体行动的指引，因为他们对未来事件一无所知。故而，政治政府有某种弱点，因为匡扶政治之人只通过法律裁判人民。这个弱点在王权中可以被规避，因为统治者们并不受到法律所约束，而是以他们心中所想来做出判断，故而他们也更贴近神意……[42]

在一个表现了对"符合法律形式"的共和政府的强烈偏好的文本中，托勒密认识到了这个问题：这种政府或许最终真的会比君主制或"王"治更加羸弱，因为君主制和王治中的统治者不受法律约束，故而可以根据他们的自由裁量来回应具体的、无法可依的偶发事件。这算不算意识到了卡尔·弗里德里希（Carl Friedrich）所谓的"宪制的国家理性"（即应用到宪制秩序中的国家理性[43]）还不清楚。在这里，托勒密不从道德视角来审视法律对那些削弱了共和秩序的行动能力的制约和束缚；然而，既然托勒密倾向于认为所有的君主制或"王"治都是僭主制，便也指出了虽然不义但是可以通过自由裁量在危机

---

[42] *On the Government of Rulers* 2.8.6. 亦参见 4.16.3。
[43] Friedrich, *Constitutional Reason of State*.

中行动的僭主政府和共和宪制政府之间的张力。自然法的地位是模糊的，因为对于托勒密而言，它确实可以批准（这里提到西塞罗是有所指的）罗马共和国的法律秩序。从另一个方面来说，托勒密与西塞罗不同而更接近于希腊思想，他似乎认为：自然法没法真的被表述为一般化的法律规则。相反，统治者的美德或许更达到按照自然法行事的标准。有趣的是，尽管托勒密意识到了共和国的弱点，但他也没有放弃共和统治而转向君主制。根据他的文本，我们并不能断定托勒密是否在这里想的是类似于西塞罗的"人民的安全"的观念。我们将会看到，洛克和他的特权（prerogatives）理论将尝试根据西塞罗的"人民安全"来调和宪制制约和自由裁量权力。[44]

托勒密的原创性在于他对罗马共和国的直白欣赏和对共和政府的一般偏好。他展现出了许多这里所描述的罗马宪制传统的特色。他认为，共和国的扩张是正当的并不是因为渴求荣誉是一种价值，相反，这是源于罗马共和统治的宪制本质。这是早期现代自然法诸理论中一个重要流派的早期例子[45]——罗马人传播了自然法（他们"最正义的法"的基础）的内容，他们是出于"对正义的热忱"而建起了他们的帝国。托勒密并没有给予统治者的美德以厚望。无论是好是坏，他青睐一种统治者受到法律约束的体系并且强调法律的制约而非美德。他似乎并不认为，这些起到制约作用的低阶法律可以因为高阶自然法或是"拯救共和国"的目的而被破坏或中止；的确，他似乎并没

---

[44] 见 Locke, *Second Treatise* §160："这个根据裁量、为了公共善、不受甚至有时反对法律规制的行动权力，**就是**我们所说的特权（*Prerogative*）。"见下文，p. 318。

[45] 对这点最好的展开，是 Gentili, *Wars*。

有对这个观点思考太多。

总结而言，托勒密因为共和统治的自然正义和宪制制约而对它有一种规范性的偏好，故而他不是一个马基雅维利式的共和主义者［即给予伟大（grandezza）和荣誉以最高价值］。共和统治下所倡导的自由体现出它是令人愉悦或温和的，因为臣民（subditi，在这个语境下这个词很奇怪）每个人轮流参与统治，"勇于追求自由，为的是不会被迫服从或拜倒于国王"。[46]这种自由非常类似于邦雅曼·贡斯当的"古代自由"，符合它的独特特征：政治参与和政治权利。[47]在整部作品之中，我们可以觉察到亚里士多德的痕迹，这与西塞罗式以财产为中心的、基于自然状态的政治和宪制理论（我们已经在之前讨论过）不同，[48]就像他那萨卢斯特式的对公共财富和私人财产的浪漫称颂也和它不匹配一样。[49]然而，托勒密与奥古斯丁对于罗马共和国的看法也不一样，因为奥古斯丁把罗马共和国描述成一个仅仅展现出二流的、异教的品质（实际是恶）的国家。不同于奥古斯丁，托勒密认为罗马共和国及它的帝国所彰显、传播的正义才是它的真相（而且是唯一的真相），并就此与西塞罗（或莱利乌斯）在《论共和国》的立场一致。在最后这方面，他的立场确实是西塞罗式的，尤其是如西塞罗在卡尔内阿德斯辩论中所展现的那般——呼唤自然正义。

---

［46］ *On the Government of Rulers* 2.8.5.
［47］ Constant, "Liberty of the Ancients."
［48］ 见 *On the Government of Rulers* 2.9.4。在这里，托勒密认为，在纯真状态（state of innocence）当中，共和制而不是君主制政府已经存在；布莱斯把纯真状态等同于"自然状态"的做法是具有误导性的。
［49］ 同上书，3.4.3。

马里奥·萨拉莫尼奥的早期罗马宪制主义

偏好作为帝国对立面的罗马共和国的卢卡的托勒密并没有注意到一个问题：帝国的法律权威是如何被辩护的？在他看来，共和国从骄傲者塔克文开始，历经内战而衰败，直到结束于尤利乌斯·凯撒之手，它都是"通过执政官、独裁官以及保民官"来统治。[50] 故而，他并没有注意《王权法》的问题，或是彭波尼对于主权从人民转移到皇帝的问题的论述。罗马人文主义法学家马里奥·萨拉莫尼奥（Mario Salamonio）的作品是对有关《王权法》和彭波尼的文本以及它们和宪制传统的关系问题展开重且持续讨论的最早文本之一。萨拉莫尼奥出生于15世纪中期的一个罗马贵族家庭。1512年到1514年之间，在教廷（papal curia）和罗马市公社（Commune of the city of Rome）冲突的背景下，萨拉莫尼奥写作了他的主要著作《罗马贵族论元首制六书》(*Patritii Romani de principatu libri VI*, 1544)。这本书采取了哲学家、法学家、神学家还有历史学家对话的形式。讨论的问题是：罗马皇帝是否可以称得上是不受法律束缚的，也就是说，是否可以说他进行绝对统治。法学家有些鲁莽地认为这个问题不存在：皇帝当然是绝对的。哲学家反对这个观点，并引用亚里士多德：法学家的立场会让人难以区僭主统治和帝王统治。[51] 法学家用一种实定主义的法学理论回应：法律在本质上就是命令、禁令或是惩罚，简要而言，

---

[50] *On the Government of Rulers* 2.9.6.
[51] *De principatu* p. 3. 我使用的是1578年巴黎的版本，这是1544年罗马初版的重印。巴黎版本想必是在反君权思想的大背景下出版的。

就是只针对臣民有效力,而不是对平等地位的人。皇帝当然不能命令他自己或规定他自己什么事。[52]

这个立场引起了哲学家的坚决反对。随着对话的开展,哲学家得以说服法学家:皇帝远远不是高于他自己的法律的,相反,他受到法律的约束,就像罗马人民把自己的权威通过《王权法》转让给皇帝之前,他们就受到自己的法律的约束。所有对话参与者都一致假设:自然法(或是神圣的法)限制了任何持有立法权者的立法权力。法学家最终屈服于哲学家的观点:《王权法》自身是外在于皇帝的立法权威的,故而不受他的主权干扰。由于法学家承认自己并不知道历史上《王权法》的内容,于是就出现了有趣的进展:争论通过先验论证而推进,哲学家由此得出结论,人民**没有可能**缔约将其主权永久地、不可逆地代理出去。哲学家认为,权力的代理是可逆的(revocable),对于其代理给皇帝的方式的描述逐字引用了《民法大全》中记录的彭波尼的《手册》。同样,《关于维斯帕先权力的法》也被征引作为支持,而历史学家也展现了有关罗马人民大会运作过程以及它在立法和选举中的角色的详细知识。有趣的是,当讨论对皇帝立法权力的限制时,契约法(就像《王权法》一样)被认为是处于主权者权威之外的;契约的规则不能被改变,故而也就是对皇帝立法能力的一种限制,它进而成为哲学家的论证[君主以及他的主权(imperium)绝不是"不受法律束缚的"]中的一个(我们会看到,十分关键的)要素。[53]哲学家为契约法地位辩护的动机是:他明确把人民让皇

---

[52] *De principatu* p. 5.
[53] 我们同样会在第八章看到,博丹也使用了这个思想。

帝代理权力的模式构建在罗马的授权制度（mandatum）上，[54]这也是罗马契约法的一部分而且被构想为罗马法资源中的合意契约（consensual contract），也就是说只有双边的默认同意或明确同意才能构成契约的成立。[55]在萨拉莫尼奥的案例里，人民作为授权方会授权受托人（也就是皇帝）代表自己施行立法。这种契约完全是没有保障的（gratuitous）而且可以在任何时候被双方撤销。

萨拉莫尼奥对西塞罗的《论共和国》及其中共和国的定义（通过奥古斯丁而被广泛熟知）的使用进一步证明了他思想中的契约论倾向。[56]哲学家排除了那些旨在施行不义而形成的社团之后，使用了西塞罗（共和国所要求）的"人民"的定义，认为它是"政治人民"（civilis populus）的正确定义。哲学家说，西塞罗在《论共和国》中对共和国的定义很好："通过在正义问题上达成的共识（iuris consensu）以及在利益上的共享而形成的人类团体。"[57]萨拉莫尼奥抓住团体（sociatus）这个词——以本质上罗马的和西塞罗式的精神——询问法学家："如果国家（Civitas）就是一个政治的团体（civilis quaedam societas），那么这样一个团体可以在没有任何契约的情况下（sine pactionibus）建成吗？"[58]他迫使法学家承认：这种团体的契约应当被正确地称为"法"。从这个角度看，全体人民像一个立法者一样行动（类似于帕多瓦的马西留的想法），而

---

[54] Gai. *Inst.* 3.162.
[55] 关于罗马授权法，见 Watson, *Contract of Mandate*。
[56] Cic. *Rep.* 1.39. 参见 August. *De civ. D.* 2.21。
[57] *De principatu*, p. 38.
[58] 同上。

皇帝只是众人中代表人民行事的那一个合伙人（socius）。像之前提到的罗马授权法一样，这个想法也是建立在罗马的合伙（societas）契约上。这个契约以信任（fides）作为基础，并不限于罗马公民，这对于萨拉莫尼奥的目的（使得团体的建立基于一个前政治的基础）而言非常有用。[59] 团体中的合伙人（socii）都必须同意这个团体，而这个同意也必须持续——少了一个合伙人的同意，整个团体就会被废除。我们看到，哲学家以罗马契约法的词汇来构建论点，而且哲学家已经给予了契约法则以宪法地位，使其免受立法者主权的干预，故而这算得上是一种潜在的对一套不可变更的、刚性的高阶法则的表述，于是这些法则一方面是罗马契约法的法则，另一方面又成了自然法的规范法则。正如在西塞罗的政治思想中一样，这里也存在对人们可以通过契约而同意的东西的实质约束；如果不存在"正义"（ius）这项宪制制约，那么强盗团伙也可以被算成是一个合宪的团体了。

萨拉莫尼奥所展现出的对共和政府的偏好以及他关于人民主权的想法都不是新的。亚里士多德传统中的法学和政治思想家［诸如萨索费拉托的巴托鲁斯、乌巴尔迪斯的巴尔都斯（Baldus de Ubaldis）以及帕多瓦的马西留］都已经提出了支持人民主权的论点，还有那些经院作家（至少卢卡的托勒密）也已经表现出对于罗马共和国而非罗马帝制的强烈偏好。佛罗伦萨人文主义者列奥纳多·布鲁尼（Leonardo Bruni）当然是最重要的、承袭了这些对罗马历史诸时期的相对价值判断的人

---

[59] 见 Kaser, *Römisches Privatrecht*, § 43。

物。[60]汉斯·巴隆提出过所谓"巴隆命题",也就是说,在15世纪早期,政治思想的面貌产生了一个具有决定性的转折:公民共和式的人文主义在共和的佛罗伦萨和独裁的米兰的冲突的背景下首次发展出来。昆廷·斯金纳以及在他之前的保罗·奥斯卡·克里斯特勒(Paul Oskar Kristeller)已经揭示了巴隆命题是站不住脚的,因为这种思想早在12世纪和13世纪就已经发展出来。[61]萨拉莫尼奥独特的地方在于:他在自己关于人民主权和最高权力的论证中大量地使用了《王权法》(这与巴托鲁斯或巴尔都斯不一样),而且他还将西塞罗对于前政治领域的思考注入了他的亚里士多德主义哲学、法学人文主义的折中混合之中(这与经院哲学家们不同)。他的主要关切是宪制主义的,就是这样一个观念:不仅仅就历史而言《王权法》并非不可逆地将绝对主权授予君主(正如巴托鲁斯和巴尔都斯所坚持的那样),[62]而且更重要的是,根本不存在一种授予可能让主权不受法律束缚,任何君主的主权永远都是受到最初授予其主权的《王权法》之束缚的。故而,对任何主权者,普遍都有这个限制:他们都必须受到自然法律令的约束。如果主权者的立法活动与自然法或是人民主权相冲突,那么前者甚至会被废止。这使得一些政治思想史家把萨拉莫尼奥纳入社会契约论

---

[60] 例如,见 Bruni, *Laudatio Florentinae urbis* of 1403/1404, pp. 16-19 以及他后来的 *History of the Florentine People (Historiae Florentini populi)* 1.38, pp. 48-50。

[61] 见 Skinner, *Foundations*, vol. 1, pp. 101-109; Baron, *Crisis*; 亦见 Hankins, "The 'Baron Thesis'"。

[62] 有关这一点,见 Canning, *History*, p. 170。关于巴尔都斯,见同前, *Political Thought of Baldus*, pp. 61-64。巴托鲁斯努力要构建一个灵活的僭主制的概念,故而在有必要的时候,僭主可以被容忍。特别参考他的 *Tractatus de regimine civitatis* 以及 *Tractatus de tyranno*, in Quaglioni, *Politica*, 147-170, 171-213。

思想家的谱系之中,[63]从上文所引述的段落来看,这种归类当然不是不可取。[64]更重要的是,和西塞罗一样,萨拉莫尼奥同样认识到对缔约内容要有实质性的限制,正是这个使自然法关乎宪制的观点让他成为本书第二部分所描述的那种西塞罗主义者。故而,把萨拉莫尼奥描述成一个社会契约论主义者似乎就没有抓住要点:萨拉莫尼奥对西塞罗式自然法概念的使用,以及这个概念如何构成(甚至是对一些缔约选项的)宪制限制。

---

[63] Gough, *Social Contract*, pp. 45-47. 亦见 d'Addio, *L'idea*, pp. 111-115,有说服力地论证了萨拉莫尼奥是西塞罗主义者,因为他青睐具有法律人格的政治社会,同时也是马基雅维利的敌人。

[64] 但可见 Skinner, *Foundations*, p. 132,尤其是 n. 1。

第七章　新罗马的插曲

——马基雅维利和反宪制主义传统

我们简要地考察并对比一个很有影响的、和罗马有关但在很多方面又和本书所考察的宪制传统相抵牾的思想传统：马基雅维利和其他"新罗马的"反宪制主义。这一章所围绕的是关于共和主义的史学传统称为"新罗马"的国家理论和自由理论。[1] 我想要解释的是，这个传统并不属于本书中勾勒的罗马宪制主义传统，相反它是奥古斯丁传统的遗留，它建立在奥古斯丁《上帝之城》中描述的所谓"异教德性"上。在《李维史论》(*Discorsi*, 1531) 中，马基雅维利把罗马的共和主义应用到当时的事件中，这可以被认为是建立在奥古斯丁对异教罗马美德和基督教品德的区分的基础之上的。马基雅维利给予了国家保存和扩张以绝对价值，旨在重建奥古斯丁所谓的"异教"品德并发展出一个不受约束的国家理性的概念。[2] 故而，本章所讨论的传统是一种反宪制

---

[1] 见 Skinner, *Liberty*; Pettit, *Republicanism*。

[2] 正如精彩的著作 Friedrich, *Constitutional Reason of State*（见 pp. 15-17）所指出的那样，这是真的，虽然是"在这个词发明之前"，但是我不同于它，认为在这方面迈内克（Meinecke）对马基雅维利的处理仍旧是有分量的。见 Meinecke, *Staatsräson*, pp. 29-56。参见 Irwin, *Development*, ch. 28; Mehmel, "Machiavelli und die Antike"。

主义的看法，它与西塞罗相反，本质上是起源于希腊的——它的论点来源于希腊怀疑派卡尔内阿德斯的观点，而卡尔内阿德斯又是从柏拉图的《理想国》中的格劳孔那里汲取的资源。

荣誉的异教德性

我们在第六章中已经看到，卡尔内阿德斯辩论是卢卡的托勒密以降的规范性政治思想底下的一股强劲的暗流。维吉尔、基督教作家拉克坦提乌斯（Lactantius，约公元240年—320年）和奥古斯丁（公元354年—430年）的著作中都有它的回响。后两位对这个辩论的描述特别具有影响力，其原因很简单：西塞罗《论共和国》第三卷的残篇主要保留在他们的作品里。这给马基雅维利（公元1469年—1527年）的《李维史论》以及阿尔贝利科·贞提利（Alberico Gentili，公元1552年—1608年）关于罗马帝国的正义的《罗马人的战争》（De armis Romanis，1599）提供了模板。托马斯·霍布斯的思想中也可以发现它的影响。

理查德·塔克（Richard Tuck）对卡尔内阿德斯辩论和它对国际思想的作用有一个颇具影响力的解释，他指出：西塞罗"最终的教诲"——即，他对于罗马帝国统治正义性的辩护——"很可能是'帝国霸权显露的非正义性是罗马的必要利益所要求的，故此得到辩护'"。这使得塔克得出结论："在古代世界，罗马人是支持我们今天所说的国家理性思想的最强声音"。他进一步把这个观点总结为："为了帝国权力和荣誉，战争可以被合法地启动"。[3] 虽然拉克坦提乌斯、奥古斯丁和马

---

[3] Tuck, *Rights of War and Peace*, pp. 22-23.

基雅维利都以不同的方式阐述过这个有影响力的观点,但这几乎一定是对西塞罗和卡尔内阿德斯辩论错误的解释。罗马人被认为是追逐荣誉的,罗马扩张背后的推力是对荣誉的渴求(*cupiditas gloriae*),这种看法在罗马作家(尤其是历史学家)那里已经可以看到了。萨卢斯特对这一点有简洁的阐述,他写道,罗马人一旦生活在共和政府之下,而非王制之下,"难以想象这个城市在获得自由之后是如何飞速成长的:对荣誉的渴求获得了多大胜利啊(*tanta cupido gloriae incesserat*)"。[4] 尽管萨卢斯特给予了罗马共和国衰落一个著名阐释(帝国统治的腐化作用以及与之伴随的奢靡[5]),但是卡尔内阿德斯辩论则提供了另一种解释:荣誉不是衰落的主要要素,宪制正义(或者说,宪制正义的缺乏)才是。对异教美德和司法正义或宪制主义的区分是理解截止到 18 世纪和《联邦党人文集》的政治思想史的不同路径的关键:让波利比乌斯 - 西塞罗和后世比如博丹、霍布斯、哈林顿、特伦查德、戈登、博林布鲁克、孟德斯鸠、休谟、亚当·斯密以及麦迪逊这么多如此不同的作家共同关注的,正是宪制主义和宪制规则。这种关注使得他们和萨卢斯特、马基雅维利以及 18 世纪法国的美德倡导者们区分开来 [这些人的德性语汇在大革命中扮演了重要角色,并且成功支配了国民议会(Natoinal Assembly)]。[6]

---

[4] Sall. *Cat.* 7.3.

[5] 同上书,52.19-23(加图的演讲)。要想了解萨卢斯特的影响,见 Osmond, "Princeps"。

[6] 见"结语"以及 Linton, *Politics of Virtue*, pp. 201-213;参见 Parker, *Cult of Antiquity*, pp. 8-34。要想了解一个略微不同的观点,见 Armitage, "Empire and Liberty";亦见 Shklar, "Montesquieu" 和 Rahe, "Montesquieu's *Considerations*",尤其是 p. 82。

古典学家詹姆斯·泽策尔曾经提出：西塞罗对于卡尔内阿德斯辩论的看法深刻影响了维吉尔在《埃涅阿斯纪》中对罗马帝国秩序的看法。泽策尔注意到，维吉尔和西塞罗一样都认为"罗马秩序或许胜利了，但不一定在所有方面都是以这么令人钦佩的方式胜利"。[7]这影响了罗马的帝国力量自身：西塞罗远非支持国家理性或是追求荣誉，他在给卡尔内阿德斯的回答中提供了一个非常不同的图景。

对于塔克来说非常重要的一处文本是《论共和国》中的莱利乌斯对卡尔内阿德斯的回答中的一个段落（关于死亡对于国家和个体的影响是不同的）：

> 国家（civitas）应当是以永久存续为目的而被建成的，故而对于国家（res publica）而言，不存在如同人一般的自然死亡。对于人而言，自然死亡不仅仅是必然的，而且有些时候是可欲的。当一个国家（civitas）被移除、破坏以及毁灭的时候，它在某种程度上类似于（以小比大）整个宇宙的死亡和解体。[8]

塔克认为，这仅仅表明："公民的牺牲"被"所有罗马作家认为是一件特别荣耀的事"。[9]然而，正如泽策尔所说，这个段落是被放在有关正义、正义与自然法的和谐一致以及正义的永恒性的讨论的背景中的，这些都是非常具有斯多亚派色彩的。一

---

[7] Zetzel, "Natural Law and Poetic Justice," p. 312.
[8] Cic. *Rep.* 3.34=August. *De civ. D.* 22.6. Trans. Zetzel.
[9] Tuck, *Rights of War and Peace*, p. 22.

方面,这段话辩护了将此前独立的城邦和国家纳入罗马帝国秩序;[10] 但是另一方面(对我的论点来说非常重要),西塞罗似乎暗示,当罗马和共和宪制自身不能达到卡尔内阿德斯辩论中所勾勒出的自然法的标准的时候,它就不得不忧惧其存续问题了。这里我们有必要重提一下,尽管这篇西塞罗的对话写于公元前1世纪50年代(内战暗流涌动而且宪制制度失效),但是事实上,它被设定在公元前129年——这也是一个宪制冲突的时代,这个冲突是关于提比略·格拉古要进行土地重新分配的改革,特别是关于这些改革之下所建立的土地委员会的司法权力。这篇对话的主角之一西庇阿很可能在当时被盛传为潜在的将宪制秩序恢复原样的独裁官。[11] 然而,当历史上的西庇阿在西塞罗对话的戏剧时间几天之后死去时(西塞罗影射了这一史实),一切都付之东流。他的去世摧毁了古老的宪制方式回归的希望,对于西塞罗而言,这是一个分水岭:在公元前1世纪50年代回望公元前129年。西塞罗的潜台词是——在七十年之前,宪制或许还能够被拯救。如何拯救?有趣的是,西塞罗正是在这里引入了宪制正义的必要性(甚至是对待非公民):

> 提比略·格拉古……关注了公民,却忽视了同盟和拉丁人的权利和条约。如果这种肆意妄为成为常态并且广为流传,如果它把我们的力量从法(*ius*)变成了暴力(*imperiumque nostrum ad vim a iure traduxerit*),以致这些现在心甘情愿的臣民将被恐惧统治(*ut qui adhuc voluntate nobis*

---

[10] Zetzel, "Natural Law and Poetic Justice," p. 316.
[11] 见 Nicolet, "Le *De re publica*"; Ferrary, "Cicéron et la dictature"; Stevenson, "Readings"。

oboediunt terrore teneantur）的话，那么，尽管我们这些已经年迈的人就要值守完我们这一班了，但是我仍担心我们的后代、我们的共和国的不朽性——如果我们的生活恪守祖先制度和传统（*institutis et moribus*），那么它本可以永恒。[12]

当然，如果我们考虑对话的戏剧时间和它的写作时间，那么我们可以推测：在西塞罗看来，公元前1世纪50年代晚期，罗马人的权力（*imperium*）已经从宪制正义（*ius*）变成暴力（*vis*），而现在统治那些本应该享有某些宪制权利（*iura*）的曾经心甘情愿的臣民、非公民的方式，是恐惧。[13]这里的语言并不仅是一个简单地主张荣誉、必然性或国家理性的人所使用的语言。大约在十年之后，西塞罗在《论义务》中清晰地表明了这点：他正确地指出了追逐荣誉和正义之间的张力，尤其是军事荣誉（*bellica gloria*）和道德正当（*honestum*）之间的张力，并且青睐后者而批评前者。[14]并且，西塞罗认为，追求荣誉导向非正义，[15]因为"没有一个通过大胆的奸诈和诡计而获得荣誉的人"可以被赞扬，因为"没有缺乏正义的东西在道德上是正当的"。[16]

---

[12] Cic. *Rep.* 3.41. 翻译使用了泽策尔的版本［但是我把他的"法律"（laws）换成了"制度"（institutions）］。这一部分的对话只是经过Angelo Mai（first ed. Rome-Stuttgart 1822）1819年发现的重叠抄本（palimpsest）而流传了下来，这个重叠抄本的开头是唐突的。

[13] 如同《为塞提乌斯辩护》所描绘的暴力和法之间的关系，见上文，pp. 165-166。

[14] Cic. *Off.* 1.68："我们必须要留意对荣誉的野心，因为它会夺走我们的自由。"参见 1.62-69。

[15] *Off.* 1.64.

[16] *Off.* 1.62. 一个现实世界中的有关非正义帝国的良心问题的例子，见 *Tusc.* 5.102（在行省非法获得的制定法，也见 *2Verr.* 4）。

维吉尔的《埃涅阿斯纪》写了朱庇特的宣告：他已经给予了罗马人"没有边界或终结的帝国"（*imperium sine fine*），[17]而维吉尔则受到西塞罗很深的影响。在描述埃涅阿斯之盾的时候，罗马已经成为世界（cosmos）；按照詹姆斯·泽策尔的看法，奥古斯都的胜利以及他为之带来和平的帝国已经成为"世界历史的目的和宇宙的中心"，并且"在 end 这个词的两个意义上描绘了历史的目的/终结"。[18]然而，泽策尔认为：维吉尔的图景说到底不是完全黑格尔式的，而是有很强的模糊性，想表明的是，任何"历史的目的/终结"都是一种错误的、幼稚的希望。维吉尔的政治宣传诗的另一深层意涵是：通过施加习俗（*mos*）的宪制规范使臣民和平是十分重要的。安喀塞斯（Anchises）提醒埃涅阿斯罗马人的使命是最有名的段落之一[19]：

> 罗马人，你注定要统治世界
> （这是你的技艺）
> 要在和平的基础上施加秩序（*morem*）
> 宽恕战败者，摧毁骄傲者。[20]

---

[17] Virg. *Aen.* 1.239. 参见 Gentili, *Wars* 2.2, p. 140/141, at n. 51，这里维吉尔的诗行没有被引用。在 *Wars* 2.13, pp. 350/351 有对这些诗行的呼应，但是和平和法律被说成是罗马扩张所依赖的技艺："通过那些技艺，罗马扩张了；通过那些技艺，罗马站稳了"（*Illis artibus Roma crevit: istis artibus Roma stetit*）。

[18] Zetzel, "Natural Law and Poetic Justice," p. 310. 有关盾，见 West, "Shield of Aeneas" 1975-76。

[19] 奥古斯丁也引用了（*De civ. D.* 5.12），但是他没有强调和平、秩序和施加习俗，参见 *De civ. D.* 5.17。

[20] Verg. *Aen.* 6.851-853. Trans. H. R. Fairclough, 有所调整。

这不是关于荣誉，而是关于施行能够带来和平的宪制秩序。维吉尔在更早的几行诗中同样让安喀塞斯表达了对追求荣誉的强烈顾虑，[21] 在第七卷中，当埃涅阿斯的儿子阿斯卡尼俄斯（Ascanius）"被对超凡赞誉的渴望点燃了"的时候，他开始追逐西尔维娅（Silvia）的雄鹿，这又导致了占据《埃涅阿斯纪》剩余篇幅的战争，这场灾难性的战争很大程度上就是仿写维吉尔青年时发生的罗马内战。[22]

一旦我们要处理基督教作家拉克坦提乌斯和奥古斯丁所呈现的卡尔内阿德斯辩论，我们就会触及这个辩论的更多层次。在《神圣原理》（*Divine Institutes*）[23] 中——这部作品是受到戴克里先（Diocletian）皇帝的大迫害（Great Persecution，始于公元 303 年）的刺激而写的，拉克坦提乌斯逐字引用了《论共和国》中对卡尔内阿德斯的怀疑派的、反帝国主义的立场的反对，即为人熟知的西塞罗的斯多亚式[24] 的对自然法的描述，即作为正义和普遍宪制秩序的客观尺度：

---

[21] Verg. *Aen.* 6.817-23：卢西乌斯·尤尼乌斯·布鲁图斯（Lucius Iunius Brutus）以共和自由之名杀死自己的儿子们。维吉尔的不适表现在他把布鲁图斯的精神说成是"高傲的精神"（*animam superbam*），把他和高傲者塔克文并列。奥古斯丁（*De civ. D.* 5.18）抓住了这个段落，马基雅维利也是，见 *Discourses* 1.16.4, 3.1.5 以及尤其是 3.3.1。当然，马基雅维利是赞同布鲁图斯的。贞提利同样引用了这个段落，皮塞努斯（Picenus，*Wars* 1.4, p. 38）引用了安喀塞斯的说法：布鲁图斯对荣誉的渴求让他变得不幸福（*infelix*）。在第二卷中（2.4, pp. 178-187），布鲁图斯得到了辩护，奥古斯丁的权威受到质疑；上帝的法并没有权威。

[22] Verg. *Aen.* 7.496. 感谢大卫·吕弗提供的线索。

[23] 拉克坦提乌斯和他的著作，见 Bowen and Garnsey, *Lactantius: Divine Institutes* 的序言。

[24] 尽管卡尔内阿德斯被拉克坦提乌斯描绘成柏拉图和亚里士多德伦理学说的论敌，但是西塞罗声称他主要针对的是斯多亚派：*Tusc.* 5.83。

> 真正的法是正确的理性，与自然相一致，普遍存在于所有民族。它是恒定的、永恒的……人民或元老院不能令我们从这个法中脱离出来……以后，不会是罗马有一个法，雅典有另一个法，现在有一个法，以后又另有一个，而是，所有的国家在任何时候都要受这永恒不变的律法所约束。[25]

但拉克坦提乌斯并不赞同西塞罗的自然法理论。他引用《共和国》中的这段话，只是为了进而表明，严格来说，在罗马，正义并不存在。他更愿意尽力展现卡尔内阿德斯的怀疑主义立场和他的反西塞罗的论点在其范围内所具有的有效性，这既是因为他认为，作为异教徒的西塞罗不可能驳倒卡尔内阿德斯的怀疑主义，又是因为拉克坦提乌斯对他那个时代的罗马帝国相当敌视——他那个时代的罗马帝国正在迫害基督徒。拉克坦提乌斯接着说："如果西塞罗也像他清晰地看到神圣法的力量和理性那样知道或解释神圣法本身所包含的引导是什么，他就成为一个先知而不是哲学家了。然而，他不可能做到这一点，所以我们必须这样做。"[26]

拉克坦提乌斯对卡尔内阿德斯辩论中怀疑派立场的青睐是危险的（至少在基督教缺席的情况下），后续还有待奥古斯丁来解释为何上帝最初赐予了罗马人帝国。[27] 虽然和拉克坦乌

---

[25] Cic. *Rep.* 3.33=Lact. *Inst.* 6.8.7-9. Trans. Zetzel.
[26] Lact. *Inst.* 6.8.11-12. Trans. Bowen and Garnsey.
[27] 有关奥古斯丁的《上帝之城》，见 O'Daly, *Augustine's City of God*；有关他的政治思想，见 Baynes, *Political Ideas*；Deane, *Political and Social Ideas*；Markus, *Saeculum*；Weithman, "Augustine's Political Philosophy"。

斯比起来，奥古斯丁略微更同情西塞罗对卡尔内阿德斯的怀疑论的反驳，但他自己并没有真正试图反驳卡尔内阿德斯。[28] 相反，他将辩论整合到一个历史观点中：承认罗马人具有某些美德，因此他们获得了他们的帝国——其中奥古斯丁认为的异教美德之最是荣耀。

奥古斯丁的说法是模棱两可的；鉴于罗马的异教性质，罗马人永远无法实现真正的正义。[29] 但当他讨论到"古罗马人通过什么美德获得了真正上帝的青睐，从而使他们的帝国虽然没有崇拜真正上帝，但真正上帝却增强了他们的帝国"[30] 的时候，奥古斯丁引用了萨卢斯特的话回答说，罗马人"渴望赞美"并"追求无限制的荣耀"。[31] 奥古斯丁继续说（这个观点产生了巨大影响，在马基雅维利那里尤其明显[32]）："他们（罗马人）最爱的就是这个荣耀。为了它，他们选择活着；为了它，他们毫不犹豫地去死。他们对这一件事的无限欲望，压抑了所有其他的欲望。"[33] 对荣耀的渴求开始让罗马人摆脱了王权的统治，寻求自由，"但一旦他们得到了自由，对荣耀的巨大激情就会使得自由本身过于渺小，故而他们要追求对他人的统治"。[34] 正

---

[28] 有关奥古斯丁对西塞罗的使用，见 Testard, *Saint Augustin et Cicéron*; Stock, *Augustine the Reader*; Hagendahl, *Augustine*, vol. 2, pp. 479-588, 尤其是 pp. 540-553, 关于《论共和国》。

[29] August. *De civ. D.* 19.21. Horn, "Politische Gerechtigkeit" 精彩地引入了西塞罗的正义观念作为对比。

[30] 同上。August. *De civ. D.* 5.12. Trans. W. M. Green.

[31] 同上书，5.12, 引用 Sall. *Cat.* 7.6.

[32] Warner and Scott, "Sin City" 很好地总结了有关奥古斯丁对马基雅维利的影响的学术讨论以及进一步的参考文献。

[33] August. *De civ. D.* 5.12. Trans. W. M. Green.

[34] 同上。

是由于这个原因，奥古斯丁完全是以一种萨卢斯特式的语调坚称：罗马人所获得的首先是自由，然后是帝国。当罗马人在这个意义上是有美德的而且没有被财富腐蚀，当他们的国库（aerarium）被填满，而私人财富很少（tenues res privatae），他们的帝国就在增强。然而荣耀和对称赞的热爱只是在一种颇为勉强的意义上是美德。虽然奥古斯丁确实把追求荣耀称为某种美德，[35]但他几乎马上就用萨卢斯特的话给予了一个警告：追求荣耀实际上是"一种恶"，尽管"接近于一种美德"，[36]与贪婪不同。[37]有时，奥古斯丁清楚地表明，荣誉只是罗马人用来掩饰其出于统治欲（libido dominandi）而犯下的罪恶的名头。[38]一旦异教的美德被贪婪和奢侈所取代，国家就会变得贫穷，公民就会变得富有，从而导致了萨卢斯特的加图所描述的衰落，而奥古斯丁也在《上神之城》中引述了这一描述。

但是，奥古斯丁提出了一个有趣且极具影响力的想法[39]：追求荣耀和热爱赞美可以"被视为美德"，因为它们限制或约束了（cohibentur）更大的恶。[40]奥古斯丁说：罗马人"因为一个恶（即对赞美的热爱）……而战胜了对金钱的爱和其他许多恶"。[41]重要的是，奥古斯丁将这种将荣耀理解为主要异教美德的想法归于西塞罗。他论证道："如果一个人没有圣灵的

---

[35] August. *De civ. D.* 5.12. 参见 5.15。
[36] 同上书，5.12。
[37] 同上书，5.12，引用 Sall. *Cat.* 11.1-2。
[38] *De civ. D.* 3.14.
[39] 这个"激情互制"的想法是，一种恶或一种激情能削弱或驯服其他激情，见 Hirschman, *Passions*，尤其是 pp. 20-31。
[40] August. *De civ. D.* 5.13.
[41] 同上。

恩典且不能凭借虔诚的信仰和对理智美的热爱来遏制更为低劣的激情的话，他们至少会因为渴望得到人类的赞美和荣耀而生活得更好。"并进一步声称西塞罗也无法掩盖这一事实。奥古斯丁写道："甚至在他的哲学著作中，西塞罗也没有逃避这种有害的观念，他对这个想法的忠诚显而易见。"这位教父所说的"哲学著作"指的是西塞罗的《图斯库路姆论辩集》(*Tusculan Disputations*)，这是一部高度修辞性的著作，西塞罗在其中对荣誉的激励力量的一笔带过的论述被奥古斯丁大书特书。[42] 归根结底，追求荣耀仍然是罪恶，或充其量只是异教的美德。"像斯凯沃拉（Scaevola）、库尔提乌斯（Curtius）和两位德奇乌斯（Decii）这样的人"仅仅是"尘世之城的公民"，在没有永生的情况下，他们的确只能受到荣耀的驱使。[43] 皮埃尔·贝耶（Pierre Bayle）后来在他的《辞典》(*Dictionary*) 中巩固了奥古斯丁的这种解释："某些无神论者的良好道德"并不构成"任何真正的美德"；相反，这些"只是闪闪发光的罪过（*splendida peccata*），圣奥古斯丁对异教徒的一切美好行动都是这么说的"。[44]

我们现在可以清楚地看到一种以美德为导向的思想传统：它由萨卢斯特开启，而在奥古斯丁这里得到最突出的表达。据这种传统，追求荣耀是真正的罗马美德。[45] 奥古斯丁对这种美德观和自己的基督教世界观的对比大大帮助了他突出这一美德

---

[42] August. *De civ. D.* 5.13. 引用 Cic. *Tusc.* 1.4（*Tusc.* 5.102 更具代表性）。

[43] August. *De civ. D.* 5.14.

[44] Bayle, *Dictionary*, p. 401 (*Dictionnaire*, p. 627). 见 Irwin, *Development*, pp. 418-420。

[45] Pollmann, *Historical Reception* 是一个导引，让我们了解奥古斯丁对后世西方思想的非凡而深远的影响。

观。的确，奥古斯丁提到了其他西塞罗或维吉尔式的元素，例如"对许多国家施加法律"，以及"罗马人也不能免于根据自己施加于他人的法律生活"，[46]但他的重点以及他最重要的遗产仍然是对美德（尤其是追求荣耀）的关注。

从拉克坦提乌斯和奥古斯丁到马基雅维利

马基雅维利继承了对美德的关注以及异教徒美德与基督教美德之间的尖锐对立，他对这些观点的发挥极具影响力。[47]奥古斯丁对荣誉的态度仍可以说是暧昧的，但马基雅维利则对其给予非常直接的同情论述。[48]马基雅维利接受了奥古斯丁的对立，却以一种与这位教父截然相反的方式评估异教美德，他在一个旨在展示罗马的美德如何有助于扩大帝国的章节引入了这一主题：

> 如果一个人自问：古人怎么会比今人更爱自由？我想，造成此种状况的原因与今天的人不像以前那样大胆的原因是一样的。我认为，这是由于我们的教育与过去的教育之间的差异所造成的，而这又是基于我们的宗教与当时宗教之间的差异。我们的宗教虽然教会了我们真理和真

---

[46] August. *De civ. D.* 5.17. 奥古斯丁引用维吉尔有关罗马人使命的诗行（*Aen.* 6.851-853），但是并没有关注施加和平和宪制秩序这个重要的部分。有关奥古斯丁对维吉尔的使用，见 MacCormack, *Shadows of Poetry*, ch. 5；亦见 Stock, *Augustine the Reader*。

[47] Rahe, *Against Throne and Altar* 和 Pocock, *Machiavellian Moment* 展现了对马基雅维利的不同解释，它们彼此不同，和本书所展示的思想线索也不同。

[48] 我的讨论受惠于 Irwin, *Development*, pp. 725-743, 尤其是 pp. 729-731。亦见 Perreau-Saussine, "Skinner in Context", 尤其是 pp. 117-118。

正的生活之道，却导致我们对世俗荣誉的重视程度降低。因此，那些对它怀有崇高敬意并视之为他们的最高善（*il sommo bene*）的异教徒，在他们的行动中表现出比我们程度更高的勇猛……古老的宗教只会赐福具备世俗荣誉的人：比如军队指挥官和共和国统治者。[49]

马基雅维利认为，世俗的荣誉或荣耀构成了"异教徒"的最高目标或最大的善。这完全是奥古斯丁式的，但是将这种观点归于西塞罗则是有争议的：西塞罗将"最大的善"的概念引入拉丁语，以对译希腊语的 *telos*——独立的目的（an end in itself），其他一切最终都是为了它。马基雅维利选择短语 *il sommo bene* 是值得注意的，这体现了他的论战性意图。在古代伦理中，最高善（*summum bonum*）通常被认为是个人的良好状态（well-being）或幸福，即他或她的 *eudaemonia*（幸福）。古代伦理学的各种流派都将最终的善认定为美德，其目的是消除个人福祉与美德之间的任何冲突——当美德被视为一种关心他人的道德时。与此相应，西塞罗指出："当斯多亚派说最高的善（*summum bonum*）是与自然和谐相处时，在我看来它的意思就是：永远和美德一致，并选择那些和自然相符的东西——如果它们不与美德冲突的话。"[50] 重点是，当西塞罗在写美德时，他想的不是奥古斯丁和马基雅维利的异教美德（对荣耀的关注），而是关心他人的正义，也就是他所谓的道德正当（*honestum*）。[51]

---

[49] *Discourses* 2.2.6. Trans. Walker.
[50] Cic. *Off*. 3.13. Trans. E. M. Atkins.
[51] 有关马基雅维利和西塞罗的关系，见 Skinner, *Machiavelli*, pp. 36-47；亦见 Colish, "Cicero's *De officiis*"。亦参见 Isaiah Berlin, "Originality of Machiavelli"：他从字面上去理解马基雅维利所说的异教和基督教的对立。

马基雅维利赞美追求荣耀,将其视为一种能够激励公民保存和扩大自己国家的美德。[52]因此,对于马基雅维利而言,美德本身并不是目的,而是实现他所认为的最终的、最高的目的(保存和扩大国家)的工具。为了维护国家安全和使之存续,荣耀可以也应当被牺牲。[53]马基雅维利捍卫那些可以拯救国家的特殊手段,并援引了罗慕洛斯(Romulus)谋杀雷穆斯(Remus)的例证。马基雅维利认为,任何"对组织王国或建立共和国有用的行动,无论多么超常"都是正当的,而罗慕洛斯在杀死雷穆斯时,表现出了异教的美德。[54]奥古斯丁同样也讨论过罗慕洛斯的例子,并且与马基雅维利一样,都认为罗慕洛斯的动机是对单独统治和获取荣耀的渴望。[55]当然,奥古斯丁不认为该行为是正当的,尤其不因为荣耀而变得正当。尽管奥古斯丁对异教美德有这样那样的说法,异教的西塞罗却基于斯多亚道德哲学谴责了罗慕洛斯。西塞罗认为,罗慕洛斯的杀戮行为是利益与正当之间冲突的一个案例,其中看似有利的选择胜出了:

> 利益(*utilitas*)的表象驱动了他(罗慕洛斯)的精神。当在他看来独自统治比与他人一起统治更有益时,他

---

[52] *Discourses* 1.43,参见 2.2.9。要了解一个有趣的马基雅维利和弗朗西斯·培根之间的对比,见 Clarke, "Uprooting Nebuchadnezzar's Tree"。要了解一个更和平主义的马基雅维利的形象,见 Viroli, *Machiavelli*, pp. 101-102, 139-140;但可见 Sullivan, *Machiavelli*, p. 39, n. 8。

[53] *Discourses* 3.41.

[54] 同上书,1.9.2。参见 1.18.5-7,论述了超常措施。见 Warner and Scott, "Sin City," pp. 863-866,论述了马基雅维利对罗慕洛斯例子的使用。

[55] August. *De civ. D.* 15.5. 参见 *Discourses* 1.10.6。

杀死了他的兄弟。他放弃了家庭义务和人性，以确保某些看似有益但实际无益的东西……那么他错了。[56]

马基雅维利对这种非常的超宪法措施的辩护在以下立场之间摇摆不定：一，对正义或合宪性的考虑不适用于他所讨论的那种紧急情况（因为国家的维护和扩张作为目的优先于正义）；二，维护国家和扩张本身就是正义或宪制秩序所要求的。两种立场都站不住脚。正如特伦斯·欧文所指出的那样："马基雅维利似乎认为，既然在紧急情况下，非常措施可以在道德上被接受，那么我们在所有情况下都应完全不顾道德。这个论点不仅不令人信服，而且自身不一致。因为如果我们认为，为紧急措施找到道德依据或超常手段的许可很重要，那么我们就不能认为道德考量永远都无足轻重。"[57]

但是，如果马基雅维利不把对"异教美德"、荣耀和维护国家的辩护建立在正义或合宪性的基础上，那么他又如何证明国家安全和帝国主义构成了最大的善？一种解释认为，他对国家的重要性的辩护实际是霍布斯式的：国家是人类自我保存的必要条件。[58]然而，他对荣耀和异教美德的看法与霍布斯对个人审慎和实践理性的看法之间有着深刻的张力。[59]虽然奥古

---

[56] Cic. *Off*. 3.41. Trans. E. M. Atkins. 罗慕洛斯的一系列行为只是**看上去**有益，因为西塞罗认为，在道德和利益之间不可能存在真正的冲突。高尚的（*honestum*）一定是有益的，但是反之不然。

[57] Irwin, *Development*, p. 739.

[58] Irwin, *Development*, p. 734 指出了这一点。

[59] Rahe, *Against Throne and Altar* 提供了一个马基雅维利和霍布斯之间的关系的不同解释。有关马基雅维利和帝国主义，见 Hörnqvist, *Machiavelli and Empire*；亦见 Armitage, *Ideological Origins*, pp. 125-145.

斯丁对异教美德的描述（马基雅维利对此表示完全赞同）影响了马基雅维利的观点，但马基雅维利却与奥古斯丁严格的规范性评价背道而驰。正如华纳（Warner）和史考特（Scott）在一篇颇具启发性的文章中所写，马基雅维利"在像萨卢斯特一样毫无保留地赞颂罗马的同时，也像奥古斯丁一样清晰地看穿了罗马"。[60]

马基雅维利版本的共和主义根本没有遵循任何前政治的规范。相反，国家秩序本身永远受到被夺走的威胁，也就是说国家在大多数情况下都处于非常状态；共和国永远处于腐败的边缘，并且（重新）规整"宪制"秩序经常是应该进行的。这种重新规整本身不受任何更高阶规范的约束，除非是为了国家的保存。这与我们在第四章中所见的西塞罗的表述"让人民的安全成为最高法"不同，[61]西塞罗的表述发挥了对首席官员的宪制制约的功能，而非是要颠覆现存宪制秩序，而马基雅维利的立场则指向了一种更为可塑的"宪制"秩序：

> 确实，如果一个君主追求获得尘世间的荣耀（*la gloria del mondo*），那他就应该渴望占领一个腐败的城市；不是像凯撒那样彻底毁掉它，而是像罗慕洛斯那样重整它（*riordinarla*）。实际上，天堂也无法给人类提供一个更好的获得荣耀的机会，而人类也不能奢望比这更好的东西。[62]

---

[60] Warner and Scott, "Sin City," p. 862. 马基雅维利并不相信萨卢斯特所描述的那个早期的和谐的罗马，他也不认为和谐是可欲的。相反，和波利比乌斯一样，他强调了冲突对于稳定性的重要性。

[61] Cic. *Leg.* 3.8.

[62] *Discourses* 1.10.9. Trans. Walker.

只要国家得到保存,就可以不顾任何高阶限制地使用独有的权威来重新规整腐败的城市,这与西塞罗的观点及罗马宪制思想传统之间有鲜明的张力。

贞提利的霍布斯式选择

如果我们比较马基雅维利对"异教美德"的欣赏与阿尔贝利科·贞提利对荣誉这一美德的看法和对它的拒绝,会有很多启发。在他的《罗马人的战争》一书中,我们看到的是以西塞罗《论共和国》的卡尔内阿德斯辩论为模板的论述。[63] 书中虽然对奥古斯丁式的对荣耀和罗马美德的强调有所反映,但他最终明确拒绝了这一强调(与马基雅维利的视野相反)。这本书的第一卷以卡尔内阿德斯的方式从正义的角度攻击了罗马帝国主义。就在第一句话里,追求荣耀就被认为是罗马人的主要特征:

> 西塞罗在一个有关军务和政治智慧的争论中有一个著名论断:"军事上的卓越成就为罗马人民带来了名声,为这座城市带来了永恒的荣耀(*aeternam gloriam*);它迫使全世界都服从这一统治。"[64]

同样,贞提利明确提及西塞罗《论共和国》和卡尔内阿德斯辩论中所提出的政治正义(civic justice,它的产生是出于纯粹的

---

[63] 见 Kingsbury and Straumann, "Introduction"; Lupher, "The *De armis Romanis*"。
[64] Gentili, *Wars* 1.1, p. 8/9, 引用了 Cic. *Mur.* 22。

必要性，只是反映了契约上的讨价还价）与自然正义（卡尔内阿德斯认为它即使存在也是愚蠢的）之间的区别。贞提利（或更确切地说是第一卷中卡尔内阿德斯式的发言人）以一种指责的口吻直面西塞罗：

> 西塞罗，你会谈论并争辩说政治正义（也就是狡猾的正义）曾存在于你的国家，但你不会说服我们那个正义是真实的、真正的正义——就像拉克坦提乌斯已经富有见识地反驳过你那样，并且奥古斯丁也曾指出这点。"没有不正义，国家就无法扩大"这句话就是在你们罗马人中诞生的，为了你们的利益诞生的。[65]

这个引文当然是（通过奥古斯丁）从西塞罗《论共和国》中卡尔内阿德斯怀疑派式的抨击中来的。贞提利还介绍了卡尔内阿德斯观点的本质，他是通过拉克坦提乌斯知道的这一点：

> 因此，罗马人，卡尔内阿德斯很正确地告诉你们，如果你们希望自己是正义的，那你们应该回到最初出发的那些小屋中去，你应该交出这个世界帝国。[66]

在第一卷中，拉克坦提乌斯对卡尔内阿德斯的抨击的同情转述显然是一个样板，并奠定了基调。贞提利也讨论了罗慕洛斯的例子，并不忘指出西塞罗在《论义务》（3.41）中谴责了罗慕洛

---

[65] Gentili, *Wars* 1.13, p. 118/119, 提到了 August. *De civ. D.* 2.21。
[66] 同上书，1.8, p. 68/69, 引用了 Lact. *Inst.* 5.16.2-5。

斯的行为。他还援引了《论义务》中另一处，以支持一种彻底的反马基雅维利主义观点："即使是为了挽救自己的国家，也不应该采取可憎、犯罪的行为。"[67]

贞提利在第二卷中也跟随了西塞罗指出的大致路径，即用普遍的自然法来捍卫罗马帝国主义（在贞提利的眼里，自然法现在已被认定为《民法大全》中的罗马法了）。当然，在西塞罗时代不存在《民法大全》，但西塞罗也认为罗马共和国鼎盛时期所使用的罗马法与自然法相同，或至少是自然法的体现，正如我们在第四章中所看到的那样。

因此，《罗马人的战争》第二卷对罗马帝国主义的正义性的辩护，正是将罗马帝国的正义建立在莱利乌斯在西塞罗《论共和国》中所提出的辩护之上的。贞提利通过奥古斯丁而知道了这个辩护。贞提利写道：帝国"虽然通过武力而被取得，但是却没有行不义（without wrongdoing）"。接着，得益于奥古斯丁的暧昧表述，贞提利进一步将这位希波的主教和其他"神学家"纳入麾下来为其证明：

> 由此法律的解释者们称罗马帝国是正义的，因为它的建立一方面是通过同意，一方面是通过剑。神学家们和奥古斯丁都同意："这构成了对罗马人多次发起并进行战争之行为的正当性辩护：战争的发生是出于保护安全和自由的必要性，而非出于获取世俗荣耀的贪婪；出于这些原因，他们才被迫抵抗暴力攻击他们的敌人。"[68]

---

[67] Gentili, *Wars* 1.2, p. 24/25. 贞提利想的肯定是 Cic. *Off*. 1.159。
[68] 同上书，p. 162/163，引用了 August. *De civ. D*. 3.10。

为了捍卫罗慕洛斯，贞提利在第二卷中对于雷穆斯到底是否真的被杀害留下怀疑的空间。[69]然后，为了论证，他假设：即便雷穆斯的确被罗慕洛斯杀害了，这一行为也可被辩护成一个合法行为（反对西塞罗）。在这个行为中，暴力被暴力所压制（*per quam vim propulsata vis*），因此对雷穆斯的杀戮"作为一种惩罚行为是可被辩护的"。[70]要注意的是，贞提利并未像马基雅维利那样，把罗慕洛斯的行为辩护成"重整"国家以获得荣耀；相反，他遵循的是西塞罗为塞斯提乌斯和米洛辩护的原则，即建立在法律理由之上。

在捍卫罗马帝国主义的高潮环节，罗马人未给和平神立殿的论点被拒斥了。[71]贞提利不可能知道奥古斯都皇帝的和平祭坛（*Ara Pacis*）——法西斯时代（Fascist era）以来，它就显眼地矗立在罗马。奥古斯都的宣传本可以有力地加强贞提利的帝国正义捍卫者的观点，而维吉尔已经在《埃涅阿斯纪》中提出过这种观点了：具有规范性效力的不是荣誉而是和平与宪制秩序的推广。[72]鉴于贞提利对维吉尔十分了解，他在《罗马人的战争》中却没有引用《埃涅阿斯纪》第六卷中的名言（6.851-853，前引），这是令人吃惊的。然而，在这部作品中，特别是在第二卷的第十三章中，存在着对《埃涅阿斯纪》的重要的指涉和呼应：施加和平与法律被说成是罗马扩张所依赖的技艺。[73]

---

[69] Gentili, *Wars* 2.2, p. 140/141，提到了古代晚期的仿作（pastiche），*De origine gentis Romanae* 23.6。
[70] 同上书，2.2, p. 142/143。
[71] 同上书，2.13, p. 334/335。
[72] 奥古斯都的《功业录》没有一次提到 *gloria*（荣耀）。
[73] *Wars* 2.13, p. 350/351；参见 *Aen.* 6.852。

在《罗马人的战争》中，贞提利也与维吉尔观点中黑格尔式的目的论面向保持一致：罗马帝国（或至少其宪制秩序的推广）是历史的目的，而其他任何结局都无异于退入自然状态。贞提利征引塔西佗来证明法律与和平秩序是对罗马帝国的统治的辩护："不可能在没有武器的情况下在民族之林中拥有和平。"贞提利认为，维吉尔式的"施加和平"之外的唯一选项就是自然状态，这种自然状态被以一种准霍布斯的方式来理解，是一场"所有人对所有人的战争"。这种观点的人类学基础对美德高度怀疑，它来自于塔西佗："只要有人，就会有恶。"因此，"要是罗马人被赶了出去……这些国家之间除了战争以外，还会有什么结果"？[74] 贞提利引述维吉尔，描述了由此产生的自然状态和所有人对所有人的战争：

> 但是最后帝国被推翻了，它与所有其他世俗事务一样，有其终结。但是，明智的人早就预言到了。看，当罗马人被赶走时……但是……看，现在是所有人之间的战争，所有民族之间的战争。"邻近的城市，它们之间的法律支离破碎，它们拿起了武器；不敬的战神之怒火遍布世界；当战车从待发栏里被拉出时，它们每圈都跑得更快。没有人把着笼头；战车任由马拉着，没有人引导缰绳。"[75]

---

[74] Tac. *Hist.* 4.74［从 Gentili, *Wars* 2.13, p. 346/347 所引用的同一篇凯里亚里斯（Cerialis）的演说开始］。要了解贞提利对塔西佗及其人类学以及自然状态的观念的使用，见 Kingsbury and Straumann, "Introduction", 尤其是 pp. xvi-xviii.

[75] *Wars* 2.13, p. 355. 这个（漫不经心）的引用是来自 Verg. *G.* 1.510-14。

我相信，我们也能在托马斯·霍布斯对施加法律秩序的兴趣以及对荣耀的强烈不信任（或他经常称的"骄傲"）中发现这种维吉尔式的主题。正如我们从约翰·奥布里（John Aubrey）那里知道的那样，尽管霍布斯的晚年生活只有很少的书，但他桌上总会有维吉尔。[76]克里斯托弗·布鲁克清楚地指明，有一个"奥古斯丁式的霍布斯"，[77]对于他而言，荣耀是一个核心麻烦。实际上，这就是为什么霍布斯称他的书为《利维坦》的原因：利维坦是"所有骄傲之子的国王"，[78]虽然"根据圣经颂歌（Magnificat）的记载，让骄傲者谦卑的可能是上帝……但霍布斯将这项任务交给了世俗的主权者"。[79]

霍布斯有过一个著名的怀疑。人们"从来没有为什么东西付出过比为学习希腊语和拉丁语而付出的更昂贵的代价"。[80]这意味着他拒绝了奥古斯丁所说的异教美德，当然也非常反对马基雅维利对荣耀的拥抱。但是，霍布斯在很大程度上依靠了上述的塔西佗和维吉尔的感受。[81]稍微夸张地说，霍布斯的自

---

[76] Skinner, *Visions of Politics*, p. 42.

[77] Brooke, *Philosophic Pride*, pp. 69-75.

[78] Hobbes, *Leviathan*, vol. 2, ch. 28, p. 496.

[79] Brooke, *Philosophic Pride*, p. 74. 霍布斯的宪制秩序的目的是让骄傲者谦卑，有意思的是，它恰巧和菲利普·佩蒂特的非支配（non-domination）不谋而合，国家干预甚至是保障非支配的潜在手段（*On the People's Terms*, pp. 57-58, 159-160）。

[80] Hobbes, *Leviathan*, vol. 2, ch. 21, p. 334. 参见 *Leviathan*, vol. 3, ch. 46, p. 1097：霍布斯用了维吉尔第四首《牧歌》（*Eclogue*, 4.36）来警告：如果大学里"希腊和拉丁的修辞和哲学"的教学不被限制，那么未来就有可能发生内战。

[81] 正如霍布斯所认识到的，这和奥古斯都皇帝的计划有关。霍布斯写到（"Answer to Davenant's Preface to *Gondibert*," p.58），他"在维吉尔那里观察到，那归于埃涅阿斯和他的同伴们的荣誉耀眼光反射到奥古斯都、凯撒和其他罗马人身上"。感谢克里斯·沃伦为我指出这段文本。

然状态(就像贞提利的没有罗马帝国主义的可怕世界)与马基雅维利的理想(一个冲突的、追求荣誉的罗马共和国)有着惊人的相似之处。[82] 相比之下,霍布斯的国家实际上是一个摧毁骄傲者并施加和平的宪制机制。他思想中的这一特征使他和马基雅维利及整个"国家理性"传统截然不同。[83] 对于霍布斯来说,国家理性是他的审慎科学(science of prudence)的组成部分,在这种科学中,自我利益的作用不仅是授权,也是限制。因此,从某种有限的意义上讲,霍布斯违反常规道德或法律规范的意愿本身是由更高阶的道德和宪法规范所准许的。[84]

综上所述:在早期现代的宪制思想中,卡尔内阿德斯辩论引出了两条重要思想线索,一条是马基雅维利式的对共和国扩张、自利和荣耀的关注,这是反宪制主义的;另一条是对宪制主义的关注,即关注法律的推广(也许有人会说是"自然宪法"的推广)[85] 和施加秩序。早期现代的反宪制主义的共和主义者跟随马基雅维利的步伐前进,信服国家理性(*ragion di stato*),这也是在跟随罗马历史学家(特别是萨卢斯特)、奥古

---

[82] 我们也可以反过来说,对于马基雅维利而言,自然状态和政治状态之间不存在明显的划分,这也是为什么超常措施总是合理,因为普遍地缺乏信任是常态。

[83] 正如布鲁克所指出的那样(*Philosophic Pride*, p. 36),尤斯图斯·利普修斯(Justus Lipsius)"在理论上和时间线上都处于马基雅维利和霍布斯之间",因为他对于安全和公共善的考虑缓和了他马基雅维利式的形象。

[84] 有关霍布斯和国家理性传统的关系,见 Malcolm, *Reason of State*, pp. 92-123,它认为(p. 120):"不同于'国家理性'理论家们,霍布斯不必与两个根本不同的对立的价值尺度打交道,相反,他表明了它们是如何在一个整体系统内必然联系在一起的。"亦见 Foisneau, "Sovereignty",尤其是 pp. 340-341,以及"结语"。

[85] 这正是我所说的西塞罗在西庇阿的著名定义("对法的同意",*Rep.* 1.39)中所指向的那种宪制的法律秩序。

斯丁"荣耀是罗马主要美德"的论点以及卡尔内阿德斯的怀疑主义论证。另一方面,卢卡的托勒密、阿尔贝利科·贞提利、自然法学家们以及霍布斯更感兴趣并且被其所说服的是:西塞罗所勾勒出的对卡尔内阿德斯的**反驳**——这些反驳根植于对荣誉的拒斥、对美德的怀疑,以及对和平与施加宪制规范及秩序的价值的坚信。这一脉传统中最有影响力的思想家(至少在霍布斯之前)是博丹。

第八章　博丹与罗马共和国的衰落

宪制主义一脉思想中的主角是让·博丹（公元1530年—1596年）。他在《共和六书》（Six livres de la République, 1576）中发展出的极富影响力的主权（sovereignty）概念的起点正是罗马共和宪制及独裁权概念。[1]博丹的工作在16世纪晚期就已取得了巨大的影响，到了1606年，《共和六书》及其拉丁语版本至少出了26个版本，其中包括其他欧洲地方语言的译本，而更早的《易于认识历史的方法》（Methodus ad facilem historiarum cognitionem, 1566）则至少达到了12个版本。[2]最近，丹尼尔·李的著作给予了博丹这位通常被解释为

---

[1] Bodin, République 1.8, 123-124. 对 dictator 这个概念在语言学上的讨论，亦见 3.3。关于博丹，见 Franklin, Jean Bodin; Quaglioni, Limiti; Quaritsch, Staat。学者们非常忽略博丹思想中的罗马源头，丹尼尔·李是一个例外。亦见 Grotius, De iure belli ac pacis 1.3.8.12, 1.3.11.1-2; 他在这个问题上之所以重要，是因为他发明了"至高支配权"（dominium eminens）这个概念，它使得主权者可以在紧急状态下拿走私有财产。见 De iure belli ac pacis 2.14.7-8, 1.1.6, 3.19.7; Boldt, "Ausnahmezustand," pp. 350-351. 亦见 Hobbes, De cive, ch. 7, para. 16, 156-157; Pufendorf, De iure naturae et gentium 7.6.15, 8.6.14。

[2] Blair, "Authorial Strategies," p. 138.

绝对主义主权重要理论家的人以更为细化和敏锐的解释。李给予了博丹对罗马法律资料的使用应有的关注，因此得出结论，博丹实际上不应当被视为一位绝对主义者，而应被视为一位杰出的早期现代人民主权理论家。[3] 李认为，博丹将国家与主权这一级别、行政或政府这一级别区分开来，在此基础上发展了人民主权理论。博丹的区分所依赖的是他对罗马共和国模式的精深研究，而这种区分又使得博丹能够将主权与政治脱节，从而使之"去政治化"，并主张"预先承诺和自我约束的宪制策略的工具理性"（instrumental rationality of the constitutional strategy of precommitment and self-binding）。[4] 博丹因此成为宪制主义的理论家，在他看来，政府是由根据法律所设置的官员（magistrates），而不是由服从主权者专断意志的专员（commissioners）组成。

在仔细分析了罗马法律材料（其实最重要的是晚期罗马共和国的宪制历史）之后，博丹提出了他的主权概念。的确，博丹的罗马共和宪法框架解体的观点可以追溯到彭波尼《手册》中的重要分析，[5] 并把高阶规范与常规立法之间的区别作为前提（接下来我会展开谈）。博丹在既有的好古研究的基础上发展了他对晚期罗马共和国的看法，其中最重要的资源是人文主义历史学家卡洛·西格尼奥和尼古拉斯·德·格鲁奇（Nicolas de Grouchy）。博丹采取了格鲁奇革命性的观点，认为罗马共和国实际上既不是贵族制也不是混合宪制，而是一种人民大会享

---

[3] Lee, *Popular Sovereignty*, ch. 6.
[4] Lee, *Popular Sovereignty*, ch. 6, "The Problem of Popular Sovereignty."
[5] 非常感谢丹尼尔·李指出了这个比较。

有不可分割之主权的民主制。[6]在公元前287年的《霍滕西亚法》之前，主权（summum imperium）已经在人民大会。此后，随着《霍滕西亚法》宣布平民大会决议（plebiscites）也同样具有约束力，平民（plebeians）开始接管主权。博丹在其早期的《易于认识历史的方法》中延续了格鲁奇对作为民主国家的共和国的原创性评估，并进而阐述他关于共和国中如何行使这种人民主权的看法。

在简短地回顾了波利比乌斯对共和国的看法（共和国是王制、贵族制和民主制元素的结合）之后，格鲁奇继续说，对他而言，共和国看起来像是民主制。格鲁奇的推论是，尽管执政官的治权以及元老院"显贵"的权力中寄寓着某种王权，但人民确实是主权（maiestas）所在。提出这一惊人的论断的关键标准是上诉权，它证明人民的法律权力（potestas）最终大于官员的法律权力。[7]博丹同意这点。他在《方法》中写道（实际上是对格鲁奇的概括）：共和国时期最大的法律权力是人民的权力（in plebe maxima potestas）。[8]有趣的是，他对共和国和元首制的断代与传统很不同，因为他认为共和国不是终于奥古斯都，而是要等到《关于维斯帕先权力的法》出现。

---

[6] Millar, *Roman Republic* 既没有提到格鲁奇也没有提到博丹，尽管他们很明显是米勒自己论点的先行者。卡洛·西格尼奥认为共和国最后一个世纪是混合宪制衰落的世纪，其衰落的原因是因为人民统治，并且把上诉权看作是共和国自由的重要标准之一，见 Sigonio, *De antiquo iure* 1.6, pp. 46-52。

[7] Grouchy, *De comitiis Romanorum*, p. 3.

[8] *Methodus ad facilem historiarium cognitionem* (Paris, 1566), pp. 211-212, 亦参见 p. 205："（哈利卡纳索斯的狄奥尼修斯）说，罗马元老院确实不是决策者，不是它所决定的事情的主权者，人民才是。"在《共和六书》中，博丹颠倒了他的立场并且给予了官员比元老院更高的"尊荣"（dignity）：*Commonweale*, p. 274.

罗马独裁官权、上诉权和主权

博丹的《方法》以及他的主要著作《共和六书》，通过分析罗马共和国的制度和宪制论争充实了他的主权概念。[9]其中最重要的是本书前几章讨论过的内容，即罗马的独裁官权力、十人委员会以及晚期超常的独裁官权力和公元前最后一个世纪的超常权力。博丹对罗马独裁官权力的处理尤为重要，因为他可以借此清晰表明：当他在谈论"主权"（*maiestas* 和 *summum imperium*）时，脑子里想的是什么。博丹在《方法》中依据哈利卡纳索斯的狄奥尼修斯对独裁统治的起源的论述（在本书第二章中讨论过）写道：独裁官权力是元老院发明的一种工具，从而达到欺骗群众并摆脱上诉权制约的目的。[10]博丹引用狄奥尼修斯时，肯定想到最早的独裁官权是类似于苏拉式的僭主式的，至少狄奥尼修斯这么称呼它，并将其刻画为"一种

---

[9] 我的解释遵从的是丹尼尔·李、理查德·塔克或是普雷斯顿·金（Preston King）这样的学者，他们强调：《方法》和《共和六书》之间具有基本的连续性。但是朱利安·富兰克林（Julian Franklin）的著作有不一样的看法。我用的《方法》是1566年巴黎版本，《共和六书》是1583年巴黎版本，博丹《共和六书》的拉丁语译本（*De republica libri sex*）用的是1586年的巴黎版本，以及1962年肯尼思·道格拉斯·麦克雷（Kenneth Douglas McRae）编辑的理查德·诺尔斯（Richard Knolles）1606年的英文译本（*The Six Books of a Commonweale*）。要了解博丹的"反罗马"的方法论上的异议和他对罗马法以及罗马实践对他的论证的重要性之间的张力，见Lee, *Popular Sovereignty*, ch. 5.

[10] 博丹对元老院最终敕令也有类似的看法，他和李维一样认为：这是一个古代的制度（*Commonweale* 3.1, p. 274）。博丹认为，这是"首要统领权"（chiefe commaund）掌握在与元老院相对的官员手里的证据；但是保民官作为人民的代表是高于其他任何人的。参见 *Methodus*, pp. 210-211，提到了元老院最终敕令，元老院被给予了更多的权重。

高于合法官职的官职",因此是"僭主"。[11]博丹声称,保民官发现了这种"权力的奥秘"(arcanum imperii),并轻易地意识到平民被愚弄了。[12]博丹征引非斯都继续说到,保民官不允许独裁权在其原有权威的完整范围内持续存在,也就是说,他们不允许独裁官长期免于被上诉(sine provocatione)。[13]和普鲁塔克、波利比乌斯以及西塞罗一样,博丹错误地认为,除了保民官之外,所有其他的官员都在独裁官被任命后卸职了。其实关键在于(以下在历史上是准确的):第一,保民官不能被独裁官废除并仍然能够进行干预,故而这大大削弱了独裁权;第二,上诉权是在某个时候被引入的,它甚至可以限制独裁权(至少在城市范围内)。在某种程度上,博丹对上诉权的强调应是受到彭波尼的《手册》的影响。[14]除了否决权(斡旋权,intercession)和上诉权外,进一步的限制还在于独裁者的可撤销性(revocability)以及——最重要的——任期限制。虽然没有迹象表明提名的官员、元老院或人民实际上可以撤销独裁官,但根据罗马私法的寄托制度(depositum),博丹相信原则上独裁官可以被撤销:

> 但是,独裁官通过其职权(iure magistratus)拥有战

---

[11] Dion. Hal. *Ant. Rom.* 5.70.3-5. 见上文 p. 69。
[12] 这是一个有趣的对"权力的奥秘"(arcana imperii)的早期使用(参见 Tac. *Hist.* 1.4),远远早于 Arnold Clapmarius, *De arcanis rerum publicarum*(1605)或者克里斯托夫·贝佐尔德(Christoph Besold)1614 年的同名文章。然而,不似这二者,博丹并没有清楚地颂扬这些奥秘;相反,正如这个例子所展现的,这些奥秘似乎很容易被发现。参照 Arist. *Pol.* 5.8.1307b40-1308a1:诡辩(*sophismata*)也同样很容易被拆穿。
[13] 这里指的是 Festus 216L。
[14] 博丹多次提到了相关段落,*de orig. Iuris*(*Dig.* 1.2.2)。

争、和平、生存、死亡以及控制整个国家的权力，但这仍然只能在他的任期之内行使。事实上，他所拥有的不是一个职位而是一个寄存品（deposit）。即使权力（imperium）是他独享的，但没有人能把职位或荣誉作为自己的权利（suo iure）占有，它们只是如同寄存品（veluti depositos），在时限之前或直到授予者收回它之前有效。当乌尔比安（Ulpian）说"我已经卸下了我曾经担任的职务"时，他说的就是这个意思。[15]

是否应该将罗马独裁官称为严格意义上的官员？博丹似乎在这个问题上摇摆不定，正如他将在后来的《共和六书》一书中明确指出的那样，他认为，由高阶规范建立起来的常规官员与由主权者的意志任意任命的纯专员之间存在着严格区别。博丹在引文中选择用"官员"（magistrate）一词似乎表明他认为独裁官确实具有常规官员的某些特征，但"直到授予者收回它"这句话最好地表达了独裁官是专员（commissioners）的看法。任期限制（quousque tempus finiatur）与"主权者可随时拿回"（aut is qui dedit repetat）之间的区别决定了博丹对官员和专员的区分。我们最后发现，这个区分不仅从他对独裁官的讨论中显现出来，而且还从他关于罗马共和国的其他超常权力的讨论

282

---

[15] *Methodus*, p. 204. 似乎，博丹在《方法》中所使用的涉及"寄托"的语汇既涵盖了狭义的官员，也包括了专员，它们之间的区分在《共和六书》中才变得清晰起来。在晚期作品中，寄托和其他罗马要物契约［比如借贷消费（*mutuum*）和借贷（*commodatum*）］一样都具有一个（哪怕"不完美"的）双边性质，它们都被用来描述官员，而更具单边性质的临时与让这样的要物契约则适用于专员，见 Lee, *Popular Sovereignty*, ch. 6, "Commissions and Offices"。非常感谢丹尼尔·李和我讨论这点。

中显现出来。在后期的作品《共和六书》中，博丹清楚表明了独裁官只是专员：即便是最早的独裁官（还不存在针对他的上诉权）也不是主权者，因为他可以随时被撤职（这点博丹是错误的），并且受到任期限制（这点博丹是正确的）。的确，博丹认为独裁官的权力是巨大的，甚至包含了那些诸如"建设共和"（constituere rempublicam）之类的权力——只有苏拉和三巨头或许还有凯撒有过这种权力，而这种权力使得西奥多·蒙森、他之前的卡洛·西格尼奥以及他之后的卡尔·施密特都曾认为苏拉、凯撒以及后三巨头都拥有不受**任何**宪制约束的"制宪权力"；[16] 然而，博丹认为，这并不足以说明这些独裁官"由于建设共和的原因"就拥有了主权，他认为这些独裁官和之前的"普通"独裁官没有什么区别，在他看来，所有独裁官都是超常专员，但仍旧在宪制秩序的约束之内，因为他们在主权者的意愿下任职，这个主权者就是人民。[17]

十人委员会也是一个道理，在法语版里，他们被合适地

---

[16] 西格尼奥认为，苏拉、凯撒以及三巨头都曾使用过"为了建设共和国"（reipublicae constituendae causa）这个名头，这激发了蒙森所使用的概念"制宪权力"，它不受制于宪制约束。见上文第二章；Sigonio, *In Fastos*, p. 312; Mommsen, *Staatsrecht*, vol. 2.1, pp. 702-742。这最终被卡尔·施米特使用了，他把西格尼奥和蒙森对于早期的、常规的独裁官和晚期超常的、"为了建设共和国"而设立的独裁官的区分应用到他"委托的"（commissarial）专政和"主权的"（sovereign）专政上。然而博丹不像施米特，并不认为后者是真正的主权者；他更接近罗马的现实，指出了像苏拉这样的人的行动其实旨在取悦人民，而不是"制宪的"主权者。要想了解蒙森到施米特的线索，见 Nippel, "Saving the Constitution"。

[17] 在独裁官到底是不是相关意义上的主权者的问题上，博丹的立场并不总是很清晰。当他讨论到王制和贵族制以及民主制相比所具有的优势时，他自相矛盾地说：贵族或是民主国家"通常会创造一个作为主权君主的独裁官，而且很清楚地知道君主是他们出于必然而必须依靠的定海神针"（*Commonweale* 6.4, p. 715）。

翻译为"十专员"(dix Commissaires);他们"被设立的目的是再造习俗和法律",而且"尽管他们拥有绝对权力——借此他们可以不被起诉,而且在他们任职期间,所有的官职都被暂停——但是他们都不是主权者,因为一旦使命完成,他们的权力就失效了,正如同独裁官那样"。[18]根据博丹的拉丁文版本,十人委员会虽然确曾拥有绝对的 *summa potestas*——最高的不受法律束缚的权威(*summam ac legibus solutam potestatem haberent*),但是他们仍旧受限于任期,这使得他们的权力并非主权。[19]

这里的重点是,主权的关键标准(每个必要而合起来充分的标准)是绝对权力、不可撤销性以及没有任期限制。博丹认为,罗马独裁官(除了最初期的独裁官之外)在以下三个方面都受到制约:上诉权、可撤销性以及六个月的任期限制。这些都破坏了他们的主权。独裁官可撤销这一想法是通过罗马私法中的有关寄存物的语言来表达的,这是一种要物契约(real contract),由寄存人将寄存物移交给保管人并让其负责。契约是无偿的,并创造了一套相互的权利和义务,万一寄存物由于轻微疏忽而丢失,保管人几乎不承担任何罪责,但是保管人有义务在被要求时归还寄存物,即便原本是有固定期限的。[20]在晚期作品《共和六书》中,博丹只是用寄存物(deposit)、借贷(loan)和其他罗马要物契约类比有任期限制的官员,而临时与让的单边要物契约(unilateral real contract of *precarium*)则适用于作为专员的独裁官(其权力总能被主权者撤销)。我

---

[18] *Commonweale* 1.8, p. 85.
[19] *De republica*, p. 80.
[20] Buckland, *Roman Law*, pp. 467-470.

们再怎么强调博丹所提到的契约关系的私法本质也不为过,因为正如我们将看到的那样,按照博丹的观点,即使主权者也受到契约义务的制约。此外,根据博丹的说法,上诉权和任期限制都表明,罗马共和国的独裁官受到宪法性限制,因此从定义上讲就不可能将任何主权归于独裁官:"主权在权力、权责和时限上都不受到限制"。[21]

博丹在论公民权的一章中指出了上诉权的关键地位:对罗马公民来说,上诉权是"神法",而在一般情况下,几乎没有任何东西"如此属于广大的罗马公民,除了这个:官员和总督不能在没有人民允许的情况下,在有关他们的生命和自由的问题上进行对他们不利的审判"。[22]这是"罗马公民最大和最重要的特权(summum ius);若官员判处他们死刑或流放,他们仍然可以提出上诉;这是所有罗马公民都享有的自由"。[23]对违反上诉权规范的制裁日益加强,其结果是:"当西塞罗下令要绞死监狱中参与了喀提林阴谋的罗马公民",这种破坏上诉权的行为产生了高昂代价,这对随后的罗马宪制历史产生了有趣的影响:"西塞罗违反了法律(上诉法),这不仅让他流亡,还让他遭到清算;他的财产被没收,他的房子……被烧毁——该地块上建造了一座神庙,人民在他们的保民官克洛迪乌斯的动议中将这座神庙奉献给了自由。因此,官员们感到恐惧,从那时候起官员不再那么严苛地针对罗马公民采取行动,甚至

---

[21] Commonweale 1.8, p. 85;参见 De republica, p. 80。
[22] Commonweale 1.6, p. 55. 博丹跟随李维,认为神法(lex sacrata)在国王被驱逐之后马上就被引进了:De republica, p. 53。
[23] Commonweale 1.6, p. 57. 参见 De republica, p. 54(注意,这里对 ius 的使用是表示"主体权利"的意思)。

在人民国家瓦解之后都是如此。"[24] 在这里，上诉权表现为持久的宪法约束，甚至可以在罗马共和国覆灭后幸存下来，并在元首制期间继续限制官员的权力。它构成罗马公民的最高权利（*summum ius*），具有宪法地位；苏拉的清算令，即使是基于大众立法，也违反了它，从而构成僭政。[25]

博丹对苏拉的独裁权进行了有趣的描述，他说，即使令权力极度地集中起来，他也不拥有主权。博丹声称，它根本就不构成独裁权，并说西塞罗已经提出过原因了："如果有人要说，苏拉是依据《瓦勒瑞乌斯法》当了六十年的独裁官，我会像西塞罗一样回答：那既不是独裁权，也不是法律，而是最残酷的暴政。"[26] 在拉丁文版中，有一处援引西塞罗《论法律》第一卷。[27] 博丹肯定想到了 1.42 这个段落，正如我们在第二章中看到的那样，在这个段落中，西塞罗抨击了苏拉统治和清算令（基于制定法）的合法性，抨击了苏拉在独裁期间违反了上诉权的精神（如果不是条文的话），以此支持他本人在《论法律》中提出的有关宪法秩序的论点。我们记得，西塞罗曾经指出那个让苏拉成为独裁官的《瓦勒瑞乌斯法》是其自己以下主张的核心论据：如果所有"已由人民机构和法律批准"的东西都被认为正当的话，那么即使让"独裁官在没有审判的情况下杀死他想要杀死的任何普通

---

[24] *Commonweale* 1.6, pp. 55-56. 参见 *De republica*, pp. 53-54。似乎博丹对于喀提林事件的看法是基于萨卢斯特的，他引用了西塞罗部分演说的例子，但是却并没有指出出处（Sall. *Cat.* 51）。

[25] 博丹此处的论述是有一些含混的；尽管他明确地把苏拉的统治称为僭政而不是称苏拉为"真正的独裁官"，但他似乎又一定程度上允许把苏拉的地位解释成由人民根据宪法而委任，和凯撒与奥古斯都没有什么区别。

[26] *Commonweale* 1.8, p. 86.

[27] *De republica*, p. 80, n. 11.

公民而免于责罚"的《瓦勒瑞乌斯法》也是正义的。[28] 博丹完全忽略了这种独裁官的新颖性（尽管这本来有利于他的论证）：这种独裁官并非由执政官提名，而是依据一项由摄政王提出的法律任命。[29] 然而，《瓦勒瑞乌斯法》的不正义及其所意味着的对上诉权的侵犯是显而易见的，这对博丹来说是重要的。在描述苏拉清算令时，博丹注意到，没有人可以"在苏拉僭政时期对自己的生命或财产有信心，因为如果一个人是自由人并告发他的主人或上交苏拉清算对象的脑袋，那么苏拉会给30赛斯特斯币（Sesterties）；如果这个人是奴隶，苏拉则会给他自由身作为回报。公民们就生活在这样的恐惧之下，直到六万人被杀，国家才得以平静"。[30] 正如西塞罗在一篇讲话中所指出的那样（博丹知道这篇讲话但没有引用[31]）：苏拉的独裁政权是由制定法所确立的僭政，[32]也就是说，不是由更高阶的宪法规范所确立的。[33]

当博丹讨论僭政，以及"一个通过强力或欺诈来压迫人民自由并渴望获得主权的暴君是否可能被正义地杀死"问题时，他再次转向苏拉的例子。他考虑了以下可能性：苏拉的独裁统治以合法方式实现——在一次"庄严的举动"中，独裁权被"人民的呼声所确认了"，这可以表示"人民真正批准了他的暴政，并对此表示同意"。[34] 然而，博丹"仍认为：他可以

---

[28] Cic. *Leg*. 1.42, trans. Zetzel.
[29] *Methodus*, p. 211. 但参见 Cic. *Att*. 9.15.2. 博丹非常了解西塞罗和阿提库斯的通信，并经常引用；他错失了这点是令人震惊的。
[30] *Commonweale* 1.5, pp. 37-38. 博丹在他反奴隶制的论证那里涉及这一点。
[31] 参见 *De republica*, p. 774, n. 3。
[32] Cic. *Leg. Agr*. 3.5.
[33] 亦见 *Commonweale* 4.4, p. 481 (*De republica*, p. 434)。
[34] *Commonweale* 2.5, p. 219; *De republica*, p. 208.

被合法地处死,而且无须经过任何合法的程序或审判"。[35]拉丁语中的措辞非常具有启发性:杀死僭主是合法的(iure),可以不考虑任何法律上的救济(legis actio)。[36]在这里,西塞罗式的对ius和lex的区分最重要,因为这种区分允许在不诉诸任何制定法规则的情况下,合法地(iure)杀死僭主。顺便说一句,这就证明许多声称博丹认为"公民不能从法(loi)上诉诸正当(droit)"的研究者们(尤其是卡尔·弗里德里希)是错误的——在暴政的情况下,博丹实际上明确建议如此诉诸。[37]苏拉是一个关键的例子:当苏拉"通过他颁布的《瓦勒瑞乌斯法》任命自己为长达八十年之久的独裁官,而且同时还在城中拥有属于自己的强大武装时,西塞罗说"这根本不是法律"。[38]对于博丹来说,苏拉和凯撒的独裁、超常权力和其他晚期共和国的紧急措施都是人民在罗马共和国行使主权的过程中出现的症状——我们要记住,在博丹的宪制分类下,罗马共和国是民主制。

宪制性的契约法以及法-制定法之区分

博丹的宪制思想中最说明问题的面向之一是关于他对权力代理的看法。博丹用私法语言中的相互约束的契约(例如双边要物契约、寄托或委托的诺成契约)来描述权力的代理。对于博丹来说(就像对马里奥·萨拉莫尼奥一样),契约法超出了

---

[35] 关于杀死暴君,亦参见 Commonweale 4.3, p. 475。
[36] *De republica*, p. 208.
[37] Friedrich, *Constitutional Reason of State*, p. 72.
[38] *Commonweale* 2.5, pp. 219-220.

主权者的决策范围甚至立法范围。与萨拉莫尼奥不同的是（萨拉莫尼奥笔下的哲学家否认主权者是不受法律约束的），博丹认为主权者确实不受法律约束，然而他接受对主权存在契约性的约束。这些契约性宪法约束的理由很深刻，并且预见了霍布斯关于臣民与主权者关系的一些最深刻的想法[39]：鉴于主权的本质在于保证臣民之间的相互契约关系，从非常强的意义上讲，主权者也**必然**需要恪守他作为参与者的契约——即便这些契约是他与他的臣民的契约：

> 主权君主必须遵守他自己订立的契约，无论这个契约是和他的臣民订立的还是和外邦人订立的：因为既然他是他的臣民彼此之间的相互契约和义务的保障，那么，他作为自己行为之正义的债务人，不是有更多理由信守他自己对他人所做出的承诺吗？[40]

由此产生的进一步后果是，严格意义上的官员（不是纯粹的专员）不能被主权者剥夺职务："如果君主曾经向某人授予荣誉或职务，那么我们认为，他不应该在没有公正理由的情况下再次收回。"[41]丹尼尔·李令人信服地指出，这是因为官员的职位和法律权力是以相互具有约束力的契约的形式授予他们的，也就是说，这些契约会给官员也会给君主带来权利和

---

[39] Hobbes, *Leviathan*, vol. 2, ch. 21, p. 342. 参见 Dyzenhaus, "How Hobbes Met the 'Hobbes Challenge'", 尤其是 pp. 496-502。
[40] *Commonweale* 1.8, p. 106; *De republica*, p. 99.
[41] *Commonweale* 1.8, p. 106. 这里的推理会加剧博丹对保民官奥克塔维乌斯的罢免事件的分析的含混性，见下文。

义务。博丹使用罗马法的所谓双边契约作为例子——例如借贷（commodatum）、抵押（pignus）或寄托；同时，将超常委任（extraodinary commissions）建立在临时与让的单方面契约的模型上，这是一种无偿授予的、可以任意收回的东西。[42] 第一种契约给主权者一方也创造了义务（例如在官员任职期间不干预的义务），而第二种所创造的义务只在专员一方。罗马人民把主权交给皇帝的那种转让一定是外于此的第三种，因为在这个模型下，官员（更别提专员）不是主权者。博丹似乎认为，根据《王权法》所实现的主权移交的有效性的规范基础必须不受制于主权者权力。与萨拉莫尼奥不同，博丹同意：主权可以通过《王权法》被永久移交，但他仍必须承认（与萨拉莫尼奥一样），规定了主权在《王权法》下可转让（或者不可转让，此例似乎是这样）的规则本身不受制于主权者的立法权力——从某种意义上说，它们必须是存在于主权之先的规则。我要重申，这些规则是罗马财产和契约法的规则。博丹指出，《王权法》实际要把主权转让出去（而不是简单地把权力代理出去，就像让官员在固定任期内代理权力），那么这必须是一次罗马法下的赠予（donatio）：

> 但是，对那个终生获得人民赋予的绝对权力的人，我们应说些什么？在这种情况下，我们必须区分：如果这种绝对权力是纯粹地、简单地授予他的，而不附带官员、总督、代

---

[42] Lee, *Popular Sovereignty*, ch. 6, "Commissions and Offices." 博丹使用寄托契约似乎有一些牵强。根据《学说汇纂》，被寄存人似乎有义务在被要求时退还寄存物，这和任期限制以及博丹所理解的官员的一般框架不那么匹配。这或许也是博丹《方法》的这个论独裁官的段落里含糊其词的原因，因为博丹似乎不太确定"寄托"是不是一个好的对独裁官或普通官员的类比。

理人或其他代理职务的名称，那么可以肯定的是，这样的人可以称自己为主权君主（Soveraigne Monarch），因为人民如此自愿地解除并剥夺自己的主权去确定与赋予另外一个人，在他身上加诸所有的权力、权威、特权以及主权，就像一个人通过纯粹赠予的方式给予另外一个人属于他自己的财产和所有物。在这个例子中，这种完全赠予（perfecta donatio）是无条件的。据法学家说，《王权法》是以这样的言辞制定的："当人民把所有的权力转移给他并加诸其身之时"（cum populus ei & in eum omnem potestatem contulit）。[43]

罗马法中的赠予必须要有正式的协议或契约才能执行，而博丹似乎认为，乌尔比安在《学说汇纂》中所引的《王权法》（博丹在此征引）就构成了这种正式协议。关键是，正如博丹在他的拉丁文版本中所提到的《法典》（Code）的一段所说，这种赠予（perfecta donatio）一旦完成，就不再允许后加任何进一步的条件。[44] 即使是亚克兴大胜后的奥古斯都也不是主权者，而仅仅是"共和国的首领"（chiefe of the Commonweale），直到维斯帕先大帝得到《关于维斯帕先权力的法》授权开始，罗马共和国及其版本的民主才宣告终结。[45] 只有通过《王权法》，

---

[43] Commonweale 1.8, p. 88; De republica, p. 82.
[44] Cod. 8.54.4.
[45] Commonweale 1.8, p. 98. 尽管博丹和彭波尼类似，似乎想要接受《关于维斯帕先权力的法》（在他看来等同于《王权法》）是终止符，但是他的态度却有些略带讽疑："在《关于维斯帕先权力的法》之后，皇帝不是只被元老院豁免——免于法律力量的制约——而是像许多人认为那样被人民明确表达的法（expresse law）豁免；这刻在罗马大理石上的法现在仍旧可以找到，法学家们称之为《王权法》。但是，人民不太可能在长久失去了他们的权力之后，又把权力给一个比他们强很多的人。"

人民才可以建立自己以外的主权者；博丹援引乌尔比安，他声称乌尔比安在《学说汇纂》中所描述的《王权法》是正式建立主权者的唯一途径。它必须是"通过纯粹的赠予"和"不带任何条件"的"完全赠予"。[46]

"主人式的"政府与宪制政府

众所周知，博丹不仅承认主权权力受到契约限制，而且认为臣民的私有财产也可以代表一种对主权的宪制限制。博丹将臣民的私有财产是否超出主权者的管辖范围的问题提高为区分"主人式的"（lordly）或"领主式的"（seigneurial）统治和"合法"（lawful）统治的首要标准。"私人财产是否给主权施加限制"是主权是否被合法行使的试金石。正是"每一个臣民都拥有自己的财产的真正专有权，并可以任意处置"定义了主权的合法行使。[47]就在这里，博丹引入了一个关键区分：主权或国家自身与国家的行政（administration）或主权的行使（exercise）不同。[48]正是行使主权的方式体现了统治是"领主式的"还是"合法的"，正是行使主权的方式（或者说政府）可以被称为"合宪的"（constitutional，也即"合法的"）或"专制的"（despotic，也即"领主式的"）或"僭政"

---

[46] *Commonweale* 1.8, p. 88（引用 *Dig.* 1.4.1）。
[47] *Commonweale* 2.2, pp. 201-202；参见 *De republica*, p. 191。博丹认为，在欧洲，除了"土耳其人和莫斯科人的君主"之外，并不存在"主人式的"主权者，即便奥古斯都也不是一个主人式的皇帝。
[48] 博丹认为他的区分是具有原创性的，这让他既可确认一个"节制"政体的存在，又可以主张混合宪制是不可能的：*Commonweale* 2.2, pp. 199-200。

(tyrannical)。[49]区分合法政府和专制政府的标准在于主权者是否服从自然法、契约法和私有财产保护。严格说来，如果主权者领主式地或专制地行使其主权，那么这并非违宪，但是博丹在这个问题上似乎很暧昧。有时，他声称主权君主如此行使自己的主权只是不明智（*imprudent*），例如格拉古兄弟以及随后的罗马人民作为主权者接管、行使主权的行为；对于博丹而言，这种行为导致了共和国的沦陷。但是有时候，他似乎更强调：根据万民法，也就是说习俗规则，专制政府又是合法的。[50]这意味着专制的政府虽然因万民法而在博丹的时代是合宪的，但是一旦万民法否认它的话，专制政府会失去其合宪地位——至少，在博丹看来，领主式政府的合法性是由万民法的规则决定的，受到万民法规则的束缚。这也正是领主式政府与僭主式政府不同的地方——战争法并不能为它辩护，相反，它被描述为"藐视自然法和万民法"，在其中，主权者"傲慢地滥用他的自由臣民的人身以及财产，就如同它们是自己的那样"。博丹和西塞罗一样认为，僭主式地运作政府并不一定只是和一人统治相关——无论主权是在一人之手还是少数人或多数人之手，对它的使用都可能是合宪的、专制的或是僭主式的。[51]

---

[49] 见 Turchetti, "'Despotism' and 'Tyranny'"。

[50] 见 *Commonweale* 2.2, p. 200。博丹认为，"主人式的"政府合法建立的条件是，"'主人式君主制'是君主通过战争法和合法战争（*iure belli*）成为他的臣民的财产和人身的主人；他统治臣民就像一家之主统治他的奴隶"：*De republica*, p. 189。

[51] 博丹提到了西塞罗，并说，所有的国家，"可以是合法的、主人式的或僭主的，就像我说过的一样，因为最极致的僭主制是塔利（Tully）所说的'愤怒而躁动的人民的怒气的统治'"：*Commonweale* 2.2, p. 200；*De republica*, p. 189。虽然 Cic. Rep. 3.45 是最可能的出处，但是博丹可能不知道这个段落。他一定是从 August. *De civ. D.* 2.21 对 Cic. *Rep.* 3 的总结中知道这个概念的（见 Isnardi Parente, *ad loc.*），亦参见 *De civ. D.* 19.21.1-33。

因此，博丹的法律思想中隐含着更高阶的宪法规则，而它们是罗马义务法和财产法的规则。它们必须比其他制定法法规更加牢固并且更加高阶，要不然主权者就可以不受制于自己的制定法，只需改变契约法即可。博丹明确拒绝了这一点，所以只留下了这样一种可能，也就是我们刚才勾勒的解决方案：罗马的契约法高于主权者的制定法，不能被主权者废除，因此构成了一系列宪法规范。甚至，其他一些与契约法或财产法不相关的制定法也受到某些实质性约束。有趣的是，博丹通过援引我们第一章讨论过的西塞罗的演说《为凯基纳辩护》中所包含的思想来阐明这点：如果制定法包含任何不合宪的东西，就应该被视为无效。因此，博丹在他对主权的讨论中引入了西塞罗对法和制定法的区分，以及前者在等级上优于后者的想法，从而大大削弱了"不受法律束缚"（legibus solutus）的主张。阐明主权者无法废除自然法则之后，博丹继续观察到，出于同样的原因，

> 引人注目的是，罗马官员向人民提议的所有请求和法律的结尾都通常加上这么一个条件：*Si quid ius non esset E. E. L. N. R. eius ea lege nihilem* [sic] *rogaretur*。意思是说，如果其中包含的任何东西是不正义或不合理的，那么他们通过这条法律所要求的是无效的。[52]

正如我们在第一章中所见，这个说法是从西塞罗《为凯基纳辩护》的演说中提取出来的。在这篇演说中，西塞罗提出了一个

---

[52] *Commonweale* 1.8, p. 104; *De republica*, p. 97.

修辞性的观点：尽管人民大会从某种程度上说是主权者，但它也不能在没有任何实质限制的情况下立法——总是存在着限制制定法的法。在这里，西塞罗所指的是苏拉通过的制定法，这一点就已经让这部法很成问题了，但是西塞罗意在提出一个更强的主张：

> 哦，可是苏拉通过了一项法律。在不浪费时间抱怨那个时期以及共和国的灾难的同时，我向您做出这个回应——苏拉在这个法律后面还加上了"如果本法规颁布了任何法规与法相反，那么该法规无效"。到底有什么东西与法相反以至于罗马人无法命令之或禁止之？闲话少说，这个额外的条款证明这么个东西存在。因为除非它存在，否则这个条件不会附加到所有法规中。但是我问您，您是否认为，如果人民命令我成为您的奴隶——或者相反，您是我的——该命令还具有权威并有效？您看得出并会承认这样的命令是毫无价值的。在此请您首先同意这点：不是人民的所有要求都应该被批准。[53]

292 博丹在西塞罗的这个讲话中找到了据称是所有罗马制定法条中都附有的条款，这使他将西塞罗对制定法和法的区分引入自己的框架。在博丹那里，正如在西塞罗那里，法意味着一种比单纯的制定法更高阶的规范。他解释说，制定法和法"之间存在着很大的差异"，因为法"只尊重善好和正直的东西，但是法

---

[53] Cic. *Caec.* 95-96, trans. C. D. Yonge, 略有调整。西格尼奥已经使用了 Cic. *Caec.*; *De antiquo iure* 1.6, p. 42。

律意味着命令。因为法律只不过是主权者使用主权权力发出的命令"。但是，在保护私有财产不被主权者没收的问题上，自然法（博丹有时只是用类比的方式称之）甚至不允许教皇或皇帝成为例外。即使有些教会法学家坚持认为教皇的主权允许他侵占私有财产，但根据博丹的说法，"这就像是说，他们可以合法地（fas）抢劫并榨取他们的臣民，用军队强力去迫害臣民；这是强者对弱者使用的法，日耳曼人对此有最正确的称呼：小偷和强盗的法（praedatorium ius）"。[54] 人们只能基于正当理由去占有；博丹提到了西锡安的阿拉图斯的例子，该例子在西塞罗《论义务》关于私有财产的讨论中发挥了重要作用，[55] 博丹进而既从功利主义（强调政治和平）又从正义和自然法的角度强调了所有物和私人财产稳定性的重要性。[56] 通过引用塞涅卡的观点，博丹划出了一个属于主权的合法或合宪运作的公共领域，并将其与一个臣民的财产得到全面保护的私有领域并列：

> 普通人常说"**所有都属于君主**"，这应当理解为和权力与主权相关的东西，但是每一个人的财产和所有物都是属于他自己的。塞涅卡如此说：*Ad reges potestas omnium pertinet, ad singulos proprietas*，"君主具有对万物的权力，个人拥有具体事物的财产权"。在这句话后不远，又说：*Omnia rex imperio possidet singuli dominio*，"君主凭借权力占有所有事物，而个人凭借所有权"。[57]

---

[54] *Commonweale* 1.8, pp. 108-109; *De republica*, p. 102.
[55] Cic. *Off.* 2.81. 见上文第四章，p. 187。
[56] *Commonweale* 1.8, p. 110; *De republica*, p. 103.
[57] *Commonweale* 1.8, p. 110; *De republica*, p. 104. 引用自 Sen. *Ben.* 7.4.2 and 7.5.1。

我们需要注意的是，博丹在这里比塞涅卡显得更不绝对主义，因为塞涅卡（和阿尔贝利科·贞提利在他更为绝对主义的著作中的看法一样）[58]似乎在暗示：君主的主权可以"被用来剥夺或干扰私人财产权"。[59]第二个对塞涅卡的引用是博丹对《论恩惠》(De beneficiis)中的话的缩略：塞涅卡的原句是，"在最理想的君主统治之下，君主凭借权力占有一切，而私人凭借所有权"（sub optimo rege omnia rex imperio possidet, singuli dominio）。这句话限制了塞涅卡的主张并且提醒我们[正如米丽娅姆·格里芬（Miriam Griffin）所说]："坏国王或者僭主通常在没有法律辩护的情况之下把个人的私有财产夺走。"[60]博丹利用他的表述淡化了塞涅卡对于君主美德的强调，更加重视宪制限制和制度。臣民对主权者主张权益并不取决于国王是否是最理想的（optimus）以及有美德的。对于博丹而言，针对主权者的私有财产权的主张可以在法庭上执行，且主权者的契约义务也是如此："如果君主是任何臣民的债务人，那么他通常会被起诉、判罪而且被强迫还清债务。"[61]

---

[58] 关于 De potestate Regis absoluta，见我的评论 "The Corpus iuris as a Source of Law," pp. 104-112；关于贞提利对博丹更一般的引用[确实是《论战争法》(De iure belli) 的主要来源]，见 Quaglioni, "The Italian 'Readers' out of Italy"。贞提利仔细地注释了博丹的《共和六书》，这些注释在牛津大学图书馆的贞提利手稿中；见 Simmonds, "Gentili Manuscripts"。罗伯特·菲尔默（Robert Filmer）同样也使用了博丹，不过一味强调博丹的绝对主义，但博丹自己从来没有提出如此粗俗的绝对主义：Patriarcha, pp. 172-183, 尤其是 pp. 173-179。见 Burgess, "Bodin in the English Revolution," pp. 392-401：英格兰保皇派对博丹的使用。

[59] Griffin, Seneca on Society, p. 325. 有关早期现代政治思想对塞涅卡表述的引用，见 Burgess, Absolute Monarchy, pp. 74-76。

[60] Griffin, Seneca on Society, p. 326.

[61] Commonweale 1.8, p. 111; De republica, p. 104.

这和博丹在税收和主权的王室领地（crown lands）问题上的立场是一致的。在某种程度上，他在债务问题上的立场是暧昧的，但是他似乎最终还是认为：主权者（至少是合法的主权者）不能够在臣民没有同意的情况下向他们征税。[62]不同于霍布斯，他并不认为这会削弱主权；主权最终不在于税收权力，而在于立法权力。博丹甚至提供了一个更重要的对主权的限制，他相信：王室领地不能被主权者抵押或出让（alienated）。在博丹看来，虽然主权本身可以被出让（正如《王权法》做的那样），但是存在着对王室领地的限制，因为这不是君主的领地，而是**国家的**。那么，在博丹看来，行使主权的个人或集体与国家或主权本身是不同的。王室领地是附着在后者之上而不是主权者的自然人格之上的。博丹用关于监护权和嫁妆的罗马法来类比：共和国或国家相当于被监护人（pupillus）或妻子，而主权者则担任着监护人或丈夫的角色。[63]这意味着主权者一方需要承担高标准的照护，以及明显为主权者产生了一种信托义务：必须为了国家的最大利益而行动。博丹认为这意味着王室领地不应该被抵押或是出让。在罗马法中有许多反对失信监护人的措施，而博丹清楚表明：主权者相对于共和国的地位甚至比罗马规制的嫁妆规则下的丈夫的地位更低：

> 君主不能够侵占那些属于大众的东西，就像丈夫不能侵占妻子的嫁妆一样。而君主其实拥有更少的权利，因为丈夫或许可以任意滥用妻子嫁妆所产生的利益，但是君主不能滥用（虽然可以善用）公共"嫁妆"的利益。[64]

---

[62] *Commonweale* 6.2, p. 665.
[63] *De republica*, pp. 640-641，提到了罗马关于嫁妆的法（*Dig.* 23.3.7pr.）。
[64] *Commonweale* 6.2, p. 652; *De republica*, pp. 640-641.

博丹在这里把类比延伸到了用益权（usufruct），且让君主处于一个用益者（usufructuary）的位置，在罗马财产法中，他需要为不当损坏负责。博丹声称："我们的国王明白并且承认，王室土地并不属于君主。"[65]

博丹的宪制主义所依赖的是自然法下对私有财产以及契约义务的保护，这些是"合法"的主权的标志。博丹主要通过晚期罗马共和国来展现他对主权的合法使用与领主式使用的区分，以及普通官员和超常专员之间的区分。博丹从他关于晚期罗马共和国的宪制历史的讨论中所得出的最重要的结论是：官员或专员越过其权能而施行额外暴力（ultra vires）并不能表现出多少对公共秩序的威胁，相反，**主权者自己**以领主的而非宪制的方式统治才带来了自毁地位以及颠覆政体的宪制秩序的危险。尽管博丹以一种算计而非道德或宪制的语言来表述这种观点，但这确实是博丹从罗马人民越来越倾向提比略·格拉古所提出和首次付诸实践的学说（人民大会是主权者）这一现象中得出的结论。博丹看到，"人民大会是主权者"这一原则本身并不危险，但是人民大会要接管国家的日常**管理**[66]就构成了越界。博丹虽然暗示了这种越界行为破坏了宪制规范，但在某种程度上他没能看清这点；在他看来，在领主式统治和依靠高阶规则统治之间存在着规范性上的中立性（normative neutrality）。无论如何后者总体上是被青睐的，即使仅仅是出于稳定性这样的审慎算计的原因。

---

[65] *Commonweale* 6.2, p. 652; *De republica*, p. 641.
[66] 有关主权或国家和政府或行政之间的区分，见 *Commonweale* 2.2, pp. 199-200; Lee, "'Office is a Thing Borrowed'"；亦见 Hoekstra, "A Lion in the House," pp. 197-198.

无论是在博丹接受罗马共和式的对"符合制定法"和"合宪"的区分（本书的前两章中所讨论的）的时候，还是在他力证罗马契约法规范不在主权管辖范围内的时候，抑或在他论证自然法、财产以及施加在主权者身上的限制（王室领土的不可出让性）的时候，每当这些对主权的限制被摆上台面，晚期罗马共和国宪制冲突的材料和论证都发挥了重要作用。博丹最为天才的论点（我们需要认真对待）是他的以下论证：尽管主权者是不受法律束缚的，但是**必然**要受到他自己的（哪怕是和他的臣民签订的）契约和协议的束缚。我们还记得，这是因为主权者是其治下发生的所有契约的担保者和执行者，如果主权者自己"不受到契约的约束"（*pactis solutum*），那么主权者的核心功能就没有办法发挥出来。

超常权力和共和国的覆灭

当博丹在讨论晚期罗马共和国的超常权力的时候，他把这些权力看作是主权者（在罗马的例子中，就是人民）让臣民代理权力的案例，但权力代理不意味着放弃主权，就像在独裁官的例子中一样。超常权力（如同独裁官权一样）是与官员相对的纯粹专员的表现。对于博丹来说，这个区分至关重要。我们还记得，为了彻底清除海盗，庞培在公元前 67 年以普通公民的身份接受了整个地中海地区及海岸线内五十英里的内陆范围的无限制的权力，他拥有这一权力至少长达三年之久。[67] 然而，对于博丹来说，这种权威并不构成主权，甚至不是一个

---

[67] Vell. 2.31.2-4.

普通的官职，而仅仅是一个专员所代理的权力。[68]博丹这样解释这种区分：

> 现在，根据我们自己提出的定义，我们首先说，所有的官员……都是公共人格（publique persons），和普通公民是不一样的……我们同样说官员（Magistrats）有常规的职责，这是与专员（Commissioners）不一样的，后者虽然同样有公务，但却是超常的，为的是应对具体情势，比如古代的独裁官……我们最后说，他们的常规职责受到法律限制和约束；他们的常规公务是基于官职之名设立的，如果没有一个明确的制定法或法律，官职就不会存在。[69]

官职与官职的持有者不同，它们是永恒的：官职"一旦经由制定法建立就永恒存在，直到相反的制定法或法律出现，废除它们"。[70]官职必须通过法律（无论是成文还是未成文的）来建立，而专员则有"超常的职责加身"而且"不需要法律"。[71]重要的区别在于："官职是一个被借出的东西，它的所有者不能在借期到达之前索要回来"，然而"专务"（commission）则是"一个人通过特许（sufferance）而持有的东西，这也就是说，所有者可以在他认为合适的时候索要回来"。[72]在这个问

---

[68] *Commonweale* 1.8, p.[90]："我们有伟大者庞培的例子，他通过罗马人民明示的命令（应保民官加比尼乌斯的要求公示）而得以不受法律束缚达五年之久。那时，他被给予了一项用来打击海盗的超常统领权。"

[69] 同上书，3.2, p. 280。

[70] 同上。

[71] 同上书，3.2, p. 278。

[72] 同上书，3.2, p. 282; *De republica*, p. 263。

题上，拉丁语版本中的术语是很有帮助的。普通的官职是以借贷为基础、在罗马私法下借出使用；在罗马私法中，承借人被允许在协议时间内保有该物，只有在出现破坏契约的滥用的情况时，出借人才可以立即恢复对借物的权利。[73]专务与此相反，博丹把超常专务建立在临时与让的模式上，让与人可以任意收回对物的使用权。[74]这和拉丁语术语的情况是一致的，拉丁语中的专员是 curator，而专务则是 curatio。监护权（cura）在罗马法中最好的例证是针对未成年人的，至少在一开始，当十四岁到二十五岁之间的人在做重要的、单个的转让交易时，他们会临时地就这件特定事情被指派一位监护人（curatores）。[75]博丹表示，专务同样可以是被法律授权的，但是"职责、时间和地点仍旧受到专务的限定，我们可以从独裁官被授予专务的例子中看清这点，因为有时是人民的制定法执行这样的授予"。给予庞培的打击海盗和米特拉达梯的超常权力就是例子，它们是通过《盖比尼亚法》（lex Gabinia）和《马尼利亚法》（lex Manilia）被授予的。[76]

博丹通过引用西塞罗的《反腓力辞》第五篇指出：西塞罗力证屋大维应当被授予军事统领权，他不得不明确这么做，因为在那时屋大维并不是一个常规官员，而仅仅是一个普通公民。假设屋大维已经成为一个常规的官职持有者的话，"无论他是执政官或是裁判官，西塞罗都不会使用这些语词，因为屋

---

[73] *Dig.* 13.6.5.pr.; 17.3; *Cod.* 4.65.3. 参见 Buckland, *Roman Law*, pp. 470-471。
[74] *Dig.* 43.26.2.2; 参见 Buckland, *Roman Law*, pp. 524-525。
[75] Johnston, *Roman Law*, pp. 41-42。
[76] *Commonweale* 3.2, p. 281。

大维本就通过法律获得了官员的权力和军权"。[77]我们重申，使得执政官或是裁判官获得权力的法律对博丹而言是具有**宪法**本质的。博丹从他的晚期共和国的史料中承接了 ius 这个词。在对元老院的演说中，西塞罗也聪明地不去承认这是一种超常权力，力图让这件事看起来像是一个比它的实质更为常规的请求，正如马努瓦尔德所言，这是"为了让元老院更容易同意他的提议"。[78]的确，西塞罗在他后来的《反腓力辞》第十一篇中的说法可能让他陷入观点不一致的指控，他试图论证：向普通公民授予超常权力是不合宪的，而且是一种例外的举措。[79]博丹用他的慧眼和洞察填补了西塞罗本想留白的地方，博丹写道："故而，西塞罗认为，指挥战争的职责应当作为专务权力授予他。"在拉丁文的版本中，"通过专务委任而获得权力"变得更加清楚，博丹指的是屋大维在晚期共和国中的超常权力："西塞罗认为，发起战争的职责应当和权力一起超出常规地授予他。"(*Cicero suadet ut cura belli gerendi cum imperio illi extra ordinem detur.*)[80]博丹引用西格尼奥说，在呈现给罗马共和国人民的语言中，官职和专务之间的区别是很精确的，因为"官员通常是通过**既有法律**确立的"，然而专务则是通过以下言辞确立的："如果他们愿意，并且命令这个人或那个人应当拥有这个省或那个省的治理权。"[81]他继续用了西庇阿·阿非

---

[77] *Commonweale* 3.2, p. 292; *De republica*, p. 271.

[78] Cic. *Phil.* 5.45. Manuwald, *Cicero*, Philippics 3-9, vol. 2, p. 702.

[79] Cic. *Phil.* 11.17-20；参见上文第二章, p. 104；Manuwald, *Cicero*, Philippics 3-9, vol. 2, pp. 702-703.

[80] *De republica*, p. 271.

[81] *Commonweale* 3.2, p. 292. 博丹在这里声称解决了那些困扰西格尼奥和格鲁奇很久的问题，但是他并没有表明，他实际上是遵从了西格尼奥；（转下页）

利加努斯（Scipio Africanus）的例子（我们在第一章中讨论过了）——根据李维的说法，阿非利加努斯在到达法定年龄之前被授予了市政官一职。[82] 故而，专务委任是超常命令，与此相对，官职则是通过既有的法律架构设立的，故而在法律上独立于执掌职位的人。

然而，在博丹看来，专务委任和官职之间最重要的差别在于专务委任给共和国带来危险："通过专务委任而获得的职权越大，它的任期就得越短，以防长期的权力会让具有野心的人趁机将政府据为己有，故而也就会压制国家的自由。"博丹这个重要的论断主要基于十人委员会的统治：

> 因为在那时罗马人民超常规地创造了十人委员会并且赋予了他们一年的主权权力，以便他们可以改革旧有法律和习俗，为国家创造新的、更有益的法律；他们的专务本不应该在一年到期之后继续，但人们再一次给他们延期了一年，赋予其绝对……权力。[83] 在他们的专务时期，所有其他的官员都暂停工作，直到他们从其他城邦的最好的法律中提炼出十二表法的法条。十人委员会的这些委员在持续统治期间趁机压制了国家的自由（*Reipublicae libertatem*），并且图谋将主权据为己有——要不是又以强力从他们手中夺走，他们就得逞了，此番重夺也并非没有

（接上页）他默默地引用了后者的著作，见 McCuaig, *Sigonio*, pp. 233-234。

[82] *De republica*, p. 271. 参见 Livy 25.2.6-7。

[83] 诺尔斯用"具有绝对的和主权的权力"（with absolute and soveraigne power）来翻译 *cum annua summaque potestate*（*De republica*, p. 262）；从博丹自己的体系来看，很清楚，这里只是绝对的权力，而不是主权的权力。

在城中引起麻烦和骚乱。[84]

主权者到底要通过法律设立的官员和官职,还是通过由委任而设立的非常专员来行使主权?最有趣的是,通常在表面上中立的博丹在讨论专务问题时完全不中立:"罗马城内最残酷和血腥的内战"是苏拉和马略之间的内战,它的起因是马略"通过一名他收买的保民官普布利库斯·苏尔比基乌斯(*Pub. Sulpitius*)的运作",让人民夺走了苏拉的常规统领权,"并且以超常专务的形式将这个权力授予他自己"。[85]博丹在下一卷中接着讨论这个主题并展开说,马略已经

> 经历过所有等级的荣誉,而且六次成为执政官(在他之前没有一个罗马人达到过),但还是不满足;尽管他已经十分年迈,但他还想担负起打击米特拉达梯国王的战争职责(这个任务根据抽签由苏拉承担),这是为了第七次担任执政官,从而永久保持权力。[86]但是苏拉现在知道马略受到专任,以及他通过混乱的人民大会从不在场的自己这里夺走权威……与法律和祖先习俗相反,苏拉和他的党羽立即返回罗马,占领了这座城市,并在城中大开杀戒;这种事情继续发生,整个意大利和西班牙都染上了鲜血,苏拉不仅仅屠杀马略的军官、主要指挥官以及党羽,甚至马略的同伴、朋友以及亲人同样也遭到最为羞辱的清算,

---

〔84〕 *Commonweale* 3.2, p. 282. 亦见 *Commonweale* 4.4, p. 481(*De republica*, p. 434)。
〔85〕 *Commonweale* 3.2, p. 286.
〔86〕 拉丁语版本说的是:马略想要第七次当选执政官,是为了获得永久的内政权力(*De republica*, p. 434)。

或者干脆被放逐。故而民主国家（Popular estate）就这样被带入极度的僭政之中。[87]

博丹清楚地表明：如果主权者通过专务授予权力或哪怕是通过延伸或延期普通官职，都会有削弱国家或是使它在不经意间就变成"僭主政府"的风险。正如他所见，这并不必然是不合宪的；他举了提比略·格拉古罢免他碍事的同僚马库斯·奥克塔维乌斯的例子，并似乎认为这种做法是合宪的。[88]但是，博丹的思想中存在着张力，因为他很清晰地表明（至少是出于算计的理由）：主权者不应该自己打理政府、管理国家并通过专务委任来统治。博丹说"没有什么比把元老院的权威或官员的治权转移到君主或人民身上更危险或对共和国更有害的事了"，其中的"君主"或"人民"指的就是主权者。博丹在这里得出的悖谬的教训是："主权的权力越少……主权就越稳固。"[89]这个教训最重要的来源是罗马共和国的衰落史：

> 当人民主权的完整性被保存下来、所有的事情都是由元老院和官员完成的时候（从迦太基战争开始直到征服马其顿帝国），罗马共和国从未比这段时期表现得更好、更远离内战。但是，在那之后，格拉古兄弟通过他们最符合人民路线的法尽可能地剥夺了元老院的权威和官员的权力，并增强了人民的财富和自由，于是共和国

---

[87] *Commonweale* 4.4, p. 481.
[88] 同上书，3.3, p. 301；3.6, p. 350；博丹写到，保民官可以被人民合法地罢免。这当然是我们第三章讨论过的提比略·格拉古具有革命性的学说。
[89] 同上书，4.6, p. 517。

产生了最为危险的变化:自此之后,罗马城的内战和骚乱一直未曾停息,直到蛮横的人民的过度自由被一人权力所压制并超越,他们继而被带入了最为极端的悲惨和奴役之中。[90]

悖谬的是,正是主权者**直接**行使主权致使其"自己的主权权力被剥夺"。尽管博丹通常尽力指出,主权者具有完全的(宪制的)权利去依照任何他认为合适的方式行使他的主权,但是正如罗马共和国**宪制危机**的例子所表明的那样,存在着一种内在的(built-in)规范性偏好:一个主权者(在这里是罗马人民)应通过由法律设立的官员来行使他的主权,而不是通过专务委任;一个主权者不应越过法和祖先习俗(罗马共和国宪法的主要来源)所建立的规范;一个主权者的独断意志应被罗马契约法所限制,他的立法权力应被公共法所制约。我提出,这个规范性偏好是博丹根据对罗马共和国的衰落以及它堕入内战的历史研究所得出;正是罗马共和国的衰落这个棱镜给了受到博丹启发的那些重要政治思想家[孟德斯鸠尤为突出,还有怀特·莫伊尔、特伦查德、戈登、马布里(Mably)、卢梭以及约翰·亚当斯]以思考和宪法有关的概念的框架。[91]在博丹讨论改变法律和宪制形式是否可欲的问题时,他对刚性宪制规范的关切最为明显。如果说"关于普通政策"的低阶法律可以

---

[90] *Commonweale* 4.6, p. 518. 参见 Montesquieu, *Spirit of the Laws* 11.18, p. 182:格拉古兄弟和他们的改革"为了保障公民的自由而与宪制自由"背道而驰,"但是没有宪制自由,公民自由也不复存在"。

[91] 要想了解这一脉思想的后来的发展,见本书的"结语",亦见 McDaniel, *Adam Ferguson*。

经常被改动并且服从于必然性,那些"关于国家自身"的法律则应该"仍旧是最为稳固且不可变动的"。博丹认为,这是因为法律是为了维系共和国而立,而不是相反;这也使得西塞罗在《论法律》中的说法(让人民的安全成为最高法)被提升为"所有共和国的首要法律"。[92]我们不应该把这里所说的"人民的安全"和国家理性学说中对"人民的安全"的使用相混淆,[93]这里恰恰展现了博丹试图区分可变的日常制定法和更高阶的、更为稳固的宪制规范。博丹在这里对"人民的安全"的使用成为一条思考人民安全的线索的起点,在托马斯·霍布斯那里变得极为重要;人民的安全并不仅仅是和平,而且也是"生活的便利"[94]以及更一般的"世俗的好的事物"(temporal goods)。[95]

尽管霍布斯出于明显的修辞原因看上去既不那么"罗马"也不那么"共和",但他或许仍旧可以被看作是宪制主义传统中处于博丹和孟德斯鸠之间的人物,其原因我们在第七章中已经简要提到过了:最重要的是他反萨卢斯特式的对美德的不信任,以及对刚性的宪制规范和通过法律框架的方式施加和平的兴趣。[96]霍布斯认同博丹对某种刚性的宪制规范的重视,而且

---

[92] *Commonweale* 4.3, p. 471; *De republica*, p. 426.
[93] 要想了解国家理性传统中的作家对"人民的安全"的使用,见 Malcolm, *Reason of State*; Meinecke, *Staatsräson*; Münkler, *Im Namen des Staates*。要想了解博丹和这一传统之间的差别,见 Lee, "'Office is a Thing Borrowed"; Foisneau, "Sovereignty"。
[94] Hobbes, *Elements* 2.9.3, p. 179.
[95] Malcolm, *Reason of State*, p. 117.
[96] 一些令人信服的将霍布斯解释成宪制主义思想家的著作,见 Dyzenhaus, "Hobbes's Constitutional Theory"; Lee, "'Office is a Thing Borrowed"; 同前, *Popular Sovereignty*, ch. 6; Foisneau, "Sovereignty"。

他的学说体系所具有的司法特色、对于契约关系的强调，以及他的"人民的安全"概念，似乎都建立在博丹的作品之上。博丹对这一脉政治思想的影响是建立在他对于罗马共和国的衰亡的看法之上的，他的后继者们与军事专制主义的幽灵缠斗缘起于博丹建立起的思考框架：一个主权者一旦"醒来"、僭越了宪法界限，只会引起内战并最终导致军事专制。就他们在这一框架下思考而言，后来的政治思想在17世纪，以及尤其是18世纪对罗马例子的运用，都受惠于博丹和他的宪制分析。这一脉思想传统中所有的思想家（孟德斯鸠是这一传统的巅峰）都降低德性的重要性，并以**宪制**理由来解释罗马共和国的衰亡。博丹是罗马晚期共和宪制传统在早期现代的关键性的继承人，他是彻头彻尾的西塞罗式的宪制共和主义者——包括他所使用的术语。

结语 宪制共和主义、作为"套话"的美德和美国建国

从博丹的作品直到18世纪晚期的诸革命这段时间，宪制主义观念从对罗马共和国的研究中涌现出来，一部对这些观念的完整的历史性研究很容易就能填满至少又一本书——本书的续集。很显然，要是想在本书剩余部分涵盖这些内容，就未免太雄心勃勃了。在这里我要做的是一个鸟瞰，尝试呈现对我来说最重要的、从博丹一再重印和有影响力的作品开始一直到18世纪晚期成熟的宪制主义思想的几条脉络。与本书的主题保持一致，我将重点关注那些把晚期共和国危机解释为宪制危机（故而也需要宪制解决方案）而非美德危机（随着日益增长的腐化、奢侈和恶而出现）的作家。从这个视角看，许多在17世纪和18世纪发展出的重要政治观念之所以更以自由为己任，或许——多少有些悖谬——是因为它们都考察过罗马共和国的制度设计和最终的衰落与解体。不仅仅只有西塞罗和他的一些同时代人，因为眼看着越来越多的诉诸紧急权力的做法，以及离他们相对更晚近才发生的人民大会授予范围广泛的超常权力（extraordinary commands）的现象，而相信人们需要宪法。在

本书上一部分所描述的思想脉络中（不限于西塞罗的时代，而是延伸更晚近的时期），共和国危机涌现出一个罗马式的宪制概念以及一种对可以充实高阶宪制规则的实质规范和权利的探求，博丹的著作就是这条线索的高峰。我希望在接下来的部分通过博丹构建的架构来看一看宪制思想随后的发展过程。这会把我们带到联系起博丹和美国建国者以及宪法设计师们的核心人物：孟德斯鸠。[1]

近来的一些重要学术成果［比如薇琪·沙利文（Vickie Sullivan）对尼德汉姆、哈林顿、特伦查德以及戈登这些关键的英国思想家的"自由共和主义"（liberal republicanism）的研究］已经令人信服地展现了那些思想家远远不是约翰·波考克、昆汀·斯金纳和戈登·伍德令人印象深刻地描述的那种"古典共和主义者"。和列奥·施特劳斯和他的追随者们的预设非常类似，沙利文设想了一个古今政治理论之间的断裂，这重述了至少可以追溯到孟德斯鸠而在邦雅曼·贡斯当经典表述中得到最著名的表达的一种二分法与思路。我虽然同意，大部分她讨论的英国思想家确实持有对法律和宪制制度的"自由主义"兴趣，并且相应地对美德缺乏兴趣，但是本书的结论要提示的是，"古典共和主义"就不是一个可行的范畴，应该弃置。[2] 取代它的是本书中构想的**宪制**共和主义，这一方面受到罗马共和国的危机与衰落的启发，另一方面也受到城邦式的对

---

［1］ 这个进路不可避免地会遗漏掉博丹被接受的许多线索。有关他在德国被接受，见 Dreitzel, *Protestantischer Aristotelismus*；Stolleis, *Geschichte*；同前，*Staat und Staatsräson*，尤其是 ch. 2。有关赫尔曼·康令（Hermann Conring）对马基雅维利和博丹的使用，见 Dauber, "Anti-Machiavellism"。

［2］ 一个相近的观点，见 Nippel, "Klassischer Republikanismus"。亦见 Adams, *First American Constitutions*, pp. 312-314。

美德和政治幸福主义的关切的启发。[3]

在英国内战时期，就有运用让·博丹的宪制主义思想的早期例子。[4]我们可以发现，保皇派以及议会派的作家们都利用博丹的一些概念，而博丹（正如我们已经讨论过的那样）通过研究罗马共和国衰落的宪制原因而发展出了这些概念。[5]约翰·斯皮尔曼爵士（Sir John Spelman）在回应亨利·帕克（Henry Parker）的一些更为绝对主义的支持议会主权的论断时，说不受束缚的绝对权力没有"约束，或者限制"，倾向于"自我毁灭"——这似乎是非常博丹式的书写方式。[6]他引用博丹对于国家和国家行政之间的区分，并承认：国王"通常而言受限于他的法官中介"，这些法官"通过他们的解释和判决既约束了国王又约束了他的臣民"。如果要制定新法，那么斯皮尔曼认为就有必要达成"国王、贵族以及人民之间的同意"。

---

[3] 见 Sullivan, *Machiavelli*。我并不想说我自己所做的这个区分已穷尽了。如第七章所示，在古代，已经存在着马基雅维利式的对荣誉和某些美德的工具性使用的关注，比如我们可以想到萨卢斯特和塔西佗。更一般的关于伊丽莎白晚期和斯图亚特早期文献对晚期罗马共和国和早期帝国的接受与解读（涵盖了诸种不同的态度的解释），见 Cox Jensen, *Reading the Roman Republic*；想要了解1580—1650年间英国政治文化中对卢坎（Lucan）的使用，见 Paleit, *War, Liberty, and Caesar*，在其中，卢坎表现得不那么共和主义，反而更像是"古代的宪制主义者"；但亦参见 Norbrook, *Writing the English Republic*。

[4] 艾伦·克罗马蒂（Alan Cromartie）所提出的"宪制主义革命"描述了博丹对詹姆斯一世（James I）的政治理论的影响，这个论点是非常令人信服的。博丹对晚期罗马共和国历史的使用可以为他增加额外的视角：*Constitutionalist Revolution*, pp. 150-154。亦参见 Salmon, "The Legacy of Jean Bodin"。

[5] 议会派作家使用博丹来支持议会主权的概念，这些人包括亨利·帕克、菲利普·亨顿（Philip Hunton）以及威廉·普林（William Prynne）。见 Burgess, "Bodin in the English Revolution," pp. 401-405。

[6] Spelman, *Certain Considerations*, p. 21。

斯皮尔曼继续指出，这种必要的同意远非削弱或阻碍"王权去行使属于它的任何应有的工作或职务"，相反，这种同意会"围住并保护王权，让它处于安全和存续的边界之内"。[7]不言而喻，这与博丹的思想一脉相承。博丹完全不会将保皇派作家推向更加绝对主义的方向，相反，他似乎会起到缓和作用。正如格林·伯吉斯（Glenn Burgess）所言，像格里芬斯·威廉姆斯（Griffith Williams）这样高度绝对主义的保皇派甚至会说博丹对"非混合制"的国家和被制衡牵制的国家行政之间的区分是荒谬和危险的。[8]伯吉斯正确地指出，在斯皮尔曼做出这种论断的时候，他并没有明确提及博丹；但是正如伯吉斯自己所写，"博丹对于《萨利克法》（Salic law）、税制以及国王守法诺言的意义的讨论都给予了斯皮尔曼工作的材料，博丹对于国家形式和它的政府之间的关系的讨论也起到这样的作用"。[9]故而，我们说，虽然斯皮尔曼没有在此处提及博丹，但鉴于他在别处明确而且大段地引用博丹的文字，基本上也是在步博丹后尘。

虽然霍布斯只是在其早期的作品《法律要义》（*Elements of Law*，1640）中反对分割的主权时引用了博丹，但是霍布斯更为成熟的思想中也存在博丹元素，尤其是他关于"'人民'预设了主权"的看法。通过创造一个主权代表，共和国构建了自身并成为整体。只有在主权者的拟制人格（artificial person）被建立起来的时候，"人民"才开始存在——在主权者缺席的

---

[7] Spelman, *Case of Our Affairs*, pp. 3-4.
[8] 不同于伯吉斯，我不认为君主立宪派对博丹的引用是"张冠李戴"：Burgess, "Bodin in the English Revolution," p. 400。
[9] Burgess, "Bodin in the English Revolution," p. 399. 我对斯皮尔曼的引用受益于伯吉斯的文章。

情况下，他们只能是一群乌合之众，"不是一，而是杂多"。[10]博丹自己对 res publica 的定义仍旧保存了西塞罗定义中的"合法性"(iuris consensus)这一元素，但是还加上了一个条件，必须有"有能力的主权"(puissant soveraigntie)。[11]很明显，博丹与霍布斯的政治理论有亲缘性，尤其是在他对主权的高度法律化的描述以及他尊重合法性和程序的方面。[12]

的确，正如卢克·福伊斯诺（Luc Foisneau）在一篇非常有洞见的文章中所言，有证据表明，霍布斯将博丹的重要区分（国家和国家行政）转变为一个对应的区分：主权权利（sovereign rights）和对这些权利的行使（exercise of those rights）。福伊斯诺令人信服地指出：在霍布斯那里，西塞罗的"人民的安全"的表述"并不是用来为君主的'权力的奥秘'辩护"[这是塔西佗主义的关于国家理性的作品中的用法，或是黎塞留（Richelieu）的用法]，相反，它"用来保护主权者的权利，而这些权利自身是国内和平的基础"。博丹和霍布斯都不愿意承认存在一种反抗的宪制权利，按照福伊斯诺的观点，要理解他们的这个想法，应当考虑他们"严格拒绝将'国家理性'看成一种僭越法律规范的许可"。[13]

---

[10] Hobbes, *Leviathan*, vol. 2, ch. 16, p. 250. 参见 Hoekstra, "A Lion in the House," pp. 205-206, 尤其是 n. 74; M. Brito Vieira, *Elements*, pp. 163f.。

[11] Bodin, *Commonweale* 1.1, p. 1.

[12] *Leviathan*, vol. 2, ch. 26, p. 428："每一个人可以通过法典……在他做出这种侵权或犯罪之前（如果他愿意的话）充分了解这是否会构成侵权。"霍克斯特拉令人信服地强调了一个主张宪制主义的霍布斯，并且强调了霍布斯和博丹的延续性（"Early Modern Absolutism"）。亦见 Dyzenhaus, "Hobbes's Constitutional Theory"。

[13] Foisneau, "Sovereignty," pp. 340-341. 想要了解迈内克之后关于国家理性的文献，见 Baldini, *Ragion di stato*。

之前，我们已经讨论过，博丹对"人民的安全"这一表述的使用及其与霍布斯的解释之间的亲缘性。福伊斯诺清楚地表明：在任何意义上，博丹和霍布斯都不能被看作是国家理性一脉的传人。[14] 博丹开创性地强调，主权者是立法者，立法是主权的决定性特征；他也坚持，主权者有义务恪守他自己的契约，这些说法与乔万尼·波特若（Giovanni Botero）在他1589年发表同名著作中所提出的"国家理性"迥然不同。对于波特若以及和他一样提出 raison-d'état 的塔西佗主义者们［比如皮布拉克的神父盖伊·杜·法尔（Guy du Faur de Pibrac）或者黎塞留］而言，君主——比如，代表天主教的西班牙国王，或者受神命的法国国王——在非常状态下"僭越他的臣民的权利"是可以得到辩护的。[15] 之所以如此，是因为对于波特若与包括马基雅维利在内的国家理性传统而言，国家是君主的地位（the state is the state of the prince），因此依赖于君主的美德；但是对博丹和霍布斯来说，国家是建立在一个可以称为"法律的"（jural）宪制基础上的。[16] 霍布斯在比较君主制与民主政府时提到罗马的独裁官制是很有启发意义的；君主制最终是比较好的，因为在霍布斯看来，君主的私人利益和他所代表的公共利益更为一致。反对君主制的主要论点是，"主权可能降临到一个婴儿身上"或一个缺乏健全判断力的人身上的"不便"。然而，按照霍布斯的说法，民主国家总是会发现自己"处于一

---

［14］类似的有 Malcolm, *Reason of State*, pp. 114-123；Salmon, "Bodins politische Philosophie," p. 474。福伊斯诺对迈内克的博丹解释（*Machiavellism*, p. 59）的批评（p. 326）是令人信服的。

［15］Foisneau, "Sovereignty," p. 335.

［16］这是亨利·西奇威克（Henry Sidgwick）的用词，可见我对此的讨论：Straumann, *Roman Law in the State of Nature*, pp. 86-88。

样的状况，就如政府在一个孩子手上"。"独裁者或他们权威的保护者"因此就是必要的了，因为聚集在一起的人民本身缺乏必要的判断力；结果是，比起"年幼的国王被其保护者、摄政王或任何其他监护人夺权"，这些民主共和国"被夺权更加常见"。[17] 故而，在霍布斯的经验判断中，一个民主的宪制政府比一个宪制君主制更可能被颠覆，故而他青睐后者。[18] 要注意，这个论证暗含了君主制必须是**立宪的**——否则，何必一开始就惧怕独裁者？

看起来，波利比乌斯和（尤其是）西塞罗对于正义和政治秩序的问题所给出的宪制的解决方案，在早期现代作家那里仍有生命力，这些作家将目光投向宪制解决方案，以应对他们自己关于政治秩序的问题。马基雅维利和博丹对于罗马共和国的理解进路是非常不同的，这个差别表明：当我们思考早期现代和现代政治的时候，正如福伊斯诺所荐，我们有必要思考诸主权理论，而不仅仅是国家理性——要把这两种思路当成是"对（现代）政治的两种**竞争性的**看法"。[19] 诸主权理论应当被理解为国家理性学说的竞争对手——它们表达出了我们在本书中所讨论的罗马宪制主义思想的脉络，尤其是它们从博丹对罗马共和国的解释生发出来的形态。

研究罗马共和国——无论多么肤浅的涉猎——都会产生宪制主义的思想，这是如何发生的？马尔卡蒙·尼德汉姆

---

[17] Hobbes, *Leviathan*, vol. 2, ch. 19, pp. 292, 294.
[18] 我之所以说"经验判断"（empirical judgment），是因为很明显它是从古代历史中得出的；正如尼佩尔所指出的那样，霍布斯是在残余议会（Rump）解散和克伦威尔获得护国公的头衔**之前**做出的论断（Nippel, "Saving the Constitution," p. 38）。
[19] Foisneau, "Sovereignty," p. 323. 我做的强调。

的政治时评提供了一个摇摆但尤其在美洲富有影响力的案例。[20]不同于马基雅维利和哈林顿,尼德汉姆钦慕宪制权利并且用科利奥兰纳斯(Coriolanus)的例子来展现:部落会议(comitia tributa)有权通过大众审判使元老们受制于问责,而十人委员会则不受到任何问责;他们引发了骚动和混乱,恰恰是因为他们剥夺了人民的这个选项。[21]尼德汉姆崇拜的另一项共和国的宪制规范是禁止官员续期和连任。[22]一项"权力若持续掌握在一人之手",那么它就是对自由的腐蚀。尼德汉姆进一步用从共和历史中提炼出的例子〔比如像梅里乌斯这样具有"王者之心(Kingly aspirers)"的人开启了十人委员会的僭政〕以及晚期共和国的超常权力(让罗马陷入王制)来展现这一原则,他由此得出结论:"如果罗马人的情况是这样,那么任何一个权力受到限制与束缚的民族该有多么幸福,他们多么应该为他们的受托人的智慧和正义感到高兴。"[23]尼德汉姆的解决方法并不着眼于美德,而是通过引用西塞罗和李维的话,将目光投向了宪制权利和权力制衡,[24]而这种制衡在共和国的最后一个世纪已经被搁置;尼德汉姆确实关注败坏,但他所关注的是宪制原则的败坏,而不是美德的败坏。

[20] Sullivan, *Machiavelli*, pp. 113-143 提供了一个很好的梳理。她的解释和我是一致的,特别是她坚持:不同于马基雅维利,在尼德汉姆这里,"保护人民的私人权利"(而不是帝国)成为政治组织的目的(p. 115)。然而,她并没有注意宪制的罗马传统。
[21] Nedham, *Excellencie*, pp. 63-64,100-101. 参见 Livy 2.34-35。
[22] Nedham, *Excellencie*, p. 86.
[23] 同上书,pp. 21-22。
[24] 同上书,pp. 109-113。尼德汉姆提到了西塞罗在《论义务》和《论法律》之中有关罗马国王的早期专断统治的论述,作为拥有行政权者同时拥有立法权的警示故事。

不似马基雅维利，他鄙视派系，认为"最高权力"的"承继和轮转"是反对这种败坏的唯一的（宪制的）补救办法；注意，政府的目的是自由，而不是扩张。这段话值得全文引用，因为它涵盖了本书第一部分所涉及的所有宪制问题（除了元老院最终敕令）[25]：

> 阿庇乌斯·克洛迪乌斯和他的军阀政府不是也曾用同样的手段统治了元老院吗？苏拉和马略在罗马制造了那么多的肃清、残暴和骚乱，不正是超常地延长他们的权力带来的吗？同样，尤利乌斯·凯撒觊觎并最终获得帝国，又是怎么做的呢？罗马人民失去了自由，难道不是由于同样的原因吗？假设元老院和人民不一直延长庞培和凯撒的权力，如果庞培在小亚细亚的指挥权小一点，如果凯撒在高卢的指挥权小一点，罗马的自由可能会更久。在凯撒死后，他们很可能恢复自由，但他们又犯了和以前一样的错误：因为延长屋大维、雷必达和安东尼手中的权力，共和国被撕裂、分割成三个派别，其中两个派系相互耗尽，只剩下屋大维一派；屋大维觉得永久独裁者的名头毁了他的父亲尤利乌斯，故而只是继续在规定时间内统治政府，他想办法将政府置于他的掌控十年时间。然而，这一权力延长的后果是什么呢？之前的

---

[25] 17世纪和18世纪对晚期共和国宪制思想的接受的通病是忽视了元老院最终敕令。尽管戈登翻译了萨卢斯特，他还是把元老院最终敕令的形式["让共和国不受到任何伤害"（*nequid detrimenti respublica capiat*）]和独裁官一职联系起来：*Cato's Letters* no. 11, vol. 1, p. 89。Rousseau, *Social Contract* 4.6 倒是提到了它。

统治延期产生了派系斗争，现在的延期产生了僭政，因为在每个十年之期的终点，他总不乏续期政府的借口；他就这样出牌，最后轻易地彻底消灭了罗马残余的一点自由。由此可见，一个民族要想维护自己的自由，避免派系斗争和僭政带来的致命不便，唯一的办法就是保持恰当有序的权力和人员的承继。[26]

超常权力的延续（即违反宪制秩序）被认为是共和国的衰败和"罗马自由残存的那点遗迹的灭绝"的原因。当然，尽管尼德汉姆想表明罗马共和国是一个民主国家，而不是贵族国家，但他也对格拉古兄弟提出了批评，认为他们的参与引发了宪制危机，最终导致了内战。[27]虽然我们并不知道尼德汉姆是否借鉴了博丹，但他对共和国内的"最高权力"的关注似乎受益于博丹的分析。[28]

詹姆斯·哈林顿在护国公时期下写了他的《大洋国》（*Commonwealth of Oceana*, 1656），天真地希望为克伦威尔统治下的共和国提出一个切实可行的宪制方案。自从约翰·波考克在《马基雅维利时刻》（*The Machiavellian Moment*）一书中广为人知地把哈林顿当成一个典型的"古典共和主义者"

---

[26] Nedham, *Excellencie*, pp. 22-23.
[27] 同上书，p. 97："当被认为是伟大的自由守护者的格拉古兄弟站在人民一边时，他们非但没有找到一些温和而实用的方法来使元老们变得理性，反而以如此激烈和暴力的方式行事，以至于元老院因为担心自己的安全，被迫选择苏拉为他们的将军；人民观察到了这一点，他们也组建了一支军队，并任命马略为他们的将军。所以你看，一场彻头彻尾的内战就这么来了。"
[28] 见同上书，p. civ.

以及英国和美国共和主义之间的关键纽带之后,近年来,哈林顿得到了很多细致的分析。[29]哈林顿对罗马共和制度的贴切通晓以及对其中一些复杂、微妙细节的深入研究的动力在于,他觉得罗马共和制度有作为他自己事业的模板的潜在功用,而这使他成为我们的讨论的一个明确目标。[30]波考克论述中的核心问题之一是给予美德的地位;在波考克看来,古典共和主义本质上是培育美德以防止城邦腐败,以及允许公民参与公共决策和战争,而不把狭隘的自我利益放在首位。然而,即便把这种观点当成亚里士多德的论述,也是有偏颇的,而且似乎本末倒置:这种观点使美德工具化了,而亚里士多德,正如我们所看到的那样,把幸福和少数人的美德作为城邦的主要规范性目的。这种看法毫无疑问没有正视哈林顿对宪制解决方案的强调,相应地,也没有看到他对于美德的忽略。[31]

当哈林顿谈到政治秩序的目标或目的时,他确实表现出一种本质上是理性计算式(prudential)的观点;他精心校准的宪制框架的首要目标是稳定,然后是扩张。在这个意义上,

---

[29] Fink, *Classical Republicans* 中已经指出:哈林顿是一个"共和主义者",因为他使用了波利比乌斯模式的混合宪制。正如第四章中所展现的,我不认为这个理由可以让哈林顿成为一个**亚里士多德**意义上的"古典共和主义者";相反,哈林顿对波利比乌斯的亦步亦趋和把他解释得"现代"的尝试(保罗·拉赫和薇琪·沙利文)是非常匹配的。我自己对哈林顿的解释总体遵从了 Sullivan, *Machiavelli*, pp. 144-173,但我并不同于她那可疑的、生硬的古代与现代的区分。克罗马蒂把哈林顿有趣地解释成一个更具有斯多亚派特征、更"现代"、更对商业友好的思想家("Harringtonian Virtue",尤其是 p. 999)。

[30] 见 Millar, *Roman Republic*, pp. 86-96。

[31] 类似的观点,见 Fukuda, *Sovereignty*, p. 8 and ch. 7。Hexter, "Review Pocock," pp. 330-337 批评 Pocock, *The Machiavellian Moment* 忽视了罗马的自由传统。

他的理论确实是马基雅维利式的。[32]而且，和马基雅维利一样，哈林顿对于把自由或权利保护当作政治社会的目的不感兴趣，也没有自然状态的概念，并追随马基雅维利接受甚至欢迎一个人用非常规手段建立共和国。此外，他和马基雅维利一样，出于审慎盘算而忧心于官员延期和非常统领权的腐蚀作用。[33]然而，在《大洋国》中，哈林顿特别强调了本质上具有法律特征的宪制安排，其强调程度远远超过了马基雅维利所允许的范围，这一点值得我们关注，因为这是一个深受罗马宪制思想影响的重要特征。这些法治特征和哈林顿对法律可问责性的兴趣几乎就是目的本身，故而，和《李维史论》相比，《大洋国》展现出了对法律理想和程序正义的强得多的在规范性上的认可。

除了具有高度原创性的代议制共和制政府模式之外，我们可以说，《大洋国》至少部分的是由一些"单位观念"（unit-ideas）影响和构造的，"单位观念"就是指罗马共和国晚期的宪制危机中首先发展起来的宪制主义的一些基本概念要素。[34]作为例子，我们可以引用哈林顿对他认为行政需要受到的宪制约束的高度西塞罗式的描述：哈林顿说，任何共和国的官制都应当有一个条件限定，

---

[32] 要了解一个更为和平主义的马基雅维利，见 Viroli, *Machiavelli*, pp. 101-102, 139-140。这并不是很令人信服，理由见 Sullivan, *Machiavelli*, p. 39, n. 8。Boralevi, "Harrington's 'Machiavellian'"认为哈林顿采取了马基雅维利的方法论但是却不同意马基雅维利的价值观。

[33] 有关官员任期限制的重要性，见 *Oceana*, p. 296, 这段指向的是 *Discorsi* 3.24 对 Livy 4.24.4 的应用。

[34] Knight, "Unit-Ideas Unleashed"令人信服地提出要恢复亚瑟·O. 洛夫乔伊（Arthur O. Lovejoy）的"单位观念"。

否则就会导致共和国的解体。这就是：官员的手是法律的执行者，官员的头需要向人民负责，也就是说他的执行需要符合法律，通过这种方式，利维坦可以看到执行法的手或者剑是在它之中的，而不是高于它的。[35]

这应该从波利比乌斯和西塞罗的宪制观传统（第四章已述）的角度去看，尤其是西塞罗在《论法律》中所宣称的官员必须是"说话的法律"，"正如法律掌管官员，官员掌管人民"。[36]哈林顿对西塞罗宪制思想的依赖本质上是形式性的依赖；虽然西塞罗和哈林顿关于农业立法的观点显然是有碰撞的，但他们在更基本的层面上［宪法约束的角色、制度性的补救措施和根本法（西塞罗的"对法的同意"）的重要性］是一致的。

怀特·莫伊尔是"将哈林顿的思想传给下一代共和派（commonwealthmen）的关键人物"，[37]尤其是传给特伦查德和戈登。他也是化用晚期罗马共和国宪制传统的关键人物。在17世纪90年代写成的《论罗马政府的宪制》（*Essay on the Constitution of the Roman Government*）中，莫伊尔所表达的正是本书第三章所讨论的那种对人民大会主权及其限制的宪制忧虑。他认为，某些制度，如"向人民上诉的法律"是"保护自由的伟大藩篱"，但最终毁掉共和国的是"人民拥有错误的自由：废弃他们宪制中最为根本的法律（如每年的选举、反对官职延期的法律）"。[38]在莫伊尔看来，对人民没有宪制约束——正如我们所看到的，这是

---

［35］ Harrington, *Oceana*, p. 46.
［36］ Cic. *Leg.* 3.2. Trans. Zetzel.
［37］ McDaniel, *Adam Ferguson*, p. 137.
［38］ Moyle, *Essay*, p. 254.

共和秩序的**人民派**解释的特色——是绝对的核心问题：

> 尽管在表面上，这一程序所依据的信条似乎是自由，即人民的最后决议就是共和国毋庸置疑的法律，[39]然而，没有什么比这更肯定的了：如果在一个宪制中，整个法律框架都可能被众人突然的、临时性的建议所动摇或悬搁，而且在其中法律由人民来管理而不是相反，那么这个宪制是不可能持续的。[40]

莫伊尔对宪制性"法律框架"的缺位的担忧，以及相应的对"众人突然的、临时性的建议"的忧虑，显然源于他对罗马共和国晚期的研究。像博丹一样，莫伊尔强调，"一个国家的最高权力，我承认，没有任何在先的法可以约束或限制；但是……最好人民有这份智慧，对自己的权威进行自愿的约束。要么让他们诉诸独裁官权力，要么是任何其他的权宜之计，不要让他们拥有这样一种悬搁法律的权力，从而暴露并削弱其宪制的伟大堡垒"。[41]这种宪制主义的观点并不依赖于美德的概念——不管是作为共和国所向往的教育目标，还是作为国家稳定的工具。相反，它关注的是宪制制衡，而宪制制衡本身代表了理性。这种观点与波利比乌斯、西塞罗和博丹的观点非常接近。[42]

我们可以确信，如果我们细考波考克所举的有利于他的那

---

［39］ 这当然是我们在第一章中所讨论的 Livy（7.17.12）所记录的说法。
［40］ Moyle, *Essay*, p. 255.
［41］ Moyle, *Essay*, p. 254.
［42］ 莫伊尔的共和主义类似于马基雅维利的"凛然、有侵略性的共和主义"（Sullivan, "Moyle's Machiavellianism"）。

种以美德为导向、反现代的古典共和主义以及这种共和主义的传承（从马基雅维利到美国国父）的关键证人——特伦查德和戈登——就会发现他们并不像波考克说的那样关心美德。[43]他们以"加图"为名写作，从晚期罗马共和国秩序的危机中提炼出他们的宪制思想。这些乡村辉格党人谈论美德的方式与逍遥派的观点并不兼容：

> 而事实上，如果一个国家中的人们能认识到，所有能奴役他们的人都会奴役他们，那么说明这个国家中有智慧，人民的判断力是好的。慷慨、自我否定、私人的美德，在政治上都只不过是些名头，或者说是"套话"（cant-words）而已，虽然它们可以骗得了庸众，但对智者来说它们什么都不是。[44]

这个看法不仅契合本书所关注的晚期共和国的宪制思考，而且是直接借鉴了这一脉宪制思考。在戈登谈到实定法律制定之上的宪法规范时，这一点就表现得很清楚。加图的进路乃至语言都完全是西塞罗式的，这不仅体现在他对"人民的安全"原则的援引上，而且在更深一层也有体现：加图以宪制主义的方式解释了"人民的安全"，同时赋予宪法规范以自然法的地位。这恰恰就如西塞罗本人在《论法律》中做的那样：

---

[43] 这印证了 Sullivan, *Machiavelli*, pp. 227-257 和 Jacob, "Eighteenth-Century Republican," p. 13 的说法，后者令人信服地强调，《加图来信》(*Cato's Letters*) 背后有着霍布斯的政治心理学以及加图对商业的同情，参考 Pocock, *Machiavellian Moment*, pp. 467-477。

[44] *Cato's Letters*, no. 11, vol. 1, p. 92.

让人民的安全成为最高法：人民的利益和安全构成了最高法律，这是政府的普遍和永恒的格言；它永远不能被地方性法规所改变。这条首要的自然法和万民法，任何习俗都不能改变，任何实定的制度都不能废除，任何时间都不能抹去。人类进入政治社会的唯一目的是相互保护和防卫，而任何不能为这些目的做出贡献的权力，都不是政府，而是篡位。[45]

加图认为，为镇压斯普利乌斯·梅里乌斯策划的政变，独裁官辛辛纳图斯和他的骑士长官援引超常权力的做法是合宪的，加图对这些权力的解释与李维的解释完全一样。"自由且不受制定法约束"的独裁官权力可以被用来镇压任何对宪制秩序的颠覆，并且以符合宪制规范——iure——的方式，正如李维的辛辛纳图斯所说。[46]加图以一种完全是洛克和格劳修斯的方式，从每个人在自然状态下所固有的惩罚的自然权利推演出了这种惩罚僭越宪制秩序者的权力。[47]

---

[45] *Cato's Letters*, no. 11, vol. 1, p. 87. 在下一封信中，特伦查德批评了对"人民的福祉"的非宪制主义解释："由于牧师和奴性的律师的奉承，人民的福祉（*salus populi*）或者国家的安全很快就只意味着君主的无限制的权力和主权；如果阻止一个由人民的劳动和财富创造并供养的人以公共安全的名义破坏公众的安全，那这个行为就成了叛国罪。我们的祖先通过可悲的经验发现，名不副实、腐败的大臣为了不值得的目的偏爱的人，使得叛国罪免于在法庭上受审；哪怕是一丝丝反抗无限的、非法的权威的尝试，也往往会被扣上叛国罪的帽子；而所有的叛国罪中最高的叛国罪，也就是那些反对共和国的叛国罪，则可能收获免责、喝彩和奖励。" *Cato's Letters*, no. 12, vol. 1, p. 96.
[46] 同上书，no. 11, vol. 1, pp. 90-91（惯于引用李维）。有关梅里乌斯和辛辛纳图斯，参见第二章，pp. 49-51。
[47] 要想了解声张这种革命性权利的自然法，见 Straumann, *Roman Law in the State of Nature*, ch. 9。

因此，特伦查德和戈登对晚期共和国危机的富有洞见的论述非常清楚地表明了这一点：他们没有依赖如"美德"这样的"套话"，他们的论述完全符合我们的宪制主义主题。这个论述也得益于从霍布斯那里借鉴来的伊壁鸠鲁派的政治心理学，这种政治心理学接近于西塞罗早期对自然状态的论述（如在他的《论开题》和为塞斯提乌斯和米洛的辩护中所展示出来的自然状态）。[48]戈登在一封关于对权力的宪制限制的信中写道："连"尼禄都以并不冒犯的方式活了好一阵，并且有德性地进行统治；但当他最后发现自己可以为所欲为时，便放纵了自己的嗜血欲望"。在没有宪法约束的情况下，塞涅卡所倡导的美德最终是无用的。鉴于人性如此，加图以非常霍布斯式的笔调写道："他们把自己置于法律的约束下并任命某些被称为官员的人去执行法律，这种做法正是出于人性的必然性而非出于他们的倾向；不然的话，法律将永远不会被执行。几乎没有任何一个人的德性如此之高，以至于愿意执行针对自己的法律；正相反，大多数人认为当法律干涉到自己和自己的财产时，它就是一个恼人的东西。"戈登接着用塔西佗对庞培在没有同僚的情况下担任执政官的描述指出，超宪权力颠覆了罗马共和国："既是自己的法律的制定者，也是它们的摧毁者（*suarum legum auctor & eversor*），[49]这是庞培的特点。当法律适合他的

---

[48] 见第四章。然而，正如我们已经见到的，西塞罗甚至在他的《论共和国》一书的论述中仍旧保留了这种观点的元素。对我们来说很有启发的是，贝拉明（Bellarmine）洞察到：西塞罗具有一个革命性的、反亚里士多德的自然状态的概念。贝拉明以类似柏克的方式攻击这种概念：*De Laicis*, ch. 5, pp. 22-23。

[49] 这是一个未注明的对 Tac. *Ann*. 3.28 的引用。戈登在 1728—1731 年间翻译了塔西佗和萨卢斯特并且为这些翻译附加了篇幅很大的"政治论说"（political discourses），这些文献在革命时期的美国被广泛阅读，见 Bailyn, *Origins*, p. 22。

处境时，他就制定法律，当法律阻碍了他的意志时，他就破坏法律。这也是所有拥有庞培式权力的人几乎都具有的特点：他们想要法律的原因是为了给自己安全，给他人震慑。"加图在其最霍布斯式的时刻说，这是因为"人对人的不信任；这使得一位伟大的哲学家把自然状态称为战争状态"。[50]"世界是由人统治的，而人是由他们的激情来统治的；这些激情是没有止境的、永不满足的，如果不加以控制，始终是很可怕的"；[51]因此，（宪制）政府是有必要的。政府被构想成是"一群人之间互相订约"，从而使"人放弃其部分自然自由（natural liberty）以获得政治社会中的安全（civil security）"。但是这个解药通常"被认为比疾病更糟糕，人类社会通常没有比自己的官员更大的敌人，无论在什么情况下，一旦这些官员被委托了过大的权力，都会滥用权力，而且变得对那些给了他们今天地位的人充满恶意"。[52]这就可以引出结论，只有在具有宪制约束的情况下，共和国才是自由的：

> 罗马，当她自由时（也就是说，当她把她的官员控制在适当界限内时），她可以抵御全世界、征服全世界，但当她被奴役时（也就是说，她的官员们已经打破了他们的界限），她就无法抵御自己的一个僭主。[53]

对恶的补救办法不是美德，而是法律制度，这样，就把恶变成

---

[50] *Cato's Letters*, no. 33, vol. 1, p. 236.
[51] 同上书，p. 238。
[52] 同上书，p. 236。
[53] 同上书，pp. 236-237。

不安全的东西:"我们唯一能让人变得诚实的保障就在于让诚实成为对他们自己有利的。"这种语言与"古典共和主义"相去甚远,而与我们在第四章中所研究的波利比乌斯和西塞罗的宪制补救措施是一致的。此外,正如我们已经看到的那样,加图关于自然状态的概念确实非常接近于西塞罗和约翰·洛克的概念。他与西塞罗及约翰·洛克都拥有前政治的财产权和(在政府未能保护这些前政治的权利的情况下具有的)反抗权的概念。最重要的是,加图与西塞罗及洛克共享这个想法:国家的**目的**就是要保护这些前政治的权利。

这种学说上的重合是巧合吗?加图是最早接触到洛克著作的乡村辉格派(country Whigs)或共和派(commonwealthmen),[54]他当然也非常熟悉他的西塞罗。我们知道,洛克对西塞罗的著作也非常熟悉,尤其是《论义务》,他拥有许多版本,并将其作为唯一一部《圣经》以外的伦理学著作推荐。[55]洛克早期的《自然法论文》(*Essays on the Law of Nature*,1663—64)表明他对《论义务》非常熟悉,后来未发表的作品也表明确是如此。[56]约翰·马歇尔(John Marshall)和菲利普·米特西斯(Phillip Mitsis)都坚称,西塞罗对约翰·洛克的思想产生了"强烈且明显的影响"。[57]米特西斯试图通过指出洛克对西塞罗在《论义务》中所阐明的伦理学说的着迷来证实这种影响;同时,他承认,洛克对最高善(summum bonum)问题中的快乐主义和主观主义(subjectivism)的看法与西塞罗的反快乐主

---

[54] Sullivan, *Machiavelli*, p. 15.
[55] Marshall, *John Locke*, p. 301.
[56] Mitsis, "Locke's Offices," p. 54.
[57] Marshall, *John Locke*, pp. 157-204, 292-326; Mitsis, "Locke's Offices," p. 51.

义的价值论之间存在着基本的矛盾。[58] 然而，与洛克的伦理学和关于善的看法的情况相反，西塞罗对洛克的政治理论有更明显、更清晰的直接影响：西塞罗和洛克都规定了前政治的财产权，并且都声称保护这些权利是政治社会的目的。米特西斯在一篇旨在反驳安东尼·朗（Anthony Long）观点（即，斯多亚派有一个坚实的私有财产权概念）的论文中说，将这么洛克式的观点归给西塞罗［正如尼尔·伍德（Neal Wood）所做的］，相当于歪曲了西塞罗的正义学说。当然了，米特西斯的主要目的是**否认**希腊斯多亚派曾经持有这样的观点。[59] 米特西斯的观点在早期斯多亚派那里是适用的，但并不适用于西塞罗。

在第四章中，我们已经看到，西塞罗关于自然状态的概念如何促成了他有关政治社会的目的的深思熟虑的学说。不管这种对西塞罗的解释是否正确，我们可以很合理地说，这正是洛克对《论义务》以及《论共和国》中的国家定义的解读。我们已经了解西塞罗对财产、自然正义、国家的目的以及国家的定义，那么我们应当对洛克有关"政治社会和政府的目的"的学说感到熟悉。洛克写道："故而，人们联合成国家

---

[58] Mitsis, "Locke's Offices, " p. 59. 从我这里的论证看来，西塞罗著作中似乎已经隐隐暗含了洛克自己对有关最高善的怀疑的自由主义式的回答，故而洛克可能已经在西塞罗那里找到了善的伦理学和权利的政治理论之间存在的张力。在某种程度上，西塞罗把一个涵盖广泛的善的观念简化为一个形式性的主张：正义就是最高善；而在西塞罗这里正义自身则被简化为保持现存的、前政治的财产关系。由此洛克似乎甚至在对最高善的怀疑上也受到西塞罗的影响。

[59] Mitsis, "Stoics on Property, " n. 10. 它并没有讨论 Cic. *Off.* 2.73。参见 Long, "Stoic Philosophers"; 同前, "Cicero's Politics"; Nussbaum, "Duties of Justice"; Annas, "Cicero on Stoic Moral Philosophy"; Wood, *Cicero's Social and Political Thought*, pp. 113-115。

并且把他们自己置于政府之下最大的和**主要的目的就是保存自己的财产**。"[60] 西塞罗认为:"共和国和城邦被建立起来,以使人们可以保有他们的财产。"那"守护他们财产的愿望"(spe custodiae rerum suarum)让人们寻求"城邦中的保护"。[61] 对于洛克而言,国家是一个"理性造物为了他们共同的善而进入一个共同体所造成的联结(society)",而自然状态不能保障他们保存财产的原因在于,它不具备一套"已经建立的法律,且通过共同同意而被接受和准许"。[62] 对于西塞罗而言,在西庇阿的著名定义中,共和国是人民通过对法的同意(iuris consensu)和共同利益(utilitatis communione)而互相联合(sociatus)成的一个共同体。[63] 对于西塞罗和洛克来说,对法的同意提供了一个高于纯粹制定法的宪制框架,以便保障国家的目的。

洛克在其关于"共和国权力的从属关系"(Subordination of the Powers of the Commonwealth)一章中,以博丹的方式区分了(人民)主权与行政权,指出行政权作为共同体的代表"除了法律的意志外别无意志,除了法律的权力外别无权力"。这种宪制权力与主权者之间的信托关系是博丹的遗产。[64] 洛克把行政权比作国家的纯粹"影像"(image)或"幻影"(phantom),我们若在这个比喻中听到了西塞罗的回响,也不是什么稀奇的事。西塞罗对洛克的影响还表现在,洛克坚持,

---

[60] Locke, *Second Treatise*, ch. 9, §124.
[61] Cic. *Off.* 2.73.
[62] *Second Treatise*, ch. 14, §163; ch. 9, §124.
[63] Cic. *Rep.* 1.39.
[64] 虽然洛克并没有提到博丹,也没有他的任何著作,但是却熟悉它们,见 Laslett, *Two Treatises*, p. 146 关于洛克的说明。

即使行政权在行使那个著名的专权的时候,也仍旧受到"人民的安全是最高法"这一宪制原则的束缚。[65]虽然洛克几乎没有提到罗马共和国,[66]但洛克对于他和西塞罗共同认定的共和国本质目标的宪制解决方案和我们第四章所讨论的波利比乌斯-西塞罗的解决方案十分相近:鉴于人的弱点和"攫取权力"及"违背社会和政府的目的"而行事的诱惑,各种权力必须受到法律的限制并且被分离,也就是说,它们本身必须受制于一个宪制框架。[67]作为对博丹和他"主人式的"主权和"合法的"主权之区分的致敬,洛克澄清,"即使是**绝对的权力**,在必要的情况下,也不能因为其绝对性而成为**专断的**(arbitrary)权力;它仍然被那个理性所限制,并被限制在那些目的上",洛克指的目的就是"人拥有并保护**他们的财产**"。夺取财产将是专断的。然而,即使是军事戒严中的绝对权力,也不能征用臣民的财产,而是受到宪法的约束。[68]博丹所谓的主人式的政府("不具备固定的常设法")将违反洛克关于政治社会的目的的观点;它相当于一种"绝对的专断权力",人不会为了这种政府"放弃原有的自然状态的自由"。[69]"临时性制定法"(Extemporary Decrees)同样也是一种破坏。[70]洛克的"固定

---

[65] *Second Treatise*, ch. 13, §158; ch. 14. 注意 §162 博丹式的政府历史,所有政府都被认为是起源于不受到法律约束的纯粹的专权;洛克对于如何确定专权合法性的问题的解答总体上是杰弗逊式的,见 Kleinerman, *Discretionary President*, pp. 148-164。

[66] 然而,洛克确实提到十人委员会是僭政(ch. 18, §201),并且用了罗马国家的建立作为历史证据来展现原初的社会契约的可能性(ch. 8, §102)。

[67] *Second Treatise*, chs. 12-13.

[68] 同上书,ch. 11, §139。

[69] 同上书,§137。

[70] 同上书,ch. 9, §131。注意,在这里洛克提出了三种权力的分立。

的常设法"等同于西塞罗的"法"(ius):一种高阶的、刚性的宪法规范,用以保障前政治的权利。[71]

当我们来到孟德斯鸠这个 18 世纪最有影响力的政治理论家时,我们会发现他对共和国晚期的宪制危机的研究与博丹类似:否认了美德的重要性并肯定宪制原则。[72]尽管孟德斯鸠确实有一种原创性的、反霍布斯式的自然状态的概念(在某些方面预示了卢梭的自然状态),但他并没有用西塞罗或洛克的前政治的权利概念。[73]然而,孟德斯鸠确实有一个根本的规范性目的,即不受专制的自由以及个人权利,这为他提供了(宪制)政府的目的。孟德斯鸠在其著作《罗马盛衰原因论》中,像博丹那样使用了"主人式的"政府与"合法的"政府之间的区别,并观察到,"在法治的罗马,人民允许元老院主导公共事务",而"在滥权(governed by abuses)的迦太基,人民想自己做一切事情"。[74]尽管孟德斯鸠在他后来的著作中认为,罗马作为一个古代共和国是靠美德来维持的,[75]但他同

---

[71] 这些权利在概念上都等同于人权,它们可被称为"在国家之上和国家之外的"(与 Moyn, *Last Utopia*, p. 13 不同)。说它们"作为国家的基础"的意思是:要想主权合法,那么必须要尊重前政治的(人的)权利。这种权利是否可以被超国家的机构所执行是另外一个问题,但是直到今天,这个问题在人权法中都是悬而未决的。
[72] 关于孟德斯鸠,见 Richter, *Political Theory*; Shklar, *Montesquieu*; Shklar, "Montesquieu"; Sonenscher, *Before the Deluge*, pp. 95-178。
[73] *Spirit*, bk. 1, ch. 2.然而,他的自然法的概念展现出某种和西塞罗的亲缘性,亚当·弗格森认为他是一个斯多亚主义者:McDaniel, *Adam Ferguson*, p. 12。
[74] *Considerations*, p. 45.
[75] 他这里说的是"对祖国的爱"和"对平等的爱":*Spirit*, p. xli(这算得上是对 1757 年版本的修正,大意是说:当说"美德"的时候,他永远只是在说"政治美德"——君主制在某种程度上不那么容易产生私人美德这个想法被证明是非常容易引发争议的)。

320 时又不遗余力地对共和秩序进行了着重于制度性的阐述，这与他在第十一卷第六章中关于英国宪制的著名论述已经非常相似。[76]因此，只在有限的程度上，孟德斯鸠的"目标是去除罗马的魅力";[77]他的部分目的是为了给予共和国的没落一个宪制解释，并显示出该共和国与英国宪制之间的一些相似之处。事实上，正如保罗·拉赫所表明的那样，孟德斯鸠的目的是要把英格兰描绘成"古典罗马的唯一现代模拟"。[78]对孟德斯鸠来说，"腐败"与其说是美德的对立面，不如说是一个可以通过"制度的力量来防止"的东西。[79]孟德斯鸠写道："罗马的政府是令人钦佩的"，因为"从它的诞生开始，滥用权力的行为总是可以通过宪制而得到纠正"，也就是说，通过人民、元老院和官员之间节制适度的权力分配所提供的约束和制衡来

---

[76] 因此，我的解释和保罗·拉赫的看法不一样，他认为，在《罗马盛衰原因论》中，孟德斯鸠对罗马的刻画完全是依赖于马基雅维利的《李维史论》："孟德斯鸠的罗马是一个为了征服而设计出来的机器——除此之外，别无其他。"（Rahe, "Montesquieu's *Considerations*," p. 73；亦参见同前，"Montesquieu's anti-Machiavellian Machiavellianism"）正如拉赫自己承认的那样（见下文），罗马同样是一个为了自由的宪制政府而设计出来的机器，除了有关商业的角色之外，与英国相去不远。故而，我在以下这点上同意拉赫：孟德斯鸠确实看不起古代的、"希腊"的美德，故而我们不同于埃里克·纳尔逊的看法（他希望让孟德斯鸠立场鲜明地崇尚美德共和国）。Nelson, *Greek Tradition*, pp. 127-194. 见 Rahe, "Review Nelson"。亦参见 Sonenscher, *Before the Deluge*, pp. 95-178；和《罗马盛衰原因论》比起来，孟德斯鸠在《论法的精神》一书中更支持君主制。

[77] Rahe, "Montesquieu's *Considerations*," p. 77. 有人或许会说（比如薇琪·沙利文），孟德斯鸠的目标是去除**马基雅维利式**共和主义的诱惑，把它描绘成一种专制：Sullivan, "Against the Despotism"。

[78] Rahe, "Montesquieu's *Considerations*," p. 82. 拉赫令人信服地通过《罗马盛衰原因论》的初版（在孟德斯鸠被要求修改之前的版本）给人留下的第一印象来说明这一点。

[79] *Considerations*, p. 98.

纠正。[80]"自由政府"只有在"能够被自己的法律纠正"的情况下才能持存。[81]一旦"人民给予他们偏爱之人大得吓人的海外权威",那么"共和国就不复存在了"。[82]故而,孟德斯鸠并不是一个严格意义上的"混合"政体的继承人,而是继承了一个"品性节制的(well-tempered)"宪制,该宪制平衡互相独立的机构(我们在第四章所述的波利比乌斯和西塞罗的宪制)——的确,我们现在应该能够看到,他那著名的权力分立的学说多么依赖于罗马宪制传统,就像在他之前的洛克一样。[83]

孟德斯鸠恰当地描述了"波利比乌斯-西塞罗宪制综合"(Polybian-Ciceronian constitutional synthesis),据他观察,"一个真正的政治体"是"一个和谐的联合体,所有在其中的部分,无论它们看起来如何对立,都是指向社会的普遍善好而协同作用,就像音乐中不和谐音符的协同作用产生了整体和谐的音乐一样。在一个国家里"——这里孟德斯鸠想到的是还处于宪制时期的罗马共和国——"我们似乎只看得到骚动,但其实却有统一"。[84]然而,在苏拉那里,我们看到的是对宪制秩序的破坏,即使是苏拉自己"精心设计的法律"也无法补救这种破坏,因为"在成功的狂热中,他做了一些使罗马不可能再维

---

[80] *Considerations*, p. 87.
[81] 同上书, p. 88。
[82] 同上书, p. 92。
[83] 参见 Riklin, *Machtteilung*, pp. 269-298, 它令人信服地展现了孟德斯鸠所受到的宪制思想的古代传统的影响,以及在何种程度上说"分权"不是孟德斯鸠原创,但是又倾向于把这整个传统都置于"混合政体"概念之下,这种做法无疑忽视并且不公允地扁平化了波利比乌斯和西塞罗的创新进路的具体细节。
[84] *Considerations*, pp. 93-94. 注意音乐的比喻。参考第四章中波利比乌斯和西塞罗类似的音乐比喻,关于约翰·亚当斯的使用,见下文。

护其自由的事情"。[85] 苏拉、庞培和凯撒的超宪权力——人民赋予的委托——以及随之而来的清算和没收财产,导致了共和国的终结:

> 罗马的法律明智地把公权力分给了大量的官职,这些官职互相支持、互相制衡、[86] 互相节制。由于它们的权力都是有限的,所以每个公民都有资格得到它们,而人民……并不依赖于其中任何特定的一个。但在这个时代,共和国的制度发生了变化。最有权势的人通过人民赋予自己超常委任(extraodinary commissions)——这就破坏了人民和官员的权威,把所有的大事都交到一个人或几个人的手中。[87]

这种对共和国没落的分析完全是博丹式的(要特别注意"超常委任"),它意在支持宪制主义的解决方案。在没有这样的解决方案的情况下,就有专横的奥古斯都式的王制的危险:"没有比继承共和国的君主的权威更绝对的权威了,因为他发现自己

---

[85] *Considerations*, p. 101. 亦见孟德斯鸠不知名的作品《苏拉和游克拉底的对话》[*Dialogue de Sylla et d'Eucrate* (*Œuvres complètes*, 1876, p. 342)],在这里,苏拉的朋友尤克拉底(Eukrates)对独裁官说:"你担任独裁官,这是给了一个例子——你所惩罚的罪恶的例子。人们会跟随你的例子,而这不是一个人们只会仰慕的节制的例子。当诸神受够了你不受惩罚地在罗马自立为独裁官,他们会永远取缔那里的自由。"亚当·斯密对内乱时期两种领袖的区分的背后似乎就是苏拉的例子:*Theory of Moral Sentiments* 6.2.2, pp. 231-234。

[86] 当孟德斯鸠写"官员们……互相制衡"(magistratures, qui…s'arrêtaient)的时候,"制衡"(checks)的想法或许是从博林布鲁克那里借来的。

[87] *Considerations*, p. 103. 注意,庞培"想要当独裁官,但是却要通过人民的选票来达成目的"。

掌握了一个没有能力对自己施加限制的人民的所有权力。"[88]《论法的精神》中有进一步接续的说法。孟德斯鸠著名的"论英格兰的宪制"(On the constitution of England)一章中囊括了许多对罗马共和国的观察,可以说,孟德斯鸠在这里对罗马的描述与他早期的《罗马盛衰原因论》中的描述吻合。[89]传统上,学者们会区分孟德斯鸠思想中那个由美德统治的古代共和国和由宪制体制统治的现代商业共和国,但是这种区分有可能掩盖这一事实:孟德斯鸠的宪制观点在一定程度上是从罗马共和先例中衍生出来的,虽然不是从罗马德性中衍生出来的。共和国没落的原因是宪制性的(正如博丹已经说过的),而孟德斯鸠用它来说明英国宪制的特点:

> 罗马政府变化的原因是:具有一部分行政权的元老院以及具有另一部分的官员并没有人民所具有的否决权。[90]

这导致了《罗马盛衰原因论》所述的人民权力的滥用;但否决权本身以及由此对其他权力的制衡是非常有用的,这在英国宪法中也可以找到。孟德斯鸠以罗马保民官为例来说明否决权,罗马保民官的否决权"是有缺陷的,因为它不仅制约着立法,甚至还制约着行政;这就造成了巨大的弊病"。[91]当然,总体上,孟德斯鸠认为,人民的权力不应超过选择代表;他认为,

---

[88] *Considerations*, p. 138.
[89] 这一点以及第三部分所讨论的所有证据都证明 David Wootton, "True Origins" 的观点[其本身也是受到文图里(Venturi)的影响]是非常不合理的,它认为:共和传统中所有对古典的引用只是装饰而已。
[90] *Spirit*, bk. 11, ch. 6, p. 164.
[91] 同上书,p. 162。

人民甚至不应直接立法，更不用说"做出行动的决议"，后者应留给官员，前者留给代议机构。孟德斯鸠认为，在罗马共和国，人民在"自由的狂热中"获得了"过分的权力"，这种权力"本可夷平元老院的权威，但罗马有令人钦佩的制度"。这些制度包括一种"规制"（regulate）人民立法权的手段，以及一种"限制"（limit）人民立法权的手段。孟德斯鸠想到的是监察官（censors），他认为，监察官"创造了作为整体的人民（body of the people）"，从而"甚至对有立法权的机构行使立法权"。这种宪制手段与元老院的权力相结合，"通过设立一个独裁官（主权者和最向着人民的法律，即上诉法，都要向他低头）来使得共和国脱离人民之手"。[92]所有我们熟悉的制衡人民大会权力的主题都在这里，它们通过主权的语言表达出来。我们也看到一个制衡人民大会权力的宪制机制，即独裁官制。[93]孟德斯鸠以博丹的视角看待共和国的危机，并把它的解体描述为人民违宪越权的意外结果：

> 在罗马，由于人民拥有大部分的立法权、部分行政权和部分司法权，他们的权力如此巨大以至于必须要由另一个权力来制衡。元老院当然拥有部分行政权、部分立法权，但这还不足以制衡人民……当格拉古兄弟剥夺了元老院议员的司法权之后，元老院就再不能与人民抗衡了。因此，他们为了公民的自由（liberty of the citizen）走向宪制自由（liberty of the constitution）的反面，但是前者随

---

[92] *Spirit*, bk. 11, ch. 16, pp. 176-177.
[93] 很明显，这里考虑的并不是这个论点的历史真实性；见第二章和第三章的讨论。基本问题已经在罗马史料中显现雏形。

着后者的丧失而丧失。[94]

公民的自由依赖宪制的自由。孟德斯鸠论英国宪制的这一章充满了罗马共和国的例子,而且这一章与他的《罗马盛衰原因论》之间的相似性都表明:在对孟德斯鸠的传统解读中,古代共和国和现代宪制主义之间的对比可能被过度夸大了。恰恰相反,孟德斯鸠认为,需要被搁置的是古代的帝国美德和军事荣耀,而罗马"令人钦佩的制度"及其宪制主义雏形则非常值得讨论,并且它流露出重要的"现代"特征。[95]孟德斯鸠自己甚至淡化了现代商业与罗马人(据说他们"很少考虑"商业)之间的强烈对比,他说"罗马人在印度各邦(Indies)从事了相当多的商业","甚至比埃及国王的商业还要可观",从而为他的论述引入了一种张力。在"罗马帝国被入侵之后,……整体灾难的后果之一是对商业的破坏"。[96]即使是罗马也有一些商业的特质,其晚期共和制中的宪制主义雏形也值得现代人关注。另一方面,孟德斯鸠认为,就像对于特伦查德和戈登来说一样,美德显得就像是一种"套话",看看他对"共和国中的美德"完全贬义的描述:美德就是一种对总体秩序(general order)的激情,我们"越能较少地满足自己的特定激情,就越会沉浸于对总体秩序的激情。僧侣为什么如此热爱他们的僧团?那使他们去爱的东西和使他们无法忍受僧团的东西是同一

---

[94] *Spirit*, bk. 11, ch. 18, p. 182. 参见 ch. 17, p. 178,提到了波利比乌斯对国家角色的描述。
[95] 罗马同样为孟德斯鸠对常备军的细致讨论(bk. 11, ch. 6, p. 165)提供了一个焦点,它同样可展现出"英格兰和罗马共和国的相似之处":McDaniel, *Adam Ferguson*, p. 36。
[96] *Spirit*, bk. 21, ch. 14, p. 382; ch. 16, pp. 383-384; ch. 17, p. 386.

种东西。他们的规则使他们失去了普通激情所依赖的所有基础;因此,剩下的恰恰是对那让他们受苦的规则的激情。它越是严厉(也就是说,越是抑制了他们的性情),就越是给那些残存的激情以更大的力量"。[97]

孟德斯鸠对美德共和国、宪制、罗马和英格兰的讨论对后来的政治思想(尤其是法国、苏格兰和美国的政治思想)是塑造性的。在法国,孟德斯鸠对古代共和国和现代商业君主国的区分确立了"'美德'与共和主义之间的脐带关系",[98]这对革命政治产生了至关重要的影响。[99]对这一关系,孟德斯鸠当然可以仰仗我们在第七章中所述的那一脉丰富的思想——尤其是奥古斯丁关于罗马扩张性的、帝国性的荣誉和异教美德的有影响力的提法。但正如我们所看到的,孟德斯鸠思想也包含了一脉重要的对罗马宪制主义的思考。这一宪制主义路线可以在狄德罗的《百科全书》中若库(Jaucourt)所撰写的"罗马共和国"的词条中发现——这个词条原封不动地从孟德斯鸠的《罗马盛衰原因论》中摘录文段,对罗马的制度给予赞美,这一制度即使是在奢侈面前也很坚固。[100]

---

〔97〕 *Spirit*, bk. 21, bk. 5, ch. 2, pp. 42-43.

〔98〕 Wright, "Montesquieuean Moments, " p. 155.

〔99〕 Linton, *Politics of Virtue*; Sonenscher, *Before the Deluge*, p. 150. 见 Rawson, *Spartan Tradition*, pp. 242-245; 爱尔维修(Helvétius)是一个重要的对荣誉和斯巴达公共美德的倡导者。

〔100〕 *Encyclopédie* 14, p. 157:"然而,罗马制度的力量在我们所说的这段时间中仍旧很强,在财富、软弱、欲念的包围下,它保存了英雄的勇气以及它在战争中的应用,我认为这从未发生在世界上任何一个民族那里。"这个文章里还有下面这个段落,它并不看重个人的恶,而是强调结构性因素的效果:"最终,共和国被打压下去了。我们不能把这归罪于少数个人的雄心,我们应该谴责的是人类:人类永远是越拥有权力就越渴望权力。人类渴望一切,只是因为人类拥有太多。如果凯撒和庞培像加图一样思考,也有其他人会像凯撒和庞培那样思考,而这注定灭亡的共和国会被另一只手拖入悬崖。"

让-雅克·卢梭（公元1712年—1778年）在《社会契约论》（1762）中对罗马共和国进行了著名的阐述。[101]一方面，罗马共和国是一个大型共和国的典范——它不通过代表制立法，尽管选民人数众多，但主权者仍集会，并宣布自己的意志。[102]因此，在大会中的罗马人民"无论在权利上还是在事实上，都是真正的主权者"。[103]卢梭做出了贡斯当后来做出的古代自由和现代自由的区分，但他偏向于前者，反对主权有任何被代表的可能性，[104]并声称一旦"人民作为一个主权体（Sovereign body）合法地集会，政府的所有管辖权就停止了，行政权也就中止了"。[105]卢梭的观点似乎与博丹的观点相似，他说罗马人民最终"篡夺了"（usurp）"政府最重要的职能"。[106]然而，卢梭甚至比博丹的观点更进一步：尽管"篡夺"具有规范性的意味，但是卢梭认为不存在一个制高点来宣判这种篡夺是错误的，或者说是违宪的。卢梭认为，早期和中期共和国所施行的那种有严格任期限制的独裁官制是一项非常有效的紧急制度，可以用来保障共和国的秩序；他显然相信，独裁官权并不受制于上诉权，并且认为西塞罗和元老院没有在喀提林案件中使用这个权力是错误的。[107]归根到底，没有什么可以阻挡主权者摆脱任何宪制的紧急措施或是更改政治体的根本大法——主权者是完全不受

---

〔101〕 要了解斯巴达的重要性，见 Rawson, *Spartan Tradition*, pp. 231-241。
〔102〕 *Social Contract* 3.12.
〔103〕 同上书，4.4, trans. Gourevitch。
〔104〕 同上书，3.15。
〔105〕 同上书，3.14。
〔106〕 同上书，4.4。
〔107〕 同上书，4.6。

约束的。[108]显然，卢梭并不信赖制度设计。他在批评孟德斯鸠时写到，不仅仅是小的民主共和国需要美德，政治体普遍都需要；正是主权者的美德而非任何制度性的东西能保证政治秩序［然而，我们完全不清楚他的"公意"（general will）如何会是不公正的，或者说只是腐败的］。[109]的确，在关于"立法者"的一章中，卢梭似乎说到了国家的制度性"机器"，但同时又说到，建立这个机器需要诸神，而立法者不应该是主权者。卢梭在十人委员会是否是主权者的问题上摇摆不定，但在一番含糊其词之后，他似乎又否定了这一点。立法者需要站在政体和他自己的制定法之外，但同时又被期望"改变人性"并且改造人类（令人困惑的是，人类也被认为是那个应对拟立之法给予批准的一方）。[110]至少这一点很清楚：在作为主权者行动的人民之上没有宪法架构的空间。

---

[108] *Social Contract* 3.18："在这里我预设了我认为自己已经证明的东西：在国家之中不存在什么不可以被推翻的根本性法律，甚至社会契约本身也可被推翻；因为如果所有的公民都聚集起来通过共同的同意来打破这个契约，那么毫无疑问它就能被合法地打破。"

[109] 同上书，3.4：这就是为什么一位著名的作家要把美德作为共和国的原则，因为没有美德，所有这些条件都不可能存在；但是，由于没有做出一些必要的区分，这位杰出的天才常常缺乏准确性，有时缺乏清晰性，他没有看到，既然主权权威在任何地方都是一样的，那么同样的原则就必须适用于任何被妥当建立的国家。"

[110] 同上书，2.7："罗马，在它最美丽的年代，目睹了僭主所有的罪行在它的怀抱中重生，目睹了它自己濒临灭亡，这是因为它把所有的立法权威和主权权力都集中在同一些人头上。然而，十人委员会本身从未依靠他们自己的权威主张订立法律的权利。他们对人民说：'如果没有你们的允许，我们向你们提议的任何法律都不会得到通过。罗马人，你们自己才是那些让你们幸福的法律的作者。'起草法律的人没有或者必须没有立法权利，而人民即便自己愿意也不能废除自身不可让渡的权利，因为根据根本契约，只有公意才能束缚个人，而若不经过人民的自由公投，我们永远不能确定某一个特殊意志与公意一致。"

另一个有趣（虽然或许有些含混）的例子是邦诺·德·马布里（Bonnot de Mably，公元 1709 年—1785 年）。邦雅曼·贡斯当广为人知地把这位马布里神父与卢梭一起算作为雅各宾主义（极力推崇"古代自由"）铺路的罪魁祸首。这位马布里神父在"古今之争"（querelle des Anciens et des Modernes）的论战中力挺王制和现代派，但他后来在《对希腊人的考察》（Observations sur les Grecs, 1749）和《对罗马人的考察》（Observations sur les Romains, 1751）两部书中修正了自己的观点，转而为古代共和主义辩护，尤其是斯巴达的来库古的宪制，他也指出，财富和奢侈腐化了罗马共和国并因此导致其衰落。约翰逊·肯特·赖特（Johnson Kent Wright）表明，马布里偏离了马基雅维利的《李维史论》，一方面他仰仗波利比乌斯的分权与制衡，另一方面他又赞同与罗马帝国主义有明显张力的严格的和平主义（pacifism）。[111] 赖特正确地指出，分权学说和混合政府学说之间的"确切关系"是"政治思想史学最令人困惑的问题之一。"[112] 他把马布里关于制衡和分权的论述归于 17 世纪英格兰的思想，但我认为我们有理由把马布里的这一思想归功于波利比乌斯和西塞罗。虽然马布里对商业的怀疑、对斯巴达的推崇和对美德堕落的关注确实符合贡斯当的漫画式描述（caricature），但有迹象表明，马布里所谓的"乌托邦共产主义"不应该被字面地理解，而且在马布里最有影响的著作中，

---

〔111〕 Wright, *Classical Republican*, pp. 39-64，尤其是 pp. 43-50。有关马布里对斯巴达的赞赏，见 Rawson, *Spartan Tradition*, pp. 245-267。
〔112〕 Wright, *Classical Republican*, p. 43；有关古典范例对 17 世纪英国辩论的影响，见 Nippel, *Mischverfassungstheorie*。亦见 von Fritz, *Mixed Constitution*；Gwyn, *Separation of Powers*；Riklin, *Machtteilung*。

特别是那部被认为是马布里的"法国大革命的剧本"的《公民的权利与义务》(*Des droits et des devoirs du citoyen*)中，也有西塞罗自然法宪制主义的重要成分，甚至偶尔也有崇英的情结（Anglophile sentiment）。[113]在这部写于18世纪50年代末甚至更晚，但直到1789年才出版的著作中，我们会发现一个完全西塞罗式的论述：私有财产被看成自然状态中的一种前政治的自然权利。[114]虽然这和马布里所宣称的斯巴达平等主义之间存在张力，但正如赖特令人信服的解释所言，马布里似乎最终拒绝了奇美拉（chimera）般的反私产平等主义，而回归现代派。他受到卢梭的启发，表达了这样一种感受：随着希腊罗马古代世界的终结以及随后的腐败，"一系列的政治与社会的可能性就永远失去了"，故而他形成了一种完全"传统的自然权利的图景"。[115]我们或许可以通过以下方法来解释"马布里思想中这个深刻的困局"[116]：指向马布里这一图景的古代先驱——西塞罗的作品，尤其是《论法律》。[117]

如何实现一个可以保障前政治财产权（这是"秩序、和平与公共安全的基础"[118]）的秩序？在《就政治社会的自然与

---

[113] Baker, "Script." 有关尚英情结，见 Acomb, *Anglophobia*, pp. 37-38（他认为马布里可被算作是仇英的，若不是我们这里所讲的理由，他这个看法也是可被辩护的）。

[114] Mably, *Des droits*, p. 108. 正如赖特所指出的，马布里同样使用了将一个人的劳动混入对象来获取财产的洛克式想法：*Classical Republican*, p. 101。

[115] Wright, *Classical Republican*, pp. 103-104.

[116] 同上书，p. 104。

[117] 关于 Cic. *Leg.* 对马布里的影响，见 Dyck, *Commentary*, pp. 36-37。

[118] Wright, *Classical Republican*, p. 104. 这个观点被"格劳修斯、霍布斯以及洛克所欣赏"——赖特指出。我们也许还可以在这份名单上加上休谟和斯密。

本质秩序向经济哲学家提问》(*Doutes proposés aux philosophes économistes sur l'ordre naturel et essentiel des sociétés politiques*, 1768)一书中,马布里提出了要把一种**宪制**安排作为解决办法,这是一种我们可以称之为传统的、品性节制的宪制秩序。马布里以罗马人为范本,并额外也将"许多现代民族"作为范本:他们"会告诉你,权力必须相互制衡,只有通过这种制衡,命运不平等的公民们才能接近自然平等,并享受他们之所以进入社会所追求的目标:安全"。[119]贡斯当对此应该没有什么反对意见;当然,这种宪制秩序也与严格的商业管制和农业法的规定相兼容,但令人注目的是,马布里依靠宪制安排来实现这一点。马布里思想的另一个引人注目的方面在于他接受了西塞罗的前政治自然财产权,不管他最初的目的是什么,这种看法似乎不可阻挡地迫使他承认:纯粹的安全(包括财产占有的安全)是政治社会的目的。在关于美国宪法的国际辩论中,马布里也占有一席之地:1784 年,他的《关于美国法律和政府的观察》(*Observations sur le gouvernement et les lois des Etats-Unis d'Amérique*)在荷兰出版后,立即引起了争议。马布里令人钦佩地指出,新近独立的美国各州的宪法所真正根据的原则是洛克提出的有关人类自然自由的原则。同样,贡斯当也不会忧虑这点。但是,马布里一方面景仰美国诸宪法以及它们的洛克血统〔这几乎是哈茨式的(Hartzian)观点〕,而另一方面,他又一直忧心商业带来的可能的腐败,并且青睐宾夕法尼亚州和乔治亚州的一院制的平等主义立法机关和后者的农业经济,

---

[119] Mably, *Collection complète*, vol. 11, pp. 223-224. Trans. Wright, *Classical Republican*, p. 105,我做的强调。

这两方面之间有基本的张力。[120] 对于一个已经有一定程度腐败的州来说，马萨诸塞州品性节制的、具有英格兰式制衡特色的宪制似乎是一个必要的次好方案。[121]

当贡斯当将雅各宾恐怖专政（Terror）归咎于卢梭和马布里时，我们在这里甚至无法判断他在多大程度上是正确的。我上述评论表明，至少就马布里而言，贡斯当的解释相当具有倾向性。无论人们同意弗朗索瓦·弗雷特（François Furet）等"修正主义"历史学家的观点（即卢梭的公意学说确实影响了雅各宾派及其政权），[122] 还是同意丹·爱德斯坦（Dan Edelstein）最近提出的具有挑战性的观点（即，一种受惠于自然法的"自然共和主义"才是雅各宾派的关键性的辩护），[123] 这两种立场都有重叠之处，因为它们都声称，公共安全委员会——人民安全委员会（committee of salus populi）——专断的行政意志所奉行的是一种蔑视形式制度和宪法保障的美德理论。[124] 事实上，1793 年的宪法的命运以及雅各宾恐怖专政例

[120] 要注意的是，甚至在宾夕法尼亚州，当激进辉格党人试图限制财产所有权的时候，"那个已经准备要尝试一院制立法的革命立法机关，最终在美国这片广袤的试验田上拒绝了这种 17 世纪的英国古典'共和'（哈林顿意义上的）思想。那些在 1776 年的宾夕法尼亚州试图寻找公民的人文主义节俭和对财富带来的腐败的恐惧的人，可以休矣"（Adams, *First American Constitutions*, p. 311）。

[121] 我遵从 Wright, *Classical Republican*, pp. 178-187 的看法。

[122] 想要了解修正派的解释，见 Van Kley, *French Idea*, pp. 8-9。想要了解一个完全贬低思想观念的作用的解释，参考 Martin, *Violence et Révolution*。

[123] Edelstein, *Terror*.

[124] Claude Mossé, *L'Antiquité*, pp. 154-156 的研究对此有更多的支持证据，它发现，主要是斯巴达的"美德与简朴理想"和罗马的共和英雄主义（提供了一套"行为模式而不是……真正意义上的政治参考"）给法国革命派留下深刻印象，而不是制度模式。参见 Parker, *Cult of Antiquity*（罗马在这里是一个重要的参考，但是很显然，前者的谨慎提醒也适用于这里）；亦见 Rawson, *Spartan Tradition*, p. 271。亦参见 Nippel, *Antike*, pp. 166f.。

证了一种盛行的理论,即认为主权者(无论是人民还是"公意")是不受约束的,并且从根本上说,宪法规则是可以改变的,因此这违反了宪制主义最基本的要素——刚性。正如爱德斯坦本人所承认的那样,山岳派在国民议会所建立的自然法学说与 17 世纪和 18 世纪的经典自然法理论"有着本质不同"。[125] 这种让步肯定会在一定程度上减弱他最惊人的主张。因为在恐怖统治时期鼎盛的"自然崇拜"(cult of nature)是一种以自然美德为基础的反法律信条,反对制度和刚性规则。因此,罗伯斯庇尔和圣茹斯特(Saint-Just)的思想与美国革命家和立宪者的思想之间最明显的区别无疑正是这种反宪制主义。[126] 我们还需要注意的一个面向是:即便在恐怖统治时期之前,《人权宣言》不但有卢梭的影响,还有杰弗逊的影响。无论罗伯斯庇尔本人对卢梭有什么看法,《人权宣言》的第六条将制定法(loi)置于任何宪法性的刚性规范之上(包括《人权宣言》本身)的做法无疑有着这位日内瓦思想家的痕迹,当然或许还有杰弗逊的。[127]

对于苏格兰的启蒙运动来说,孟德斯鸠为其构建的基础不仅仅在于一个勾勒出自由政府的发展和进步的历史进程(从而为苏格兰人的哲学性的历史和进步理论提供了一个范本),而且还在于他为商业甚至奢侈提供了一个新的地位。[128] 通过提

---

[125] Edelstein, *Terror*, p. 259.
[126] 上注文本对这个差别的解释不令人信服;要了解美国人对自然权利理论的兴趣,见 Zuckert, *Natural Rights*。
[127] 见 McLean, "Jefferson, Adams, and the *Déclaration*"。
[128] McDaniel, *Adam Ferguson* 提供了一个很好的有关孟德斯鸠对苏格兰作家(尤其是弗格森)的影响的梳理。有关苏格兰作家对奢侈的看法,见 Berry, *Luxury*。

供一个不同于传统的对罗马共和国衰亡的解释（传统的解释更加关注萨卢斯特式的奢侈和不断增强的农业上不平等的要素），孟德斯鸠做到了这点。[129] 孟德斯鸠认为，"奢侈本身并不是一种不幸"，相反，正如我们所看到的那样，有关宪制的因素以及帝国主义扩张和军事专制主义才是共和国灭亡的原因。[130] 这些观念最后对苏格兰作家们产生了很大影响。有关罗马共和国衰落中超宪权力所扮演的角色问题，苏格兰作家们与孟德斯鸠持有类似看法，[131] 并且还仰慕宪制制衡、对官员职位的约束以及民法和军事法之间的界限。[132] 事实上，即使博林布鲁克的乡村派思想对孟德斯鸠有很大影响，孟德斯鸠还是更接近于他的朋友大卫·休谟。休谟在写反对博林布鲁克的文章时，坚持认为制度是重要的而美德则相对不重要。休谟通过罗马共和国的历史（布匿战争）来发展其"政治可以被化约为科学"的论点：在那时，"明智的法规"发挥了"相当大的对人类的自然堕落的制约作用"，并指出"公共精神最伟大的时代并不总是私人美德最昌盛的年代。好的法律会在政府中产生秩序和节制，而礼仪和习俗无法在人的品性中注入多少人道或正义"。[133]

---

[129] 比 如 René Aubert, abbé de Vertot's *Histoire des révolutions de la république romaine* (1719); 见 McDaniel, *Adam Ferguson*, p. 19; Raskolnikoff, *Histoire Romaine*, pp. 29-38. 现可见 Hont, *Politics*, chs. 4 and 5 对卢梭和亚当·斯密对共和国衰落的解释的精细讨论。最近，有古典学家以完全萨卢斯特的方式来讨论罗马的衰落，见 Wiseman, "The Two-Headed State"。

[130] McDaniel, *Adam Ferguson*, pp. 15-25.

[131] 比 如在畅销 的 Adam Ferguson, *History of the Progress and Termination of the Roman Republic*（1783）中，尽管认为苏拉放弃独裁官是美德之举，但是他真正想说的是，"人是不会可靠地像苏拉一样出于爱国的原因而放弃独裁官权的。相反，紧急独裁官很快会变成永久的"：McDaniel, *Adam Ferguson*, p. 61。

[132] McDaniel, *Adam Ferguson*, pp. 173-174.

[133] Hume, "That Politics,"p. 11.

在美国，政治思想家们（尤其是约翰·亚当斯和《联邦党人文集》的作者们）广泛借鉴了本书中描述的宪制传统。[134] 事实上，《联邦党人文集》的作者选择的笔名"普布利乌斯"（Publius）指向了神话中的普布利乌斯·瓦勒瑞乌斯·普布利科拉的主要成就：引入上诉权。[135] 学术界在经典范例的影响的相对重要性问题上过久地聚焦于现代自由主义（或者说洛克式的自然权利）和古典共和主义（或希腊罗马美德）的相对重要性。[136] 我们有关罗马宪制主义传统的讨论或许会成为一个解读美国革命的政治辩论的有利视角。通过强调制度、制衡、法律规则、宪制的刚性和对美德的怀疑，我们或许能够超越自

---

[134] 对大革命背后的哲学思想的精彩讨论，见 Lovejoy, *Reflections*；White, *Philosophy*。
[135] Livy 2.8.2. 参见 Cic. *Rep.* 2.53-54：在王制时代，上诉权就已经存在了。
[136] 有关文献浩如烟海。一些比较好的起始阅读文献有：Hartz, *Liberal Tradition*；Bailyn, *Origins*；Wood, *Creation*；同前，*Radicalism*。想要了解18世纪晚期美国的古典学的作用，见 Bederman, *Foundations*；Chinard, "Polybius"；Gummere, "Classical Ancestry"；Kennedy, "Classical Influences"；Reinhold, *Classica Americana*［批评古梅雷（Gummere）太过关注古典引用的价值］；Wiltshire, *Greece, Rome*；Rahe, *Republics*；Roberts, *Athens on Trial*；Richard, *Founders*；Winterer, *Culture of Classicism*；Shalev, *Rome Reborn*；Hanses, "Antikebilder"。伍德把约翰·亚当斯描绘成一个思想视野越发离题的"古典共和主义者"，这种解释非常有影响，但是我们接下来要对它进行挑战。Pocock, *Machiavellian Moment* 尝试勾勒一个国父们的所谓古典共和主义的历史线索；Shalev, *Rome Reborn*（pp. 5, 15）有关古典学对美国革命派的历史意识的影响的论述是精彩且基本令人信服的，但是却太过执着于传统的所谓"共和综合"（republican synthesis）的观念（提倡"公共公民美德"并且批评商业和奢侈）。参见 Shalhope, "Republican Synthesis"；同前，"Republicanism"。汉斯（Hanses）虽然淡化了古典学对联邦党人和反联邦党人之间的争论的影响，但是却没有注意约翰·亚当斯（Hanses, "Antikebilder"）。进一步说来，我们这里所讨论的传统是：（1）第一章和第四章所阐发的独特的宪制主义传统；（2）经过后来思想家过滤过的传统，所以汉斯的论点和我们的主要关注点没有直接关系。

由主义与共和主义的狭隘二分法，来看待革命的政治思想。[137]
事实上，如果我对罗马宪制思想的论述是有价值的，那么它应该会使任何简单的"古今之争"都变得更加复杂。与狭隘地关注共和主义或由于商业而产生的美德败坏相比，高阶的刚性宪制规范和对公共美德的信念之间的区别，以及与此相对的，西塞罗对政治社会的目的之论述和亚里士多德的论述之间的区别，或许才是研究美国政治思想的有利指引。戈登·伍德指出（这个观点与他以美德为导向的论述之间存在着一定的张力）：正是"'合法'与'合宪'之间的区别"——正如我们的罗马思想资源中的 lex 和 ius 之间的区别——标志着"美国和英国宪制传统"之间的区别。美国国父们认为，"英国宪法的基本原则必须从立法机构和其他政府机构中剥离出来，并且置于它们之上"。[138] 然而，国父们的语言几乎没法证实他们自己做出了这么坚决的区分——像孟德斯鸠一样，他们以晚期罗马共和国的例子为透镜来看待英国宪制。伍德继续引用塞缪尔·亚当斯（Samuel Adams）的话，他在 1768 年的《马萨诸塞州的通告信》（Massachusetts Circular Letter）中写道："在所有自由国家，宪法是固定的；由于最高立法机关的权力和权威来自于宪法，它就不能在不破坏自己的基础的情况下越过宪法的界

---

[137] Mortimer Sellers, *American Republicanism* 提供了一个很好的对主流观点（美国建国标志着对古典的背离）具有矫正性的对立面。它展现了罗马政治理论是如何深刻而直接地影响国父们的，也触及了罗马宪制传统；然而，他的论点却只谈论了最泛意义上的"混合政府"，没有给予自然法和自然权利（尤其是西塞罗的）应有的关注，并且他基本把孟德斯鸠看作是反联邦党人（约翰·亚当斯的对立面）的思想来源。另一个不足之处是过度关注了 1787—1788 年的批准辩论。

[138] Wood, "Origins," p. 176.

限。"[139]亚当斯当然是在声称,正是在"英国宪法"下,某些财产权是"不可撤销的",最终构成了"既是自然的又是宪法的权利"。[140]塞缪尔·亚当斯有时也使用"瓦勒瑞乌斯·波普利科拉"(Valerius Poplicola)这个笔名,与后来的《联邦党人文集》的作者一样,他既不反感英国宪法,也不反感从罗马的例子中所汲取的宪制价值。亚当斯与他的堂弟约翰一起,在1780年马萨诸塞州宪法的起草工作中发挥作用。该宪法成为第一个在特别指定的会议上形成的宪法,从而与纯粹的制定法及政府机构适当地分开,并被置于它们之上。[141]

在许多关于美国建国及其政治思想的论述中,约翰·亚当斯都被当作一个"古典共和主义"的典范。[142]亚当斯被福雷斯特·麦克唐纳(Forrest McDonald)称为"清教徒共和党人"(一个崇尚朴素道德的人,具有作为"共和国唯一基础"的"公共美德")。[143]但是亚当斯在他1776年的小册子《关于政府的思考》(Thoughts on Government)中就已经写道:"社会的幸福就是政府的目的,正如所有神职人员和道德哲学家们所同意的那样,个体的幸福是人的目的。从这一原则中可以推出,能给最多的人带来最大程度的安逸、舒适、安全,或简言之,幸福的政府形式就是最佳的。"[144]安逸、舒适和安全

---

[139] Wood, "Origins",引用 Massachusetts Circular Letter of February 11, 1768 by Samuel Adams[为回应《汤森法案》(Townshend Acts)而作]。
[140] Massachusetts Circular Letter of February 11, 1768, by Samuel Adams.
[141] 见 Wood, "Origins," p. 178:马萨诸塞州在这方面具有先锋作用。
[142] 见最近的 Heun, "Die Antike"。
[143] McDonald, *Novus Ordo*, pp. 71-72. 想要了解马基雅维利对亚当斯的影响以及亚当斯对马基雅维利的批评,见 Thompson, "Adams's Machiavellian Moment"。关于亚当斯,见 McCullough, *Adams*;Diggins, *Adams*。
[144] "Thoughts," p. 287.

当然不是"古典共和主义"的政治社会目的,亚当斯试图实现这些目的的手段(一个有节制的权力均衡)也不属于"古典共和主义"。戈登·伍德指出,亚当斯的《思考》成为"指导新共和国缔造者们的最有影响力的著作",而1780年的马萨诸塞州宪法(在制定过程中,亚当斯发挥了重要作用)[145]则"被普遍认为是革命时代意义最重大的州宪法"。他写于英格兰的主要著作《为美利坚合众国政府的宪法辩护》(Defence of the Constitutions of Government of the United States of America)反驳了法国人对美国宪制主义的批评,[146]这本书是"这一时期诞生的对美国宪制主义的唯一全面的描述",是美国启蒙运动的"最好的成果"。[147]《辩护》的第一卷在1787年的费城会议上就可以见到了,其思想远非无关紧要,而是成为"美国新联邦共和国的核心原则"。[148]亚当斯与孟德斯鸠一道,成为批准辩论(ratification debate)中被引用最多的作家。[149]

亚当斯借鉴了苏格兰启蒙运动时期的作家,特别是休谟和斯密,[150]并且对古典著作非常精通。他的《辩护》开始于对西塞罗的《论共和国》残篇的引用,并且将西塞罗的思想与"希腊诸共和国"(Grecian commonwealths)并举,并力荐前者,

〔145〕 有关马萨诸塞州宪法的起草,见 Adams, *First American Constitutions*, pp. 83-90。
〔146〕 也就是反对杜尔哥。有关法国对美国宪制主义的批评以及亚当斯和法国政治哲学家之间的关系,见 Lacorne, *L' invention de la république*; Appleby, "John Adams"; Diggins, "John Adams and the French Critics"。
〔147〕 Wood, *Creation*, p. 568.
〔148〕 Sellers, *American Republicanism*, p. 35 令人信服地批评了 Gordon Wood, *Creation of the American Republic* 一书中所用的章节名"约翰·亚当斯的相关性与不相关性"(The Relevance and Irrelevance of John Adams),并认为这是个"糟糕的题目"。
〔149〕 同上书, p. 164。
〔150〕 要想了解苏格兰作家对亚当斯的影响,见 Lovejoy, *Reflections*。

因为"人性如今无法以节制和清醒的态度经历人事轮转……很久以前的希腊人也是如此"。[151] 亚当斯怀疑，西塞罗在《论共和国》中"比任何其他古代作家都更多地考察了王制共和国的构成"，并指出（非常符合我们在第四章中的解释），西塞罗在捍卫他的均衡立宪主义时，欢迎社会内部的"争论"，只要它们是宪制化的："由于最高音、男性能达到的高音和低音在自然中存在，它们在音乐会中被听到；如果它们被亨德尔（Handel）安排在富有技巧的作品中，它们就会奏出和声所能激发出的最精致的狂喜。"[152] 亚当斯接着逐字逐句地引用了西塞罗从音乐和谐到均衡宪制的比喻，以及西庇阿对共和国的定义，[153] 并驳斥了塔西佗对宪制秩序可能性的怀疑。[154] 亚当斯知道并引用了奥古斯丁对西塞罗《论共和国》第三卷的总结：对法的同意是宪制秩序的核心标准，而在宪制秩序之下，国王、少数人或人民都可被恰当地称为不正义的。[155] 亚当斯认为，"英格兰民族"实施了这种宪制秩序，并认为它是"最坚实、持久以及最自由的政府"，而且英国"已经通过它而获得了这样的繁荣：在一个启蒙时代，英国人之于其他文明国家，就如同罗马人在野蛮人之中一样"。[156] 亚当斯得出结论：美国

---

[151] Adams, *Defence*, vol. 1, p. vi.
[152] 同上书，pp. xvi-xvii。
[153] Cic. *Rep.* 2.69; 1.39.
[154] Adams, *Defence*, vol. 1, p. xvi. 参见 *Annales* 4.33 及上文第一章，pp. 28-30。
[155] 同上书，p. xviii，引用 August. *De civ. D.* 2.21（参见 Cic. *Rep.* 3.45）。亚当斯引用 August. *De civ. D.* 19.21，并认为它也来自 Cic. *Rep.* 的残篇。
[156] Adams, *Defence*, vol. 1, p. xix. 要了解对罗马共和国和英国宪制与这里类似的等同化，见 Noah Webster, *Examination*, 这是他 1787 年以 "一个美国公民" 的身份写下的，在其中，他提出要把宪制提案和 "迄今为止欧洲出现的最好的两个宪制——罗马的和英国的——进行比较"。对之的讨论，见 Millar, *Roman Republic*, pp. 123-128。

同样也非常明智地采取了这种宪制秩序。

亚当斯同意博丹对罗马共和国衰落的制度分析。开启纷争的"绝不是"某个"私人的野心",而是宪制的"权力制衡"被大众逐渐"掌权"的情况所打破,是这一事实而非美德的缺乏"摧毁了最智慧的共和国,奴役了世界舞台上出现过的最高贵的人民"。

> 毋庸置疑,罗马人的自由之所以彻底覆灭,完全是因为那些打破了贵族和平民之间的均衡的措施,而私人的野心只是其结果与后效罢了。[157]

《辩护》本质上代表了一种两院制的观点,它反对杜尔哥(Turgot)的一院制,这是对人民代表制的一项重要制衡。[158]亚当斯认为,人的激情是无限的,必须以西塞罗般的方式,由一个有节制的宪制均衡制度来控制。虽然亚当斯接受了一个几乎是霍布斯式的政治心理学,但却推荐了宪制的"权力制衡"作为解决方法。[159]不加控制的一院制将导致类似于十人委员会或内战(比如庞培和凯撒之间的内战)这样的后果;在这一结果出现之前,"法律不是永久且始终保护公民的生命、自由和财产的,反而是一会成为派系争斗的游戏,一会只是钟摆的摆动"。[160]在宪制危机面前,美德是无能为力的——在十人委员

---

[157] Adams, *Defence*, vol. 1, p. 101.
[158] 杜尔哥、孔多塞以及拉罗什富科(La Rochefoucauld)都受到宾夕法尼亚州宪法的影响,并且青睐一院制立法机关。
[159] Adams, *Defence*, vol. 1, p. 130. 亚当斯虽然声称"同意巴特勒(Butler)而不是霍布斯"或曼德维尔(Mandeville, 同前书, p. 129),但是他的心理学分析(如果称不上他的解决方法的话)却受到霍布斯和曼德维尔的影响。
[160] 同上书, p. 141. 要了解十人委员会,参考 vol. 3, pp. 266-270(反对尼德汉姆的一院制)。

会成员阿庇乌斯·克洛迪乌斯的"身上所找到的那种谦虚和正派只是抵御野心的脆弱壁垒"。[161]亚当斯认为,除了刚性的宪法之外,没有什么能提供壁垒。亚当斯切断了孟德斯鸠的美德与共和主义之间的"脐带关系",[162]并令人吃惊地指出,"事实上,从来没有一个人爱公家胜过爱自己、私人朋友以及邻居,等等。因此这种美德……与荣誉或恐惧一样,是自由的不稳定的基础;只有法律才是真正爱国家的"。[163]的确,"在罗马历史的每一页上似乎都同样充满了野心和贪婪",[164]但一个均衡的、有节制的宪制机制不需要害怕恶习或奢侈的腐败;[165]亚当斯怀疑"商业败坏风尚的学说的普遍适用性"。[166]

财产权在1780年的马萨诸塞州宪法中也占有重要地位,[167]它必须受到这种宪制堡垒的保护,而杜尔哥所提倡的不受控制的人民主权将不可避免地导致"人民……侵犯他人权利"。亚当斯以一种博丹式的方式写道:两次"三巨头统治"都是由人民创造的,"从来没有一个人民的造物比凯撒更为离经叛道了"。[168]超常权力从不受制衡的、越权的人民那里产生:"当一个普通公民向人民索要公职和统领权的时候,也就是说,当人民主张自己

---

[161] *Defence*, vol. 3, pp. 269-270.

[162] Wright, "Montesquieuean Moments, " p. 155.

[163] Adams, *Defence*, vol. 3, p. 491.

[164] 同上书, p. 489。

[165] 同上书, pp. 348-349。

[166] 同上书, vol. 1, p. 212。

[167] *Constitution of the Commonwealth of Massachusetts*, Article I.

[168] *Defence*, vol. 3, pp. 216-221. 亚当斯认为杜尔哥支持尼德汉姆的观点,鉴于我们在上文对尼德汉姆的看法,这可能有些偏颇。除了一院制的问题外,亚当斯同意尼德汉姆的观点比他所宣称的要多,见他对 *Excellencie* 的大段引用:同上书, pp. 408-410。

拥有行政权的时候，他们会先被讨好，然后被欺骗，然后被背叛。"[169]故而，一院制代表的人民主权不能保障个人安全。"恰恰相反"，"只有当元老院仍然可以制衡人民之时，每个人才能活得安全，当制衡被摧毁的那一刻，没有人是安全的"；除了"三巨头和他们的爪牙，任何一个人都可能被摧毁，许多最优秀的人都在没有向世人说明任何理由的情况下被毁掉，他们被摧毁的原因只是某个僭主的意志、恐惧或报复"。[170]如他之前的西塞罗、尼德汉姆和加图一样，亚当斯认为，梅里乌斯政变未遂后被处决是符合宪法的："如果人民不受约束……他们会……加冕梅里乌斯。"[171]但亚当斯远非单纯地在表达贵族情绪；在攻击他那个时代的"贵族专制主义"时，他认为曼利乌斯·卡庇托利努斯试图通过在元老院和人民的权力之外增加第三种独立的权力来弥补他那个时代罗马宪制的危险失衡的做法是正确的。亚当斯引用了李维笔下的曼利乌斯对人民的演讲中废除独裁官和执政官并设立一个首席官员的建议，并写到，这"明显试图引入三权制衡"，还声称，"这个演说具有英国宪法的所有原则"。[172]如果没有第三支力量，那么"某个杰出的精神……就会占据上风"，在这一过程中破坏任期限制，"然后宪法的精神和字句也会让位给他"。[173]

---

[169] *Defence*, p. 499.
[170] 同上书，p. 221。参见同上书，p. 467：在罗马共和国的最后几年里，"人民不受约束"，"当他们假装行使全部行政和立法权时，他们做他们从来在做的事情；也就是说，他们立即把一个人和一个家族设立为皇帝。实际上，他们时而在一开始尊重古代的形式，时而完全拒绝它们"。
[171] 同上书，p. 244。
[172] 同上书，pp. 245-251。参见 Livy 6.18.5-15。亦参见 *Federalist* 70：汉密尔顿用罗马独裁官的例子来表达对一个强大的、统一的行政权的需要。
[173] 同上书，pp. 245-246。

虽然亚当斯没有出席1787年的联邦会议，但肯定对其产生了重要影响。本杰明·拉什（Benjamin Rush）在1787年6月2日写给理查德·普赖斯（Richard Price）的信中说："亚当斯先生的书在我们中间传播了这样的杰出原则，几乎毫无疑问我们会采用一个强有力的、复合型的联邦立法机构。"这也就是一种制衡的两院制体系。亚当斯的《辩护》"为我们贡献良多，即使他让所有欧洲国家同我们结盟，都不如这个贡献大"。[174]他看到，即使是在没有欧洲封建社会的分级的情况下，也存在持续的社会冲突，这就是道德心理学的某些普遍特征的表达。他的这一想法在立宪会议和《联邦党人文集》中都有突出的表现，他的宪制补救措施也是如此。事实上，麦迪逊将美国描述为"复合型共和国"，并声称"必须用野心来抵消野心"，这是亚当斯的《辩护》的回响。[175]

然而，讨论了罗马共和国先例的并不只是亚当斯。其他联邦主义者，如主张根据宪法对总统的权力做扩张性解释的汉密尔顿，就以赞许的态度描述独裁官制并认为它是防止僭政的壁垒。[176]

---

[174] Farrand, *Records*, vol. 3, p. 33.
[175] 例如，见麦迪逊支持一个大型共和国系统的论点：Farrand, *Records*, vol. 1, pp. 134-136；*Federalist* 10。要想了解"复合共和国"和制衡的观念，见 *Federalist* 51。注意，麦迪逊采取了博丹式的区分：未被分割的人民主权和政府权力的分立。
[176] *Federalist* 70："有一种观点……认为强有力的行政机关与共和政府的精神是不兼容的"，但汉密尔顿坚持认为，"行政机关的能量（energy）是好政府定义中的一个主要特征"，并接着说："最低限度熟悉罗马历史的人都知道，那个共和国有多么经常需要在一个人的绝对权力之下避难。在强大的独裁官头衔下，他所对抗的是那些渴望僭政的野心家的阴谋、威胁到整个政府存在的共同体的各个阶级的暴乱，以及那些来势汹汹地威胁要征服和摧毁罗马的外部敌人的入侵。"（*Federalist Papers*, p. 402）要了解联邦大会上对统一的行政权的不同观点，可见例如 Farrand, *Records*, pp. 64-75。

托马斯·杰弗逊则对独裁官抱有高度怀疑的态度，认为独裁官是"暂时的僭主"，"经历了几个'榜样'后，就会变成永久的僭主"。[177] 这显然是对应于宪法下对总统宪制权威的不同解释。杰弗逊曾同情法国革命，甚至对恐怖统治表示理解（他后来对此表示后悔），他对联邦党人寄予希望的强势政府以及宪制机制对政府权力的管束表示怀疑。与联邦党人和亚当斯相反，他坚持共和主义的美德，并认为强大的联邦体制威胁到了它。国父们关于宪法下总统权力的争论，集中于总统在紧急情况下的权力。杰弗逊认为总统只拥有可以被"政治地"回溯辩护的自由裁量专权（discretionary prerogative），而普布利乌斯则为由宪法本身授予的广泛的总统权力而辩护。汉密尔顿、亚当斯和詹姆斯·麦迪逊［甚至在他以赫尔维迪乌斯（Helvidius）的身份写作时］都不同程度地以不同的方式同意：能限定并最终制约行政部门的权力以及"立法旋涡"（legislative vortex）的权力的，正是一个宪法的架构。[178] 这迥异于杰弗逊和托马斯·潘恩对刚性宪法秩序的怀疑以及他们反宪制主义的坚持［援引布莱克斯通（Blackstone）］：他们认为对宪制的先在忠诚是不正

---

[177] Jefferson, "Notes," p. 254. 纳尔逊提出了一种新的有关总统权力如何被创造的叙述，这种叙述并不追溯于"古典共和主义"，而是追溯到英国 17 世纪的那些捍卫（皇家）行政特权的文本，见 Nelson, *Royalist Revolution*，尤其是 introduction and ch. 5. 虽然纳尔逊正确地强调了孟德斯鸠和英国作家的重要性，但是他却没有讨论罗马宪制主义对这些思想的影响。

[178] 这是麦迪逊的表述。Kleinerman, *Discretionary President*, chs. 3-6 有细致而富有启发性的关于这些作家对能自由裁量的总统权力的思考的讨论，并提到了更多文献。有关汉密尔顿宪制思想的细致讨论以及他和大会上其他联邦主义者们的看法之间的区别，见 Stourzh, *Hamilton*, ch. 2 及各处。

当的，与人民的主权不一致。[179] 杰弗逊认为每十八年到十九年就要举行一次宪法大会，而麦迪逊著名而有力地反驳了这种想法：这种可塑性会带来意想不到的后果，并化用了最初由格劳修斯、普芬多夫（Pufendorf）和洛克等自然法学家所提出的默认（tacit）同意的思想以及休谟所提出的关于习俗的心理学的观点。[180] 麦迪逊指出，如果宪法规范不是刚性的、高阶的，那么未来的宪法大会很可能会让激情凌驾于理性之上。

在某种意义上，本书所讨论的作者们都为对罗马共和国衰败的兴趣所驱动。针对罗马共和国的失败，他们都提出了一个刚性的、更高阶的宪制框架作为回答，而不是抱怨美德的缺乏或由奢侈和恶习所带来的腐败；这是他们的共同点。这预设了某种不太乐观的政治心理学，它承认政治理论必然是——用托马斯·纳吉尔的话说——"人性的人质"。[181] 宪制秩序是必要的，因为"简单的"宪制秩序是依赖于美德的，而人的激情和欲望往往会侵蚀道德动机。西塞罗得出的结论是，如果理性化身于一套规定了品行节制的秩序的宪法规范中，那么它就可以

---

[179] Adams, *First American Constitutions*, pp. 118-122 很好地比较了潘恩和亚当斯之间的区别。想要了解潘恩和杰弗逊的激进主义（这使他们与宪制传统区别开来），见 Wood, "Radicalism of Jefferson"。然而，伍德并没有足够清晰地区分这些以美德为导向的"激进者"和宪制主义的国父们。伍德在别处写道：总体而言，国父们"支持那个正在迅速凋零的古典世界"，他们所有人都"把自己看成是道德先生"。联邦党人们"还没有放弃公民人文主义传统"，还没有丧失"至少有一些人……或许可以……具有足够的美德来超越他们当下的物质利益"这个希望（Wood, "Interests and Disinterestedness," pp. 141-142）。但是正如我们所见，这夸大了美德对于制宪者们和约翰·亚当斯的重要性，并且低估了宪制主义对他们的重要性。

[180] *Federalist* 49; "Letter of February 4, 1790." 见 Holmes, *Passions*, ch. 5 的精彩讨论。

[181] Nagel, *Equality and Partiality*, pp. 26f.

统治。对西塞罗来说，这意味着要以自然法为依据来证明这些宪法规范的合理性。看起来，一般情况下，如果刚性的宪法规则要想被承认为有效的，就需要有一个基于道德现实主义或审慎的论证。否则，这些规则为什么是刚性的并被抬高？否则，为什么不应该由拥有主权的人民自己通过杰弗逊式的频繁的立宪大会来统治？西塞罗和他的一些后继者（包括霍布斯、洛克以及洛克自然法的先驱们）都主张以一套规范性架构为基础的刚性宪制规则，他们认为即使在前政治或政治之外的自然状态下，这个规范性架构也是有效的。在西塞罗看来，这些规则是从现存的法律秩序中拿过来的，但对它们的辩护却以自然法和理性为基础。最终使这种宪制秩序有效的不是柏克式的传统，而是自然法。在博丹、加图和孟德斯鸠那里，自然法同样扮演了（某种更为无声的）角色。对约翰·亚当斯来说，自然法又是核心，他把自然和理性作为有效性的根据。亚当斯声称，"美利坚合众国已经展示出了……第一个建立在简单的自然原则基础上的政府的范例"，"这些政府仅仅是通过使用理性和感觉而被构想出来的"。[182]

然而，这并没有使亚当斯和联邦主义者成为第四章所讨论的乌托邦主义者。相反，与杰弗逊派及亚当斯所谓的费城"民主党"（democratic Party）[183]相比，亚当斯、联邦主义的立宪派和加图都承认了美德的局限性，并将他们的信任寄托于博丹和孟德斯鸠在研究罗马共和国衰落时所勾勒出的那种宪制框架。美国领导人确实开启"他们的革命以试图恢复"——至少

---

[182] *Defence*, vol. 1, pp. xiii-xiv.
[183] 在亚当斯的日记中，这个词是针对潘恩和其他一些人的：Adams, *First American Constitutions*, p. 119。

在某些方面——"消失的罗马共和国"的那种宪制主义雏形，但至少立宪者们和亚当斯并没有像戈登·伍德所说的那样，希望美国成为"古罗马的化身，一片有德而知足的农民的土地"。[184] 如果说——如伍德在反驳伯纳德·贝林时所言——"古典时代的著作……为大西洋两岸受过教育的英国人提供的不仅仅是学术上的点缀和门面"，而是构成了"他们事实上的公共道德和价值观的主要来源"，以至于"所有的政治道德都是古典道德"，那么只有当我们不把本书所讨论的宪制主义传统与以美德为导向的共和主义混为一谈的情况下，这个说法才是真的。[185]

本书扭转了学界对共和美德的陈旧兴趣，并转而重新发现晚期共和国的宪制思想。我展示了本书所讨论的那些早期现代政治思想家；更感兴趣的是共和国的衰败和没落，而非李维的早期共和国神话及其未被败坏的美德。我也展现了晚期罗马共和国的思想史在后来的宪制主义的发展中起到了至关重要的作用。在文艺复兴时期以后的许多思想家的眼中，是罗马宪制思想使得罗马共和国与众不同，而非罗马美德。导致共和国衰落的危机是一种宪制性质的危机——这一深刻而重要的洞察产生了同样深刻而重要的宪制主义解决方案。博丹孕育了一种关乎罗马共和国衰落的传统：它不再相信萨卢斯特关于共和国灭亡的陈词滥调。孟德斯鸠和约翰·亚当斯与博丹一样都认为，宪制主义才是答案，而非美德。他们的新的、宪制的共和主义坚持美德的限度，致力于避免罗马共和国军事专制主义的命运。让我们更广泛地来看政治思想史：很明显，人们越来越怀

---

[184] Wood, "Legacy," p. 75.
[185] 同上书，pp. 66-67。参见 Bailyn, *Ideological Origins*, p. 24。

疑美德和幸福主义政治理论，并转向宪制规则——按后世的话说，这是一种从目的论的善（teleological good）到义务论的权利（deontological right）的转向——这构成了自由主义前史（protohistory）的一个重要方面。现在，我们可以理解晚期罗马共和国的宪制思想对这一影响深远的推进的早期历史所做出的贡献了。

参考书目

对古典作家和作品的引用依据标准的版本和引用方法。全书使用《牛津古典辞典》(Oxford Classical Dictionary)的缩写系统。如果使用了译文，我在注释中皆已提到；如果未有提及，则是我自己翻译的。

Acemoglu, Daron, and James A. Robinson. *Why Nations Fail*. New York, 2012.
Acomb, Frances. *Anglophobia in France, 1763–1789: An Essay in the History of Constitutionalism and Nationalism*. Durham, NC, 1950.
Adams, John. *A Defence of the Constitutions of Government of the United States of America, against the Attacks of M. Turgot in his Letter to Dr. Price, Dated the Twenty-Second Day of March, 1778*. 3 vols. Philadelphia, 1797.
———. "Thoughts on Government." In id., *The Revolutionary Writings of John Adams*. Selected and with a Foreword by C. Bradley Thompson, 285–293. Indianapolis, 2000.
Adams, Willi Paul. *The First American Constitutions: Republican Ideology and the Making of the State Constitutions in the Revolutionary Era*. Trans. Rita and Robert Kimber, with a Foreword by Richard B. Morris. Expanded Edition. Lanham, MD, 2001.
d'Addio, Mario. *L'idea del contratto sociale dai sofisti alla Riforma*. Milan, 1954.
Allély, Annie. *La déclaration d'hostis sous la République romaine*. Bordeaux, 2012.

Ando, Clifford. *Law, Language, and Empire in the Roman Tradition*. Philadelphia, 2011.
Annas, Julia. "Cicero on Stoic Moral Philosophy and Private Property." In M. Griffin and J. Barnes (eds.), *Philosophia Togata*, 151–173. Oxford, 1989.
———. *An Introduction to Plato's Republic*. Oxford, 1981.
———. *The Morality of Happiness*. New York and Oxford, 1993.
———. "Virtue and Law in Plato." In Bobonich, *Plato's Laws*, 71–91.
Appleby, Joyce. *Capitalism and a New Social Order: The Republican Vision of the 1790s*. New York, 1984.
———. "John Adams and the New Republican Synthesis." In *Liberalism and Republicanism in the Historical Imagination*, 188–209. Cambridge, MA, 1992.
Arena, Valentina. "The Consulship of 78 BC: Catulus versus Lepidus: an *optimates* versus *populares* Affair." In Beck et al., *Consuls and* Res Publica, 299–318.
———. *Libertas and the Practice of Politics in the Late Roman Republic*. Cambridge, 2012.
Armitage, David. "Empire and Liberty: A Republican Dilemma." In M. van Gelderen and Q. Skinner (eds.), *Republicanism: A Shared European Heritage*. Vol. 2, *The Values of Republicanism in Early Modern Europe*, 29–46. Cambridge, 2002.
———. *The Ideological Origins of the British Empire*. Cambridge, 2000.
———. "What's the Big Idea? Intellectual History and the Longue Durée." *History of European Ideas* 38, 4 (2012): 493–507.
Asmis, Elizabeth. "Cicero on Natural Law and the Laws of the State." *Classical Antiquity* 27, 1 (2008): 1–33.
———. "The State as a Partnership: Cicero's Definition of *res publica* in his Work *On the State*." *History of Political Thought* 25 (2004): 569–598.
Astin, A. E. "*Leges Aelia et Fufia*." *Latomus* 23 (1964): 421–445.
———. *Scipio Aemilianus*. Oxford, 1967.
Atkins, E. M. "'Domina et Regina Virtutum': Justice and Societas in De Officiis." *Phronesis* 35 (1990): 258–289.
Atkins, Jed W. *Cicero on Politics and the Limits of Reason: The* Republic *and* Laws. Cambridge, 2013.
Badian, E. "The Death of Saturninus." *Chiron* 14 (1984): 101–147.
———. "M. Porcius Cato and the Annexation and Early Administration of Cyprus." *Journal of Roman Studies* 55 (1965): 110–121.
———. "Review Kloft, *Prorogation und ausserordentliche Imperien*." *Gnomon* 51 (1979): 792–794.
———. "Waiting for Sulla." *Journal of Roman Studies* 52 (1962): 47–61.
Bailyn, Bernard. *The Ideological Origins of the American Revolution*. Enlarged ed. Cambridge, MA, 1992.
Baker, Keith Michael. "A Script for a French Revolution: The Political Consciousness of the abbé Mably." In id., *Inventing the French Revolution: Essays on French*

Political Culture in the Eighteenth Century, 86–106. Cambridge, 1990.

Baldini, Artemio Enzo. *La ragion di stato dopo Meinecke e Croce: dibattito su recenti pubblicazioni.* Genoa, 1999.

Balot, Ryan K. *Greek Political Thought.* Malden, MA, 2006.

Balsdon, J. P. V. D. "Roman History, 65–50 B.C.: Five Problems." *Journal of Roman Studies* 52 (1962): 134–141.

Bandel, Friedrich. *Die römischen Diktaturen.* Breslau, 1910.

Baron, H. *The Crisis of the Early Italian Renaissance.* 2nd ed. Princeton, 1966.

Bauman, Richard A. "The *Hostis* Declarations of 88 and 87 B.C." *Athenaeum* 51 (1973): 270–293.

Bayle, Pierre. *Dictionnaire historique et critique.* 5th ed. Vol. 4. Amsterdam, 1740.

———. *Historical and Critical Dictionary: Selections.* Trans. R. H. Popkin. Indianapolis, 1965.

Baynes, N. H. *The Political Ideas of St. Augustine's De Civitate Dei.* London, 1936 (rpt. 1968).

Beard, Mary, and Michael Crawford. *Rome in the Late Republic. Problems and Interpretations.* London, 1985.

Beck, H., A. Duplá, M. Jehne, F. Pina Polo (eds.). *Consuls and Res Publica: Holding High Office in the Roman Republic.* Cambridge, 2011.

Bederman, David. *The Classical Foundations of the American Constitution: Prevailing Wisdom.* Cambridge, 2008.

Behrends, O. "Tiberius Gracchus und die Juristen seiner Zeit – die römische Jurisprudenz gegenüber der Staatskrise des Jahres 133 v. Chr." In *Das Profil des Juristen in der europäischen Tradition. Symposium aus Anlass des 70. Geburtstages von F. Wieacker,* 25–121. Eberbach, 1980.

Bellarmine, Robert. *De Laicis: or, The Treatise on Civil Government.* Trans. Kathleen E. Murphy. New York, 1928.

Bellen, Heinz. "Sullas Brief an den Interrex L. Valerius Flaccus." *Historia* 24, 4 (1975): 555–569.

Beloch, K. J. *Römische Geschichte bis zum Beginn der Punischen Kriege.* Berlin, 1926.

Benton, Lauren, and Benjamin Straumann. "Acquiring Empire by Law. From Roman Doctrine to Early Modern European Practice." *Law and History Review* 28, 1 (February 2010): 1–38.

Berlin, Isaiah. "The Originality of Machiavelli." In H. Hardy (ed.). *Against the Current,* 33–100. 2nd ed. Princeton, 2013.

Bernett, M., W. Nippel, A. Winterling (eds.). *Christian Meier zur Diskussion.* Stuttgart, 2008.

Berry, Christopher J. *The Idea of Luxury: A Conceptual and Historical Investigation.* Cambridge, 1994.

———. *Social Theory of the Scottish Enlightenment*. Edinburgh, 1997.
Blair, Ann. "Authorial Strategies in Jean Bodin." In Lloyd, *Reception of Bodin*, 137–156.
Bleicken, Jochen. *Die athenische Demokratie*. 4th ed. Paderborn, 1995.
———. *Gedanken zum Untergang der Römischen Republik*. Sonderband der wissenschaftlichen Gesellschaft an der Johann Wolfgang Goethe-Universität Frankfurt a.M. Vol. 33, 4. Stuttgart, 1995. (=id. *Gesammelte Schriften* II. Stuttgart, 1998, 683–704.)
———. *Geschichte der römischen Republik*. 6th ed. Munich, 2004.
———. "*Imperium consulare / proconsulare* im Übergang von der Republik zum Prinzipat." In id. (ed.), *Colloquium . . . Heuss*, 117–133 (=id. *Gesammelte Schriften* II. Stuttgart, 1998, 705–721).
———. *Lex Publica. Gesetz und Recht in der römischen Republik*. Berlin, 1975.
———. "Rezension Meier, Res publica amissa." *Zeitschrift der Savigny-Stiftung für Rechtsgeschichte, Romanistische Abteilung* 85 (1968): 451–461 (=id. *Gesammelte Schriften* II. Stuttgart, 1998, 778–788).
———. *Senatsgericht und Kaisergericht*. Göttingen, 1962.
———. *Die Verfassung der Römischen Republik*. 7th ed. Paderborn, 1995.
———. "Verfassungsschutz im demokratischen Athen." *Hermes* 112 (1984): 383–401.
———. *Das Volkstribunat der klassischen Republik: Studien zu seiner Entwicklung zwischen 287 und 133 v. Chr.* Munich, 1955.
———. *Zwischen Republik und Prinzipat. Zum Charakter des Zweiten Triumvirats*. Göttingen, 1990.
———. (ed.). *Colloquium aus Anlass des 80. Geburtstages von Alfred Heuss*. Kallmünz, 1993.
Blösel, Wolfgang. "*Mos maiorum*: Von der Familientradition zum Nobilitätsethos." In B. Linke and M. Stemmler (eds.), *Mos maiorum: Untersuchungen zu den Formen der Identitätsstiftung und Stabilisierung in der römischen Republik*, 25–97. Stuttgart, 2000.
Boak, A. E. R. "The Extraordinary Commands from 80 to 48 B.C." *American Historical Review* 24 (1918/1919): 1–25.
Bobonich, Christopher (ed.). *Plato's Laws: A Critical Guide*. Cambridge, 2010.
———. *Plato's Utopia Recast: His Later Ethics and Politics*. Oxford, 2002.
Bodin, Jean. *De republica libri sex*. Paris, 1586.
———. *I sei libri dello stato*. Margherita Isnardi Parente and Diego Quaglioni, eds. 3 vols. Turin, 1964–1997.
———. *Les six livres de la République*. Paris, 1583, rpt. Aalen, 1961. English trans. K. D. McRae, ed. *The Six Books of a Commonweale. A Facsimile Reprint of the English Translation of 1606, corrected and supplemented in the light of a new comparison with the French and Latin texts*. Cambridge, MA, 1962 (rpt.1979).
———. *Methodus ad facilem historiarium cognitionem*. Paris, 1566.
Boldt, Hans. "Ausnahmezustand." In W. Conze et al. (eds.), *Geschichtliche Grundbegriffe*. Vol. 1, 343–376. Stuttgart, 1972.

Bolingbroke. See St John, Henry, Viscount Bolingbroke.
Boralevi, Lea Campos. "James Harrington's 'Machiavellian' anti-Machiavellism." *History of European Ideas* 37, 2 (2011): 113–119.
Borle, J.-P. "Pompée et la dictature." *Les études classiques* 20 (1952): 168–180.
Bowen, A., and P. Garnsey. *Lactantius: Divine Institutes*. Translated with an Introduction and Notes. Liverpool, 2003.
Brennan, T. Corey. *The Praetorship in the Roman Republic*. 2 vols. New York, 2000.
Bringmann, Klaus. *Die Agrarreform des Tiberius Gracchus: Legende und Wirklichkeit*. Stuttgart, 1985.
———. "Der Diktator Caesar als Richter? Zu Ciceros Reden *Pro Ligario* und *Pro rege Deiotaro*." *Hermes* 114 (1986): 72–88.
———. *Krise und Ende der römischen Republik (133-42 v. Chr.)*. Berlin, 2003.
———. "Das zweite Triumvirat. Bemerkungen zu Mommsens Lehre von der ausserordentlichen konstituierenden Gewalt." In *Alte Geschichte und Wissenschaftsgeschichte. Festschrift Karl Christ*, 22–38. Darmstadt, 1988.
Brito Vieira, Monica. *The Elements of Representation in Hobbes: Aesthetics, Theatre, Law, and Theology in the Construction of Hobbes's Theory of the State*. Leiden-Boston, 2009.
Brooke, Christopher. *Philosophic Pride. Stoicism and Political Thought from Lipsius to Rousseau*. Princeton, 2012.
Broughton, T. R. S. *The Magistrates of the Roman Republic*. Vols. 1–2. 2nd ed. New York, 1960. Vol. 3. Atlanta, 1987.
Brown, Lesley. "How Totalitarian is Plato's *Republic*?" In Erik Nis Ostenfeld (ed.), *Essays on Plato's* Republic, 13–27. Aarhus, 1998.
Bruni, Leonardo. *History of the Florentine People*, ed. and trans. James Hankins. 3 vols. Cambridge, MA, 2001.
———. *Laudatio Florentinae urbis*, ed. S. U. Baldassarri. Florence, 2000.
Brunt, P. A. "The Fall of the Roman Republic." In id., *The Fall of the Roman Republic and Related Essays*, 1–92. Oxford, 1988.
———. "Lex de Imperio Vespasiani." *Journal of Roman Studies* 67 (1977): 95–116.
———. *Social Conflicts in the Roman Republic*. New York, 1971.
Büchner, K. *Marcus Tullius Cicero, De Re Publica. Kommentar*. Heidelberg, 1984.
Buckland, W. W. *A Text-Book of Roman Law From Augustus to Justinian*. 3rd ed. Rev. by Peter Stein. Cambridge, 1975.
Burckhardt, L. A. *Politische Strategien der Optimaten in der späten römischen Republik*. Stuttgart, 1988.
Burgess, Glenn. *Absolute Monarchy and the Stuart Constitution*. New Haven, CT, 1996.
———. "Bodin in the English Revolution." In Lloyd, *Reception of Bodin*, 387–407.
Burnyeat, M. F. "Did the Ancient Greeks Have the Concept of Human Rights?" *Polis* 13 (1994): 1–11 (= id. *Explorations in Ancient and Modern Philosophy*. Vol 2, ch. 14. Cambridge-New York, 2012).
———. "Sphinx without a Secret." *New York Review of Books*, May 30 (1985): 30–36.

Canevaro, Mirko. "*Nomothesia* in Classical Athens." *Classical Quarterly* 63, 1 (2013): 139–160.
Canning, J. *A History of Medieval Political Thought, 300–1450*. London-New York, 1996.
———. *The Political Thought of Baldus de Ubaldis*. Cambridge, 1987.
Carawan, E. "The Trial of the Arginousai Generals and the Dawn of 'Judicial Review.'" *Dike* 10 (2007): 19–56.
Chinard, Gilbert. "Polybius and the American Constitution." *Journal of the History of Ideas* 1, 1 (1940): 38–58.
Christ, K. *Krise und Untergang der römischen Republik*. 3rd ed. Darmstadt, 1996.
———. *Sulla: Eine römische Karriere*. Munich, 2002.
———. "Der Untergang der römischen Republik in moderner Sicht." In id., *Römische Geschichte und Wissenschaftsgeschichte. I, Römische Republik und augusteischer Prinzipat*, 134–167. Darmstadt, 1982.
Clarke, Michelle T. "Uprooting Nebuchadnezzar's Tree: Francis Bacon's Criticism of Machiavellian Imperialism." *Political Research Quarterly* 61, 3 (2008): 367–378.
Cloud, Duncan. "The Constitution and Public Criminal Law." In *The Cambridge Ancient History*. Vol. 9. 2nd ed., 491–530. Cambridge, 1992.
Cohen, D. *Law, Violence and Community in Classical Athens*. Cambridge, 1995.
———. "The Origin of Roman Dictatorship." *Mnemosyne* (1957): 303–320.
Cole, Thomas. *Democritus and the Sources of Greek Anthropology*. Cleveland, 1967.
———. "The Sources and Composition of Polybius VI." *Historia* 13 (1964): 440–486.
Coli, Ugo. "Sui limiti di durata delle magistrature romane." In *Studi Arangio-Ruiz*. Vol. 4, 395–418. Naples, 1953.
Colish, M. L. "Cicero's *De officiis* and Machiavelli's *Prince*." *Sixteenth Century Journal* 9 (1978): 81–93.
Condorcet, J. A. N. Caritat de. *Sur l'instruction publique*. Offprint from the Bibliothèque de l'homme public, second year, vol. 1. Paris, 1791.
Constant, Benjamin. "The Liberty of the Ancients Compared with that of the Moderns." In id., *Political Writings*, ed. B. Fontana, 307–328. Cambridge, 1988.
Cooper, John. "Plato's *Statesman* and Politics." In id., *Reason and Emotion*, 165–191. Princeton, 1999.
Cox Jensen, Freyja. *Reading the Roman Republic in Early Modern England*. Leiden and Boston, 2012.
Crawford, M. H. (ed.). *Roman Statutes*. 2 vols. Bulletin of the Institute of Classical Studies Supplement 64. London, 1996.
Crifò, G. "Attività normative del senato in età repubblicana." *Bulletino dell'Istituto di Diritto Romano* 10, 3 (1968): 31–121.
———. "In tema di senatus consultum ultimum." *Studia et documenta historiae et iuris* 36 (1970): 1–15.
Cromartie, Alan. *The Constitutionalist Revolution: An Essay on the History of England,*

1450–1642. Cambridge, 2006.

———. "Harringtonian Virtue: Harrington, Machiavelli, and the Method of the Moment." *The Historical Journal* 41, 4 (1998): 987–1009.

Crook, John. "*Sponsione Provocare*: Its Place in Roman Litigation." *Journal of Roman Studies* 66 (1976): 132–138.

Dahlheim, W. "Der Staatsstreich des Konsuls Sulla und die römische Italienpolitik der achtziger Jahre." In Bleicken (ed.), *Colloquium . . . Heuss*, 97–116.

Daube, David. "Das Selbstverständliche in der Rechtsgeschichte." *Zeitschrift der Savigny-Stiftung für Rechtsgeschichte* 90 (1973): 1–13.

Dauber, Noah. "Anti-Machiavellism as Constitutionalism: Hermann Conring's Commentary on Machiavelli's *The Prince*." *History of European Ideas* 37 (2011): 102–112.

Davis, Charles T. *Dante's Italy and other Essays*. Philadelphia, 1984.

———. "Ptolemy of Lucca and the Roman Republic." *Proceedings of the American Philosophical Society* 118 (1974): 30–50.

Deane, H. A. *The Political and Social Ideas of St. Augustine*. New York, 1963.

Degrassi, A. *Fasti Capitolini*. Turin, 1954.

Deininger, J. "Zur Kontroverse über die Lebensfähigkeit der Republik in Rom." In P. Kneissel, and V. Losemann (eds.), *Imperium Romanum. Studien zur Geschichte und Rezeption. Festschrift Karl Christ*, 123–136. Stuttgart, 1998.

De Ligt, L. "Poverty and Demography: The Case of the Gracchan Land Reforms." *Mnemosyne* 57 (2004): 725–757.

de Ste. Croix, G. E. M. *The Class Struggle in the Ancient Greek World*. London, 1981.

Diggins, John Patrick. *John Adams*. New York, 2003.

———. "John Adams and the French Critics of the American Constitution." In H. Belz, R. Hoffmann, P. J. Albert (eds.), *To Form a More Perfect Union: The Critical Ideas of the Constitution*, 104–133. Charlottesville, 1992.

Dreitzel, Horst. *Protestantischer Aristotelismus und absoluter Staat: Die "Politica" des Henning Arnisaeus (ca. 1575–1636)*. Wiesbaden, 1970.

Drogula, Fred. "Imperium, Potestas and the Pomerium in the Roman Republic." *Historia* 56, 4 (2007): 419–452.

Drumann, Wilhelm. *Geschichte Roms in seinem Übergange von der republikanischen zur monarchischen Verfassung oder Pompeius, Caesar, Cicero und ihre Zeitgenossen nach Geschlechtern und mit genealogischen Tabellen*. 6 vols. 2nd ed. by P. Groebe. Berlin-Leipzig, 1899–1929.

Drummond, A. *Law, Politics and Power. Sallust and the Execution of the Catilinarian Conspirators*. Stuttgart, 1995.

Duplà Ansuategui, A. *Videant consules. Las medidas de excepción en la crisis de la República Romana*. Zaragoza, 1990.

Dyck, Andrew R. *Cicero: Catilinarians*, with an Introduction, Text and Commentary. Cambridge, 2008.

———. *A Commentary on Cicero, De Legibus*. Ann Arbor, 2004.

———. *A Commentary on Cicero*, De Officiis. Ann Arbor, 1996.

———. "Evidence and Rhetoric in Cicero's *Pro Roscio Amerino*: The Case against Sex. Roscius," *Classical Quarterly* 53 (2003): 235–246.

Dyzenhaus, David. "Critical Notice of *On the People's Terms: A Republican Theory and Model of Democracy*, by Philip Pettit." *Canadian Journal of Philosophy* 43, 4 (2013): 494–513.

———. "Hobbes's Constitutional Theory." In Ian Shapiro (ed.), *Leviathan*, 453–480. New Haven, CT, 2009.

———. "How Hobbes Met the 'Hobbes Challenge.'" *The Modern Law Review* 72, 3 (2009): 488–506.

Earl, D. C. *The Political Thought of Sallust*. Cambridge, 1961.

Eckstein, Arthur M. *Moral Vision in the Histories of Polybius*. Berkeley, 1995.

Edelstein, Dan, *The Terror of Natural Right: Republicanism, the Cult of Nature, and the French Revolution*. Chicago, 2010.

Ehrenberg, Victor. "*Imperium maius* in the Roman Republic." *American Journal of Philology* 74, 2 (1953): 113–136.

———. *Die Rechtsidee im frühen Griechentum. Untersuchungen zur Geschichte der werdenden Polis*. Leipzig, 1921.

———. *Sophocles and Pericles*. Oxford, 1954.

Elster, Jon. *Ulysses and the Sirens*. Rev. ed. Cambridge, 1984.

———. *Ulysses Unbound: Studies in Rationality, Precommitment, and Constraints*. Cambridge, 2000.

Encyclopédie ou Dictionnaire raisonné des sciences, des arts et des métiers, par une Société de Gens de lettres. Ed. Diderot and d'Alembert. Paris, 1751–1772.

Everson, Stephen. "Aristotle on the Foundations of the State." *Political Studies* 36 (1988): 89–101.

Fantham, Elaine. *The Roman World of Cicero's De Oratore*. Oxford, 2004.

Farrand, Max (ed.). *The Records of the Federal Convention of 1787*. 3 vols. Rev. ed. New Haven, 1937 (rpt. 1966–1967).

The Federalist Papers. Ed. Isaac Kramnick. London, 1987.

Ferguson, Adam. *An Essay on the History of Civil Society*. Edinburgh, 1966 (orig. 1767).

Ferrary, Jean-Louis. "L'Archéologie du De re publica (2, 2, 4–37, 63): Cicéron entre Polybe et Platon." *Journal of Roman Studies* 74 (1984): 87–98.

———. "Cicéron et la dictature." In Hinard, *Dictatures*, 97–105.

———. "The Statesman and the Law in the Political Philosophy of Cicero." In Laks and Schofield, *Justice and Generosity*, 48–73.

Filmer, Robert. *Patriarcha and Other Writings*. Ed. Johann P. Sommerville. Cambridge, 1991.

Fink, Z. S. *The Classical Republicans: An Essay in the Recovery of a Pattern of Thought in Seventeenth-Century England*. 2nd ed. Evanston, IL, 1962.

Flach, Dieter, ed. *Das Zwölftafelgesetz*. With Translation and Commentary, in

Collaboration with Andreas Flach. Darmstadt, 2004.

Flaig, Egon. "Volkssouveränität ohne Repräsentation. Zum 'Römischen Staatsrecht' von Theodor Mommsen." In Wolfgang Küttler et al. (eds.), *Geschichtsdiskurs 3*, 321–339. Frankfurt a. M., 1997.

Flower, Harriet I. *Roman Republics*. Princeton, 2010.

Foisneau, Luc. "Sovereignty and Reason of State: Bodin, Botero, Richelieu and Hobbes." In Lloyd., *Reception of Bodin*, 323–342.

Fontanella, Francesca. *Politica e diritto naturale nel* De legibus *di Cicerone*. Rome, 2012.

Fränkel, Max. *Die attischen Geschworenengerichte. Ein Beitrag zum attischen Staatsrecht*. Berlin, 1877.

Franklin, Julian H. *Jean Bodin and the Rise of Absolutist Theory*. Cambridge, 1973.

Friedrich, Carl J. *Constitutional Reason of State: The Survival of the Constitutional Order*. Providence, RI, 1957.

Fritz, Kurt von. "Emergency Powers in the Last Centuries of the Roman Republic." *Annual Report of the American Historical Association*. Vol. 3, 1942 (=id. *Schriften zur griechischen und römischen Verfassungsgeschichte und Verfassungstheorie*, 388–406. Berlin 1976).

———. *The Theory of the Mixed Constitution in Antiquity: A Critical Analysis of Polybius' Political Ideas*. New York, 1954.

Fukuda, Arihiro. *Sovereignty and the Sword: Harrington, Hobbes, and Mixed Government in the English Civil Wars*. Oxford, 1997.

Gabba, Emilio. *Appiani bellorum civilium liber primus*. Introduzione, testo critico e commento con traduzione e indici. 2nd ed. Florence, 1967.

———. "Dionigi e la dittatura a Roma." In id. (ed.), *Tria Corda. Scritti in onore di Arnaldo Momigliano*, 215–228. Como, 1983.

———. *Dionysius and the History of Archaic Rome*. Berkeley, 1991.

Gasperini, L. "Su alcune epigrafi di Taranto romana." In *Seconda Miscellanea greca e romana*, 381–397. Rome, 1968.

Gelzer, Matthias. *Caesar, der Politiker und Staatsmann*. 6th ed. Wiesbaden, 1960.

———. "Das erste Konsulat des Pompeius und die Übertragung der grossen Imperien." *Abhandlungen der Preussischen Akademie der Wissenschaften, philosophisch-historischen Klasse*. Nr. 1, 1943 (=id. *Kleine Schriften*. Vol. 2, 146–189. Wiesbaden, 1963).

———. *Pompeius: Lebensbild eines Römers*. 2nd ed. Stuttgart, 1984 (rpt. 2005).

Gentili, Alberico. *The Wars of the Romans. A Critical Edition and Translation of* De armis Romanis. Ed. B. Kingsbury and B. Straumann, trans. D. Lupher. Oxford, 2011.

Gert, Bernard. "Review Skinner, *Hobbes and Republican Liberty*." *Notre Dame Philosophical Reviews* 2008.07.24.

Gigante, M. *Nomos Basileus*. Naples, 1956.

Gill, C. "Rethinking Constitutionalism in *Statesman* 291–303." In C. Rowe (ed.).

Reading the Statesman, 292–305. St. Augustin, 1995.
Giovannini, Adalberto. *Consulare imperium*. Basel, 1983.
Girardet, K. M. *Die Ordnung der Welt. Ein Beitrag zur philosophischen und politischen Interpretation von Ciceros Schrift de legibus*. Wiesbaden, 1983.
———. "Die Rechtsstellung der Caesarenattentäter Brutus und Cassius in den Jahren 44-42 v. Chr." *Chiron* 23 (1993): 207–232.
Giuffrè, Vincenzo. *Aspetti costituzionali del potere dei militari nella tarda "respublica."* Naples, 1973.
Golden, Gregory K. *Crisis Management during the Roman Republic: The Role of Political Institutions in Emergencies*. Cambridge, 2013.
Goldsworthy, Jeffrey. *The Sovereignty of Parliament. History and Philosophy*. Oxford, 1999.
Gough, J. W. *The Social Contract: A Critical Study of its Development*. 2nd ed. Oxford, 1957.
Griffin, Miriam T. *Seneca on Society: A Guide to* De Beneficiis. Oxford, 2013.
———. "When is Thought Political?" *Apeiron* 29 (1996): 269–282.
Grotius, Hugo. *De iure belli ac pacis libri tres*. Paris, 1625. English trans. R. Tuck, ed. *The Rights of War and Peace*. Indianapolis, 2005.
Grouchy, Nicolas de. *De comitiis Romanorum libri tres*. Venice, 1559.
Gruen, Erich S. *The Last Generation of the Roman Republic*. Berkeley, 1974.
Grziwotz, Herbert. *Der moderne Verfassungsbegriff und die "Römische Verfassung" in der deutschen Forschung des 19. und 20. Jahrhunderts*. Frankfurt a.M., 1986.
———. *Das Verfassungsverständnis der römischen Republik. Ein methodischer Versuch*. Frankfurt a.M., 1985.
Guarino, A. "Senatus Consultum Ultimum." In W. C. Becker and M. Schnorr von Carolsfeld (eds.), *Sein und Werden im Recht. Festgabe für Ulrich von Lübtow*, 281–294. Berlin, 1970.
Gummere, Richard M. "The Classical Ancestry of the United States Constitution." *American Quarterly* 14, 1 (1962): 3–18 (revised version in id., *The American Colonial Mind and the Classical Tradition: Essays in Comparative Culture*, 173–190. Cambridge, MA, 1963).
Gutberlet, D. *Die erste Dekade des Livius als Quelle zur gracchischen und sullanischen Zeit*. Hildesheim, 1985.
Guthrie, W. K. C. *A History of Greek Philosophy*. Vol. 3, *The Fifth-Century Enlightenment*. Cambridge, 1969.
Gwyn, W. B. *The Meaning of the Separation of Powers. An Analysis of the Doctrine from its Origin to the Adoption of the United States Constitution*. New Orleans-The Hague, 1965.
Hagendahl, Harald. *Augustine and the Latin Classics*. 2 vols. Gothenburg, 1967.
Hahm, David E. "Kings and Constitutions: Hellenistic Theories." In Rowe and Schofield, *Cambridge History*, 457–476.

———. "Polybius' Applied Political Theory." In Laks and Schofield, *Justice and Generosity*, 7–47.

Hahn, Istvan. "Appians Darstellung der sullanischen Diktatur." *Acta Classica Universitatis Scientiarum Debreceniensis* 10-11 (1974/1975): 111–120.

Hammer, Dean. *Roman Political Thought and the Modern Theoretical Imagination*. Norman, 2008.

———. *Roman Political Thought from Cicero to Augustine*. Cambridge, 2014.

Handlin, Oscar, and Mary Handlin (eds.). *The Popular Sources of Political Authority: Documents on the Massachusetts Constitution of 1780*. Cambridge, MA, 1966.

Hankins, James. "The 'Baron Thesis' after Forty Years and Some Recent Studies of Leonardo Bruni." *Journal of the History of Ideas* 56, 2 (1995): 309–338.

Hansen, Mogens Herman. *The Athenian Democracy in the Age of Demosthenes: Structure, Principles, and Ideology*. Trans. J. A. Crook. Oxford, 1991.

———. "Athenian *nomothesia*." *Greek, Roman, and Byzantine Studies* 26 (1985): 345–371.

———. *Eisangelia: The Sovereignty of the People's Court in Athens in the Fourth Century BC and the Impeachment of Generals and Politicians*. Odense, 1975.

———. "*Graphe Paranomon* against *Psephismata* not yet Passed by the *Ekklesia*." *Classica et Mediaevalia* 38 (1987): 63–73.

———. *The Sovereignty of the People's Court in Athens in the Fourth Century BC and the Public Action Against Unconstitutional Proposals*. Odense, 1974.

———. "The Theoric Fund and the *graphe paranomon* against Apollodorus." *Greek, Roman, and Byzantine Studies* 17 (1976): 235–246.

Hanses, Mathias. "Antikebilder im 'Federalist'/'Anti-Federalist.'" In Niggemann and Ruffing, *Antike als Modell*, 85–110.

Hantos, Theodora. *Res publica constituta. Die Verfassung des Dictators Sulla*. Stuttgart, 1988.

Harries, Jill. *Cicero and the Jurists. From Citizens' Law to the Lawful State*. London, 2006.

Harrington, James. *The Oceana and Other Works of James Harrington, with an Account of His Life by John Toland*. London, 1771.

Harris, Edward M. (trans.). *Demosthenes, Speeches 20-22*. The Oratory of Classical Greece, 12. Austin, TX, 2008.

———. "Open Texture in Athenian Law." *Dike* 3 (2000): 67–75.

———. *The Rule of Law in Action in Democratic Athens*. Oxford, 2013.

———. "The Rule of Law in Athenian Democracy. Reflections on the Judicial Oath." *Dike* 8 (2008): 157–181.

Harris, William V. "On Defining the Political Culture of the Classical Roman Republic, 200-151 B.C." *Classical Philology* 85 (1990): 288–298.

Hartfield, Marianne. "The Roman Dictatorship: Its Character and Evolution." Doctoral dissertation. University of California, Berkeley, 1982.

Hartz, Louis. *The Liberal Tradition in America: An Interpretation of American Political

Thought since the Revolution. New York, 1955.
Hassall, M., M. Crawford, and J. Reynolds. "Rome and the Eastern Provinces at the End of the Second Century B.C. The So-Called 'Piracy Law' and a New Inscription From Cnidos." *Journal of Roman Studies* 64 (1974): 195–220.
Heikkilä, K. "*Lex non iure rogata*: Senate and the Annulment of Laws in the Late Republic." In U. Paananen, K. Heikkilä, K. Sandberg, L. Savunen, and J. Vaahtera (eds.), *Senatus Populusque Romanus. Studies in Roman Republican Legislation*, 117–142. Helsinki, 1993.
Herzog, Don. *Happy Slaves: A Critique of Consent Theory*. Chicago, 1989.
Heun, Werner. "Die Antike in den amerikanischen politischen Debatten in der zweiten Hälfte des 18. Jahrhunderts." In Niggemann and Ruffing, *Antike als Modell*, 65–83.
Heuss, Alfred. *Barthold Georg Niebuhrs wissenschaftliche Anfänge. Untersuchungen und Mitteilungen über die Kopenhagener Manuscripte und zur europäischen Tradition der* lex agraria *(*loi agraire*)*. Göttingen, 1981.
———. *Ciceros Theorie vom römischen Staat*. Nachrichten der Akademie der Wissenschaften in Göttingen. Philologisch-Historische Klasse, Jg. 1975, Nr. 8, 195–272. Göttingen, 1976.
———. "Zur Thematik republikanischer 'Staatsrechtslehre.'" In O. Behrends et al. (eds.), *Festschrift für F. Wieacker zum 70. Geburtstag*. Göttingen, 1978, 71–89.
Hexter, J. H. "Review Pocock, *The Machiavellian Moment*." *History and Theory* 16, 3 (1977): 306–337.
Hinard, François. "De la dictature à la tyrannie. Réflexions sur la dictature de Sylla." In id., *Dictatures*, 87–96.
———. (ed.). *Dictatures: Actes de la Table ronde réunie à Paris les 27 et 28 février 1984*. Paris, 1988.
———. *Les proscriptions de la Rome républicaine*. Rome, 1985.
———. *Sylla*. Paris, 1985.
Hinrichs, F. T. "Die lateinische Tafel von Bantia und die 'lex de piratis.'" *Hermes* 98 (1970): 471–502.
Hirschman, Albert O. *The Passions and the Interests: Political Arguments for Capitalism before Its Triumph*. Princeton, 1977.
Hirzel, Rudolf. *Agraphos Nomos*. Leipzig, 1900.
Hobbes, Thomas. "Answer to Davenant's Preface to *Gondibert*." In J. E. Spingarn (ed.), *Critical Essays of the Seventeenth Century*. Vol. 2. Oxford, 1908.
———. *De cive. The Latin Version*, ed. H. Warrender. Oxford, 1983.
———. *The Elements of Law*, ed. F. Tönnies. London, 1889.
———. *Leviathan*, ed. Noel Malcolm. 3 vols. Oxford, 2012.
Hoekstra, Kinch. "Early Modern Absolutism and Constitutionalism." *Cardozo Law Review* 34 (2013): 1079–1098.
———. "A Lion in the House: Hobbes and Democracy." In A. Brett et al. (eds.),

Rethinking the Foundations of Modern Political Thought, 191–218. Cambridge, 2006.

Hofmann, H. "Diktatur - eine begriffsgeschichtliche Miniatur." In *Recht-Politik-Verfassung: Studien zur Geschichte der politischen Philosophie*, 122–126. Frankfurt a. M., 1986.

Hölkeskamp, Karl-Joachim. "Ein 'Gegensatz von Form und Inhalt.' Theodor Mommsens Konzept des republikanischen 'Senatsregiments'—Hindernis oder Herausforderung?" In Nippel and Seidensticker, *Theodor Mommsens langer Schatten*, 87–129.

———. (ed.). *Eine politische Kultur (in) der Krise? Die "letzte Generation" der römischen Republik*. Munich, 2009.

———. "Eine politische Kultur (in) der Krise? Gemäßigt radikale Vorbemerkungen zum kategorischen Imperativ der Konzepte." In id., *Eine politische Kultur*, 1–25.

———. *Reconstructing the Roman Republic. An Ancient Political Culture and Modern Research*. Princeton-Oxford, 2010.

———. *Rekonstruktionen einer Republik. Die politische Kultur des antiken Rom und die Forschung der letzten Jahrzehnte*. Historische Zeitschrift, Beihefte Neue Folge 38. Munich, 2004.

———. *Senatus Populusque Romanus. Die politische Kultur der Republik – Dimensionen und Deutungen*. Stuttgart, 2004.

Holmes, Stephen. *Passions and Constraint: On the Theory of Liberal Democracy*. Chicago, 1995.

Hont, Istvan. *Politics in Commercial Society: Jean-Jacques Rousseau and Adam Smith*. Cambridge, MA, 2015.

Horn, Christoph. "Politische Gerechtigkeit bei Cicero und Augustinus." *Etica & Politica / Ethics & Politics* 9 (2007): 46–70.

Hörnqvist, Mikael. *Machiavelli and Empire*. Cambridge, 2004.

Hough, John N. "The Lex Lutatia and the Lex Plautia de vi," *The American Journal of Philology* 51, 2 (1930): 135–147.

Hume, David. "Of some Remarkable Customs." In id., *Political Essays*, 179–185.

———. *Political Essays*, ed. K. Haakonssen. Cambridge, 1994.

———. "That Politics May Be Reduced to a Science." In id., *Political Essays*, 4–15.

Hurlet, Frédéric. *La dictature de Sylla. Monarchie ou magistrature républicaine?* Brussels, 1993.

———. "Pouvoirs extraordinaires et tromperie: La tentation de la Monarchie à la fin de la République romaine (82-44 av. J.-C.)." In A. J. Turner, J. H. Kim On Chong-Gossard, F. J. Vervaet (eds.), *Private and Public Lies: The Discourse of Despotism and Deceit in the Graeco-Roman World*, 107–129. Leiden, 2010, 107–129.

Hutson, James H. (ed.). *Supplement to Max Farrand's The Records of the Federal Convention of 1787*. New Haven, 1987.

Irmscher, J. "Die Diktatur – Versuch einer Begriffsgeschichte." *Klio* 58 (1976): 273–287.

Irwin, Terence. *Aristotle's First Principles*. Oxford, 1988.

———. *The Development of Ethics. A Historical and Critical Study.* Vol. I, *From Socrates to the Reformation.* Oxford, 2007.

———. "Morality as Law and Morality in the *Laws*." In Bobonich, *Plato's* Laws, 92–107.

———. *Plato's Ethics.* Oxford, 1995.

Issacharoff, Samuel, and Richard H. Pildes. "Emergency Contexts without Emergency Powers: The United States' Constitutional Approach to Rights during Wartime." *International Journal of Constitutional Law* (2004): 296–333.

Jacob, Margaret. "Was the Eighteenth-Century Republican Essentially Anticapitalist?" *Republics of Letters: A Journal for the Study of Knowledge, Politics, and the Arts* 2, 1 (2010): http://rofl.stanford.edu/node/66.

Jashemski, W. F. *The Origins and History of the Proconsular and the Propraetorian Imperium to 27 B.C.* Chicago, 1950.

Jefferson, Thomas. "Notes on the State of Virginia: Query XIII." In Merrill D. Peterson (ed.), *Thomas Jefferson: Writings*, 235–255. New York, 1984.

Jehne, Martin. "Krisenwahrnehmung und Vorschläge zur Krisenüberwindung bei Cicero." In J.-M. Roddaz et al. (eds.), *Les fondements et crises du pouvoir*, 379–396. Bordeaux, 2003.

———. *Der Staat des Dictators Caesar.* Cologne, 1987.

———. "Die Volksversammlungen in Mommsens *Staatsrecht* oder: Mommsen als Gesetzgeber." In Nippel and Seidensticker, *Theodor Mommsens langer Schatten*, 131–160.

———. (ed.). *Demokratie in Rom? Die Rolle des Volkes in der Politik der römischen Republik.* Stuttgart, 1995.

Johnston, David. *Roman Law in Context.* Cambridge, 1999.

Kahn, Charles. "From *Republic* to *Laws*: A Discussion of Christopher Bobonich, *Plato's Utopia Recast.*" *Oxford Studies in Ancient Philosophy* 26 (2004): 337–362.

Kalyvas, Andreas. "The Tyranny of Dictatorship: When the Greek Tyrant Met the Roman Dictator." *Political Theory* 35, 4 (2007): 412–442.

Kapust, Daniel. *Republicanism, Rhetoric, and Roman Political Thought: Sallust, Livy, and Tacitus.* Cambridge, 2011.

———. "Skinner, Pettit and Livy: The Conflict of the Orders and the Ambiguity of Republican Liberty." *History of Political Thought* 25, 3 (2004): 377–401.

Kaser, Max. *Das römische Privatrecht.* 2 vols. 2nd edn. Munich, 1971–1975.

Kaster, Robert A., trans., comm. *Cicero: Speech on Behalf of Publius Sestius.* Oxford, 2006.

Keaveney, Arthur. *Sulla, the Last Republican.* 2nd ed. London-New York, 2005.

———. "What Happened in 88?" *Eirene* 20 (1983): 53–86.

Kellett, E. E. *The Story of Dictatorship From the Earliest Times Till Today.* London, 1937.

Kennedy, George. "Classical Influences on *The Federalist*." In John W. Eadie (ed.), *Classical Traditions in Early America*, 110–138. Ann Arbor, 1976.

Keyes, Clinton Walker. "The Constitutional Position of the Roman Dictatorship."

Studies in Philology 14 (1917): 298–305.

———. "Original Elements in Cicero's Ideal Constitution." *American Journal of Philology* 42 (1921): 309–323.

Kingsbury, Benedict, and Benjamin Straumann. "Introduction: Roman Wars and Roman Laws." In Gentili, *The Wars of the Romans*, x-xxv.

———. (eds.). *The Roman Foundations of the Law of Nations: Alberico Gentili and the Justice of Empire*. Oxford, 2010.

———. "The State of Nature and Commercial Sociability in Early Modern International Legal Thought." *Grotiana* 31 (2010): 1–22.

Kleinerman, Benjamin A. *The Discretionary President: The Promise and Peril of Executive Power*. Lawrence, 2009.

Kloft, Hans. *Prorogation und ausserordentliche Imperien 326-81 v. Chr. Untersuchungen zur Verfassung der römischen Republik*. Beiträge zur klassischen Philologie 84. Meisenheim am Glan, 1977.

Knight, Carl. "Unit-Ideas Unleashed: A Reinterpretation and Reassessment of Lovejovian Methodology in the History of Ideas." *Journal of the Philosophy of History* 6 (2012): 195–217.

Kraut, Richard. *Aristotle: Political Philosophy*. Oxford, 2002.

———. "Reason and Justice in Plato's *Republic*." In Lee et al., *Exegesis and Argument*, 207–224.

Kremmydas, Christos. *Commentary on Demosthenes Against Leptines*. Oxford, 2012.

Kunkel, Wolfgang. "Bericht über neuere Arbeiten zur römischen Verfassungsgeschichte I." *Zeitschrift der Savigny-Stiftung für Rechtsgeschichte* 72 (1955): 288–325.

Kunkel, W., and R. Wittmann. *Staatsordnung und Staatspraxis der römischen Republik: Zweiter Abschnitt*. Munich, 1995.

Lacorne, Denis. *L'invention de la République. Le modèle américain*. Paris, 1991.

Laks, André, and Malcolm Schofield (eds.). *Justice and Generosity: Studies in Hellenistic Social and Political Philosophy*. Cambridge, 1995.

Lane, Melissa. *Method and Politics in Plato's Statesman*. Cambridge, 1998.

Lanni, Adriaan. "Judicial Review and the Athenian 'Constitution,'" *Harvard Law School Public Law & Legal Theory Working Paper Series,* Paper No. 10-21 (= M. H. Hansen (ed.). *Demokratia – Ancient and Modern*, 235–263. Geneva, 2010).

———. *Law and Justice in the Courts of Classical Athens*. Cambridge, 2006.

Lanzani, C. *Lucio Cornelio Silla dittatore*. Milan, 1936.

Last, Hugh. "Gaius Gracchus." In *Cambridge Ancient History*. Vol. 9, 40–101. Cambridge, 1962.

———. "Review H. J. Haskell, *This Was Cicero*." *Journal of Roman Studies* 33 (1943): 93–97.

Lausberg, Heinrich. *Handbuch der literarischen Rhetorik: Eine Grundlegung der Literaturwissenschaft*. 3rd ed. Stuttgart, 1990. English trans. D. E. Orton and R. Dean Anderson (eds.). *Handbook of Literary Rhetoric: A Foundation for Literary*

Study. Leiden, 1998.

Lee, Daniel. "'Office is a Thing Borrowed.' Jean Bodin on Offices and Seigneurial Government." *Political Theory* 41, 3 (2013): 409–440.

———. *Popular Sovereignty in Early Modern Constitutional Thought*. Oxford, 2016.

Lee, E., A. Mourelatos, and R. Rorty (eds.). *Exegesis and Argument: Studies in Greek Philosophy Presented to Gregory Vlastos*. Assen, 1973.

Lefèvre, Eckard. *Panaitios' und Ciceros Pflichtenlehre. Vom philosophischen Traktat zum politischen Lehrbuch*. Stuttgart, 2001.

Lehmann, G. A. *Politische Reformvorschläge in der Krise der späten römischen Republik. Cicero de legibus III und Sallusts Sendschreiben an Caesar*. Meisenheim am Glan, 1980.

Levick, B. M. "Sulla's March on Rome in 88 B.C." *Historia* 31 (1982): 503–508.

Levy, Ernst. *Die römische Kapitalstrafe*. Heidelberg, 1931.

Linderski, Jerzy. "The Augural Law." *Aufstieg und Niedergang der römischen Welt* II.16.3 (1986): 2146–2312.

———. "Review Lintott, *The Constitution of the Roman Republic*." *The American Journal of Philology* 122, 4 (2001): 589–592.

———. "The Surname of M. Antonius Creticus and the Cognomina *ex victis gentibus*." In id., *Roman Questions: Selected Papers*, 436–443. Stuttgart, 1995.

Linke, B., and M. Stemmler (eds.). *Mos maiorum: Untersuchungen zu den Formen der Identitätsstiftung und Stabilisierung in der römischen Republik*. Stuttgart, 2000.

Linton, Marisa. *The Politics of Virtue in Enlightenment France*. Basingstoke, UK-New York, 2001.

Lintott, Andrew. "Cicero and Milo." *Journal of Roman Studies* 64 (1974): 62–78.

———. *Cicero as Evidence: A Historian's Companion*. Oxford, 2008.

———. *The Constitution of the Roman Republic*. Oxford, 1999.

———. *Judicial Reform and Land Reform in the Roman Republic*. Cambridge, 1992.

———. *Plutarch: Demosthenes and Cicero*. Oxford, 2013.

———. "*Provocatio* from the Struggle of the Orders to the Principate." *Aufstieg und Niedergang der römischen Welt* I.2 (1972): 226–267.

———. "The Theory of the Mixed Constitution at Rome." In J. Barnes and M. Griffin (eds.), *Philosophia Togata*. Vol. 2, *Plato and Aristotle at Rome*, 70–85. Oxford, 1997.

———. "The Tradition of Violence in the Annals of the Early Roman Republic." *Historia* 19 (1970): 12–29.

———. *Violence in Republican Rome*. 2nd ed. Oxford, 1999.

Lloyd, Howell A. (ed.). *The Reception of Bodin*. Brill's Studies in Intellectual History 223. Leiden-Boston, 2013.

Lo Cascio, E. "Recruitment and the Size of the Roman Population from the Third to the First BCE." In W. Scheidel (ed.), *Debating Roman Demography*, 111–137. Leiden, 2001.

Locke, John. *Two Treatises of Government*, edited with an introduction and notes by Peter Laslett. Cambridge, 1988.

Long, A. A. "Cicero's Politics in *De officiis*." In Laks and Schofield, *Justice and Generosity*, 213–240.

———. "Stoic Philosophers on Persons, Property-Ownership and Community." In R. Sorabji (ed.), *Aristotle and After*, 13–31. Bulletin of the Institute of Classical Studies, Supplement 68. London, 1997.

Lovejoy, Arthur O. *Reflections on Human Nature*. Baltimore, 1961.

Lübtow, Ulrich von. *Das römische Volk: Sein Staat und sein Recht*. Frankfurt a. M., 1955.

Luce, T. James, Jr. "Appian's Magisterial Terminology." *Classical Philology* 56, 1 (1961): 21–28.

Lundgreen, Christoph. *Regelkonflikte in der römischen Republik. Geltung und Gewichtung von Normen in politischen Entscheidungsprozessen*. Stuttgart, 2011.

Lupher, David. "The *De armis Romanis* and the Exemplum of Roman Imperialism." In Kingsbury and Straumann, *The Roman Foundations*, 85–100.

———. *Romans in a New World. Classical Models in Sixteenth-Century Spanish America*. Ann Arbor, 2003.

Mably, Gabriel Bonnot de. *Collection complète des Oeuvres de l'abbé de Mably*, ed. G. Arnoux. 15 vols. Paris, 1794–1795 (rpt. 1977).

———. "Observations sur les Romains." In *Collection complète des Oeuvres*. Vol. 4. English trans. *Observations on the Romans*. London, 1751.

MacCormack, Sabine. *The Shadows of Poetry: Vergil in the Mind of Augustine*. Berkeley, 1998.

MacDowell, Douglas M. *The Law in Classical Athens*. Ithaca, NY, 1978.

Machiavelli, Niccolò. *Discorsi sopra la prima deca di Tito Livio*, ed. C. Vivanti. Turin, 1983.

———. *Discourses on Livy*, trans. H. C. Mansfield, N. Tarcov. Chicago, 1996.

———. *The Discourses of Niccolò Machiavelli*. Trans. with Introduction and Notes by Leslie J. Walker. With a new Introduction and Appendices by Cecil H. Clough. 2 vols. London-Boston, 1975.

MacIntyre, Alasdair. *After Virtue*. 2nd ed. Notre Dame, IN, 1984.

Mackie, J. L. *Ethics: Inventing Right and Wrong*. Harmondsworth, 1977.

MacMullen, Ramsay. "How Many Romans Voted?" *Athenaeum* 58 (1980): 454–457.

Magdelain, André. *Recherches sur l'"imperium." La loi curiate et les auspices d'investiture*. Paris, 1968.

Malcolm, Noel. "Hobbes and the European Republic of Letters." In id., *Aspects of Hobbes*, 457–545. Oxford, 2002.

———. *Reason of State, Propaganda, and the Thirty Years' War: An Unknown Translation by Thomas Hobbes*. Oxford, 2007.

Malcovati, H. (ed.). *Oratorum Romanorum fragmenta*. 4th ed. Turin, 1967.

Manuwald, Gesine. *Cicero, Philippics 3-9*. Edited with Introduction, Translation and Commentary. 2 vols. Berlin, 2007.

Markus, R. A. *Saeculum: History and Society in the Theology of St Augustine.* Cambridge, 1989.
Marshall, B. A. *A Historical Commentary on Asconius.* Columbia, MO, 1985.
Marshall, John. *John Locke: Resistance, Religion and Responsibility.* Cambridge, 1994.
Martin, Jean-Clément. *Violence et Révolution: Essai sur la naissance d'un mythe national.* Paris, 2006.
Martin, Jochen. "Die Provokation in der klassischen und späten Republik." *Hermes* 98 (1970): 72-96.
Martino, Francesco de. *Storia della costituzione romana.* 3 vols. 2nd ed. Naples, 1972-73.
McCuaig, W. *Carlo Sigonio: The Changing World of the Late Renaissance.* Princeton, 1989.
McCullough, David. *John Adams.* New York, 2001.
McDaniel, Iain. *Adam Ferguson in the Scottish Enlightenment: The Roman Past and Europe's Future.* Cambridge, MA-London, 2013.
McDonald, Forrest. *Novus Ordo Seclorum: The Intellectual Origins of the Constitution.* Lawrence, 1985.
McIlwain, C. H. *Constitutionalism Ancient and Modern.* Ithaca, NY, 1947.
McLean, Iain. "Thomas Jefferson, John Adams, and the *Déclaration des droits de l'homme et du citoyen.*" In R. Fatton, Jr. and R. K. Ramazani (eds.), *The Future of Liberal Democracy: Thomas Jefferson and the Contemporary World,* 13-30. New York, 2004.
McMahon, Darrin, and Samuel Moyn (eds.). *Rethinking Modern European Intellectual History.* Oxford, 2014.
Mehmel, F. "Machiavelli und die Antike." *Antike und Abendland* 3 (1948): 152-186.
Meier, Christian. "Antworten." In Bernett et al., *Christian Meier,* 259-310.
———. *Caesar: A Biography,* trans. David McLintock. London, 1995.
———. *Res publica amissa. Eine Studie zur Verfassung und Geschichte der späten römischen Republik.* 2nd ed. Wiesbaden, 1980 (orig. 1966).
Meinecke, Friedrich. *Die Idee der Staatsräson in der neueren Geschichte.* 3rd ed. Munich, 1963.
———. *Machiavellism: The Doctrine of Raison d'État and Its Place in Modern History.* London, 1957.
Meloni, Giovanni. "Dictatura popularis." In Hinard, *Dictatures,* 73-86.
Meyer, Eduard. *Caesars Monarchie und das Principat des Pompeius.* 3rd ed. Stuttgart, 1922 (rpt. Darmstadt, 1974).
Meyer, Ernst. *Römischer Staat und Staatsgedanke.* 4th ed. Zurich, 1975.
Meyer, Inga. *Von der Vision zur Reform. Der Staat der Gesetze: Ciceros Programm einer Neuordnung der Römischen Republik: 56-51 v. Chr.* Munich, 2006.
Mill, John Stuart. *A System of Logic.* In J. M. Robson (ed.), *Collected Works of John Stuart Mill.* Vols. 7 and 8. Toronto, 1974.

Millar, Fergus. *The Crowd in Rome in the Late Republic*. Ann Arbor, 1998.

———. "Politics, Persuasion and the People before the Social War (150-90 BC)." *Journal of Roman Studies* 76 (1986): 1–11.

———. *The Roman Republic in Political Thought*. Hanover-London, 2002.

———. *A Study of Cassius Dio*. Oxford-New York, 1964.

Miller, Jon. "Stoics, Grotius and Spinoza on Moral Deliberation." In Miller and Inwood, *Hellenistic and Early Modern*, 116–140.

Miller, Jon, and B. Inwood (eds.). *Hellenistic and Early Modern Philosophy*. Cambridge, 2003.

Mirhady, David C. "The Dikasts' Oath and the Question of Fact." In A. Sommerstein and J. Fletcher (eds.), *Horkos: The Oath in Greek Society*, 48–59. Bristol, 2007.

Mitchell, T. N. "Cicero and the *Senatus Consultum Ultimum*." *Historia* 20 (1971): 47–61.

Mitsis, Phillip. "Locke's Offices." In Miller and Inwood, *Hellenistic and Early Modern*, 45–61.

———. "The Stoics on Property and Politics." *The Southern Journal of Philosophy* 43 (2005): 230–239.

Moatti, Claudia. *La Raison de Rome. Naissance de l'esprit critique à la fin de la République*. Paris, 1997.

Molthagen, J. "Die Durchführung der gracchischen Agrarreform." *Historia* 22 (1973): 423–458.

Mommsen, Theodor. *Abriß des römischen Staatsrechts*. 2nd ed. Leipzig, 1907.

———. *Römische Geschichte*. Rpt. with Introduction by Stefan Rebenich. Darmstadt, 2010 (orig. 1854-56).

———. *Römisches Staatsrecht*. 3 vols. Leipzig, 1887-1888 (rpt. 1952).

Montesquieu, Charles de Secondat, Baron de. *Considerations on the Causes of the Greatness of the Romans and Their Decline*. Trans., with Introduction and Notes by David Lowenthal. Indianapolis-Cambridge, 1999.

———. *Oeuvres complètes*, ed. Édouard Laboulaye. Vol. 2, *Le Temple de Gnide, Grandeur et Décadence des Romains*, etc. Paris, 1876.

———. *Oeuvres complètes*, ed. D. Oster. Paris, 1964.

———. *The Spirit of the Laws*, ed. A. Cohler, B. Miller, H. Stone. Cambridge, 1989.

Morgan, M. Gwyn. "Q. Metellus (cos. 206). Dictatorii in the Pre-Sullan Senate and the End of the Dictatorship." *Athenaeum* 79 (1991): 359–370.

Morrow, G. R. *Plato's Cretan City*. Princeton, 1960.

Morstein-Marx, Robert. "Consular Appeals to the Army in 88 and 87: The Locus of Legitimacy in Late Republican Rome." In Beck et al., *Consuls and Res Publica*, 259–278.

———. "*Dignitas* and *res publica*: Caesar and Republican Legitimacy." In Hölkeskamp, *Eine politische Kultur*, 115–140.

———. *Mass Oratory and Political Power in the Late Roman Republic*. Cambridge, 2004.

Mossé, Claude. *L'Antiquité dans la Révolution française.* Paris, 1989.
Mouritsen, Henrik. *Plebs and Politics in Late Republican Rome.* Cambridge, 2001.
Moyle, Walter. *An Essay on the Constitution and Government of the Roman State.* In C. Robbins (ed.), *Two English Republican Tracts,* 201–259. Cambridge, 1969.
Moyn, Samuel. *The Last Utopia: Human Rights in History.* Cambridge, MA, 2010.
Münkler, Herfried. *Im Namen des Staates. Die Begründung der Staatsraison in der frühen Neuzeit.* Hamburg, 1987.
Münkler, H., and M. Llanque. "Diktatur." In *Der Neue Pauly. Enzyklopädie der Antike,* ed. M. Landfester, in association with H. Cancik and H. Schneider. Rezeptions- und Wissenschaftsgeschichte. Vol. XV/2. Stuttgart-Weimar, 2002.
Münzer, Friedrich. *Römische Adelsparteien und Adelsfamilien.* Stuttgart, 1920.
———. "Ti. Sempronius Gracchus." *Paulys Realenzyklopädie der klassischen Altertumswissenschaft* II A2 (1923): 1409–1426.
Nagel, Thomas. *Equality and Partiality.* New York, 1991.
Nedham, Marchamont. *The Excellencie of a Free-State; Or, The Right Constitution of a Commonwealth.* Ed. and with an Introduction by Blair Worden. Indianapolis, 2011.
Nelson, Eric. *The Greek Tradition in Republican Thought.* Cambridge, 2004.
———. *The Hebrew Republic. Jewish Sources and the Transformation of European Political Thought.* Cambridge, MA, 2010.
———. *The Royalist Revolution: Monarchy and the American Founding.* Cambridge, MA, 2014.
Neschke-Hentschke, Ada. *Platonisme politique et théorie du droit naturel dans l'Antiquité.* Louvain, 1995.
Newman, W. L. *The Politics of Aristotle. With an Introduction, Two Prefatory Essays, and Notes Critical and Explanatory.* 4 vols. Oxford, 1887–1902.
Nicolet, Claude. "Consul togatus." *Revue des Études Latines* 38 (1960): 695–716.
———. "Le *de re publica* (VI, 12) et la dictature de Scipion." *Revue des Études Latines* 42 (1964): 212–230.
———. "Dictateurs romains, strategoi autokratores grecs et généraux carthaginois." In Hinard, *Dictatures,* 27–47.
———. "Dictatorship in Rome." In Peter Baehr and Melvin Richter (eds.), *Dictatorship in History and Theory.* Cambridge, 2004, 263–278.
———. *Rome et la conquête du monde méditerranéen: 1) Les structures de l'Italie romaine.* Paris, 1977.
———. *The World of the Citizen in Republican Rome,* trans. P. S. Falla. Berkeley-Los Angeles, 1980.
Niggemann, Ulrich, and Kai Ruffing (eds.). *Antike als Modell in Nordamerika?* Historische Zeitschrift, Beiheft 55. Munich, 2011.
Nippel, Wilfried. *Antike oder moderne Freiheit? Die Begründung der Demokratie in Athen und in der Neuzeit.* Frankfurt a. M., 2008.
———. "Antike und moderne Freiheit." In W. Jens and B. Seidensticker (eds.), *Ferne*

und Nähe der Antike, 49–68. Berlin, 2003.

———. *Aufruhr und "Polizei" in der römischen Republik*. Stuttgart, 1988.

———. "Carl Schmitts 'kommissarische' und 'souveräne Diktatur.' Französische Revolution und römische Vorbilder." In Harald Blum et al. (eds.). *Ideenpolitik: Geschichtliche Konstellationen und gegenwärtige Konflikte*, 105–139. Berlin, 2011.

———. "Emergency Powers in the Roman Republic." In Pasquale Pasquino and Bernard Manin (eds.), *La théorie politico-constitutionnelle du gouvernement d'exception*, 5–23. Paris, 2000.

———. "Gesetze, Verfassungskonventionen, Präzedenzfälle." In Hölkeskamp, *Eine politische Kultur*, 87–97.

———. "Klassischer Republikanismus in der frühen Neuzeit: Kritische Nachfragen." In Niggemann and Ruffing, *Antike als Modell*, 23–34.

———. "Macht, Machtkontrolle und Machtentgrenzung. Zu einigen antiken Konzeptionen und ihrer Rezeption in der frühen Neuzeit." In J. Gebhardt and H. Münkler (eds.), *Bürgerschaft und Herrschaft: Zum Verhältnis von Macht und Demokratie im antiken und neuzeitlichen politischen Denken*, 58–78. Baden-Baden, 1993.

———. *Mischverfassungstheorie und Verfassungsrealität in Antike und früher Neuzeit*. Stuttgart, 1980.

———. *Public Order in Ancient Rome*. Cambridge, 1995.

———. "Regel und Ausnahme in der römischen Verfassung." In Bernett et al., *Christian Meier*, 121–141.

———. "The Roman Notion of *Auctoritas*." In P. Pasquino and P. Harris (eds.), *The Concept of Authority. A Multidisciplinary Approach: From Epistemology to the Social Sciences*, 13–34. Quaderni della Fondazione Adriano Olivetti 55. Rome, 2007.

———. "Saving the Constitution: The European Discourse on Dictatorship." In J. Coleman and P. M. Kitromilides (eds.), *In the Footsteps of Herodotus. Towards European Political Thought*, 29–49. Florence, 2012.

Nippel, Wilfried, and Bernd Seidensticker (eds). *Theodor Mommsens langer Schatten. Das römische Staatsrecht als bleibende Herausforderung für die Forschung*. Hildesheim, 2005.

Nocera, Guglielmo. *Il potere dei comizi e i suoi limiti*. Milan, 1940.

Nolte, E. "Diktatur." In W. Conze et al. (eds.), *Geschichtliche Grundbegriffe*. Vol. 1, 900–924. Stuttgart, 1972.

Norbrook, David. *Writing the English Republic: Poetry, Rhetoric, and Politics, 1627-1660*. New York, 1999.

Nörr, D. *Rechtskritik in der römischen Antike*. Munich, 1974.

North, Douglass C. *Institutions, Institutional Change and Economic Performance*. Cambridge, 1990.

North, Douglass C., J. J. Wallis, and Barry R. Weingast. *Violence and Social*

Orders: A Conceptual Framework for Interpreting Recorded Human History. Cambridge, 2009.

North, Douglass C., and Barry R. Weingast. "Constitutions and Commitment: The Evolution of Institutions Governing Public Choice in Seventeenth-Century England." *The Journal of Economic History* 49, 4 (1989): 803–832.

North, John. "Politics and Aristocracy in the Roman Republic." *Classical Philology* 85, 4 (1990): 277–287.

Nussbaum, Martha C. "Duties of Justice, Duties of Material Aid: Cicero's Problematic Legacy." *Journal of Political Philosophy* 8, 2 (2000): 176–206.

Oakley, S. P. *Commentary on Livy, Books VI-X.* 4 vols. Oxford, 1997–2005.

Ober, Josiah. *Mass and Elite in Democratic Athens: Rhetoric, Ideology, and the Power of the People.* Princeton, 1989.

O'Daly, Gerard. *Augustine's City of God: A Reader's Guide.* Oxford, 2004.

Ogilvie, R. M. *A Commentary on Livy, Books 1-5.* Oxford, 1965.

Osmond, Patricia J. "'Princeps Historiae Romanae': Sallust in Renaissance Political Thought." *Memoirs of the American Academy in Rome* 40 (1995): 101–143.

Ostwald, Martin. *From Popular Sovereignty to the Sovereignty of Law.* Berkeley, 1986.

———. *Nomos and the Beginnings of the Athenian Democracy.* Oxford, 1969.

———. "Was there a Concept ἄγραφος νόμος in Classical Greece?" In Lee et al., *Exegesis and Argument*, 70–104.

Paine, Thomas. *The Rights of Man.* In Moncure Daniel Conway (ed.), *The Writings of Thomas Paine.* Vol. 2. New York-London, 1894.

Paleit, Edward. *War, Liberty, and Caesar: Responses to Lucan's 'Bellum Ciuile', ca. 1580-1650.* Oxford-New York, 2013.

Pani, Mario. *Il costituzionalismo di Roma antica.* Rome, 2010.

Parker, H. T. *The Cult of Antiquity and the French Revolutionaries.* New York, 1965 (orig. 1937).

Pennington, K. *The Prince and the Law, 1200-1600.* Berkeley, 1993.

Perelli, L. *Il movimento popolare nell'ultimo secolo della Repubblica.* Turin, 1982.

Perreau-Saussine, Emile. "Quentin Skinner in Context." *The Review of Politics* 69 (2007): 106–122.

Pettit, Philip. *On the People's Terms: A Republican Theory and Model of Democracy.* Cambridge, 2012.

———. *Republicanism. A Theory of Freedom and Government.* Oxford, 1997.

Pizzorni, R. M. *Il diritto naturale dalle origini a S. Tommaso d'Aquino.* Rome, 1978.

Plaumann, G. "Das sogenannte *senatus consultum ultimum*, die Quasidiktatur der späten römischen Republik." *Klio* 13 (1913): 321–386.

Plumpe, J. *Wesen und Wirkung der auctoritas maiorum bei Cicero.* Bochum, 1932.

Pocock, J. G. A. *The Machiavellian Moment: Florentine Political Thought and the Atlantic Political Tradition.* Princeton, 1975.

Podes, Stephan. "Die Krise der späten römischen Republik und Ciceros

Rechtsphilosophie (de legibus): Bedingung der Möglichkeit zur Alternative?" *Archiv für Rechts- und Sozialphilosophie / Archives for Philosophy of Law and Social Philosophy* 77, 1 (1991): 84–94.

Podoksik, Efraim. "One Concept of Liberty: Towards Writing the History of a Political Concept." *Journal of the History of Ideas* 71, 2 (2010): 219–240.

Pollmann, K. et al. (eds.). *The Oxford Guide to the Historical Reception of Augustine.* Oxford, 2013.

Pomtow, H. "Delphische Neufunde V." *Klio* 17 (1921): 171–174.

Premerstein, Anton von. "Commentarii." *Paulys Realenzyklopädie der klassischen Altertumswissenschaft* 4.1 (1900): 726–759.

Ptolemy of Lucca. *On the Government of Rulers. De Regimine Principum.* With Portions Attributed to Thomas Aquinas. Translated and Introduced by James M. Blythe. Philadelphia, 1997.

Pufendorf, Samuel. *De iure naturae et gentium libri octo.* Frankfurt, 1704. English trans. by B. Kennett. *Of the Law of Nature and Nations: Eight Books.* London, 1729 (rpt. 2005).

Quaglioni, Diego. *I limiti della sovranità: il pensiero di J. Bodin nella cultura politica e giuridica dell'età moderna.* Padua, 1992.

———. "The Italian 'Readers' of Bodin, 17th-18th Centuries: The Italian 'Readers' out of Italy—Alberico Gentili (1552-1608)." In Lloyd, *Reception of Bodin*, 371–386.

———. *Politica e diritto nel trecento Italiano. Il "De tyranno" di Bartolo da Sassoferrato (1314-1357). Con l'edizione critica dei trattati "De Guelphis et Gebellinis," "De regimine civitatis" e "De tyranno."* Florence, 1983.

Quaritsch, H. *Staat und Souveränität.* Vol. 1. Frankfurt a.M., 1970.

Rahe, Paul. *Against Throne and Altar: Machiavelli and Political Theory in the English Republic.* Cambridge, 2008.

———. "The Book that Never Was: Montesquieu's *Considerations on the Romans* in Historical Context." *History of Political Thought* 26, 1 (2005): 43–89.

———. "Montesquieu's anti-Machiavellian Machiavellianism." *History of European Ideas* 37, 2 (2011): 128–136.

———. *Republics Ancient and Modern.* Chapel Hill, 1992.

———. *Republics Ancient and Modern.* Vol. 1: *The Ancient Régime in Classical Greece.* Chapel Hill, 1994.

———. "Review Nelson, *The Greek Tradition in Republican Thought.*" *The Historical Journal* 49, 2 (2006): 635–642.

Raskolnikoff, Mouza. *Histoire romaine et critique historique dans l'Europe des Lumières: La naissance de l'hypercritique dans l'historiographie de la Rome antique.* Strasbourg, 1992.

Rathbone, D. W. "The Control and Exploitation of *ager publicus* in Italy under the Roman Republic." In Jean-Jacques Aubert (ed.), *Tâches publiques et entreprise privée dans le monde romain*, 135–178. Geneva, 2003.

Rawson, Elizabeth. "The Interpretation of Cicero's *De legibus*." *Aufstieg und Niedergang der römischen Welt* 1.4 (1973): 334–356.

———. "Review Girardet, *Die Ordnung der Welt*." *Journal of Roman Studies* 75 (1985): 310–311.

———. *The Spartan Tradition in European Thought*. New York, 1969.

Raz, Joseph. "Can There Be a Theory of Law?" In *The Blackwell Guide to the Philosophy of Law and Legal Theory*, ed. M. G. Golding and W. A. Edmundson. Oxford, 2005.

———. *Practical Reason and Norms*. Oxford, 1990.

Rech, H. "Mos maiorum. Wesen und Wirkung der Tradition in Rom." Diss. Marburg, 1936.

Reeve, C. D. C. *Philosopher-Kings: The Argument of Plato's Republic*. Princeton, 1988.

Reinhold, Meyer. *Classica Americana: The Greek and Roman Heritage in the United States*. Detroit, 1984.

Rhodes, P. J. "*Nomothesia* in Fourth-Century Athens." *Classical Quarterly* 35 (1985): 55–60.

Richard, Carl J. *The Founders and the Classics. Greece, Rome, and the American Enlightenment*. Cambridge, MA, 1994.

Richardson, John. *The Language of Empire: Rome and the Idea of Empire from the Third Century BC to the Second Century AD*. Cambridge-New York, 2008.

Richter, Melvin. *The Political Theory of Montesquieu*. Cambridge, 1977.

Ridley, Ronald T. "*Leges Agrariae*: Myths Ancient and Modern." *Classical Philology* 95, 4 (2000): 459–467.

———. "Pompey's Commands in the 50's: How Cumulative?" *Rheinisches Museum* 126 (1983): 136–148.

Riklin, Alois. *Machtteilung: Geschichte der Mischverfassung*. Darmstadt, 2006.

Riley, Patrick. "The (Non-) Legal Thought of Niccolò Machiavelli." In E. Pattaro et al. (eds.), *A Treatise of Legal Philosophy and General Jurisprudence*. Vol 9, *A History of the Philosophy of Law in the Civil Law World, 1600-1900*, 355–363. Dordrecht, 2009.

Rilinger, Rolf. "Die Ausbildung von Amtswechsel und Amtsfristen als Problem zwischen Machtbesitz und Machtgebrauch in der Mittleren Republik (342 bis 217 v. Chr.)." In T. Schmitt and A. Winterling (eds.), *Ordo und dignitas: Beiträge zur römischen Verfassungs- und Sozialgeschichte*, 11–76. Stuttgart, 2007 (= *Chiron* 8 [1978]: 247–312).

Robb, M. A. *Beyond Populares and Optimates: Political Language in the Late Republic*. Historia Einzelschriften 213. Stuttgart, 2010.

Roberts, Jennifer Tolbert. *Athens on Trial: The Antidemocratic Tradition in Western Thought*. Princeton, 1994.

Rodgers, Barbara S. "Catulus' Speech in Cassius Dio 36.31-36." *Greek, Roman, and Byzantine Studies* 48 (2008): 295–318.

Rödl, Bernd. *Das Senatus Consultum Ultimum und der Tod der Gracchen*. Bonn, 1969.

Roloff, H. *Maiores bei Cicero*. Göttingen, 1938.
Roselaar, Saskia T. *Public Land in the Roman Republic: A Social and Economic History of Ager Publicus in Italy, 396-89 BC*. Oxford, 2010.
Rossiter, C. L. *Constitutional Dictatorship. Crisis Government in the Modern Democracies*. New Brunswick, NJ, 2002 (orig. Princeton, 1948).
Rotondi, G. *Leges publicae populi Romani*. Hildesheim, 1966 (orig. Milan, 1912).
Rousseau, Jean-Jacques. "Du contrat social." In *Oeuvres complètes*. Vol. 3. Paris, 1964.
———. *The Social Contract and Other Later Political Writings*, ed. and trans. V. Gourevitch. Cambridge, 1997.
Rowe, Christopher. "The *Politicus* and Other Dialogues." In Rowe and Schofield, *Cambridge History*, 233–257.
Rowe, Christopher, and Malcolm Schofield (eds.). *The Cambridge History of Greek and Roman Political Thought*. Cambridge, 2000.
Salamonius, Marius. *Marii Salamonii De principatu libros septem*, rec. Marius d'Addio. Milan, 1955.
———. *Patritii Romani de principatu*. Paris, 1578.
Salmon, J. H. M. "Bodins politische Philosophie. Diskussion." In Horst Denzer (ed.), *Jean Bodin: Verhandlungen der internationalen Bodin-Tagung in München/Proceedings of the International Conference on Bodin in Munich/Actes du colloque international Jean Bodin à Munich*, 461–487. Munich, 1973.
———. "The Legacy of Jean Bodin: Absolutism, Populism or Constitutionalism?" *History of Political Thought* 17 (1996): 500–522.
Santangelo, Federico. *Sulla, the Elites and the Empire: A Study of Roman Policies in Italy and the Greek East*. Leiden-Boston, 2007.
Sauer, Jochen. "Dichotomie in der Naturrechtskonzeption von Ciceros Schrift *De legibus*?" *Rheinisches Museum* 155 (2012): 65–84.
Schanbacher, Dietmar. "Ius und mos: Zum Verhältnis rechtlicher und sozialer Normen." In M. Braun et al. (eds.), *Moribus antiquis res stat Romana. Römische Werte und römische Literatur im 3. und 2. Jh. v. Chr.*, 353–371. Munich, 2000.
Schmitt, Carl. *Die Diktatur. Von den Anfängen des modernen Souveränitätsgedankens bis zum proletarischen Klassenkampf*. 3rd ed. Berlin, 1964.
Schofield, M. "Cicero's Definition of *Res Publica*." In J. G. F. Powell (ed.), *Cicero the Philosopher*, 63–83. Oxford, 1995.
———. "Cosmopolitanism, Imperialism and Justice in Cicero's *Republic* and *Laws*." *Journal of Intellectual History and Political Thought* 2.1 (2013): 5–34.
———. *Plato: Political Philosophy*. Oxford, 2006.
———. "Social and Political Thought." In Keimpe Algra et al. (eds.), *The Cambridge History of Hellenistic Philosophy*, 739–770. Cambridge, 2005.
Schwartzberg, Melissa. "Athenian Democracy and Legal Change." *The American Political Science Review* 98, 2 (2004): 311–325.
———. "Was the *Graphe Paranomon* a Form of Judicial Review?" *Cardozo Law Review*

34 (2013): 1049–1062.
Seager, Robin. *Pompey the Great: A Political Biography*. 2nd ed. Oxford, 2002.
——. "Sulla's Monarchy: Review Hurlet, *La dictature*." *Classical Review* 44, 2 (1994): 347–348.
Selden, John. *The Table Talk of John Selden*. With a Biographical Preface and Notes by S.W. Singer. 2nd ed. London, 1856.
Sellers, Mortimer N. S. *American Republicanism: Roman Ideology in the United States Constitution*. New York, 1994.
Shackleton Bailey, D. R. *Cicero's Letters to Atticus*. Vol. 4. Cambridge, 1968.
Shalev, Eran. *Rome Reborn on Western Shores: Historical Imagination and the Creation of the American Republic*. Charlottesville-London, 2009.
Shalhope, Robert E. "Republicanism and Early American Historiography." *The William and Mary Quarterly* 39, 2 (1982): 334–356.
——. "Toward a Republican Synthesis: The Emergence of an Understanding of Republicanism in American Historiography." *The William and Mary Quarterly* 29, 1 (1972): 49–80.
Sherk, R. K. *Rome and the Greek East to the Death of Augustus*. Cambridge, 1984.
Sherwin-White, A. N. "Review Bleicken, *Senatsgericht*." *Journal of Roman Studies* 53 (1963): 203–205.
Shklar, Judith. *Montesquieu*. Oxford, 1987.
——. "Montesquieu and the New Republicanism." In G. Bock, Q. Skinner, M. Viroli (eds.), *Machiavelli and Republicanism*, 265–279. Cambridge, 1990.
Sigonio, Carlo. *De antiquo iure civium Romanorum libri duo*. Venice, 1560.
——. *In Fastos Commentarius*. 2nd ed. Basel, 1559.
Simmonds, K. R. "The Gentili Manuscripts." *Zeitschrift der Savigny-Stiftung für Rechtsgeschichte, Romanistische Abteilung* 76 (1959): 534–552.
Skinner, Quentin. *The Foundations of Modern Political Thought*. 2 vols. Cambridge, 1978.
——. *Hobbes and Republican Liberty*. Cambridge, 2008.
——. "The Idea of Negative Liberty: Philosophical and Historical Perspectives." In Richard Rorty (ed.), *Philosophy in History: Essays in the Historiography of Philosophy*, 193–222. Cambridge, 1984.
——. *Liberty before Liberalism*. Cambridge, 1998.
——. *Machiavelli*. Oxford, 1981.
——. *Visions of Politics*. Vol. 3. Cambridge, 2002.
Smith, Adam. *The Theory of Moral Sentiments*, ed. D. D. Raphael and A. L. Macfie. Oxford, 1976.
Sonenscher, Michael. *Before the Deluge: Public Debt, Inequality, and the Intellectual Origins of the French Revolution*. Princeton, 2007.
Sordi, Marta. "Ottaviano patrono di Taranto nel 43 a. C." *Epigraphica* 31 (1969): 79–83.
——. "La sacrosanctitas tribunicia e la sovranità popolare in un discorso di Tiberio Gracco." In id. (ed.), *Religione e politica nel mondo antico*, 124–130. Pubblicazioni

della Università Cattolica. Milan, 1981.

Spelman, John. *The Case of Our Affaires, in Law, Religion and Other Circumstances Briefly Examined, and Presented to the Conscience.* Oxford, 1643.

———. *Certain Considerations Upon the Duties Both of Prince and People.* Oxford, 1642.

Steinberger, Peter J. "Analysis and History of Political Thought." *The American Political Science Review* 103, 1 (2009): 135–146.

Stevenson, Tom. "Readings of Scipio's Dictatorship in Cicero's *De Re Publica* (6.12)." *Classical Quarterly* 55 (2005): 140–152.

St John, Henry, Viscount Bolingbroke. *A Dissertation upon Parties.* In *The Works of Lord Bolingbroke.* Vol. 2. Philadelphia, 1841.

Stock, Brian. *Augustine the Reader.* Cambridge, MA, 1996.

Stolleis, Michael. *Geschichte des öffentlichen Rechts in Deutschland.* Vol. 1, *Reichspublizistik und Policeywissenschaft 1600-1800.* 2nd ed. Munich, 2012.

———. *Staat und Staatsräson in der frühen Neuzeit.* Frankfurt a.M., 1990.

Stourzh, Gerald. *Alexander Hamilton and the Idea of Republican Government.* Stanford, 1970.

Straumann, Benjamin. "*Appetitus societatis* and *oikeiosis*: Hugo Grotius' Ciceronian Argument for Natural Law and Just War." *Grotiana* N.S. 24/25 (2003/2004): 41–66.

———. "The *Corpus iuris* as a Source of Law between Sovereigns in Alberico Gentili's Thought." In Kingsbury and Straumann, *The Roman Foundations*, 101–123.

———. "*Ius erat in armis*: The Roman and Spanish Empires and Their Discontents." *International Journal of the Classical Tradition* 13, 4 (2007): 597–607.

———. "Review Allély, *La déclaration d'hostis sous la République romaine.*" *Klio* 96, 2 (2014): 364–367.

———. "Review Beck et al., *Consuls and Res Publica.*" *Classical Review* 63 (2013): 174–178.

———. "Review Golden, *Crisis Management during the Roman Republic.*" *Classical Philology* 110, 2 (2015): 168-173.

———. "Review Hammer, *Roman Political Thought and the Modern Theoretical Imagination.*" *Perspectives on Politics* 8, 2 (2010): 660–662.

———. "Review Nippel, *Antike oder moderne Freiheit?*" *Bryn Mawr Classical Review* 2008.10.31.

———. *Roman Law in the State of Nature: The Classical Foundations of Hugo Grotius' Natural Law.* Cambridge, 2015.

Striker, Gisela. "Origins of the Concept of Natural Law." In id., *Essays on Hellenistic Epistemology and Ethics*, 209–220. Cambridge, 1996.

Stroh, Wilfried. "*De domo sua*: Legal Problem and Structure." In J. Powell and J. Paterson (eds.), *Cicero the Advocate*, 313–370. Oxford, 2004.

Sullivan, Vickie B. "Against the Despotism of a Republic: Montesquieu's Correction of Machiavelli in the Name of the Security of the Individual." *History of Political Thought* 27, 2 (2006): 263–289.

———. *Machiavelli, Hobbes, and the Formation of a Liberal Republicanism in England*. Cambridge, 2004.

———. "Walter Moyle's Machiavellianism, Declared and Otherwise, in *An Essay upon the Constitution of the Roman Government*." *History of European Ideas* 37, 2 (2011): 120–127.

Sundahl, Mark. "The Living Constitution of Ancient Athens: A Comparative Perspective on the Originalism Debate." *The John Marshall Law Review* 42 (2009): 463–504.

Syme, Ronald. *The Roman Revolution*. 2nd ed. Oxford, 1952.

Tatum, W. Jeffrey. *The Patrician Tribune: Publius Clodius Pulcher*. Chapel Hill-London, 1999.

Täubler, E. *Untersuchungen zur Geschichte des Decemvirats und der XII-Tafeln*. Berlin, 1921.

Taylor, C. C. W. "Plato's Totalitarianism." *Polis* 5 (1986): 4–29.

———. "Politics." In Jonathan Barnes (ed.), *The Cambridge Companion to Aristotle*, 233–258. Cambridge, 1995.

Testard, Maurice. *Saint Augustin et Cicéron*. 2 vols. Paris, 1958.

Thomas, Yan. *Mommsen et "l'Isolierung" du droit. Rome, l'Allemagne et l'État*. Paris, 1984.

Thommen, Lukas. *Das Volkstribunat der späten römischen Republik*. Stuttgart, 1989.

Thompson, C. Bradley. "John Adams's Machiavellian Moment." *The Review of Politics* 57, 3 (1995): 389–417.

Trenchard, John, and Thomas Gordon. *Cato's Letters, or Essays on Liberty, Civil and Religious, and Other Important Subjects*. 4 vols. in 2. Ed. and Annotated by Ronald Hamowy. Indianapolis, 1995.

Tuck, Richard. *Rights of War and Peace: Political Thought and the International Order from Grotius to Kant*. Oxford, 1999.

Turchetti, Mario. "'Despotism' and 'Tyranny': Unmasking a Tenacious Confusion." *European Journal of Political Theory* 7, 2 (2008): 159–182.

Ungern-Sternberg, Jürgen von. "Appians Blick auf Rom." In id., *Römische Studien*, 199–217.

———. "Die beiden Fragen des Titus Annius Luscus." In *Sodalitas. Festschrift A. Guarino*, 339–348. Naples, 1984 (=id. *Römische Studien*, 264–272).

———. "Das Dezemvirat im Spiegel der römischen Überlieferung." In K. A. Raaflaub (ed.), *Social Struggles in Archaic Rome. New Perspectives on the Conflict of the Orders*, 75–97. 2nd ed. Oxford, 2005 (=id. *Römische Studien*, 75–99, with additional notes).

———. "Die Legitimitätskrise der römischen Republik." *Historische Zeitschrift* 266 (1998): 607–624 (=id. *Römische Studien*, 390–404).

———. *Römische Studien*. Munich, 2006.

———. "Romulus-Bilder: Die Begründung der Republik im Mythos." In *Römische Studien*, 30–50.

———. *Untersuchungen zum spätrepublikanischen Notstandsrecht. Senatus consultum ultimum und hostis-Erklärung.* Munich, 1970.

———. "Das Verfahren gegen die Catilinarier oder: Der vermiedene Prozess." In U. Manthe and J. v. Ungern-Sternberg (eds.), *Grosse Prozesse in der römischen Antike*, 85–99, 204–206. Munich, 1997 (=id. *Römische Studien*, 341–357).

———. "Die Wahrnehmung des 'Ständekampfes' in der römischen Geschichtsschreibung." In W. Eder et al. (eds.), *Staat und Staatlichkeit in der frühen römischen Republik*, 92–102. Stuttgart, 1990.

Vander Waerdt, Paul. "Philosophical Influence on Roman Jurisprudence? The Case of Stoicism and Natural Law." *Aufstieg und Niedergang der römischen Welt* II.36.7 (1994): 4854–4856.

Van Kley, D. (ed.). *The French Idea of Freedom: The Old Regime and the Declaration of Rights in 1789.* Stanford, 1994.

Vázquez de Menchaca, Fernando. *Controversiarum illustrium aliarumque usu frequentium libri tres*, ed. F. Rodriguez Alcalde. Vol. 2. Valladolid, 1931.

Vervaet, Frederik J. *The High Command in the Roman Republic: The Principle of the summum imperium auspiciumque from 509 to 19 BCE.* Stuttgart, 2014.

———. "The *Lex Valeria* and Sulla's Empowerment as Dictator (82-79 BCE)." *Cahiers Glotz* 15 (2004): 37–84.

———. "Pompeius' Career from 79 to 70 BCE: Constitutional, Political and Historical Considerations." *Klio* 91 (2009): 406–434.

———. "The Praetorian Proconsuls of the Roman Republic (211-52 BCE). A Conditional Survey." *Chiron* 42 (2012): 45–96.

Viroli, Maurizio. *Machiavelli.* Oxford, 1998.

———. *Republicanism.* New York, 2002.

Vlastos, Gregory. *Studies in Greek Philosophy.* Vol. 2, *Socrates, Plato, and Their Tradition*, ed. Daniel W. Graham. Princeton, 1995.

Volkmann, H. *Sullas Marsch auf Rom.* Munich, 1958.

Walbank, F. W. "A Greek Looks at Rome: Polybius VI Revisited." In id., *Polybius, Rome and the Hellenistic World: Essays and Reflections*, 277–292. Cambridge, 2002.

———. *A Historical Commentary on Polybius.* 3 vols. Oxford, 1957-1979.

———. *Polybius.* Berkeley-Los Angeles, 1972.

Ward, Allen M. *Marcus Crassus and the Late Roman Republic.* Columbia, MO-London, 1977.

Warner, J. M., and J. T. Scott. "Sin City: Augustine and Machiavelli's Reordering of Rome." *The Journal of Politics* 73, 3 (2011): 857–871.

Watson, Alan. *Contract of Mandate in Roman Law.* Oxford, 1961.

Watson, Gerard. "The Natural Law and Stoicism." In *Problems in Stoicism*, ed. A. A. Long, 216–238. London, 1971.

Webster, Noah. *Examination into the Leading Principles of the Federal Constitution* [1787]. In Colleen A. Sheehan and Gary L. McDowell (eds.), *Friends of the*

Constitution: Writings of the "Other" Federalists 1787-1788. Indianapolis, 1998.
Wegner, Michael. *Untersuchungen zu den lateinischen Begriffen socius und societas*. Göttingen, 1969.
Weithman, P. "Augustine's Political Philosophy." In E. Stump and N. Kretzmann (eds.), *The Cambridge Companion to Augustine*, 234–252. Cambridge, 2001.
West, D. A. "*Cernere erat*: The Shield of Aeneas." *Proceedings of the Virgil Society* 15 (1975-1976): 1–7.
White, Morton. *The Philosophy of the American Revolution*. New York, 1978.
Wieacker, Franz. *Römische Rechtsgeschichte, Erster Abschnitt: Einleitung, Quellenkunde, Frühzeit und Republik*. München, 1988.
Wiehn, E. *Die illegalen Heereskommanden in Rom bis auf Caesar*. Marburg, 1926.
Wilcken, Ulrich. "Zur Entwicklung der römischen Diktatur." *Abhandlungen der Preussischen Akademie der Wissenschaften zu Berlin, philosophisch-historische Klasse* 1 (1940): 3–32.
Williamson, C. *The Laws of the Roman People. Public Law in the Expansion and Decline of the Roman Republic*. Ann Arbor, 2005.
Wiltshire, Susan Ford. *Greece, Rome and the Bill of Rights*. Norman-London, 1992.
Winkler, Lorenz. *Salus. Vom Staatskult zur politischen Idee. Eine archäologische Untersuchung*. Heidelberg, 1995.
Winterer, Caroline. *The Culture of Classicism: Ancient Greece and Rome in American Intellectual Life 1780-1910*. New York, 2002.
Winterling, Aloys. "Dyarchie in der römischen Kaiserzeit. Vorschlag zur Wiederaufnahme der Diskussion." In Nippel and Seidensticker, *Theodor Mommsens langer Schatten*, 177–198.
Wirszubski, Chaim. *Libertas as a Political Idea at Rome during the Late Republic and Early Principate*. Cambridge, 1950.
Wiseman, T. P. *New Men in the Roman Senate 139 B.C. – A.D. 14*. Oxford, 1971.
———. "The Two-Headed State: How Romans Explained Civil War." In Brian W. Breed, Cynthia Damon, Andreola Rossi (eds.). *Citizens of Discord: Rome and Its Civil Wars*, 25–44. Oxford, 2010.
Witt, Ronald. "The Rebirth of the Concept of Republican Liberty in Italy." In A. Mohlo and J. A. Tedeschi (eds.), *Renaissance Studies in Honor of Hans Baron*, 173–199. Dekalb, 1971.
Wolff, H. J. *"Normenkontrolle" und Gesetzesbegriff in der attischen Demokratie*. Heidelberg, 1970.
Wood, Gordon. *The Creation of the American Republic, 1776-1787*. 2nd ed. Chapel Hill, 1998.
———. *The Idea of America: Reflections on the Birth of the United States*. New York, 2011.
———. "Interests and Disinterestedness in the Making of the Constitution." In id., *The Idea of America*, 127–169.
———. "The Legacy of Rome in the American Revolution." In id., *The Idea of*

  America, 57–79.

———. "The Origins of American Constitutionalism." In id., *The Idea of America*, 171–187.

———. *The Radicalism of the American Revolution*. New York, 1992.

———. "The Radicalism of Thomas Jefferson and Thomas Paine Considered." In id., *The Idea of America*, 213–228.

Wood, Neal. *Cicero's Social and Political Thought*. Berkeley, 1988.

Woodman, A. J., and R. H. Martin. *The Annals of Tacitus. Book 3*. Cambridge, 1996.

Wootton, David. "The True Origins of Republicanism: The Disciples of Baron and the Counter-Example of Venturi." In Manuela Albertone (ed.), *Il repubblicanesimo moderno: L'idea di repubblica nella riflessione storica di Franco Venturi*, 225–257. Naples, 2006.

Wright, Johnson Kent. *A Classical Republican in Eighteenth-Century France: The Political Thought of Mably*. Stanford, 1997.

———. "Montesquieuean Moments: The 'Spirit of the Laws' and Republicanism." *Proceedings of the Western Society for French History* 35 (2007): 149–169.

Yakobson, Alexander. *Elections and Electioneering in Rome. A Study in the Political System of the Late Republic*. Stuttgart, 1999.

———. "Review Flower, *Roman Republics*." *American Journal of Philology* 132 (2011): 153–156.

———. "Review Robb, *Beyond Populares*." *Scripta Classica Israelica* 31 (2012): 212–214.

Yunis, H. "Law, Politics, and the *Graphe Paranomon* in Fourth-Century Athens." *Greek, Roman, and Byzantine Studies* 29 (1988): 361–382.

Zecchini, Giuseppe. "Die staatstheoretische Debatte der caesarischen Zeit." In W. Schuller (ed.), *Politische Theorie und politische Praxis im Altertum*, 149–165. Darmstadt, 1998.

Zetzel, James E. G. (ed.). *Cicero: De Re Publica. Selections, with Commentary.* Cambridge, 1995.

———. (trans.). *Cicero: On the Commonwealth and On the Laws*. Cambridge, 1999.

———. "Natural Law and Poetic Justice: A Carneadean Debate in Cicero and Virgil." *Classical Philology* 91, 4 (1996): 297–319.

———. "Review Millar, *Roman Republic in Political Thought*." *Bryn Mawr Classical Review* 2002.05.31.

Zuckert, Michael P. *Natural Rights and the New Republicanism*. Princeton, 1998.

索 引

（条目由译者选定；索引数字为原书页码，即本书边码）

absolutism 绝对主义 8，40，41，247，256，257，259，278，286，291，293，295，305

age limits of office 官职资格的年龄限制

    for aedileship 市政官的官职资格的年龄限制 38，83，298

    for consulships 执政官的官职资格的年龄限制 40，50，105，107

    extraordinary commands and 超常权力与官职资格的年龄限制 104

ager publicus (public land), Gracchus' redistribution plan and 格拉古的再分配计划以及公共土地 124n23，139，141-144

agrarian commissions 土地委员会 64，124，141，178，263

agrarian laws 土地法 111，185

annuity of offices 官职的年限 41，102，104，106，108，110，128

anti-constitutionalism 反宪制主义 330；亦见 Machiavelli, Niccolò

Aristotle 亚里士多德 208-221

    Cicero, comparison with 亚里士多德和西塞罗的比较 235

    constitution, concept of 亚里士多德的政制的概念 216-221

    Lintott on 林托特关于亚里士多德的观点 152-153

    political anthropology of 亚里士多德的政治人类学 209

    political theory of, vs. early modern political theory 亚里士多德的政治理论和早期现代政治理论的比较 212-216

    rationalism of 亚里士多德的理性主义 162

    Striker on 斯特莱克关于亚里士多德

的观点 222-223
Aristotle, views of 亚里士多德的观点
   on the good life 亚里士多德关于善的生活的观点 208-209，215-216
   on hierarchy of norms 亚里士多德关于规范等级的观点 235
   on justice 亚里士多德关于正义的观点 210
   on language 亚里士多德关于语言的观点 209
   on money-making 亚里士多德关于赚钱的观点 212
   on nature 亚里士多德关于自然的观点 211-212
   on private property 亚里士多德关于私有财产的观点 220-221
   on states and individuals, relationship of 亚里士多德关于国家和个人关系的观点 210
   on supreme state authority 亚里士多德关于绝对的国家权威的观点 191-192
assemblies, popular (*comitia*) 人民大会
   Bodin on 博丹对人民大会的看法 279-280
   comitia centuriata 百人团大会 37，47，76
   comitia tributa 部落大会 47，109，121，122，125，126，308
   constitutional constraints on 对人民大会的宪制限制 84，119-129
   extraordinary commands bestowed by 人民大会所授予的超常命令 104，105
   imperium of 人民大会的权力 279
   as sovereign, Gracchan doctrine of 格拉古关于作为主权者的人民大会的学说 295
   sovereignty of 人民大会的主权 84，119-129
   Sulla and 苏拉与人民大会 81，82
   T. Gracchus on T. 格拉古关于人民大会的观点 16
Athens 雅典
   Athenian republicanism 雅典共和主义 10
   Constant on 贡斯当关于雅典的观点 3-4
   constitutional institutions of 雅典的宪制制度 225-237
   courts of 雅典的法庭 229-230
   graphe nomon me epitedeion theinai 对提出不当法律的起诉 232-233
   graphe paranomon, as judicial review processes 作为一种司法程序的"对与法相悖的制定法的起诉" 229-235
   graphe paranomon, description of "对与法相悖的制定法的起诉"的描述 225-228
   institutional reality of 雅典的制度现实 10

nomothesia 立法 231

nomothetai, establishment of 立法委员的设立 228-232

Polybius on 波利比乌斯关于雅典的观点 1，174

positivist constitutionalism of 雅典的实定宪制主义 234-235，237

success of 雅典的成功 157

亦见 Greek constitutionalism

Augustine 奥古斯丁

　Adams, influence on 奥古斯丁对亚当斯的影响 335

　Carneadean debate and 卡尔内阿德斯辩论与奥古斯丁 261，265，266

　Gentili, influence on 奥古斯丁对贞提利的影响 273

　Machiavelli and 马基雅维利与奥古斯丁 268-272

　Montesquieu and 孟德斯鸠与奥古斯丁 325

　Ptolemy of Lucca and 卢卡的托勒密与奥古斯丁 249，250，252，253，255

　on Roman empire 奥古斯丁关于罗马帝国的观点 266-267

　on Romulus and Remus 奥古斯丁关于罗慕洛斯和雷穆斯的观点 270

　Virgil's influence on 维吉尔对奥古斯丁的影响 265n21，268

　亦见 Machiavelli, Niccolò

balanced (well-tempered) constitution 均衡（且品性节制的）宪制

　as Cicero's preferred constitutional order 作为西塞罗所青睐的宪制秩序的均衡宪制 174

　existence of 均衡宪制的存在 176

　functions of 均衡宪制的功能 179，182

　in Mably's political thought 马布里政治思想中的均衡宪制 328

　in Montesquieu's political thought 孟德斯鸠政治思想中的均衡宪制 320-321

　necessity of justice for 正义对于均衡宪制的必要性 176

　Polybius' 波利比乌斯的均衡宪制 155，156，159

　prudens as metaphor for 作为均衡宪制的比喻的"明智的人" 175-176

　reason and 理性与均衡宪制 180

　Scipio on 西庇阿关于均衡宪制的观点 173-174

Bodin, Jean 让·博丹 278-302

　Adams, influence on 博丹对亚当斯的影响 335

　constitutional framework of 博丹的宪制框架 340，341

　Hobbes, influence on 博丹对霍布斯的影响 306

importance of 博丹的重要性 19, 302

Locke, comparison with 博丹和洛克的比较 319

Machiavelli, comparison with 博丹和马基雅维利的比较 307-308

Moyle, comparison with 博丹和莫伊尔的比较 313

natural law in political thought of 博丹政治思想中的自然法 340

on constitutional contract law and *ius-lex* distinction 博丹关于具有宪制性质的契约法和法－制定法之区分的观点 286-289

on dictatorship 博丹论独裁官制 73

on extraordinary commands 博丹论超常权力 295-301

on lordly vs. lawful rule 博丹论"主人式的"和"法律的"统治 289-295

on Roman dictatorship, *provocatio* and sovereignty 博丹论罗马的独裁官制、上诉权和主权 280-286

political thought of 博丹的政治思想 262

Rousseau, comparison with 博丹和卢梭的比较 325

salus populi formula, use of 博丹对"人民的安全"的使用 306

on sovereigns and sovereignty 博丹论主权者和主权 19-20, 306

Carneades and Carneadean debate 卡尔内阿德斯与"卡尔内阿德斯辩论"

Christian writers on 基督教作家关于卡尔内阿德斯与"卡尔内阿德斯辩论"的观点 265-266

Cicero on 西塞罗关于卡尔内阿德斯与"卡尔内阿德斯辩论"的观点 176-177, 188, 251

Gentili's *War of the Romans* on 贞提利《罗马人的战争》中关于卡尔内阿德斯与"卡尔内阿德斯辩论"的观点 272

influence of 卡尔内阿德斯与"卡尔内阿德斯辩论"的影响 261, 276-277

as source for anti-constitutionalism 作为反宪制主义资源的卡尔内阿德斯与"卡尔内阿德斯辩论" 260

Zetzel on 泽策尔关于卡尔内阿德斯与"卡尔内阿德斯辩论"的观点 262

checks and balances 制衡

Cicero's just balance 西塞罗的正义平衡 174-175

Locke on 洛克关于制衡的观点 318

Montesquieu on 孟德斯鸠关于制衡的观点 320, 321

Nedham on 尼德汉姆关于制衡的观点 308

in Polybius and Cicero 波利比乌斯和西塞罗笔下的"制衡"160

Polybius on 波利比乌斯关于制衡的观点 151-152，156

Cicero, Marcus Tullius 马尔库斯·图利乌斯·西塞罗

 actions violating right of appeal 破坏上诉权的行为 66

 Adams, influence on 西塞罗对亚当斯的影响 334

 Aristotle, comparison with 西塞罗和亚里士多德的比较 235

 Augustine on 奥古斯丁关于西塞罗的观点 267

 brutish state of nature of 西塞罗笔下的残忍的自然状态 161-168

 Cato (Trenchard and Gordon), comparison with 西塞罗与（特伦查德和戈登笔下的）加图的比较 316

 constitutional theory of 西塞罗的宪制理论 2，20，25，168-190

 exile of 西塞罗的流放 128，135-136，284

 Gentili's references to 贞提利对西塞罗的引用 272-273

 Harrington, comparison with 和哈林顿的比较 312

 lex, use of term 西塞罗对术语"法"的使用 46

 Mably, influence on 西塞罗对马布里的影响 328

 moral and political psychology of 西塞罗的道德政治心理学 161-162

 natural law doctrine 西塞罗的自然法学说 44-46，168-189

 Opimius and 欧庇米乌斯与西塞罗 90n154

 Polybius, comparison with 西塞罗与波利比乌斯的比较 160-161

 Ptolemy of Lucca and 卢卡的托勒密与西塞罗 254-255

 SCU and 元老院最终敕令与西塞罗 88-89，91，93

 written constitution of 西塞罗的成文宪法 44-47

 亦见 political authority, Cicero and legitimacy of

Cicero, Marcus Tullius, views of 马尔库斯·图利乌斯·西塞罗的观点

 on extraordinary commands 西塞罗关于超常权力的观点 104-105

 on goodness 西塞罗关于善的观点 53

 on greatest good 西塞罗关于至善的观点 269

 on *hostis* declarations 西塞罗关于公敌的宣告 99

 on justice 西塞罗关于正义的观点 168-169，184

 on land redistribution 西塞罗关于土地再分配的观点 143

 on laws passed by force 西塞罗关于

经由暴力通过的法律的观点 31-32

on own exile 西塞罗关于自己流亡的观点 135-136

on property 西塞罗关于财产的观点 118-119，142，144，164，168-190

on *provocation* 西塞罗关于上诉权的观点 77，242

on reason 西塞罗关于理性的观点 164，340

on Rullus, agrarian law of 西塞罗关于鲁卢斯的土地法的观点 111-112

on Senate, powers of 西塞罗关于元老院权力的观点 126

on the state 西塞罗关于国家的观点 167-168，185

on state of nature 西塞罗关于自然状态的观点 163-166，170

on Sulla 西塞罗关于苏拉的观点 56-57，82-83，85，134-135

citizens 公民

Caesar on killing of 凯撒关于杀死公民的观点 133-134

declared as *hostes* 宣告公民为公敌 95-97

as enemy combatants 作为敌方战斗人员的公民 97-98

亦见 Roman People

civilization, Cicero on origins of 西塞罗论文明的起源 163

civil justice, natural justice vs. 自然正义和公民正义 272-273

civil law (*ius civile*), relationship with natural law 市民法和自然法的关系 180-181

civil rights 公民权利 5，6，71，83，169

civil wars (Rome)（罗马）内战 23-25，31，54，56-57，78-79，149

classical republicanism 古典共和主义

as concept, need for disassembling of 作为一种需要被拆解开来的概念的古典共和主义 11-12，304

Constant on 贡斯当关于古典共和主义的观点 3-4

modern liberalism, dichotomy with 古典共和主义和现代自由主义的区分 6-10，21

Pocock on 波考克关于古典共和主义的观点 310

problems of 古典共和主义的问题 2-3

commerce 商业

Adams on 亚当斯关于商业的观点 336

class divisions and 阶级划分与商业 195

Constant on 贡斯当关于商业的观点 328，329

corruption of virtue through 商业使美德腐化 333

Mably on 马布里关于商业的观点 327

of Roman Empire 罗马帝国的商业
  320n76, 324
Scottish Enlightenment and 苏格兰启
  蒙运动与商业 330
commissions and commissioners 专务与
  专员 282, 296-297, 298, 300-301
constitution (*politeia*) 宪法；宪制
  Aristotle's concept of 亚里士多德的
    政制概念 216-221
  Cicero's written 西塞罗的成文宪法
    44-47
  descriptive concept of 宪制的描述性
    概念 31, 150, 204, 218-219
  equilibrium of, Polybius on 波利比
    乌斯关于宪制均衡的观点 154-
    155
  normative concept of 宪制的规范性
    概念 13, 18, 21, 151, 191
  politeia as 作为宪制的 *politeia* 204
  亦见 balanced (well-tempered)
    constitution；以 constitutional
    开头的条目
constitution (U.S.) 美国宪法 332-333
constitution, Roman concept of 罗马的宪
  制概念 27-62
constitution, working concept of 宪制的
  暂行性定义 34-39
constitutional crises 宪制危机 118-145
  Cicero's solution for 西塞罗为宪制
    危机提出的解决方案 169
  crises of the late Republic as 宪制危
    机性质的晚期罗马共和国危机
    30-34
  private property in 宪制危机中的私
    有财产权 139-145
  right of appeal in 宪制危机中的上诉
    权 129-139
  sovereignty of the people in 宪制危
    机中的人民主权 119-129
constitutional norms 宪制规范
  contract law as 作为宪制规范的契约
    法 290
  De legibus as 作为宪制规范的《论
    法律》46
  entrenchment of 宪制规范的刚性化
    301, 339
  importance of 宪制规范的重要性 24
  ius as 作为宪制规范的法 168
  ius as source of 作为宪制规范来源
    的法 54-62
  ius publicum as 作为宪制规范的公
    共法 91
  in jural conception of politics 在司法
    性的政治概念中的宪制规范 25
  lack of higher-order, as cause of
    Republic's fall 缺乏高阶规范
    是共和国衰落的原因 149-150,
    161
  mos as source of 作为宪制规范资源
    的习俗 47-54
  natural law, relationship with 宪制规
    范和自然法的关系 166-167,
    178, 179-180
  salus populi as 作为宪制规范的"人

民的安全" 183

terms used for 用于宪制规范这个概念的词汇 111

亦见 emergencies and extraordinary powers

constitutional order 宪制秩序

 Cicero on 西塞罗关于宪制秩序的观点 116，151，163-166

 importance of right of appeal and right to trial for 上诉权利以及审判权利对于宪制秩序的重要性 138

 Livy on 李维关于宪制秩序的观点 76-77

 Machiavelli on 马基雅维利关于宪制秩序的观点 271-272

 Mill on 密尔关于宪制秩序的观点 24

 modern defining characteristics of 宪制秩序的现代定义的特征 33-34

 normative vs. descriptive concern with 关于宪制秩序的规范性和描述性 31

 Polybius' 波利比乌斯的宪制秩序 157-159

 Polybius vs. Cicero on 波利比乌斯关于宪制秩序的观点对比西塞罗的 160

 Virgil on 维吉尔关于宪制秩序的观点 274

contract law 契约法 257-258，286-289，290

contracts (contractual obligations) 契约（契约义务）172-173，283，287，293，294-295

decrees (*psephismata*) 法规（制定法）111，222，227，228，230

delegate conception of representation 代表制的代理概念 121-122

delegation of powers 权力的代理 286-287

democracy 民主制

 Aristotle on 亚里士多德关于民主制的观点 216，217

 Roman Republic as 作为民主制国家的罗马共和国 279-280

 subversion of 民主制的覆灭 228

despotism 专制

 Adams on 亚当斯关于专制的观点 337

 Bodin on 博丹关于专制的观点 289-290，302

 Cicero on 西塞罗关于专制的观点 111

 despotic (seigneurial) rule 专制的（领主式的）统治 289-290

 military 军队 19，302，330，341

 Montesquieu on 孟德斯鸠关于专制的观点 319

 Pompey's desire for 庞培对专制的欲望 111

 regal rule as 王权统治 248

 of the Ten Men 十人委员会的专制 243

 亦见 tyranny

dictators and dictatorship 独裁官与独裁官制
    Bodin on 博丹关于独裁官与独裁官制的观点 280-286
    dictator legibus scribundis et rei publicae constituendae 为制定法律以及建设共和国而任的独裁官 70, 75, 81
    dictatura sine provocation 免于被上诉的独裁权 87
    Hamilton on 汉密尔顿关于独裁官与独裁官制的观点 338, 338n176
    Jefferson on 杰弗逊关于独裁官与独裁官制的观点 338
    Nedham on 尼德汉姆关于独裁官与独裁官制的观点 309
    nomination of 独裁官的提名 55, 80
    Pomponius on 彭波尼关于独裁官与独裁官制的观点 243-244
    provision of exceptional powers by 独裁官与独裁官制的例外权力的条款 64-74
    Ptolemy of Lucca on 卢卡的托勒密关于独裁官与独裁官制的观点 249
    Rousseau on 卢梭关于独裁官与独裁官制的观点 325-326
    separation of powers in 独裁官与独裁官制中的权力分离 80
    Sulla and *decemviri* and 苏拉与十人委员会以及独裁官与独裁官制 74-88
    term limits on 独裁官与独裁官制的任期限制 246
    Trenchard and Gordon on 特伦查德和戈登关于独裁官与独裁官制的观点 314
    as tyranny 作为僭主制的独裁官与独裁官制 69

emergencies and extraordinary powers 紧急状态与紧急权力 63-117
    in bill on Pompey 关于庞培的法案中的紧急状态与紧急权力 49-50
    Bodin on 博丹关于紧急状态与紧急权力的观点 286
    Caesar and 凯撒与紧急状态及紧急权力 85-88
    decemviri and 十人委员会与紧急状态及紧急权力 75-77
    dictatorships and 独裁官与独裁官制与紧急状态及紧急权力 64-74, 243-244
    extraordinary commands 超常权力 100-117
    hostis declarations 公敌宣告 95-100
    overview 总览 63-64
    Polybius on 波利比乌斯关于紧急状态与紧急权力的观点 62
    provocatio, conflict with 紧急状态及紧急权力与上诉权的冲突 245
    senatus consultum ultimum and 元老院最终敕令与紧急状态及紧急权力 88-95

Sulla and 苏拉与紧急状态及紧急权力 74-75，77-85
  亦见 extraordinary commands and powers
emperors (in general), limitations to sovereignty of 对皇帝的主权的制约 292
Emperors (of Roman State)（罗马的）皇帝 245-247，256，287-288
entrenchment 刚性
  clauses for, in Athenian enactments 雅典颁布的法令中关于刚性的条款 225n119
  constitutionality and 合宪性与刚性 18，36
  of constitutional norms 宪制规范的刚性 301，339
  French Revolution and 法国大革命与刚性 329
  jural conception of politics and 司法性的政治概念与刚性 25
  of last decrees 最终敕令的刚性 59
  of *nomoi* 法的刚性 232，234，235
Epicurus and Epicureanism 伊壁鸠鲁和伊壁鸠鲁主义 163-164，167，210，315
ethics 伦理
  Locke's books on 洛克书中关于伦理的观点 316
  politics and 政治与伦理 25，192，208
  of rulers, Aristotle on 亚里士多德关于统治者的伦理的观点 218
summum bonum and 最高善与伦理 269
eudaemonia 幸福 184，207，269，310-311；亦见 virtue
extraordinary commands and powers (*imperia extraordinaria*) 超常权力与权力 100-117
  Adams on 亚当斯关于超常权力与权力的观点 337
  and fall of Roman Republic 超常权力及权力和罗马共和国的衰落 101
  Bodin on 博丹关于超常权力与权力的观点 295-301
  examples of 超常权力与权力的例子 64，102-103
  extraordinary constituent power 超常制宪权 83，84-85，87-88
  Harrington on 哈林顿关于超常权力与权力的观点 311
  Machiavelli on 马基雅维利关于超常权力与权力的观点 270-271，276n82
  Montesquieu on 孟德斯鸠关于超常权力与权力的观点 321-322
  Nedham on 尼德汉姆关于超常权力与权力的观点 308，309-310
  overview of 超常权力与权力的总览 101-102
  of Pompey 庞培的超常权力与权力 105-113
  private citizens, bestowal of *imperia*

on 授予普通公民超常权力与权
力 104-105
prorogation vs. bestowal of *imperia*
延期与授权 103-104
见 emergencies and extraordinary
powers
extra ordinem, Cicero's use of term 西塞
罗对术语"超常"的使用 114，138

Federalist Papers《联邦党人文集》19-
20，262，331，338
Federalists 联邦党人 332nn136-137，
338，340
fundamenta rei publicae 共和国的根基
117n306，186

glory 荣誉
Augustine on, as goal of the Republic
奥古斯丁关于作为罗马共和国
目标的荣誉的观点 249，251，
253，266-267
Gentili on 贞提利关于荣誉的观点
272-276
glory-seeking 谋求荣誉 261，264，
265，267，270
justice vs., Cicero on 西塞罗对比正
义与荣誉的观点 264
Machiavelli on 马基雅维利关于荣誉
的观点 269，272
military, Montesquieu on 孟德斯鸠关
于军事荣誉的观点 324
as pagan virtue 作为异教美德的荣誉
261-268
good life 好的生活 208-209，215-216，
219
government 政府
"lordly" vs. constitutional "主人式
的"政府与宪制政府 289-295
secrecy of 政府的奥秘 281n12
sovereignty vs. 主权与政府的区别
278-279，289-290，293-294，
318
Gracchi and Gracchan crisis 格拉古与格
拉古危机
Appian on 阿庇安关于格拉古与格
拉古危机的观点 68
Bodin on 博丹关于格拉古与格拉古
危机的观点 300
Cicero on 西塞罗关于格拉古与格拉
古危机的观点 99
lack of dictator during 独裁官的缺乏
72
land reforms 土地改革 139-144
Montesquieu on 孟德斯鸠关于格拉
古与格拉古危机的观点 323
nature of, agrarian reforms and 土地
改革与格拉古危机的性质 124
Nedham on 尼德汉姆关于格拉古与
格拉古危机的观点 310
Greek constitutionalism 希腊的宪制主义
191-237
Aristotle 亚里士多德 208-221
Athens, constitutional institutions of
雅典的宪制制度 225-237

Caesar's rejection of 凯撒对希腊宪制主义的拒绝 130-131

conclusions on 关于希腊宪制主义的结论 236-237

natural law, idea of 自然法的思想 222-223

Plato 柏拉图 192-208

question of 希腊宪制主义的问题 221-236

unwritten law and 未成文法与希腊的宪制主义 223-225

Grotius, Hugo 雨果·格劳修斯 19, 278n1, 328n118, 339

Harrington, James 詹姆斯·哈林顿

on dictatorship, time limits and 哈林顿关于独裁官权与时限的观点 77n61

and legal accountability 哈林顿与法律责任制 311

Nedham, comparison with 哈林顿和尼德汉姆的比较 308

as neo-roman theorist 作为新罗马理论家的哈林顿 8

political thought of 哈林顿的政治思想 262, 310-312

supposed liberal republicanism of 据称的哈林顿的自由共和主义 304

Hobbes, Thomas 托马斯·霍布斯

Aristotle, comparison with 霍布斯与亚里士多德的比较 213-214

Carneadean debate and 卡尔内阿德斯辩论与霍布斯 261

on Cicero on property rights 霍布斯关于西塞罗的财产权的观点 186-187

classical republicanism and 古典共和主义与霍布斯 4

on entrenched constitutional rules 霍布斯关于刚性的宪制规则的观点 340

influences on 霍布斯受到的影响 275, 305-306

as link between Bodin and Montesquieu 作为博丹和孟德斯鸠之间纽带的霍布斯 262, 301-302

Machiavelli, comparison with 霍布斯和马基雅维利的对比 271

Polybius and 波利比乌斯与霍布斯 161n48

on *salus populi* 霍布斯关于"人民的安全"的观点 301

Skinner on 斯金纳关于霍布斯的观点 8

on the state 霍布斯关于国家的观点 307

on state of nature 霍布斯关于自然状态的观点 276

on taxation by lawful sovereigns 霍布斯关于合法主权者征税的观点 293

hostes (foreign enemies) and *hostis* declarations 公敌（外敌）与公敌宣

告 33，89，94-100，132
human nature 人性 156-159，180，196-197，199-201，211-212
Hume, David 大卫·休谟
    Adams, influence on 休谟对亚当斯的影响 334
    on *graphe paranomon* 休谟关于"对与法相悖的制定法的起诉"的观点 225-226，227，236
    Madison, influence on 休谟对麦迪逊的影响 339
    Montesquieu and 孟德斯鸠与休谟 331
    political thought of 休谟的政治思想 262

imperia (commands) 权力
    Bodin on 博丹关于权力的观点 280，281，297，299
    of Caesar 凯撒的权力 101
    of Cassius Longinus 卡西乌斯·朗基努斯的权力 105
    Cicero on 西塞罗关于权力的观点 112，263
    of consuls 执政官的权力 88，174，279
    of Cornelius Lentulus 科尔内利乌斯·朗图鲁斯的权力 103
    of dictators 独裁官的权力 71
    of Emperors 皇帝的权力 257
    extraordinary powers as 作为权力的超常权力 49
    imperium domi 对内权力 71
    imperium infinitum 无限权力 106
    imperium maius 高级权力 49
    imperium sine fine 没有限度的权力 264
    imperium sine provocation 免于被诉的权力 72，82
    irregular 非常规的权力 6
    of offices 官职的权力 123
    of the popular assembly 人民大会的权力 279
    of praetors 裁判官的权力 55
    private citizens, bestowal on 授予普通公民的权力 78，101，103，104，105
    pro-consular 总督 38
    Salamonio on 萨拉莫尼奥关于权力的观点 259
inchoate constitutionalism 宪制主义雏形 23-25，63，118，324，340；亦见 constitution, Roman concept of; constitutional crises; emergencies and extraordinary powers
ius (constitutional law) 法（宪法）
    Cicero's use of term 西塞罗对"法"这个术语的使用 168
    ius civile (civil law), relationship with natural law 市民法与自然法的关系 180-181
    ius civile (positive legal norms) 市民法（实证的法律规范）188-189
    ius gentium 万民法 172，180，290
    ius provocationis 上诉权法 237

ius publicum 公共法 91，129-130

ius rei publicae (constitutional law of the Republic) 共和国的法（共和国的宪法）138

lex vs. 制定法和法的对比 54，112，147，286-289

property rights and 财产权利与法 186

settled standing laws as 作为稳定法律的法 319

as source of constitutional norms 宪制规范的资源 54-62

亦见 leges (laws，statutory laws)

justice (*iustitia*，*aequitas*) 正义

    Aristotle on 亚里士多德关于正义的观点 210，213

    Cicero on 西塞罗关于正义的观点 168-169，184，263，264

    civil vs. natural 政治正义对比自然正义 272-273

    coercion and 强迫与正义 203-204

    consequences of 正义的后果 194

    distributive vs. corrective 分配正义与矫正正义 186

    importance to res publica 正义对共和国的重要性 176

    natural justice 自然正义 151，178，222，272-273

kingship (*regnum*, monarchy) 王制

    Bodin on 博丹关于王制的观点 288

    constitutional rule against 反对王制的宪制规则 42-43

    constraints on 对王制的限制 305

    decemviri as 作为王制的十人委员会 76

    Hobbes on 霍布斯关于王制的观点 307

    liberty in 王制中的自由 8-9

    "lordly" vs. constitutional government 主人式的政府与宪制政府 289-295

    Montesquieu on 孟德斯鸠关于王制的观点 322

    odium regni 对王制的厌恶 64

    Polybius on 波利比乌斯关于王制的观点 155

    Ptolemy of Lucca on 卢卡的托勒密关于王制的观点 253-254

    Roman monarchy 罗马王制 173-174

    亦见 sovereigns

late Roman Republic 晚期罗马共和国

    Adams and constitutionality of 亚当斯和晚期罗马共和国的合宪性 19-20

    Bodin on constitutional history of 博丹关于晚期罗马共和国的宪制历史的观点 294

    importance of intellectual history of 晚期罗马共和国的思想史的重要性 341

    inchoate constitutionalism in 晚期罗

马共和国中的宪制主义雏形 23-25，63，118，324

nature of crisis of 晚期罗马共和国危机的本质 18，30-34，79

as state of nature 作为自然状态的晚期罗马共和国 100，150

亦见 emergencies and extraordinary powers

leges (laws, statutory laws) 法律；制定法

Cicero on 西塞罗关于制定法的观点 46，116

expertise, relationship to 法律和技艺的关系 202-203

ius vs. 法和制定法的对立 54，112，147，286-289

leges agrariae 土地法 140

leges annales 年限法 110

leges sacratae《神圣约法》122n14，137，284n22

lex regia《王权法》256-257，259，288-289

lex repetundarum《索贿罪法》73

passed by force, question of basis for annulment of 废除经由暴力通过的制定法的基础的问题 31-32

People's assemblies as source of 作为法律来源的人民大会 134

in Plato's ideal state 柏拉图理想城邦中的法律 200

property rights and 私有财产权与法律 186

unwritten law 未成文法 223-225

亦见 constitutional norms；ius；nomoi (laws)

Liberalism 自由主义

liberal constitutionalism 自由宪制主义 4

liberal republicanism 自由共和主义 304

republicanism vs., in political thought of American Revolution 美国革命政治思想中的共和主义与自由主义的对立 331-332

rights-based theory underlying 在自由主义根基处以权利为基础的理论 201

liberty 自由

ancient vs. modern 古代与现代的对比 3-4

constitutional safeguards and 宪制保障措施与自由 9-10

Hobbes on 霍布斯关于自由的观点 8-9

nature of 自由的本质 323

of the People, dictatorship vs. 独裁官制和人民的自由的对立 71

preservation of, Polybius on 波利比乌斯关于自由的保存的观点 156

as right of appeal 作为上诉权的自由 70

Livy 李维

anachronisms of 李维的时代错置 241

authority of the People, privileging of 对人民权威的偏重 139

on Camillus 李维关于卡米卢斯的观点 71

Cato (Trenchard and Gordon), comparison with 李维与（特伦查德和戈登笔下的）加图的比较 314

on constitutional order, components of 李维关于宪制秩序的构成的观点 76-77

on *decemviri*, breach of time limit by 李维关于十人委员会对任期限制的破坏的观点 76

on dictatorship, history of 李维关于独裁官制历史的观点 65-68，70-72

on Fabius Maximus Rullianus, election of 李维关于费边·马克西姆斯·鲁利阿努斯的选举的观点 41-42

on Licinian agrarian law 李维关于李锡尼的土地法的观点 140

Livian laws《李维乌斯法》127

on Manlius 李维关于曼利乌斯的观点 337

on popular assemblies, power of 李维关于人民大会的权力的观点 37，119

on *provocatio* 李维关于上诉权的观点 242

on Roman Republic, fall of 李维关于罗马共和国的衰落的观点 2

on Scipio, election of 李维关于西庇阿选举的观点 38-39

on *SCU* 李维关于元老院最终敕令的观点 93，94-95

Locke, John 约翰·洛克

Cato (Trenchard and Gordon), comparison with 洛克与（特伦查德和戈登笔下的）加图的比较 316

Cicero, knowledge of 洛克对西塞罗的认知 316-317

doctrine of the prerogative 专权理论 254

on entrenched constitutional rules 刚性的宪制规则 340

on property rights in state of nature 自然状态中的财产权利 187

on sovereignty vs. administration 主权和行政的区分 318

on tacit consent 默认同意 339

Machiavelli, Niccolò 尼科洛·马基雅维利 260-277

Augustine and 奥古斯丁与马基雅维利 266

Bodin, comparison with 马基雅维利和博丹的比较 307-308

conclusions on 关于马基雅维利的结论 276-277

Gentili vs. 马基雅维利和贞提利的比较 272-276

glory, pagan virtue of 作为异教美德的荣誉 261-268

Harrington, comparison with 马基雅维利和哈林顿的比较 311

Hobbes, comparison with 马基雅维利和霍布斯的比较 276

Nedham, comparison with 马基雅维利和尼德汉姆的比较 308

as neo-roman theorist 作为新罗马理论家的马基雅维利 8

pagan vs. Christian virtue and 异教的美德对比基督徒的美德 268-272

Polybius, comparison with 马基雅维利和波利比乌斯的比较 153-154

Machiavelli, Niccolò, views of 尼科洛·马基雅维利的观点

on agrarian laws 马基雅维利关于土地法的观点 144

on Brutus 马基雅维利关于布鲁图斯的观点 265n21

on peasants 马基雅维利关于农民的观点 140

on Roman Republic, fall of 马基雅维利关于罗马帝国衰落的观点 77n61

on Roman Republic, institutions of 马基雅维利关于罗马共和国制度的观点 11

on the state 马基雅维利关于国家的观点 307

magistrates and magistracies 官员与官职

Aristotle on 亚里士多德关于官员与官职的观点 216-217

Bodin on 博丹关于官员与官职的观点 282，296

Cicero on 西塞罗关于官员与官职的观点 46-47，312

exercise of sovereignty through 通过官员与官职行使主权 300-301

Harrington on 哈林顿关于官员与官职的观点 311-312

Montesquieu on 孟德斯鸠关于官员与官职的观点 321

power of, vs. Roman People 官员与官职的权力对比罗马人民的权力 123

sovereigns and 主权者与官员及官职 287

mixed constitution (mixed government) 混合宪制（混合政府）

Atkins on Polybius on 阿特金斯对波利比乌斯关于混合宪制的观点的解读 154

Bodin on 博丹关于混合宪制的观点 279

Cicero on 西塞罗关于混合宪制的观点 174

Harrington and 哈林顿与混合宪制 310n29

Lintott on Polybius and Cicero on 林托特对波利比乌斯和西塞罗关于混合宪制的观点的解读 151

of Lycurgus and Roman monarchy 来库古的混合政府和罗马王制 173-174

Montesquieu on 孟德斯鸠关于混合宪制的观点 320, 321n83

Polybius on 波利比乌斯关于混合宪制的观点 152

separation of powers and 权力分离与混合政府 327

Walbank on terminology of 威尔班克对术语"混合宪制"的看法 152n8

Montesquieu, Charles-Louis de Secondat, Baron de 夏尔-路易·德·塞孔达孟德斯鸠男爵

on agrarian laws 孟德斯鸠关于土地法的观点 144

constitutional framework of 孟德斯鸠的宪制框架 340, 341

constitutionality of late Roman Republic and 晚期罗马共和国的合宪性与孟德斯鸠 20

Founders, as bridge between Bodin and 作为博丹和美国国父之间的桥梁的孟德斯鸠 303-304

Founders, comparison with 孟德斯鸠和美国国父们的比较 332

Founders, influence on 孟德斯鸠对美国国父们的影响 334

framework for constitutional ideas of 孟德斯鸠宪制思想的框架 301

natural law in political thought of 孟德斯鸠政治思想中的自然法 340

political thought of 孟德斯鸠的政治思想 262, 319-325

on private property, distribution of 孟德斯鸠关于私有财产分配的观点 140

Rousseau's critique of 卢梭对孟德斯鸠的批评 326

Scottish Enlightenment and 苏格兰启蒙运动与孟德斯鸠 330, 331

natural justice 自然正义 151, 178, 222, 272-273

natural law 自然法

Bodin on 博丹关于自然法的观点 291

Cicero on 西塞罗关于自然法的观点 53, 168-190, 251, 265

Cicero's code of norms as 作为自然法的西塞罗的法典 44-47

civil law, relationship with 自然法和市民法的关系 180-181

constitutional norms, relationship with 自然法和宪制规范的关系 166-167, 178, 179-180

idea of, in Greek political theory 希腊政治理论中的自然法观念 222-223

iuris consensus and 对法的同意与自然法 176

ius gentium as 作为自然法的万民法

172

justice and 正义与自然法 189

as limitation to sovereignty 作为对主权的限制的自然法 292

Montagnards' 山岳派的自然法 329-330

mos and lex under 自然法之下的习俗与制定法 52

natural justice vs. 自然正义和自然法的对比 222-223

norms of 自然法的规范 164

Philus on 斐卢斯关于自然法的观点 176-178

Ptolemy of Lucca on 卢卡的托勒密关于自然法的观点 254

Salamonio on 萨拉莫尼奥关于自然法的观点 259

salus populi as 作为自然法的"人民的安全" 314

as validation for constitutional order 作为对宪制秩序的确认（合法化）的自然法 340

亦见 state of nature

natural rights 自然权利 168-190

nature (*phusis*) 自然 211-212，222，223；亦见 state of nature

nomoi (laws) 法

Aristotle on 亚里士多德关于法的观点 218-220

description of 对法的描述 224

Dio's use of term 迪奥对术语"法"的使用 111

entrenchment of 法的刚性化 232，234，235

nomon me epitedeion theinai 对不当法律的起诉 228，234

nomothesia (procedure of legislation) 立法程序 228，231-232，236

nomothetai (legislators) 立法者 228-229，231

phusis, distinction from 法和自然的区别 222，223

psephismata, comparison with 法和制定法的比较 228，230

亦见 *ius* (constitutional law); *leges* (laws, statutory laws)

norms, hierarchy of 规范的等级

in Athenian legislation 雅典立法中的规范的等级 228，230，234

Cicero's constitutional norms vs. legislation 西塞罗的宪制规范对比立法 181-182

entrenchment and 刚性与规范的等级 36

of natural law vs. positive legal rules 自然法的规范的等级和实定法的对比 188-189

Pomponius on 彭波尼关于规范的等级的观点 244-245

norms, higher-order 高阶规范

existence of, in late republican Rome 高阶规范在晚期共和国中的存在 40

extraordinary commands as violation

of 作为一种对高阶规范的破坏的超常权力 110

importance of 高阶规范的重要性 19

lack of, as cause of Republic's fall 作为共和国衰亡原因的高阶规范缺失 149-150

legislation vs. 制定法和高阶规范的对比 181-182

need for 对高阶规范的需求 144

process of searching for 寻找高阶规范的过程 303

rule of reason in 高阶规范中的理性统治 162

settled standing laws as 作为高阶规范的长期存在的法 319

people (*populus*) 人民

Hobbes on 霍布斯关于人民的观点 307

Montesquieu on power of 孟德斯鸠关于人民的权力的观点 323

in political society 政治社会中的人民 170, 184

sovereigns, relationship to 人民和主权者的关系 305-306

sovereignty of 人民主权 119-129

亦见 assemblies, popular (*comitia*); Roman People

Plato 柏拉图 192-208

on citizens and states, order of priority of 柏拉图关于公民与城邦的优先顺序的观点 206-208

on happiness 柏拉图关于幸福的观点 206

ideal state of 柏拉图的理想城邦 158, 192-199

on justice, critiques of 柏拉图对于正义的评判 193-194

lack of constitutional concept in 柏拉图缺乏宪制概念 206, 208

on lawfulness 柏拉图关于合法性的观点 204

on motivation, problem of 柏拉图关于动机问题的观点 205

political theory of, basis for 柏拉图的政治理论的基础 196

rationalism of 柏拉图的理性主义 161-162

Striker on 斯特莱克关于柏拉图的观点 222-223

on women's equality 柏拉图关于女性的平等的观点 200-201

Platonic-Aristotelian framework 柏拉图-亚里士多德框架 153, 156, 157

Plutarch 普鲁塔克

anachronisms of 普鲁塔克的年代错置 241

on Cicero 普鲁塔克关于西塞罗的观点 133

Gracchus (T.), biography of 格拉古的生平 119-120, 123, 126

on land distribution 普鲁塔克关于土地分配的观点 124

on Opimius 普鲁塔克关于欧庇米乌

斯的观点 73-74

on Pompey 普鲁塔克关于庞培的观点 109

on Sulla 普鲁塔克关于苏拉的观点 80

politeia (*polity*) 政制；政体 191-192，204，218n97，219-220；亦见 constitution (s)

politeuma (highest magistracy) 最高官职 217，219

political authority, Cicero and legitimacy of 西塞罗和政治权威合法性 149-190

overview 总览 149-151

Polybius' constitutional equilibrium 波利比乌斯的宪制均衡 151-161

private property and natural rights 私有财产和自然权利 168-190

rule of reason 理性统治 161-168

political order 政治秩序 13，20，34，154-156，161，185-186，198-199，234，294，307，311，326

Polybius 波利比乌斯

Atkins' vs. Straumann's views of 阿特金斯和施特劳曼关于波利比乌斯的观点的对比 154-155

Cicero, comparison with 波利比乌斯和西塞罗的对比 160-161，167，173n92，174

constitutional equilibrium of 波利比乌斯的宪制均衡 151-161

constitutional order, basis for 宪制秩序的基础 155

Machiavelli, comparison with 波利比乌斯和马基雅维利的对比 153-154

pessimism 悲观主义 6

political thought of 波利比乌斯的政治思想 262

rationalism of 波利比乌斯的理性主义 161n48，162

terminology of 波利比乌斯的用词 152

Polybius, views of 波利比乌斯的观点

on checks and balances 波利比乌斯关于制衡的观点 182

on dictatorship 波利比乌斯关于独裁官权的观点 73

on human nature 波利比乌斯关于人性的观点 156-159

on justice 波利比乌斯关于正义的观点 154

on liberty, preservation of 波利比乌斯关于自由的保存的观点 156

on Roman constitutionalism 波利比乌斯关于罗马宪制主义的观点 11n32，28

on Roman Republic, institutions of 波利比乌斯关于罗马共和国制度的观点 11

on states, origins and purpose of 波利比乌斯关于国家的起源及目的的观点 154-155

positivism 实定主义

positive legal norms (*ius civile*) 实定法律规范（市民法）188-189

positivist constitutionalism 实定宪制主义 234-235，237

power 权力

 absolute 绝对权力 112，305，318-319

 balance of powers 权力的平衡 327，333，335-336，337

 Cicero on 西塞罗关于权力的观点 161

 delegation of 权力的代理 286-287

 of institutions 制度的权力 151-152，153n10

 presidential 总统的权力 338-339

 question of distribution of 权力分配问题 118

 亦见 sovereignty

precarium (temporary land tenure) 临时与让 142，283，287，297

pre-political condition 前政治的条件 166-167；亦见 state of nature

pre-political rights 前政治权利 319，327，328

private property 私有财产 139-145

 Cicero on 西塞罗关于私有财产的观点 139，168-190，317

 Clodius and 克洛迪乌斯与私有财产 167

 confiscation of 没收私有财产 220-221

 issue of, in constitutional crises 宪制危机中的私有财产问题 118-119

 as limit to sovereignty 作为对主权的限制的私有财产 289-290，292，294

 Locke on 洛克关于私有财产的观点 317

 Mably on 马布里关于私有财产的观点 327

 in Plato's ideal city 柏拉图理想城邦中的私有财产 198

 as pre-political 前政治的私有财产 165，184

 private property rights 私有财产权利 172-173

 in state of nature 自然状态中的私有财产 164-165

property rights 财产权利

 justice as upholding of 作为对财产权利的坚持的正义 189

 pre-political 前政治的财产权利 185，317

 private property rights 私有财产权利 172-173

 protection of 财产权利的保障 186-187，336

 亦见 private property

provocatio (right of appeal) 上诉权

 Appius Claudius on 阿庇乌斯·克劳迪乌斯关于上诉权的观点 66

 Bodin on 博丹关于上诉权的观点 279-286

 Caesar on Gracchus (C.) and 凯撒关于

C. 格拉古与上诉权的观点 59
Cicero on Sulla's abolition of 西塞罗关于苏拉废除上诉权的观点 85
in constitutional crises 宪制危机中的上诉权 129-139
consuls and 执政官与上诉权 183
dictatorship and 独裁官制度与上诉权 65，68，70-72，283
importance of 重要性 77，118，174-175
as limit on consuls 作为对执政官的限制 246
Maelius' appeal to 梅里乌斯诉诸上诉权 67
Pomponius on 彭波尼关于上诉权的观点 244
senatus consultum ultimum and 元老院最终敕令与上诉权 57-58
source of validity of 上诉权的有效性来源 237
sovereignty and 主权与上诉权 242
under Sulla 苏拉治下的上诉权 82，134
Valerius Publicola and 瓦勒瑞乌斯·普布利科拉与上诉权 331
亦见 *senatus consultum ultimum*

Prudence 明智
Cicero on 西塞罗关于明智的观点 108，188，340
Hobbes on 霍布斯关于明智的观点 271，276
Hume on 休谟关于明智的观点 226
of rulers 统治者的明智 253
prudens 明智的人 175-176，179

reason 理性
application to social life 理性在社会生活中的应用 154-155
in balanced constitution 均衡宪制中的理性 175n102
Cicero on 西塞罗关于理性的观点 164，180，340
constitutional norms and 宪制规范与理性 180
in individual justice 个体正义中的理性 193
rule of, Cicero on 西塞罗对理性统治的看法 161-168
亦见 right reason

reason of state 国家理性
Foisneau on Bodin and Hobbes on 福伊斯诺关于博丹和霍布斯论国家理性的观点 306
Friedrich on 弗里德里希关于国家理性的观点 254
Hobbes on 霍布斯关于国家理性的观点 276
Roman support for 罗马对于国家理性的支持 261
theories of sovereignty vs. 主权理论和国家理性的对立 307-308

res publica (commonwealth) 共和国
Bodin on 博丹关于共和国的观点 306

Cicero on 西塞罗关于共和国的观点 61-62, 257, 262, 306, 318

Scipio's definition of 西庇阿对共和国的定义 169-170

亦见 the state

right reason 正确理性

 in balanced constitutions 均衡宪制中的正确理性 179

 Cicero on 西塞罗关于正确理性的观点 265

 constitutional norms and 宪制规范与正确理性 162

 natural law and 自然法与正确理性 177

 of *prudens* 明智之人的正确理性 179

 on reason, limits of 对理性的限制 180

rights 权利

 in Cicero's thought 西塞罗思想中的权利 171-172

 natural rights 自然权利 168-190

 property rights 财产权利 172-173, 185

 sovereign right 主权权利 242, 244, 284, 306

 of tenure on public land 持有公共土地的权利 142

 亦见 *provocatio*

Roman People 罗马人民

 Cicero on 西塞罗关于罗马人民的观点 132

 comitia as sovereign, adherence to 坚持人民大会作为主权者 294-295

 extraordinary commands, granting of 超常权力的授予 107

 majesty of 罗马人民的至高权力 125

 Manlius and 曼利乌斯与罗马人民 95

 Montesquieu on 孟德斯鸠关于罗马人民的观点 323

 Rousseau on 卢梭关于罗马人民的观点 325

 sovereignty of 罗马人民的主权 37-41, 119-129

 tribunes and consuls, rights concerning 有关保民官和执政官的权利 121-123

 亦见 citizens；*salus populi*

Roman Republic, fall of 罗马共和国的衰落

 Cicero on 西塞罗关于罗马共和国衰落的观点 150

 as constitutional crisis 作为宪制危机的罗马共和国的衰落 2

 as context for Cicero's political theory 作为西塞罗政治理论背景的罗马共和国的衰落 149

 Livy on 李维关于罗马共和国衰落的观点 2

 locus of sovereignty and 主权的所在与罗马共和国的衰落 25

 Machiavelli on 马基雅维利关于罗马共和国衰落的观点 77n61

 Montesquieu on 孟德斯鸠关于罗马

共和国衰落的观点 323

reasons for 罗马共和国衰落的原因 101

Sallust on 萨卢斯特关于罗马共和国衰落的观点 261

state of nature and 自然状态与罗马共和国的衰落 25

Tacitus on 塔西佗关于罗马共和国衰落的观点 29-34, 241

亦见 late Roman Republic

Sallust 萨卢斯特

 Bellum Catilinae《喀提林战争》130-134

 Drummond on 德拉蒙德关于萨卢斯特的观点 91

 as forebear to Machiavelli 作为马基雅维利的先行者的萨卢斯特 304n3

 on glory-seeking 萨卢斯特关于追求荣誉的观点 261

 Machiavelli on 马基雅维利关于萨卢斯特的观点 271n60

 political thought of 萨卢斯特的政治思想 262

 Ptolemy of Lucca and 卢卡的托勒密与萨卢斯特 250, 253

 on *SCU* 萨卢斯特关于元老院最终敕令的观点 89, 90

salus populi 人民的安全

 Bodin on 博丹关于"人民的安全"的观点 301

 Cato (Trenchard and Gordon) on（特伦查德和戈登笔下的）加图关于"人民的安全"的观点 314

 Cicero on 西塞罗关于"人民的安全"的观点 183-184

 consuls and 执政官与"人民的安全" 43

 in Hobbes 霍布斯那里的"人民的安全" 306

 Locke and 洛克与"人民的安全" 254

 Locke on 洛克关于"人民的安全"的观点 318

 Machiavelli contra 马基雅维利对"人民的安全"的反对 271-272

 Selden on 塞尔登关于"人民的安全"的观点 35

self-defense, natural law and 自然法和自卫 165

self-discipline (*sophrosune*) 自制 200

self-interest 自利 133, 156, 159, 160, 161n48, 164n55, 168, 173n91, 176, 188, 189n159, 205, 276, 307, 310

Senate (Roman)（罗马）元老院

 acting as a court 发挥法庭作用的元老院 135, 138

 agrarian bill, opposition to 元老院反对土地法案 125

 authority of 元老院的权威 31

 on Cicero, restitution to 元老院将财产归还西塞罗 136

dictatorship, establishment of 元老院建立独裁官制 69, 280

hostis declarations by 元老院发出公敌宣告 96

land distribution bill, opposition to 元老院反对土地分配法案 111, 143

legislation, annulment of 元老院废除立法 126-127

Manlius, actions against 元老院反对曼利乌斯的法案 95

People, conflict with 元老院和人民的矛盾 58

Pompey, granting of extraordinary powers to 元老院授予庞培超常权力 112-113

power of 元老院的权力 126, 323

prorogations by 元老院做出延期 103-104

representative function of 元老院的代表性功能 246

senatus consultum (decree of the Senate), Pomponius on 彭波尼关于元老院敕令的观点 245

senatus consultum ultimum (SCU, last decree) 元老院最终敕令

Bodin on 博丹关于元老院最终敕令的观点 280n10

hostis declarations and 公敌宣告与元老院最终敕令 88-95

neglect of, in reception of late republican constitutional thought 晚期共和国宪制思想的接受中对元老院最终敕令的忽视 309n25

for Pompey 为庞培发出的元老院最终敕令 115

provision of exceptional powers by 元老院最终敕令授予超常权力 64

as senatorial interpretation of republican constitution 作为共和宪制的元老院解释的元老院最终敕令 57-60

voiding legislation via 通过元老院最终敕令废止立法 127

sociability 社会性 117n107, 167, 170-171, 173, 184, 190

social contract 社会契约 164n55, 259, 318n66

societas (partnership) 合伙 171-172, 258

sovereigns 主权者

Bodin on 博丹关于主权者的观点 306

creation of 主权者的创立 289

danger of rule by commission by 主权者通过专务统治的危险 300

Locke on 洛克关于主权者的观点 318

people, relationship to 主权者和人民的关系 305-306

Rousseau on 卢梭关于主权者的观点 326

subjects, relationship with 主权者和臣民的关系 287

亦见 kingship
sovereignty (sovereign authority) 主权
（最高权威）
- alienability of 主权（最高权威）的可转让性 288, 293
- Bodin on 博丹关于主权的观点 280-286
- characteristics of 主权（最高权威）的特点 244
- of *comitia* 人民大会的最高权威 312
- in constitutional debates of late Roman Republic 晚期罗马共和国宪制辩论中的最高权威 19
- constraints on 对主权（最高权威）的限制 259
- criteria for 主权（最高权威）的标准 283
- of *decemviri* 十人委员会的最高权威 241-242
- of dictators 独裁官的最高权威 282-283n17, 283
- of the Emperor 皇帝的最高权威 246-247
- government vs. 政府和主权的区分 278-279, 289-290, 293-294, 318
- *lex regia* and《王权法》与最高权威 288-289
- of the people 人民的最高权威 119-129
- Pomponius on 彭波尼关于最高权威的观点 242, 246
- Popular 人民大众 244, 246, 278-280, 282, 291
- public vs. private sphere for 为最高权威做的公私领域的区分 292
- Roman constitutional thought's concern with 罗马宪制思想对最高权威的关注 6
- of Roman People 罗马人民的最高权威 37-41
- theories of 有关主权（最高权威）的诸理论 307-308

(the) state 国家
- Aristotle on 亚里士多德关于国家的观点 212, 216, 219
- Cicero on 西塞罗关于国家的观点 165, 167-168, 184, 185
- death of, vs. of individuals 国家的衰亡和个体的死亡之对比 262-263
- goal of 国家的目的 186-187, 310-311
- individuals, relationship to 国家和个体的关系 210, 211-212
- *ius*, dependence on 国家对法的依赖 178
- legal nature of 国家的法律本质 15
- Machiavelli vs. Polybius on purpose of 马基雅维利和波利比乌斯关于国家的目的的观点 154
- order of priority of citizens and 公民与国家的优先顺序 206-208
- preservation of, virtue and 美德与国

家的保存 270-271

unity of 国家的统一 193，194-195

亦见 res publica

state of nature 自然状态

ager publicus as 自然状态下的公共土地 143，145

Cato (Trenchard and Gordon) on（特伦查德和戈登笔下的）加图关于自然状态的观点 316

Cicero on 西塞罗关于自然状态的观点 163-166，170，317

constitutional norms in 自然状态中的宪制规范 116-117

fall of Roman Republic and 罗马共和国的衰落与自然状态 25

Gentili on 贞提利关于自然状态的观点 275

Hobbes on 霍布斯关于自然状态的观点 213-214，276

Locke on 洛克关于自然状态的观点 318

Mably on 马布里关于自然状态的观点 327

Montesquieu on 孟德斯鸠关于自然状态的观点 319

private property in 自然状态中的私有财产 142，185，328

property holding in 自然状态中的财产占有 140

亦见 natural law

Stoics and Stoicism 斯多亚主义者和斯多亚主义

in Catilinarian arguments 喀提林论争中的斯多亚主义 132-133

Mitsis on 米特西斯关于斯多亚主义者和斯多亚主义的观点 317

natural law and 自然法与斯多亚主义 222-223

natural law theory of 斯多亚主义的自然法理论 44

rationalism of 斯多亚主义的理性主义 161-162

on written laws 斯多亚主义者关于成文法的观点 178-179

Tacitus 塔西佗

Adams on 亚当斯关于塔西佗的观点 335

Annals《编年史》28-29

on fall of Roman Republic as constitutional crisis 塔西佗关于作为宪制危机的罗马共和国覆灭的观点 30-34，241

as forebear to Machiavelli 作为马基雅维利的先驱的塔西佗 304n3

on Pompey 塔西佗关于庞培的观点 315

on Roman concept of constitution 塔西佗关于罗马宪法/宪制概念的观点 28-30

on Roman imperial rule 塔西佗关于罗马的帝国统治的观点 274-275

Ten Men (decemviri) 十人委员会

Bodin on 博丹关于十人委员会的观点 283, 298-299

Cicero on 西塞罗关于十人委员会的观点 76

dictatorship, as analogue to 类比于独裁权的十人委员会 70

and emergencies and extraordinary powers in constitutional argument 十人委员会与宪论论争中的紧急情况及超常权力 75-77

extraordinary powers of 十人委员会的超常权力 64

Nedham on 尼德汉姆关于十人委员会的观点 308

Pomponius on 彭波尼关于十人委员会的观点 241-242, 243

provocatio and 上诉权与十人委员会 242

Rousseau on 卢梭关于十人委员会的观点 326

sovereignty of 十人委员会的主权 242

term limits on 十人委员会的任期限制 76, 243, 244

Twelve Tables as laws of 作为十人委员会的法律的十二表法 37

term limits 任期限制

for consuls 执政官的任期限制 249

for decemviri 十人委员会的任期限制 76, 243, 244

for dictators 独裁官的任期限制 70, 75, 82, 244, 281, 282

as limit to sovereignty 作为对主权的限制的任期限制 246

Ptolemy of Lucca on 卢卡的托勒密关于任期限制的观点 249

for Ten Men 十人委员会的任期限制 283

tribunes 保民官

chief function of 保民官的主要功能 120

during dictatorship, Polybius on 波利比乌斯关于独裁期间的保民官的观点 73

dictatorship and, Bodin on 博丹关于保民官和独裁官的观点 281

establishment of 保民官的建立 249

Gracchus (T.) on 格拉古关于保民官的观点 121-122

removal of 移除保民官 300n88

veto power of 保民官的否决权力 322

Twelve Tables 十二表法

Bodin on 博丹关于十二表法的观点 298

as constitutional document 作为宪制文献的十二表法 37

Livy on 李维关于十二表法的观点 36-37

origin of 十二表法的缘起 242

private property in 十二表法中的私有财产 139

on privilegia 十二表法中的特权 137

salus populi supposedly as part of "人民的安全"据称是十二表法的一部分 35

Tacitus on 塔西佗关于十二表法的观点 29-30

tyranny 僭主制

Bartolus on 巴托鲁斯关于僭主制的观点 259n62

Bodin on 博丹关于僭主制的观点 280，284，290

characteristics of 僭主制的特点 112n279

coercion vs. 强迫和僭主制的对比 221

danger of, and continuation of office 职位延长导致僭主制的危险 104，109

dictatorship as 作为僭主制的独裁权 69，70，74，75，80，280

Hamilton on 汉密尔顿关于僭主制的观点 338n176

by law (lege) 通过制定法确立僭主制 81

Nedham on 尼德汉姆关于僭主制的观点 309

Rullus' agrarian commission as 作为僭主制的鲁卢斯的土地委员会 111-112

of Sulla 萨卢斯特的僭主制 75，80，81，284，285-286

of Sulpicius 苏尔比基乌斯的僭主制 79

Ten Men as 作为僭主制的十人委员会 76，308，318n66

Thirty as 三十僭主 133

United States 美国

American Enlightenment 美国启蒙运动 334

American Revolution 美国革命 332

Constitutional Convention 美国制宪大会 329，334，337-338

early constitutionalism of 美国早期的宪制主义 334

English constitutional traditions vs. 英格兰与美国的宪制传统的对比 332

Founders 美国国父 332，333，339

Mably on state constitutions of 马布里关于美国诸州的宪法的观点 328-329

political thought, debate over historiography of 美国政治思想史的争论 7，331-332

Supreme Court 美国最高法院 17-18

vice 恶

Cicero on 西塞罗关于恶的观点 53

in crises of late Republic 晚期罗马共和国危机中的恶 303

Encyclopédie on《百科全书》中关于恶的观点 325n100

glory as 作为恶的荣誉 253，267-268

  in late Republic 晚期罗马共和国中的恶 340
  remedies for 恶的补救措施 316
virtue 美德
  in Adams's political thought 亚当斯政治思想中的美德 336
  as cant-word 作为套话的美德 313, 315, 324
  in Cato's political thought 加图政治思想中的美德 316
  Cicero on 西塞罗关于美德的观点 183-184, 269
  civic virtue 公民美德 249-250
  in Federalists' political thought 联邦党人政治思想中的美德 340
  in French National Assembly, language of 法国国民议会语言中的美德 262
  generosity as 作为美德的慷慨 221
  in Harrington's political thought 哈林顿政治思想中的美德 310-311
  in Hume's political thought 休谟政治思想中的美德 331
  as lacking power against corruption 作为对抗腐化力量之缺乏的美德 157, 160
  in Montesquieu's political thought 孟德斯鸠政治思想中的美德 319, 322, 324, 326
  in Moyle's political thought 莫伊尔政治思想中的美德 313
  in Rousseau's political thought 卢梭政治思想中的美德 326, 329
  nature of 美德的本质 269
  in Nedham's political thought 尼德汉姆政治思想中的美德 308
  pagan virtue 异教美德 260, 261-268, 268-272
  in *ragion di stato* tradition 国家理性传统中的美德 307
  rhetoric of the Mountain and 山岳派的修辞与美德 19-20, 329
  skepticism toward 对美德的怀疑 341
vis (public violence) 公共暴力 31-32, 127n44, 162, 165-166
voluntary consent, in constitutional orders 宪制秩序中的自愿同意 155